走出思想的边界

knowledge-power
读行者

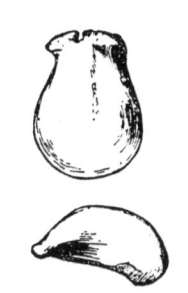

寻找祖先

「北京人」头盖骨化石失踪记

岳南 著

湖南文艺出版社
HUNAN LITERATURE AND ART PUBLISHING HOUSE

博集天卷
CS-BOOKY

安特生在赴仰韶村考察途中留影

周口店坝儿河边之骆驼队

1928年，周口店遗址早期发掘与研究者在龙骨山下的刘珍店合影。左起：裴文中、王恒升、王恭睦、杨钟健、步林、步达生、德日进、巴尔博（引自《周口店记事》）

从顶部往下看，工人正从发掘深处向外运土（裴文中摄，1929年）

1929年,裴文中指挥发掘工人把采集的化石装上火车运往北平

在办事处剥制野生动物的骨骼。左为裴文中,右为王存义

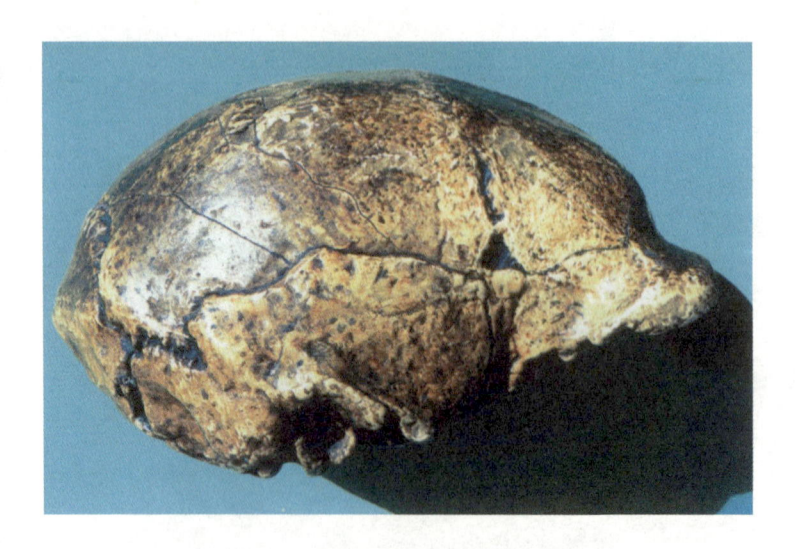

周口店发现的第一个"北京人"头盖骨化石模型

旧的山神庙在发掘放炮时被破坏,发掘人员在修建办事处时,又在当地重建了一座山神庙。此为新建庙中的壁画,只是由过去的神像变为周口店发掘现场了

自 1934 年起开始的半机器化发掘

燕京大学的学生到周口店参观留影

1934年7月,在贾兰坡指挥下,发掘工人在"北京人"遗址山坡下筛拣发掘后的堆积物

卞美年在周口店办事处抓到一条蛇 　　　周口店龙骨山发掘的工人们正在打炮眼

筛拣发掘之后的堆积，以免丢失细小的标本（贾兰坡摄，1937年。贾注：此照拍摄约一个月，七七事变爆发，周口店发掘被迫停止了）

达尔文教授（霍金斯插图，英国，1880年）
此为英国收藏家霍金斯为《巨大的海龙》一书所绘的插图，独到地表现了达尔文"人类起源"所表述的人类祖先的形体面貌

"北京人"制造工具像（刘小岑、王熙民、杨长僖创作，1973年，中国国家博物馆展品）

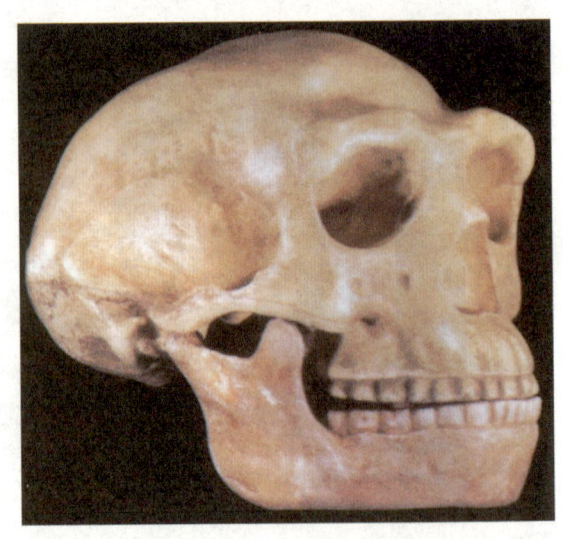

魏敦瑞复原的"北京人"头骨模型

法国史前考古学家步日耶所绘的《北京人猎罢归来图》（原载 Beyond the Bounds of History）

在维曼教授的指导下，由画家埃克布洛姆所绘的周口店古犀牛家族的绘画（引自安特生《黄土地的女儿》）

在古人类学家吴汝康、吴新智指导下，由王存义制作的"北京人"胸像

山顶洞人用过的骨针　　　山顶洞人复原像

山顶洞西部洞顶之下出土的动物骨骼化石，其中以大小鹿类最多（贾兰坡摄，1934年5月）

协和医学院院长胡顿（左）、总务长博文（右）
与燕京大学校长司徒雷登（中）在囚所前合影

北京协和医学院正门（作者摄）

最后一位见到"北京人"头盖骨的中国人胡承志在讲述装箱经过（作者摄）

胡承志制作的"北京人"头盖骨模型

天津美国兵营旧影之一

天津美国兵营局部楼体拆除前面貌

原天津美国兵营已改为天津卫生学校

1998年，作者到天津寻找"北京人"，在黄为龙带领下来到了天津卫生学校院内，黄说原美国兵营6号楼就在我们脚下，现已成为操场

日坛公园西天门（作者摄）

位于日坛东门外神路北侧的那棵古松，明显带有刀斧劈凿的痕迹，与日本七三一部队老兵所述情节吻合，中科院决定派人在树下发掘被埋藏的"北京人"（作者摄）

当年的发掘参与者王乡城，带作者来到日坛公园指认发掘位置

作者在日坛公园发现另有被刀斧劈凿过的树木痕迹

> The site of Zhoukoudian is an important milestone in the story of human evolution. The excavations of this site exposed one of the most interesting periods in the cultural evolution that took place in Asia. Understanding the nature of this site is a major contribution to world archaeology.
>
> Prof. Ofer Bar-Yosef
> Peabody Museum, Harvard University
> 1999.10.16

美国哈佛大学史前考古学教授巴尤色福给作者的赠言:
  周口店遗址是人类进化史上一个非常重要的里程碑,它的发掘揭示了在亚洲发生的文化演变是最有意义的阶段之一,搞懂这一地点的性质,是对世界考古学的一大贡献。

沃弗·巴尤色福
哈佛大学皮博迪博物院
1999年10月16日

作者（右一）与以色列专家卫耐（右二）、美国专家巴尤色福（右三）、中国专家徐钦琦（左二）在周口店探讨寻找"北京人"问题

"北京人"用火遗迹中的灰烬层

周口店"北京人"遗址

位于龙骨山东北坡最重要的、著名的"北京人"遗址"猿人洞"

周口店山顶洞

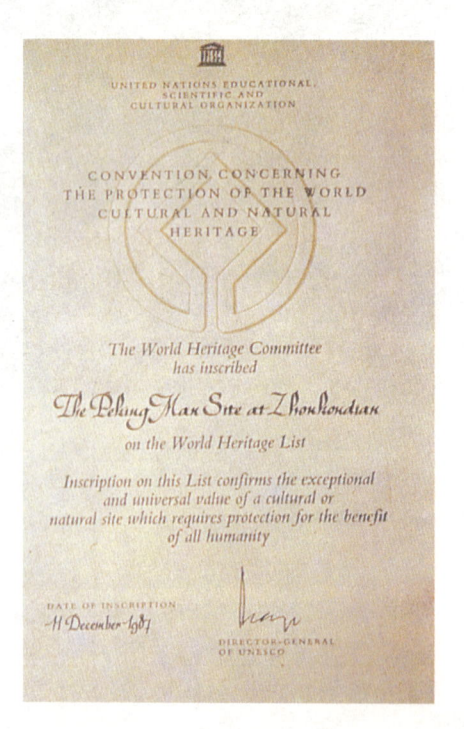

1987年由联合国教科文组织总干事签发的证书，周口店北京人遗址被正式列入世界文化遗产名录

目 录
Contents

序 一 一部难得的好书（贾兰坡）/1

序 二 "北京人"与现代中国人的起源（沈辰）/5

序 章 历史的记忆 /001

第一章 "龙骨"的启示 /007
　　　踏入中国大门的瑞典人 /008
　　　北京街头的奇遇 /016
　　　叩开"北京人"的大门 /026

第二章 "北京人"横空出世 /039
　　　中美合作发掘计划 /040
　　　发现一颗人牙 /049
　　　发现"北京人"头盖骨化石 /057
　　　地球人类的震撼 /063

第三章　最后的辉煌 /069

达尔文与"北京人" /070

贾兰坡入主周口店 /078

发现三个头盖骨化石 /085

第四章　历史的紧要处 /099

被迫撤离周口店 /100

箭在弦上 /102

凶险莫测的"北京人" /107

艰难的抉择 /116

第五章　转移"北京人" /127

"北京人"惊动蒋介石 /128

"北京人"装箱采访录 /140

偷袭珍珠港 /149

星条旗被迫降落 /154

第六章　角逐与搜寻 /167

"北京人"神秘失踪 /168

日本人穷追不舍 /175

贾兰坡秘密行动 /182

"野山之狐"平津探穴 /190

日本侦探剖腹自杀 /196

第七章　全球寻找"北京人" /207

　　传闻随战争脚步行进 /208
　　喜讯从东京传来 /216
　　奔波在东京街头的李济 /226
　　美军中校寻找"北京人" /237
　　魏敦瑞的遗愿 /247

第八章　再掀波澜 /253

　　中美科学家大论战 /254
　　一条神秘线索 /276
　　天津市公安局立案侦查 /284
　　威廉·弗利之谜 /292

第九章　中外人员大搜寻 /301

　　夏皮罗天津之行 /302
　　死不瞑目的裴文中 /315
　　是谎言，还是秘密？ /321

第十章　"北京人"再起风波 /331

　　贾兰坡最后的心愿 /332
　　"北京人"埋在了北大校园 /337
　　一张尘封了 57 年的秘图 /344
　　日本"老特工"与真假"北京人" /353
　　世纪末又刮"寻找风" /367
　　新世纪大搜寻 /381

末　章　"北京人",你在哪里? /391

附录一　周口店大事记(1914—1941) /399

附录二　本书部分人名译名对照 /403

后　记 /407

序一 一部难得的好书

贾兰坡

岳南的长篇纪实文学《寻找祖先》即将和读者见面了。作为一个92岁的老人，能在有生之年读到这部书的样稿，我很高兴，也很感动。此书的出版问世，是件好事、喜事，也是一件值得注意的大事！

我22岁就到了周口店，一晃70年过去了。1929年12月2日下午4时，裴文中先生发现了第一个"北京人"头盖骨化石，让世界大吃一惊。我在1936年11月15日至26日的11天之中又发现了3个"北京人"头盖骨化石，再次让世界大吃一惊。"北京人"的发现在科学上是件大事，是中国在世界科学领域获得的第一块金牌，给我们中国人长了脸面。但从个人来说，我是一个很普通的人，不过做了一件很普通的事情。令我痛心的是，1941年太平洋战争爆发，日本人占领了北平协和医学院，"北京人"头盖骨化石莫名其妙地在美国人手中下落不明，半个多世纪以来我一直惦记在心。

今天，让我欣慰的是，我们终于有了岳南的这部书。为了写好这部作品，作者大约在1990年冬就到家里找过我，后来他又和我进行了无数次交谈。他不辞辛苦，跑了很多地方，花了不少经费，找了许多国内外的当事人和知情者调查采访。写完后，又将书稿送给我和胡承志以及裴文中先生的亲属等人审阅，听取修改意见。经过多年努力，才有了这部书。这种实事求是、严肃认真、对历史负责的写作态度，这种为了维护人类文化遗产、寻找人类失落的文明而甘愿自觉付出的精神，是十分难能可贵的。

作为一个长期从事古人类学研究的科学家，我对文学作品是门外汉。但读罢此书，给我最深的印象是：可靠、可信、可思。

作者讲述了近一百年来关于周口店发掘和"北京人"头盖骨化石从发现到丢失、从丢失到再寻找的历史，故事很吸引人，一拿起就放不下，许多被历史尘土掩埋了的人物也得以重新复活，栩栩如生。而且，书中的事不是随意想象、胡编乱造的，而始终是摆事实、讲道理的，把历史的真实情况和各种客观线索提供给读者，让大家一起来分析、判断、思考、查找，从而为后人检索和认识这段历史提供了依据，也为解开"北京人"头盖骨化石失踪之谜提供了可能。作品字里行间所折射出来的对历史文化的关怀与眷恋，对人类文明的至亲至爱，都让我的心灵受到感染和震撼。

这是迄今为止我读到的描写周口店和"北京人"最全面、最系统、最真实的一部书。因此，它不仅具有文学、史学价值，还具有传播科学知识的意义；不仅专家、学者和科学界人士应该读一读，其他各界文化人士、社会青年以及大学生、中学生也该读一读，甚至五、六年级的小学生也可以读一读。这既是一部好读、耐读的文学作品，又是一部生动、形象的历史教科书。我们这么大一个民族，应该有这么一部书。特别是新的千年到来了，无论大人小孩，都应该回过头去看看祖先留下的脚印，因为这脚印连着昨天、今天和明天。

最后我要说的是，随着《寻找祖先》这部作品的问世，相信会有更多热爱人类文化事业的人投身到寻找"北京人"化石的行列中来。但愿这部书稿出版后，能带动起全中国甚至国外众多有识之士寻找"北京人"化石的热情，从而引起人们对周口店"北京人"遗址的关注和重视。

我已是92岁的老人了，若是在我有生之年能亲眼见到我们的祖先——"北京人"回归，那将是我一生中最高兴、最幸福的事情！

大家行动起来，共同寻找"北京人"！

是为序。

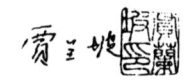

贾兰坡

2000年元月

【简介】贾兰坡，1908年生，河北省玉田县人。1929年毕业于北平市汇文中学，1931年考取中国地质调查所，被派往周口店进行发掘工作，表现优异，在1936年11月陆续发现三个"北京人"头盖骨，震惊国际学术界，是中国较早的古人类学家和第四纪地质学家。此后历任中国科学院古脊椎动物与古人类研究所副研究员、研究员、国家文物委员会委员、中国科学院院士，1994年被推选为美国国家科学院外籍院士。研究成果丰硕，发表专著数百篇（册）。除了"北京人"的发现和研究外，其他诸如丁村遗址、匼河遗址的发掘，西侯度文化、峙峪文化、许家窑人遗址的研究，皆用力甚勤，对于中国史前文化的建构，具有划时代的贡献和意义。2001年7月8日病逝于北京，终年93岁。

序二 "北京人"与现代中国人的起源

沈辰

寻找祖先

第一次见到岳南先生，是在1999年中国科学院古脊椎动物与古人类研究所主办的"国际古人类学学术研讨会暨北京猿人第一个头盖骨发现七十周年会议"上。岳南先生为创作这本书，现场采访了相关的中外学者（其中也包括我）。当时我深为他的敬业精神所感动，也为能结识这位仰慕已久的考古纪实文学作家而感到高兴（之前我已收藏了他的《风雪定陵》等五部考古纪实文学作品）。如今，岳南先生再版的这部作品，由作者在原稿上做了大幅度的修订和扩增，内容更加丰富，事实也更加准确。承蒙岳南先生厚爱，邀作一序，实不敢当，只就近年来参与北京人遗址考古工作的经历，谈一点"寻找"之外寻找的体会。

这本书是岳南先生经过多年研究和实地调查写成，洋洋洒洒近三十万字，另有多幅珍贵的历史照片，为我们全景式展现了"北京人"头盖骨化石发现、遗失、搜寻的近一个世纪的故事，也披露了中外科学家对"北京人"化石研究的艰辛历程以及对其神秘失踪的无奈。"北京人"在西方的科学课堂中占有重要的一席。从笔者在海外学习、讲授、研究史前考古的经历来看，几乎所有讲旧石器考古的洋教授都会在课堂里提到"北京人"，西方大学史前考古学的教科书中几乎都有介绍"北京人"的发现及其在人类起源中的意义，而学习史前考古的学生对"北京人"化石遗失的故事也都有耳闻。"北京人"的命运，不仅牵动了几代中国人的心，而且也是让西方学者魂牵梦绕、挥之不去的心结。那么，岳南先生笔下的"北京人"究竟是谁？"北京人"为什么如此重要，值得几代人寻找？"北京人"与现在的北京人，或是中国人有什么关系？

"北京人"又称北京猿人，是在北京市西南房山区周口店龙骨山发现的一组40余个个体的古人类化石所代表的猿人的总称。因为是猿人，他们在体质人类学特征上还不是进化了的现代人种。"北京人"学名为 Homo erectus pekinensis，即"北京直立人"。Homo是人属（Genus），"北京人"是人属中的直立人种（Homo erectus），而我们现代人是智人种（Homo sapiens），因此，"北京人"与我们同属而不同种，他们是大约70—30万年前生活在中国北方的、现已绝灭了的猿人（直立人种），是人类进化中的一支，是研究人类起源极为重要的科学证据。

现代人类的起源问题是当前学术界研究的热点，也是大众、媒体等关注的焦点。物种起源问题不仅是古人类学、地质学、古生物学、考古学以及分子生物学等多学科的共同命题，更是当前人类社会共同关心的哲学问题，如生命从哪儿来？我们是谁？

那么，北京猿人是现代北京人或我们现代中国人的祖先吗？

80多年前在北京周口店发现的猿人化石，是世界上最早辨认出并得到认可的、有别于我们现代人种的古人类化石，为当时证实达尔文进化论提出的由猿到人的主要进化环节填补了空白。从那时起，中国的科学家对世界文化遗产周口店开展了持续研究，他们认为北京猿人可以使用火，能够控制火，会制作石器工具进行狩猎捕鱼活动，周口店是"北京人"的家园，而"北京人"是我们现代中国人的直接祖先。

然而，到了20世纪80年代末90年代初，西方学术界对这一认识做出了颠覆性的结论。首先是随着分子生物学、遗传学在古人类演化研究当中的运用，也就是古代DNA的研究，不少中外生物学家提出，北京猿人应该是在5万到4万年前被来自非洲的现代人种所灭绝，并取而代之，我们中国人是生活在20万年前来自非洲的一个"夏娃"女人的后裔。

这也叫作人类起源的"走出非洲说"（Out-of-Africa）理论。虽然在20

世纪70年代西方学术界就有人提出，但这一理论的正式提出并产生广泛影响则始于1987年美国3位分子生物学家发表的一篇论文。他们选择祖先来自5个不同地区，即非洲、亚洲、高加索地区、澳大利亚和新几内亚的女性共147人，分析其胎盘内的线粒体DNA（mtDNA），得出的认识是现代非洲人群比其他几个地区人群具有更丰富的遗传多样性，也就是说比其他地区人群拥有更长的积累线粒体遗传变异的时期，说明现代非洲人是一个相对古老的群体。同时他们认为，依据线粒体DNA序列构建的系统发育树，非洲人位于进化系列的根部，所分析的人群形成两大分支——一支仅包括非洲人群，另一支则由非洲人和其他人群共同组成，这就进一步说明世界其他地区的现代人起源于非洲。当然，多年后许多科学家质疑他们用现代DNA推测演化的方法，因为古代DNA的突变率至今还无法计算出来。

这一现代科学的理论是在生物进化学基础上提出的，在欧洲和西亚旧石器时代的考古材料中也得到部分印证。但是，在东亚，特别是在中国，还没有充分的考古发现来证实。中国已经发现70余处出土人类化石的地点，这些化石所具有的许多特征不见于非洲近现代人，却可在东亚近现代人中找到近似之处。这进一步说明东亚现代人群演化自本地的远古人类，而与非洲人群亲缘关系更远。尤其是，中国乃至东亚旧石器文化自成体系，呈现缓慢、连续发展的趋势。从古人类石器技术角度来看，其主流文化一直局限在一种特定的模式，而没有像西方旧石器文化那样发生阶段性特点明显的系统性演替。总体上，中国旧石器文化遗存中没有发生过外来的、新的文化体系的大幅度改造和整体替代现象——来自西方的早期现代人群对东亚本土人群的取代找不到考古学证据！

所以，现阶段我们发现和认识的中国的古人类化石和考古学材料能够支持吴新智先生早在20世纪80年代末就提出的理论——"连续进化附带杂交"。吴先生认为中国古人类在本土基本上是连续演化，因为环境变化和生存适应要求，古老型人群在体质形态特性和认知行为两方面逐渐演变成现代人群。与此同时，在漫长的演化过程中，虽然他们与来自西方、南方的其他现代人群有过融合与基因交流，但本土人类一直居于主体地位，外来人群起到一定程度的改造作用，没有发生整体的替代。

中国现代人种起源的"连续进化附带杂交"理论提出后，一直得不到西方学术界的承认。因为这里最为关键的科学证据尚没有得到确认，即直立人和智人（现代人）人种之间有没有可能出现基因交流。

2010年，《自然》杂志发表的一篇论文让这一科学难关终于有了关键性的突破。一个国际研究团队在克罗地亚的一个山洞里发现21块尼安德特人化石。通过对其进行古代DNA实验室测试，结果发现生活在欧亚大陆的人群（例如法国人、俄罗斯人）比生活在非洲的人群（例如南非人、约鲁巴人）在基因组序列上离尼安德特人更近。这些结果表明，欧亚大陆的古老型智人种很可能和尼安德特人有过杂交。研究人员还通过对欧亚大陆人群的分析，找出了多个可能来自尼安德特人群的基因片段。这项研究意义重大。如此一来，以北京猿人为代表的亚洲直立人种与来自非洲经欧亚大陆或南印度沿海到中国来的现代人种的杂交是极具可能性的，也就是说，北京猿人与其他种属的基因交流是中国现代人种起源和演化的主要契因。

所以，"北京人"不是我们百分之一百的祖先，但我们还是继承了"北京人"的基因！

"北京人"留给我们的不仅仅是化石失踪的秘密，神秘的"北京人"还留给科学家更多谜团。比如，随着现代科学研究手段的提高和进步，学术界，特别是西方学术界，开始提出了不同看法。他们认为周口店不是"北京人"的家园，而是鬣狗的洞穴；"北京人"不会狩猎，而是鬣狗觅食的对象，所以，周口店山洞中的北京猿人是鬣狗扑食的战利品。他们还认为"北京人"不会用火，周口店的灰烬应该是洞外自然山火残迹……

"北京人"真的会像西方学者描述的那样弱智无能吗？答案可能还留在周口店的土堆中。

当你还沉浸在岳南先生这本饶有趣味的"北京人"失踪故事的书中时，我们中国的科学家正冒着酷暑，在周口店高达40米的遗址堆积上进行考古发掘，一层层地剥离历史的风尘，一点点追寻"北京人"的真迹。如果你有机会，别忘了去周口店看看他们——"北京人"和正在寻找"北京人"的人！

2011年7月20日

【简介】沈辰（Chen Shen），1964年生于湖北省武汉市，祖籍上海，加籍华裔考古学家。1987年毕业于武汉大学历史系考古专业，后留学美国和加拿大。1997年获多伦多大学人类考古学博士学位，同年入加拿大皇家安大略博物馆任职至今。现任加拿大皇家安大略博物馆世界文化部主任、东亚考古研究员，兼任多伦多大学人类学系、东亚学系教授。中国科学院海外评审专家，中科院古脊椎动物与古人类研究所客座研究员，山东大学东方考古研究中心立青学术讲座教授。沈辰教授从事旧石器考古研究，为我国石器功能研究微痕分析的发展做出重大贡献，目前正在参与周口店北京人的发掘和研究工作。著有《石器微痕分析的考古学实验研究》（2008），*Current Research in Chinese Pleistocene Archaeology*（2006）和*Anyang and Sanxingdui: Unveiling the Mysterious of Ancient Chinese Civilizations*（2003），并发表多篇中英文学术论文。

序章 历史的记忆

寻找祖先

朔风凛冽,旷野凄凄,我以悲愤的心情再次来到人类祖先的故乡——周口店。

这是2009年那个雪花飞扬的隆冬,在幽暗阴森的猿人洞里,我踮着脚尖悄无声息地向前移动,怕惊动安详沉睡了几十万年的祖先。耳朵贴在黑黄岩石交错的洞壁上,静心倾听大地深处那来自远古的声音,缝隙中冰冷滑润的清水不断滴落到我的发梢,似是上帝在叩响自己的额头,一种触及心灵的授意与呼唤如波涛般汹涌而来——"北京人",你在哪里?

早在八十八年前,一位叫安特生的瑞典人就曾来到过这里并大胆预言:"总有一天,这个地点将成为考察人类历史最神圣的朝圣地之一。"

当时,似乎没有人对这梦呓般的预言感兴趣。五年后,周口店发掘的事实被安特生言中。

1926年10月22日,在北京协和医学院礼堂,安特生宣读了惊世骇俗的论文——《亚洲的第三纪人类——周口店的发现》。文中说道:"周口店发掘和考察的成果,除了从遗址中发现了一批哺乳类化石以外,还有被鉴定为狒狒和短尾猴的化石以及两件具有特别意义的标本,即一颗前白齿和一颗白齿……根据研究,这个遗址的层位可能是早更新世的。不管它

周口店与龙骨山

属于第三纪晚期还是第四纪早期,有一个明显的事实不会改变,那就是具有完整而确实的地质资料的古老的人类化石,已经在亚洲大陆的喜马拉雅山以北首次发现。因此,早期人类曾在亚洲东部存在,这一点现在已经不再是一种凭空猜测了。"

惊愕!猜疑!轰动!一切都在安特生的意料之中。这个消息一经传出,如同旱天雷轰然炸开,世界的目光骤然投向古老神秘的东方大地。因为在亚洲东部乃至整个亚洲大陆上,从未发现过年代如此久远和古老的人类化石。是安特生叩开了沉睡50万年的"北京人"的大门。

三年后的1929年12月28日,敏感的中外新闻界又爆出一条新闻:"主持周口店野外发掘工作的裴文中博士,于12月26日在山顶洞的堆积层中发现了一个保存完好的中国猿人的头盖骨。他在现场就把它认出来并亲自细心地挖出……"

仿佛从地震的余波中再度听到海啸的呼叫,"北京人"头盖骨化石的发现,再度给人类以巨大冲击并被誉为"整个地球人类的震撼"。

十二年后的1942年,同样是雪漫京城,枯枝在风中打着哆嗦不住呼号、呻吟的严冬,世界各大报刊又纷纷编发了来自东亚地区耸人听闻的消息:"中华社2月21日电,保存在北京协和医学院地下室的'北京人'化石和灵长类化石神秘失踪……这些化石原于（1941年）11月初分装在两个木箱内，准备运往美国。12月5日，载有'北京人'化石的专用列车离开北京驰往秦皇岛，打算在那里送上一艘美国航轮哈立逊总统号。这艘轮船预定于12月8日抵达秦皇岛，由于太平洋战争爆发，专用列车在秦皇岛被截，哈立逊总统号也没有驶到秦皇岛。从此，'北京人'下落不明。"

"北京人"头盖骨化石的失踪同它的发现一样再度震惊了世界。

从1926年到1942年的十六年间，由周口店考古大发现引爆的消息，如同一只急速旋转的万花筒。整个世界几经哗然和骚动之后，终于接受了这样一个不再变更的事实——"北京人"头盖骨化石的发现，无疑地证明了在第三纪末或第四纪初，亚洲东部确实存在人类或与人类关系十分密切的类人猿。这和此前在德国茅厄尔（Mauer）发现的海德堡人（Heidelberg Man）具有相同的时代性意义。周口店的发现使《物种起源》作者达尔文创立的"人类发祥地在非洲"的理论发生了动摇。同时，周口店猿人洞中石器、骨器以及用火遗迹的发现，又使"北京人"遗址在人类起源科学研究上的地位达到了划时代的顶峰，这一系列具有突破性历史意义的伟大发现，直接推动了建立人类早期理论的革命。

但是，如此珍贵并具有重大科学价值的"北京人"头盖骨化石标本，在岁月的尘烟雾雨中匿藏了五十万年之久，仅面世十几个春秋，便神秘地消失了。

"北京人"化石，是被盗，还是被毁？是沉入海底，还是早已化作了尘烟？这个谜团在人们心中久久地困扰着、翻腾着……

就在太平洋战争爆发的当天，精明狡诈的驻北平日军便开始奉天皇诏令搜寻"北京人"化石。其后的半个多世纪，几乎全世界的科学情报部门都开动了迅速旋转的机器，苦心孤诣地全方位探寻"北京人"化石的下落，并由此展开了一场侦察与反侦察、指控与反指控的世界性争夺、争论战。"北京人"也在这场旷日持久的搜寻和论战中名声大噪却又神秘莫测，呈神龙见首不见尾、莫知所匿之势。

1972年，美国《纽约时报》于显著位置刊登了芝加哥股票经纪人兼商人克里斯托弗·贾纳斯发布的消息："悬赏5000美元奖给通风报信因而使我能找到失落的'北京人'化石的任何人……"

消息传出，贾纳斯立即收到了几百封来自世界各地的信件，接到了无数个电话。接下来，一场又一场欺骗与反欺骗的闹剧、丑剧在世界范围内上演。

1980年9月，一个被控涉及"北京人"化石事件名叫哈里·夏皮罗的美国人，根据探寻的线索来到中国，企图在天津市区一座旧兵营的地下室挖出这一稀世珍宝，遗憾的是一无所获。

1996年年初的一个夜晚，原侵华日军臭名昭著的七三一部队的一名上尉军医，在气息奄奄之际，向自己的好友吐露了埋藏在心中半个多世纪的秘密——"北京人"化石就埋在北京协和医学院东约两公里一个有很多古树的地方，埋藏者就是这名上尉军医本人。为便于日后寻找，他在埋藏地点做了不为人知的记号。

1998年10月，原日本关东军专门负责搜集情报、名叫中田光男的老特工向中国政府透露，"北京人"化石被秘密地埋在了日本某地一个小孩的墓穴内。

中国政府根据两名日本老兵提供的最新线索，分别进行了缜密分析与搜寻，结果却令人大失所望。

眼看20世纪在人类悲喜交织的情愫与飞溅的泪水中匆匆掠过。江河东流去，逝者如斯夫。当21世纪的曙光降临大地之时，"北京人"化石失踪之谜，仍是中国乃至世界一切进步人士的心中之痛。"北京人"化石的丢失与寻找像一部没有结尾的侦探小说，令人魂牵梦绕，难以释怀。

然而——

这一切，并不意味着小说永远没有结尾，人们对"北京人"的敬仰与热情仍未休止，对它的探寻还在继续。而这种强烈表现的人类热情和世界瞩目的关注，绝不是一种单纯的情绪流露和好奇的窥探。即使在人类进化到登上月球的今天，远古祖先创世的艰难历程与沉重足迹，依然成为昭示后人前行的精神与意志的纪念碑群。

作为"北京人"栖息之地的东亚大陆，以及在这块大陆上继续生存并延续祖先血脉的中国人，当然知道"北京人"。只是大多数人是从历史课本中知道的，而且仅仅知道它是华夏民族的祖先，进一步说，是距今五十万年左右的祖先。对其真正的科学价值以及对其在人类历史进程中所发挥的作用却知之甚少。

倏忽五十多年过去，时空浩渺，斗转星移，许多历史事件已随风飘散，彻底淡出了人们的记忆。但"北京人"化石的丢失与寻找的过程，却郁结为一枚情感的化石，在华夏子孙的心中生根与膨胀，并在新的历史转折时刻迸发出一股强烈的冲动和神奇的力量，从不同方向和角度喷射而出，从而加速了人们搜寻"北京人"化石的步伐，一个全球寻找"北京人"化石的行动业已开始，有关"北京人"的前世今生再度进入现代人类的视野。

第一章 「龙骨」的启示

——寻找祖先——

寻找祖先

❂踏入中国大门的瑞典人

墨绿色的塔里木河像一条长龙在干涸的大漠中向远方伸展。一叶木舟漂游而下。

安特生独坐船头，打开随身携带的探险专用牛皮包，轻轻取出一卷散发着墨香的书翻动起来。这是刚刚轰动欧洲的考古巨著《丝绸之路》（Sidenvägen），书的作者是名噪一时的瑞典地质学家、探险家斯文·赫定。

作为同一个国度的同行，安特生对斯文·赫定并不陌生。只是几年不见，想不到这位普通的地质学家，因为在中国西域一连串考古探险和重大发现而轰动欧洲，已成为科学界一颗耀眼的巨星。

安特生颇不服气，但又无力改变眼前的事实。

小船在当地渔夫熟练操纵中急速而下。安特生无心再去翻那些枯燥的文字和线描图示，复杂的目光中透着些许得意，再度转向脚下的河流和远方那广袤无垠的神奇大漠，思索着过往岁月中发生在眼前的那一个个如同神话般迷人的故事——

1900年春，瑞典地质学家斯文·赫定为继承导师李希霍芬的事业来到东亚大陆，踏上了中国西部异常神秘的土地，解决悬而未决的罗布泊地理位置问题。按照事先的准备和策划，这位极具探险精神和科学头脑的瑞典人，一到新疆喀什，就立即招募了5名精明

正在中国西部沙漠野外考察的斯文·赫定

斯文·赫定率部向沙漠进发的骆驼队

008

第一章 "龙骨"的启示

能干的维吾尔族人担任翻译、文书和脚夫等职。接着又购买了几十峰骆驼和十匹马,组成一个规模可观的探险队,沿水旱两路向塔克拉玛干沙漠进发。

1900年3月28日跨越罗布泊沙漠时的营地(斯文·赫定绘)

斯文·赫定一行几人乘船从叶尔羌河起程,很快进入塔里木河,这时已是9月下旬。由于航道难测,走走停停,一直航行了3个多月才到库尔勒新湖地区。在这一区域内,斯文·赫定开始组织人员围绕新湖测量地形。第二年春天,一行人又乘船从塔里木河的一条支流——孔雀河直赴罗布泊地区。在这里,斯文·赫定才真正弄清楚,原来这一带有十几个湖泊,都在中国传说的盐泽的位置上,而其中最大的一个叫罗布诺尔,是一个咸水湖。经过仔细勘察鉴定,他认为这就是历史上真正的罗布泊——这一论断在28年之后得到了科学证实。

令人惊叹的是,斯文·赫定在罗布泊西北一带,无意中发现了被人类遗忘了千余年的古楼兰遗址。经过发掘,很快找到了150多件写在纸上和刻在木片上的汉字文书。文书上清晰地署有汉朝皇帝的年号和岁月,其中很多件中有"楼兰"字样。更令人惊奇的是,在出土的文

考察人员在罗布泊大泽中前行(斯文·赫定绘)

009

独木舟中的罗布人
（斯文·赫定绘）

书中，纸页上的日期竟是公元150年前后。按照传统的说法，中国造纸术的发明时间是汉代元兴元年（105）。可见在造纸术发明不久，汉朝就把用纸张写就的文书送到了遥远的楼兰边关，借此可以看出当时这座边远的城区在国家中所占的重要地位。

在发现、发掘楼兰遗址之后，斯文·赫定又在一个叫米兰的地方找到了历史更为久远的米兰古城，并通过地下发掘，揭开了楼兰由繁盛到消失的一系列隐秘。

1902年夏季，斯文·赫定回到瑞典本土，他从中国携走了大量发掘的文物和珍贵资料，并以此为依据，用了整整3年时间，写出了一部5卷本的西域考古巨著，书的名字就用他的导师李希霍芬在1877年出版的《中国》一书中对这条古代欧亚交通大动脉的命名——《丝绸之路》。沉默死寂的楼兰古城重见天日，罗布泊荒漠隐藏的千古之谜被一个瑞典人解开。斯文·赫定的探险发现顿时传遍整个西方，他本人荣获了瑞典皇家地理学会颁发的维多利亚奖章。

就在斯文·赫定在东亚大陆发现罗布泊、揭开古楼兰消亡之谜的时候，学识渊博、才华惊人的瑞典地质调查所所长、考古学家、探险家安特生博士，正率领本国政府组织的一支考察队奔赴南极。1874年生于瑞典的安特生，于1901年27岁时在瑞典乌普萨拉大学获得博士学位并留校任教。正是这一年，安特生与他的队友得到了国家地质调查所的资助，开始了探险南极的活动。这支考察队于这年初夏动身，直到1903年底才告结束。尽管安特生率部历尽千辛万苦，于九死一生之后终于踏上了南极冰川地带，但由于事先准备不足，无力长期抵御变化无常的恶劣气候，不得不遗憾地匆匆返回瑞典本土。

南极的考察收效甚微，研究成果也不尽如人意，此次行动没能给雄心勃勃的安特生带来声誉和荣光。而这时赴中国西域的斯文·赫定却一炮打响了。

对于斯文·赫定的巨大成就，风华正茂又野心勃勃的安特生自是心中羡慕又不服气。按他的设想，假如当初他能到东亚或具体的中国西域一带考察，一定也会获得比斯文·赫定毫不逊色的业绩和声名。在一番羡慕又夹杂着些许嫉妒之下，安特生暗暗下定了到东亚考察的决心，同时加速了同东亚各国科学界人士或明或暗的联系，默默地等待实现心中那个辉煌大梦的时机。

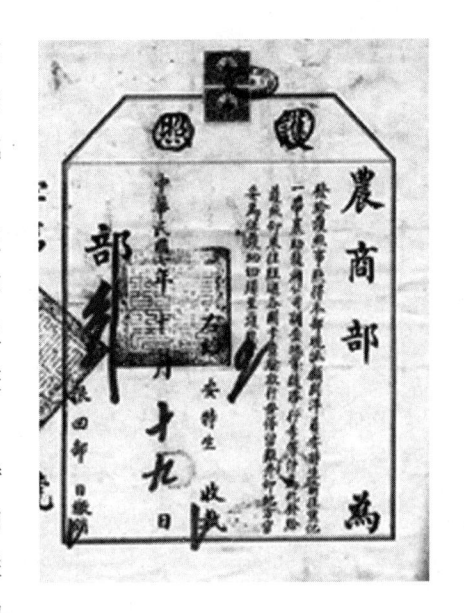

安特生的好运终于等来了。

1914年4月，他接到了民国政府农商部部长张謇签发的聘请书。

安特生在中国使用的护照

安特生的受聘，除了他自己的努力和运气，还有一个极其重要的原因。自17世纪以来，作为欧洲帝国主义逐鹿地点的中国，被迫为"高等的白人势力"胡作非为大开门户。地质学家、地理学家、古生物学家、政治冒险家、商人、社会闲杂人员、流氓无产者等各色人等，像淘金者一样纷纷拥向东亚尤其是中国大陆。于是，在中国多了一些来路不明、黄发碧眼的粗壮白人与鬼鬼祟祟四处打探、盗掘的身影。片刻之间，号称具有5000年文明历史的中华大地，被折腾得伤痕累累、满目疮痍，古代文化遗存遭受了空前的劫难。著名的敦煌、龙门、云冈等地的石窟壁画和古代石雕像被砍凿劫走；西安、洛阳的古墓以及大批古建筑、古遗址被掘得千疮百孔，地下珍宝被盗一空。

1912年中华民国临时政府成立后，迫于民众的呼声和政府的抵制政策，为掩人耳目，"高等的白人"们不再在中国肆无忌惮地抢掠，而是通过各种方式，各怀鬼胎地把他们的科研人员兼及一些商人和情报人员派往中国，以得到矿藏资源特别是煤矿和铁矿等紧缺物资的第一手资料。为此，在中国有治外法权的国家之间展开了一场场激烈争夺。安特生被聘，是民国政府根据地质调查所负责人丁文江的建议做出的决定，因为当时的瑞典被认为是西方少数几个没有帝国主义野心的国家之一，正是瑞典民族的良好声誉给安特生带来了人生的契机，这个契机使他以"中华民国农商部矿政顾问"的合法、体面身份，开始了梦寐以求的东亚之旅。这一年，安特生39岁。

此时的安特生于兴奋中自然不会忘记斯文·赫定，尽管这位昔日的同行在中国西域的探险已过去了十几个年头，但他还是决心目睹使这位"时代的幸运儿"一举成名的神秘之地。于是，安特生从瑞典抵达印度，又辗转千里来到新疆地区。在这里，他真真切切地领略了山川大漠的奇峰异彩与壮观神秘，他忘记了自己曾多少次为这具有悠远历史和迷人故事的神奇土地而赞叹喝彩——无怪斯文·赫定能在这片风沙大漠深处取得辉煌夺目的考古成就。

1914年5月16日，安特生完成了瑞典至中国的全程跋涉，踌躇满志地来到北京农商部赴任。不久，这位年薪1.8万块银洋的矿政顾问便组织一批技工，在估计有矿藏的中国北部开始大面积野外考察并采集化石。对于自己的职位、薪水与开展的事业，安特生极其满意，决心借助难得的历史机遇大干一番。当然，他心中也极其清楚，中国人民勒紧腰带

在北京书房的安特生

礼聘自己前来，并不是让他白吃干饭或喝着西湖龙井搓着脚丫子聊大天的，因为比他早两年进入北京教育部并出任社会教育司第一科科长的鲁迅此时的月薪是280块银洋，稍后的北京大学顶级教授如李大钊等月薪为300块银洋，4年后在北大图书馆任登记员的毛泽东，月薪仅8块银洋而已。

安特生正欲甩开膀子带领手下弟兄大干一场，趁机露一手之时，却陷入了尴尬两难的境地。田野考古学在西方盛行了近一个世纪，而有着悠久历史文明的中国对此却知之甚少，或者说全然不知，这令安特生大惑不解。早在1830年，法国史前史研究的创始人雅各·布歇·佩尔忒，就在索姆河畔开始用田野考古的最初方法探索人类祖先制造业的遗迹。这个举动比达尔文《物种起源》的出版几乎早了30年。此后不久，西方的地质学家、古生物学家、考古学家也都纷纷离开书斋，奔向田野，其足迹几乎散布世界各地。这一时期，世界最有影响的田野考古学家应首推德国的海因里希·谢里曼，他是用田野考古手段来探求鲜为人知的文明历史的首创者。1858年，他和他的妻子根据《荷马史诗》透出的隐秘信息，在希腊和小亚细亚一带做了大量的实际考察，并于几年后在小亚细亚希沙立克丘的地层下面，发现了《荷马史诗》中描绘的神奇迷人的特洛伊古城！15年后，夫妇俩又发现了神话传说中的特洛伊王后海伦的金冕。于是，谢里曼夫妇的名字响彻欧洲并震动世界！

1871年，德国地质学家卡尔·莫赫在南非马绍兰纳地区的维多利亚堡，通过田野考古手段发现了湮没了几千年的津巴布韦文明遗址。这一发现，在欧洲引起了轰动，从而验证了非洲古老文明的特有魅力。接着，1882年美国学者唐纳利运用田野考古和语言、人种等综合知识进行研究后，提出了一个划时代的理论：在哥伦布到达美洲以前，美洲与地处旧文明大陆的埃及文化之间，存在着许多共同之处，并由此提出了"两种文化联系者就是新旧大陆之间、大西洋上曾存在过的一个大洲"的理论。他推断这个大洲就是哲学家柏拉图提到的阿特兰蒂斯；当这个大洲沉落海底后，双方中断了交往，从而发展成了两种不同类型的文化。这个推断得到了西方多数考古学家和人类学家的肯定。

如果说以上西方学者这些著名的田野考古范例，因东西文化的阻隔和交通信息的闭塞，未能让中国的学者们充分认识到田野考古的价值和意义，那么，令安特生不明白的是，差不多在这同一时代里，无数外国学者和盗宝者在中国这片国土上进行的一系列寻找与考察——有的简直就是强盗行径般的所谓田野考古行动，为什么也没能让民国政府和学者们幡然醒悟呢？更为不解的是，当安氏向他的中国同行介绍西方田野考古方法时，有许多学者不屑一顾，甚至针锋相对，谓安氏的方法是一套纯属下九流的胡闹台，非正人君子所为之。特别是中国金石学派中的一群老朽加书呆子式糊涂儒生，直到安特生组织人员走向田野进行实际科学考察和发掘时，还顽固坚持自己的观点。无数的中国权威学者不是走向广袤的田野，而是依然陶醉在自宋代兴起的金石学的方法之中。他们一个个躲在书斋里，或搜集历史资料，或考究古物铭刻——他们认为这样的行为方式才是真正的、有实际意义的考古。甚至连当时新文化运动的领导人之一、近代中国文学改革的先驱梁启超，也对这种方法大加赞赏和推崇。

面对如此的中国国情和混沌未开的局面，生性具有独立探险精神和科学精神的安特生，决心不顾老朽们的脸色和唾液四溅的说辞，坚持率队在山野密林、沙漠大泽中进行调查发掘，并用自己的亲身行动，在古老的中国大地上开始了具有真正科学意义的田野考古示范。这一开创性劳动，最终成功地唤醒了沉浸于故纸堆中不能自拔的腐儒和一群年轻

安特生等考察人员骑马经过中国北方的一个村庄［引自《黄土地的儿女》（*Children of the Yellow Earth*）］

第一章 "龙骨"的启示

安特生率队在北方调查发掘古遗迹（引自《黄土地的儿女》）

的见风使舵的知识分子，他们面对科学做出了历史性的新的抉择。

幸运的时机与独特的环境，令安特生很快成为野外地矿考察领域的开拓者和示范者。1914年秋，他成为第一个偶然发现叠层石矿石有机起源的人；1918年，发现了聚环藻团块并认识到它与北美寒武纪前期相似的"化石"的联系；同年，又在中国北部发现了第一个三趾马区域性田野遗址，并引起了科学界的瞩目。正是安特生在中国大地上做出的具有真正科学意义和价值的田野考古示范，才唤醒了长期沉湎于古典书本中的中国同行学者，使得他们在新的学科面前做出了新的选择，从而为中国田野考古学播下了种子。正如"中国现代考古学之父"李济所言：由于安特生对中国文化有更多的接触和深入研究，尤其是他亲自示范的"田野方法"和对中国远古文化的发现与论证，对当时的中国乃至亚洲人类的思想产生了极其深刻的影响。他的田野考古成就，使西方"进化"的概念比其他科学概念更早传入中国并深入到人们的意识之中。

安特生不愧是一位博学多才的世界级探险家和田野考察专家，在他的具体指导下，不同时代的矿物化石源源而出。

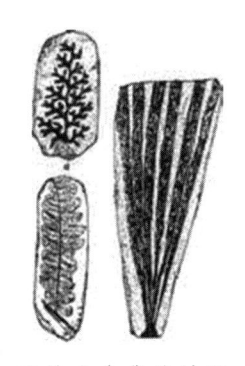

安特生在华北地区发现的古生物化石（引自《黄土地的儿女》）

015

安特生等考察队员在六盘山一个山头休憩（引自《黄土地的儿女》）

安特生率队在北方考察时于一条河边宿营（引自《黄土地的儿女》）

一批批化石标本由北京迅速运往瑞典乌普萨拉大学，供维曼教授领导的古生物研究室鉴定、研究。一系列发现，使安特生开始受到同行的敬慕并引起科学界的注意，而可喜的成果又使他在经费上得到了更多的资助……

历史需要英雄，而英雄必须适应历史，否则便不再是英雄。

使安特生在世界考古史上留下不朽声名并把他的事业推上辉煌顶峰的契机，在他到达中国四年之后，极富戏剧性地降临了。

北京街头的奇遇

1918年2月某日，安特生在一个偶然的机会遇见了当时在燕京大学任教的麦格雷戈·吉布教授，这位化学家很了解

第一章 "龙骨"的启示

安特生对化石特有的兴趣，当即出示了一些包在红色黏土中的碎骨片。"这是在周口店发现的，详细地点是一个叫鸡骨山的山崖左侧，这个鸡骨山是由于红土中随处可见到鸟类骨头而得名。前几天我到那里考察后亲自采到了这些粘有骨头碎片的泥块。"吉布教授得意地说着，将碎骨从泥块中剥下递给安特生。

"这些泥块是由充满特色的红土构成的，我发现这种土在周口店地区许多地方的石灰岩洞中均可见到。但引起我注意的是其中有许多小碎骨，大部分骨头是空腔的，显然属于鸟类骨头……"吉布教授的叙述对安特生来说极有诱惑力，这不仅仅是由于安特生涉猎广泛、知识渊博，激起他最大兴趣的还有在这之前的一个悬而未决的学案。

德国医生哈贝尔

20年前，一位叫哈贝尔的德国医生在北京行医期间，从中药店里买到了不少"龙骨"和"龙齿"。这位医生虽不是研究古脊椎动物化石的专家，但极具科学头脑的他很了解这些化石的学术意义。1903年，当哈贝尔离开中国时，他将买到的"龙骨"经过认真挑选，装在木箱内带回了他的国家。此后不久，哈贝尔把这批化石全部送给当时著名的德国古脊椎动物学家施洛塞尔教授研究。

施洛塞尔经过反复研究鉴定，惊奇地发现在众多的"龙齿"化石中，有两颗是人的牙齿，且有一颗属人的上第三臼齿——这是整个亚洲大陆破天荒的发现。

尼安德特人（Neanderthal Man）头盖骨化石

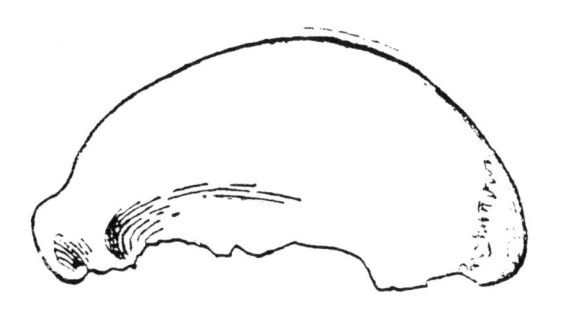

如果那时的施洛塞尔敢于公布他研究鉴定的真实成果，那么亚洲具有远古人类生息的事实论

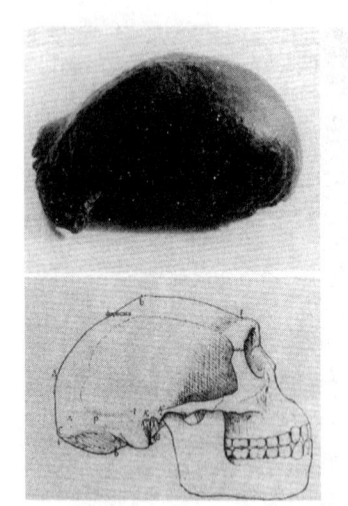

尼安德特人头盖骨化石（上）与爪哇人头骨化石复原图（下）

安特生在甘肃考察时所遇龙卷风，他认为"中国龙"形象的出现，可能与龙卷风有联系（引自《黄土地的儿女》）

断，将会提前23年公布于世，安特生的声名也不会在日后大放光彩，相反的是哈贝尔这位普通的医生将会占据报纸头条，成为传奇性人物并载入科学史册。但是，令施洛塞尔和哈贝尔遗憾终生的是，他们没敢正视眼前的事实，只把两颗人类牙齿当作类人猿的就匆匆公布于世了。

施洛塞尔和哈贝尔二人与伟大的发现荣光失之交臂。但是，这两颗牙齿还是引起了学术界的注意。因为早在1856年，就在德国发现了尼安德特人，1891年又在爪哇岛上发现了爪哇人（Java Man），而亚洲大陆却是一片空白。这一发现，不能不引起敏感的学术界重视。

安特生来华后，始终没有忘记施洛塞尔的研究成果，并隐约感到东亚大陆特别是中国这片神秘的土地，尚有一种未被参透的天机。他在广泛向中国科学界外籍朋友写信的同时，总要随信附上施洛塞尔关于中国动物化石的鉴定结果，并请他们注意收集和提供"龙骨"的线索和化石产地。

在广袤的中国大地上，很久就有了关于"龙"的传说和神话，商代已有"龙"字出现在甲骨卜辞上。1928年安阳殷墟发掘后，在《甲骨文编》一书中，收入的不同写法的"龙"字就达36个之多。正是这种传说中的"龙"具有神奇的能力，故中国的皇帝都喜欢把自己比作"龙"的化身，东方的中国在西方人的眼里，也就成了一个"龙"的世界。与"龙"密切相关的"龙骨"，在《山海经》一书中便有记载，并在很早以前就将"龙骨"药用，主要是用于镇惊、固涩、止泄等等，自秦汉《神农本草经》到明代李时珍的《本草纲目》均有记述。千百年来，不知有多少"龙骨"被人从山涧沟壑、岩穴洞窟中挖出来，晒干碾碎当成中药出售，而成千上

第一章 "龙骨"的启示

万的百姓又怀着对"龙骨"的崇拜和虔诚，把成千上万斤的"龙骨"制药熬汤吞入肚中。

安阳殷墟出土甲骨文中的"龙"字

到了安特生来中国的时代，科学界已经知道所谓"龙骨"，就是埋入地下的古脊椎动物化石，具体地说，是指大约在距今1200万年前到1万年前的上新世和更新世时期的哺乳动物化石，以犀、三趾马、鹿、牛、象、骆驼等动物的骨骼化石为多。但对远古人类化石是夹杂在"龙骨"之中，很少有人敢于大胆地做出科学推断。

然而，天才安特生却在思考这一问题，并迈上了探索之路。他的至诚似乎感动了上天，安特生的好运就此来临。

面对吉布教授赠送的一捧凌乱骨头，一个念头从安特生脑海中闪过。20年前哈贝尔在北京中药店买到"龙骨"，他当然不会确知它的详细产地，但来自华北地区是可以肯定的，因为华北地区是主要的"龙骨"产地，北京药店不会舍近求远从南方购买。也许，施洛塞尔发现的牙齿就来自周口店……想到这里，安特生的身体不由自主地抖动了一下，他不敢再想下去了，他不相信世界上真有这样偶然的巧合，但又不情愿否定这个念头。他按捺住心中急如潮涌的波澜，匆匆谢过吉布教授，回到自己的居室中默想起来。

许多年后，当安特生在他的《黄土地的儿女》一书中回

安特生在自己著作中所绘"中国龙"（引自《黄土地的儿女》）

019

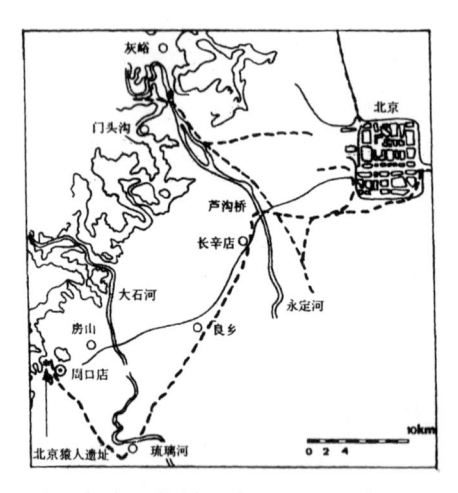

周口店地理位置示意图（裴文中绘）

当地烧石灰的土坑与备用石［引自《周口店记事（1927—1937）》，贾兰坡主编，上海科技出版社1999年版］

忆这段往事的时候，说："吉布的叙述太诱人了，所以我在同年的3月22日、23日去参观了这个地方。"

3月22日一大早，安特生从北京永定门外乘坐火车踏上了考察周口店的旅程。此时的他并未意识到迈出的这一步，对整个人类历史进程的研究意味着什么。

周口店位于北京西南大约50公里处，是一个极为普通的山野村镇。这个地点之所以被科学界发现并引起兴趣，是因为附近的燕山山脉因造山运动而沉积了距今4亿多年前的奥陶纪与寒武纪石灰岩，此外还有侏罗纪的砂岩，因地壳变更而形成的大理石和花岗岩石；等等。在奥陶纪与侏罗纪的地层中，夹有较厚的煤层，可供开采。上新世和更新世的堆积物更是随处可见而且保存齐全。

安特生根据麦格雷戈·吉布教授预先指明的路线，很快找到了周口店西南约两公里处的鸡骨山。这里最初引起科学家们的注意，就是在奥陶纪的石灰岩中有明显而较多的石灰石矿。安特生作为具有敏锐头脑和丰富经验的田野考古专家，刚一登上鸡骨山便发现，这一带烧石灰的、采煤的以及开采建筑材料的现象相当普遍，还有那一座座大小不一的石灰窑、煤矿和采石坑，也比比皆是。他很快了解到，烧石灰、采煤以及采集建筑材料，一直是这个小镇和附近居民的主要行业。因为这里没有多少可耕种的土地，居民们只得依靠这里独特的自然条件来维持生计。据说，自明代起，北京多数巨大建筑如故宫、明十三陵、清东陵、清西陵所用的石料和石灰，均来自这一带。吉布教授正是从这里的一种深红色砂质黏土中发现化石的。

安特生悄无声息地开始了他的田野考察。

他发现，眼前的深红色砂质黏土，是地壳变更之时，由于石灰岩断裂，黏土才得以填充进来。很明显，土层充满石灰岩洞，石灰岩炉膛将泥土中的物质小心地保存下来，并逐渐从填洞的土层转变成可分离的石柱，无数碎骨化石就粘贴在这独立高耸的石柱上。这宛如古塔似的石柱，离地面约5.5米，直径约1米。上面含化石堆积物的围岩差不多都被捷足先登的科学家剥光，不能轻易地摘取了。

安特生挥动考古探铲，开始在石柱的四周发掘。很快，他找到了两种啮齿类化石和一种食肉类化石，尤其是后一种化石收获颇丰。

太阳快落山的时候，安特生将采到的化石装了满满两个背包，兴冲冲地下了山。这位精明且有着科学头脑的瑞典人，没有像吉布教授那样急着回北京城向同行炫耀自己的发现，而是悄悄来到龙骨山一侧的乡间寺庙住了下来，静静地思考着所发现的一切。

入夜，山野空旷寂静，周口店陷入一片黑暗之中。四周除了偶尔传来几声狗叫，几乎听不见任何声响。安特生点燃一盏油灯，将装满了化石的皮包慢慢打开，小心翼翼地取出化石，一一观赏着，反复思考着，同时也不断幻想着，而内心涌起的，是多年来少有的惊喜与激动。如同他后来在自己的著作《黄土地的儿女》一书中所回忆的那样："我坐下来沉思默想，一系列地质结构的化石层所反映出来的动物发展进程深深地打动了我，就像现在电影画面一样，一切情节历历在目。这是一部没有尽头的、漫长而又闪烁着光彩的影片，在黑暗的剧院中不停地转动胶片，直至注入某种情绪，达到顶峰……"

然而，随着夜晚愈加宁静，思考愈加深入，幻想也愈加离奇，一个突然冒出的问题使安特生心绪难平。这就是，在周口店如此众多的开采者中，为什么所有的人都要小心地避开洞穴和裂缝中那些沾有碎骨的沉积物，而没有人将这些化石当作废渣抛弃，从而使之幸运地保存了下来？

带着这一疑问，第二天一早，安特生便专门跑去走访一些开采的民工。他没想到的是，这些没有文化的民工并未正面回答他的提问，而是向他讲述了这样一个传说——

很久很久以前，周口店有一个神秘的山洞，洞中住着一群狐狸。这群狐狸吞吃了周围所有的小鸡后，一部分狐狸便变成了神通广大的魔鬼。村民们试图杀死这些狐狸，但狐狸却用魔法把村民们变成了疯子。从此，再也没人敢靠近这个洞穴，更没有人敢去触碰洞中那些沾有碎骨的沉积物了……

这个近似希腊神话的传说，安特生当然不会相信。但又有什么理由来解释或者否认，这些极具科学价值的化石在千百年雨中未遭毁坏，与这个民间传说就毫无一点关系呢？

两天后，安特生回到了北京。他对周口店之行非常满意。能够在北京附近找到一处"龙骨"产地，不能不说是一件幸事。况且，这是安特生来华近四年来第一次发现骨化石。尽管骨骸很小，看起来属于普通的并可能是幸存下来的鸟的种类。但这个发现，毕竟为他解开施洛塞尔发现的人齿地点之谜，敞开了一扇透着些微曙光的门户。

可以说，日后周口店那轰动世界的考古发现，从安特生的这次考察开始就注定会发生。要不是1918年秋天，安特生派出考察的人员在河南发现的大批三趾马化石把他的兴趣吸引过去，或许，周口店那举世瞩目的发现比事实来得还要早些。但历史老人没有这样安排，刚刚来到祖先门前的安特生，探寻的脚步又步入了另一个拐点，而不经意间的一拐，居然引爆了20世纪另一项具有世界文化分期标志意义的伟大考古发现——仰韶文化遗址。

安特生的目光渐渐转向河南发现的三趾马化石并投入热情进行研究之后，1920年的秋天，他派中国助手刘长山去河南洛阳一带调查有没有"龙骨"，并收集第三纪的古脊椎动物化石，同时让他注意有无石器时代的发现。年底，刘长山在河南农民手中买了大量的三趾马化石，连同几百件石斧、石刀带回了北京。"这些石器都是从一个村的居民那里买来的。"刘长山对安特生说，"这个村叫仰韶村。在那里，农民搜集了他们土地中所有我想要的遗物。"

安特生见到这些石器后，顿时两眼放光，兴奋得手舞足蹈，他对刘长山说："我们已找到了亚洲大陆上第一个石器遗址，看来世界上公认的中国没有发现石器遗址的时代应该结束了！"

1921年4月18日，安特生与助手来到了离河南渑池县城六公里的仰韶村。在距仰韶村一公里的地方，横亘着一条峡谷，这条无名的峡谷后来由于安特生的到来而被世人所注目。在这个峡谷的北面，红色的第三纪泥土明显地裸露在谷底，并和一层满含灰土和陶片的泥土混在一起。凭着这些特征，安特生当即做出判断，这就是石器时代的堆积。安特生对谷底做了进一步的搜索，很快便在堆积物的最底层发现了一小块红色陶片，美丽磨光的表面上清晰地绘有黑色的花纹图案。稍后，他又连续发现了精美的彩绘罐状物。安特生几乎不敢相信，这些精美的彩陶和石器工具，居然会在同一地点！

面对这异乎寻常的重要堆积和丰富遗物，特别是容器片和磨光彩陶，安特生并未立即认识到其真正的学术价值和历史意义，只是后来他回到北京地质调查所图书馆，偶然翻阅了三本由庞帕莱撰写的1903年至1904年间，美国地质学家在俄属土耳其斯坦安诺（亚诺）考察的论文后，才幡然醒悟，并对这个令人迷惘的发现大大提高了热情。对于土耳其斯坦安诺所发现的陶器绘画碎片，庞帕莱认为应归于金属时代的早期，如果这个推断能够成立，那么，仰韶发现的陶片就与尼安德特晚期的文化有一定联系。由此可以推断仰韶的彩陶可能存在于史前时代。

1921年10月，瑞典地质学家安特生与中国地质学家袁复礼在仰韶村野外调查时所摄。左起：袁复礼、安特生、王村长、当地福音牧师（瑞典斯德哥尔摩远东古物博物馆提供）

寻找祖先

仰韶村之大部（安特生摄，以下均引自安特生《黄土地的儿女》）

问题一旦明了，安特生再也按捺不住心中的激情，同年秋天，在民国政府和地质调查所所长丁文江的大力支持下，他组织了一支训练有素的发掘队对仰韶村遗址进行了大规模的发掘。从安特生后来撰写的著名传记《黄土地的儿女》中，可以看到这位欧洲科学家此时的心情——

在中国助手的陪同下，我于10月27日到达仰韶村。这个地区不仅有如此丰富的地质遗迹，而且其早期历史的遗迹也让人惊叹不已。只要望一眼，你就会在这儿看到汉代的坟墓和出土的青铜器，而晚些时期的建筑和纪念碑群在北部的石灰岩上随处可见。更为醒目的一座古寺和两座古城堡，看上去都经历了和平时期的安宁和战乱时代的磨难。那一个个受人尊敬的传说人物，在村落旁的路边立着的精美雕刻的石碑上可清晰地见到。我深深地感受到对这富饶、文明村落

安特生所见到的一座汉墓出土瓦片刻有龙的图案

024

第一章 "龙骨"的启示

的虔诚和神圣崇拜，很难想象石碑下的早期伟人对我们努力探索这庄严神圣的史前遗迹是什么感受。在这里，我惊喜地看到，石器时代的村落发展和遥远的地质堆积物的发现，都将与我们所知的这地区早期人类历史活动链条般地衔接在一起了……

仰韶史前遗址的发现与发掘，尽管比在美索不达米亚苏萨地区发现彩陶几乎晚了半个世纪，但它却标志着具有划时代意义的田野考古学在欧亚大陆上最古老的国家之一——中国的开始。具有史前历史的彩陶的发现使上古中国的盛世时代，不再是一个推测或近似怪诞的想象。仰韶遗址发掘的资料表明，先进的农业社会包含的内容不仅与传说中的记载有关，而且与中亚的史前史有着极其密切的联系。这些发现物打破了西方历史学家一贯认为的东亚是印度-欧罗巴文明界外的神话，它以无可辩驳的事实再次提醒西方历史学家，东西亚文明并不像他们所想象的那样是独立分开的。

仰韶文化时期的陶制小口尖底瓶汲水器

仰韶遗址的文化堆积层（安特生摄）

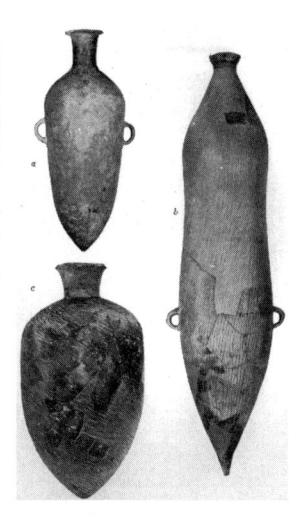

仰韶遗址出土的陶器尖底瓶（安特生摄）

025

仰韶文化因在中国的历史上属于首次发现，且通过各种专业和通俗性的报道，发掘成果得到广泛传播，使这一文化遗址很快闻名于世，安特生也因此获得了非凡的声誉。无论是中国的还是外国的学者，都一致认为仰韶遗址是中国现代考古学的源头，它不仅促成了中国的第一个考古学文化——仰韶文化的诞生，还为中国的学者带来了一套欧洲先进的田野发掘方法——这套方法在整个20世纪都被中国的考古学家所沿用。

继仰韶遗址发掘之后，名声大噪的安特生又于1923至1924年两年间跑遍了大半个甘肃，发现了许多著名的新石器时代晚期和铜石并用时代的村落、基地遗址。1925年夏天，他开始与协和医学院的步达生教授一起筹备一项以新疆为地点的中亚考察项目，计划用两年时间在这个地区开展内容包括考古学、地质学和人类学三个方面的考察研究工作。这个考察计划于1926年初获得瑞典科学研究委员会和美国洛克菲勒基金会（Rockefeller Foundation）的支持。正当安特生准备在二十年前斯文·赫定一举成名的大漠深处大显身手，弥补当年的遗憾之时，却意外地传来了在周口店发现远古人类的消息。

叩开"北京人"的大门

1921年初夏，奥地利古生物学家师丹斯基听从瑞典乌普萨拉大学维曼教授的建议来到中国。由于维曼的热情介绍和举荐，安特生准备和这位刚刚取得博士学位的年轻人合作三年，主要从事三趾马动物群化石的发掘和研究。此时的安特生已经在这个领域的发掘和研究中初见成效并可望获得非凡的成果。

只是，安特生仍没有忘记施洛塞尔留下的那个谜。当师丹斯基到北京后，安特生便安排他先去周口店的鸡骨山进行发掘，公开的理由是让这位年轻人体验一下中国的农村生活，以便日后工作。其实安特生心中另有打算。

历史在兜了一个小圈之后，师丹斯基又不知不觉地走进了人类祖先的家园。

这一年的8月某日，安特生和葛兰阶博士一起来到周口店看望师丹斯基。葛兰阶是美国自然历史博物馆派往中国的著名古生物学家,其主要任务是协助由安德鲁和李契夫曼领导的考察团在蒙古的探索工作,他是作为该团的首席古生物学家出现在中国土地上的。

安特生邀请这位他尊敬的古生物学家同去周口店的目的,除了看一下师丹斯基的发掘进程,重要的是让葛兰阶传授美国先进的发掘技术,因为美国的古脊椎动物以及古生物学家,在发掘技术上已取得了遥遥领先于世界其他各国科学家的惊人的进步。

此时的师丹斯基已在安特生1918年住过的乡村寺庙中建立起他的田野发掘指挥部,安特生和葛兰阶在寺庙稍做休息后,随师丹斯基一道向鸡骨山走去。在发掘现场,葛兰阶传授和示范了美国的先进田野考古技术,并找到了一些容易漏掉的小碎骨化石。按照他的理论,在发掘中不能放过任何哪怕是极为细小的线索。

当安特生等人坐在工作现场休息时,从山下走来一位40岁左右的中年汉子。中年人先是好奇地看了看眼前的几位长鼻子洋人,又在发掘现场转了一圈,突然转身说:"你们是要挖'龙骨'吧?离这儿不远有个地方,可以挖到更多更好的'龙骨',没有必要在这里费劲了……"

安特生猛地站了起来,他清楚地知道中国人对"龙骨"的开采和收集已具有相当长的历史了。周口店从什么时候开始发现和开采"龙骨"他不知道,但据他1918年的那次访问调查,此处几乎每家都有"龙骨"收藏,有的卖给药店,专供人往肚子里喝,用以救治内病;有的则被当作一种外伤

师丹斯基画像

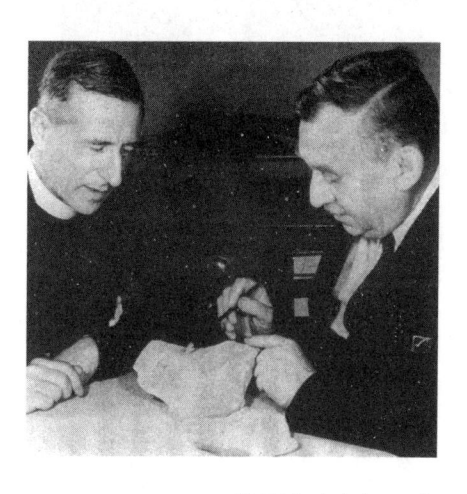

葛兰阶(右)正在研究周口店出土的化石标本,在旁观看者为法国古物学家德日进(斯德哥尔摩远东古物博物馆提供)

周口店老牛沟北坡上的明代建筑永寿寺，此处是考古人员歇息坐卧的地方

1921年周口店发掘现场，左一面为师丹斯基，右面是葛兰阶（斯德哥尔摩远东古物博物馆提供）

药，可以止血愈伤。一堆堆朽骨被研成粉末撒到刀割或创伤的裂口上，确有止血愈伤的作用，因而特别受在野外干粗活的劳动者青睐。从1918年安特生来周口店那时起，他在心中就做着这样的结论：也许当年哈贝尔收购的"龙骨"就来自这个荒野山坡之中。

安特生不能错过这个线索，他在详细地询问了中年汉子后，便整理好工具包，同师丹斯基、葛兰阶一起跟中年人向北方一座石灰岩山走去。

很快到达新地点。这里距周口店火车站西150米左右，是一个地势较高的早已被废弃的石灰矿。矿墙约10米高，面向北方，成直角状陡立着，看上去极其危险，用不了几场风雨，便有倒塌的可能。中年人指着一条填满堆积物的裂隙说："'龙骨'就在那里头，你们挖下去，保证有好多好多。"

安特生等人小心地来到裂隙前，只见堆积物由石灰岩碎片、砂土和大动物的碎骨组成，并被石灰岩溶液紧紧地胶黏

在一起。几个人搜索了很短时间，就发现了一件猪的下颌骨。

猪骨化石的发现，说明这是一处比鸡骨山更有希望的化石地点，这无疑是一个好的兆头。几个人在堆积层中一直搜索到傍晚，才怀揣伟大发现的梦想返回寺庙休息。

当天晚上，几个人坐下来仔细鉴别采到的各种骨骼化石。葛兰阶拿起一件奇异的下颌骨反复琢磨后，举棋不定地递给安特生。尽管这件下颌骨的牙齿已经缺失，但安特生还是凭借自己丰富的田野考古经验及独到慧眼，大胆推测出那是一种鹿骨化石。这一论断，很快得到了证实。

第二天清晨，安特生一行在太阳的光照中沿一条直路，从居住的寺庙向一处名叫"老牛沟"的新地点走去。

新的调查收获出乎意料，采到的化石不仅有与先前相同的看似奇异的下颌骨，而且牙齿保存完好，葛兰阶经过仔细鉴别，赞同安特生先前的论断，并在以后的研究中正式确定其名为"肿骨鹿"动物化石。而和"肿骨鹿"同时采到的还有犀牛牙齿、鬣狗的下颌骨、熊类的颌骨碎片……这一切的发现预示着发现人类祖先的大门即将敞开。

晚上，几个人在破旧的寺庙里喝着掺水的烈酒，庆贺这预示着美好未来的发现。安特生决定让师丹斯基在"老牛沟"继续发掘，他和葛兰阶返回北京。许多年后，安特生在他的回忆录中说，这一夜，大家激动得几乎没有闭眼。当翌日清晨准备冒雨踏上回北京的列车时，山下坝儿河的洪水猛涨，暴雨狂卷着水流从山谷奔腾而下，切断了去路，二人只好望洋兴叹。直到第四天清晨雨过天晴之后，安特生与葛兰阶才赤裸着身子，蹚过齐胸深的水向车站走去。

令安特生永生难忘的是，在波滚浪涌的河边，当他和师丹斯基握手作别时，面对朝霞映照下的龙骨山，他说出了这样一句意味深长的话："总有一天，这个地点将成为考察人类历史最神圣的朝圣地之一。"

回到北京，安特生对师丹斯基的发掘工作仍不放心。几天后，他又来到周口店。

这次，他从已发掘的堆积物中注意到一些白色带刃的石英碎片，并观察到岩洞旁的石灰岩中有一条狭窄的石英脉矿，这条脉矿从山顶一直延伸到发掘地。

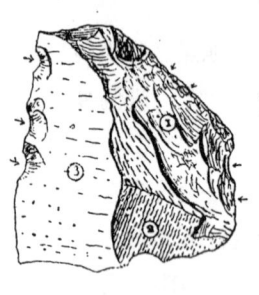

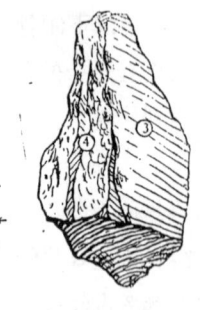

周口店山上堆积层中的石器（引自《黄土地的儿女》）

师丹斯基在周口店组织发掘时所画现场开采情形（引自《黄土地的儿女》）

带有锋利刃口的石英碎片的出现，令安特生蓦然意识到这是人类在原始起源时所用的工具，因为最早期简陋的工具不是由人类祖先加工制造的，而是从他们经过的路旁的山野丛林中捡到的。从发掘的带有利刃的数量来看，只有原始人类居住在周口店附近，才会有如此集中并大致相同的石英碎片。这些锋利的刃口，正是祖先用来切割他们捕捉的兽肉的。

安特生做出这一推断的同时，用手中的石英碎片敲着岩墙对师丹斯基说："我有一种预感，我们祖先的遗骸就躺在这里，现在唯一的问题是如何找到它。如果有可能，你把这个洞穴一直挖到空为止。"

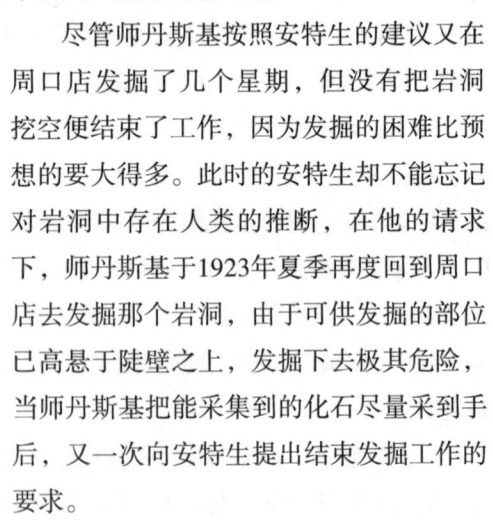

尽管师丹斯基按照安特生的建议又在周口店发掘了几个星期，但没有把岩洞挖空便结束了工作，因为发掘的困难比预想的要大得多。此时的安特生却不能忘记对岩洞中存在人类的推断，在他的请求下，师丹斯基于1923年夏季再度回到周口店去发掘那个岩洞，由于可供发掘的部位已高悬于陡壁之上，发掘下去极其危险，当师丹斯基把能采集到的化石尽量采到手后，又一次向安特生提出结束发掘工作的要求。

"对这个地点，我始终充满存在人类遗骸的希望。"安特生企图再度挽留这位年轻人，但师丹斯基决心已定，当他把能够采集到的化石尽量采到手后，不再顾及安特生的劝阻，匆匆结束发掘工作，带上化石返回欧洲，在乌普萨拉大学开始了周口店化石标本的研究。

第一章 "龙骨"的启示

1921年和1923年对周口店的调查发掘，没有使安特生立即实现找到远古人类遗骸的梦想。其实，他的好梦已经成真，只不过他当时未曾会意而已。早在1921年初次发掘时，堆积物中就有一颗人的牙齿，当时的师丹斯基并未辨别出它的真容，意识到它的价值，只当作类人猿的一颗普通牙齿而置于一边，并且直到1923年在《中国地质调查简报》上发表周口店工作报告时仍只字未提。直到1926年夏天，师丹斯基在乌普萨拉古生物研究室整理标本时，从发掘的化石中认出一颗明确的人的牙齿之后，才同第一颗联系起来并恍然大悟。

1926年7月某日，在北京的安特生接到了瑞典政府发来的信件，内容是瑞典皇太子偕太子妃已于5月动身做环球旅行，现已抵达美国并很快转往日本和中国，瑞典政府请安特生于皇太子抵达日本东京前，做好在科学界方面的安排，然后共同前往中国。

维曼教授画像（引自《黄土地的儿女》）

这位皇太子就是后来成为瑞典国王的古斯塔夫六世·阿道夫，他出生于1882年，直到1973年91岁时才在斯德哥尔摩去世。这是一位学识渊博、享有国际声誉的政治家、考古学家和文物鉴赏家、收藏家。当时，他担任着瑞典科学研究委员会会长的职务，这个机构掌管包括中国在内的瑞典科学家进行地质学、古生物学和考古学方面的考察、研究经费。安特生在中国所进行的古生物和考古调查发掘的经费，大部分由这个机构提供。

因此，在东亚科学界，选择安特生出面安排皇太子的活动是极其自然和恰当的。

安特生接信后，立刻由北京动身前往日本东京迎接。在离开中国之前，他对皇太子在中国的活动也预先做了安排。他深知这位皇太子

的才学和嗜好，如果让皇太子在中国接触有关考古和艺术研究领域的人与物，将会有特殊的意义。他还相信安排包括其他科学领域在内的一个科研会议，北京的中外学者可能会借此机会宣布一些尚未公开的科研成果。那么，在这个会议上，安特生本人也可以借机公布自己的考察研究成果而出出风头——这是件"一箭多雕""一石多鸟"的大好事。

安特生迅速给乌普萨拉大学研究所的维曼教授写信，向他索求关于自己在中国发掘化石的有关资料。前面已经提及，安特生在中国发现发掘的古生物化石，不是留在中国，而是运往瑞典供维曼教授研究。他与维曼的合作是令人愉快的，只是安特生没有想到，对方传来的研究报告竟让他目瞪口呆。

1926年10月17日，瑞典皇太子偕太子妃在安特生等人的陪同下，从日本来到北京。

安特生一回到工作室，就见到了维曼教授寄来的研究报告，内容包括在河南、山东发现的恐龙以及一些很奇特的长颈鹿和三趾马等化石的重要研究成果。最令安特生感到震惊的，是师丹斯基在周口店关于两颗人类牙齿的发现，维曼教授将这远古人类祖先牙齿的幻灯片和研究成果一同寄来。

安特生对周口店存在早期人类的神奇梦想终于成为现实。

10月22日下午2时，以中国科学界人士为东道主的欢迎大会在北京协和医学院礼堂举行，出席大会的有来自北京和天津的中外学者和知名人士。继丁文江之后继任的中国地质调查所所长翁文灏在会上致欢迎词，皇太子接着致答谢词。第一位做学术报告的是中国著名的政治活动家和学者梁启超，他做了题为《中国考古

1926年10月18日，《晨报》登载瑞典皇储抵京的消息

第一章 "龙骨"的启示

学的过去、现在和将来》的长篇报告。就当时梁启超在中国乃至世界的学术声誉，他在这样的场合第一个演讲是理所当然的。

继梁启超之后，在华的法国古生物学家德日进报告他和法国博物学家桑志华在鄂尔多斯高原考察的收获。德日进是应天津北疆博物馆（现天津自然博物馆）创始人桑志华神父的邀请来到东亚进行工作的。世所公认，法国科学家对人类远古的研究和探索极具科学的前瞻性，在近一个世纪中，法国考古界在世界上一直处于主导地位，而德日进和桑志华两位神父在中国的考察成就早被世界所熟知，欢迎皇太子的盛会当然应该有法国人参加并做演讲。

由安特生做报告的时候终于到来了，他是作为压台人物最后一个登场的。

安特生先是代表维曼教授介绍了在乌普萨拉大学关于古生物研究的最新成果，接下来做了题为《亚洲的第三纪人类——周口店的发现》的长篇报告：

……周口店动物群可能是上新世的。师丹斯基博士亦持有同样的看法。

1926年瑞典王储参观位于故宫内的北京古物研究所时，在武英殿前留影（故宫博物院提供）

维曼教授研究室所绘古代周口店犀牛颌骨

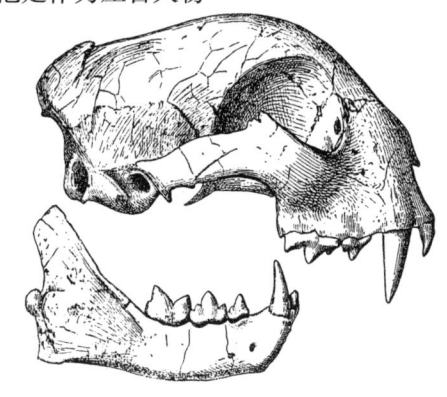

维曼教授与他根据周口店发掘遗物复原的恐龙残骸（引自《黄土地的儿女》）

不过根据研究，这个遗址的层位可能是早更新世的。不管它是属于第三纪晚期还是第四纪早期，有一个明显的事实不会改变：具有完整而确实的地质资料的古老的人类化石，已经在亚洲大陆的喜马拉雅山以北首次发现。因此，早期人类曾在亚洲东部存在这一事实，现在已经不再是一种猜测了。

……

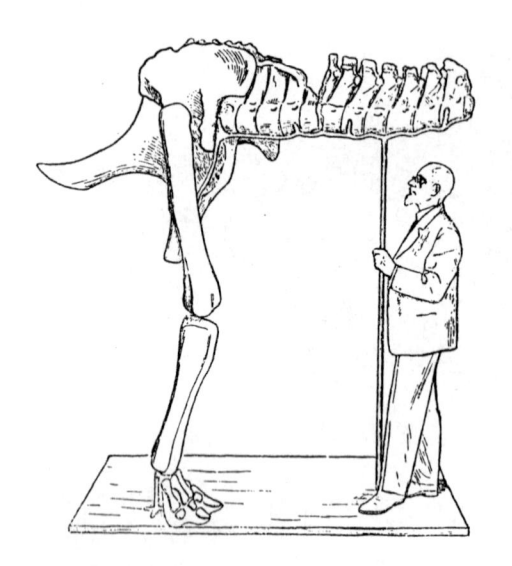

现在比较清楚，在第三纪末或第四纪初，亚洲东部确实存在人类或与人类关系十分密切的类人猿。这一点在史前人类学领域里是至关重要的。因为差不多在这个时候，也有猿人生活在爪哇，曙人生活在英国的皮尔唐①，海德堡人生活在德国的茅厄尔。这些种类实际上是同时代的。它们从中亚高原各自向东、向东南和向西迁移了同样远，并到达它们后来居住的地区。中亚高原的某个地方看来非常可能和上述种类的共同分化中心恰好是吻合的。所以，周口店的发现给人类起源于中亚的假说提供了强有力的证据，在一连串链条中又增加了重要一环。

安特生的报告使几乎所有的与会者都蒙了，因为在亚洲大陆上从未发现过年代如此久远的人类化石，在这个板块上哪怕是一丁点关于人类化石的消息，都会使人感到震惊。

论文演讲完毕长达一分钟的时间内，台下仍然没有丝毫的反应。安特生知道之所以会出现如此的局面，是因为这个消息的震撼太强大了，哪怕是极有预见的科学家，面对这个消息所产生的冲击波也无法立即适应。

安特生顾不得听取众人的反响，他相信他们会清醒并由

第一章 "龙骨"的启示

此对自己这一伟大的划时代发现投以敬慕之情的。现在最要紧的是使大家尽快相信这是事实而不是梦幻。于是，他开始放映这两颗人类牙齿的幻灯片并向台下听众做讲解。

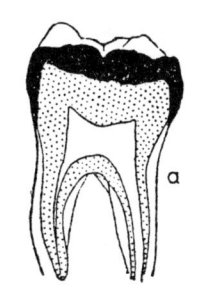

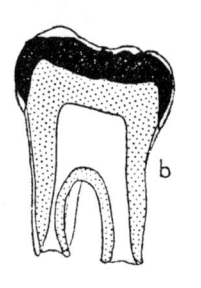

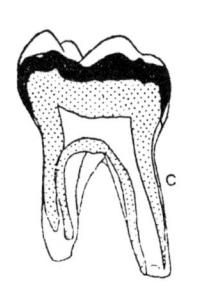

左下第一白齿对比图：a.10岁的中国小孩；b.中国猿人；c.青年黑猩猩（引自《黄土地的儿女》）

安特生的心机没有白费，一切都如他预想的那样顺利和自然。幻灯片刚一放完，全场一片沸腾……

经与会的美国地质学家和古生物学家，时在北京大学地质系任教并兼任中国地质调查所首席古生物学家、中外科学家公认的学术团体领袖葛利普教授提议，这一人类种属被称为"北京人"。

随后几天，中外新闻媒体纷纷报道了这个震撼人心的消息。10月24日，《晨报》以《周口店发见之最古人类牙齿》为题，在显著位置做了如下报道：

安氏发表其重要科学的发现，位于北京二十五英里[②]地内，曾掘得人类之牙齿一枚，已变成化石。此乃世界前古之人类的化石，不仅其年代久远，关系重要，即此足证北亚洲实为人种之发源地云云。此篇论文，系在前晚欢迎瑞典皇储席上发表。北大生物学

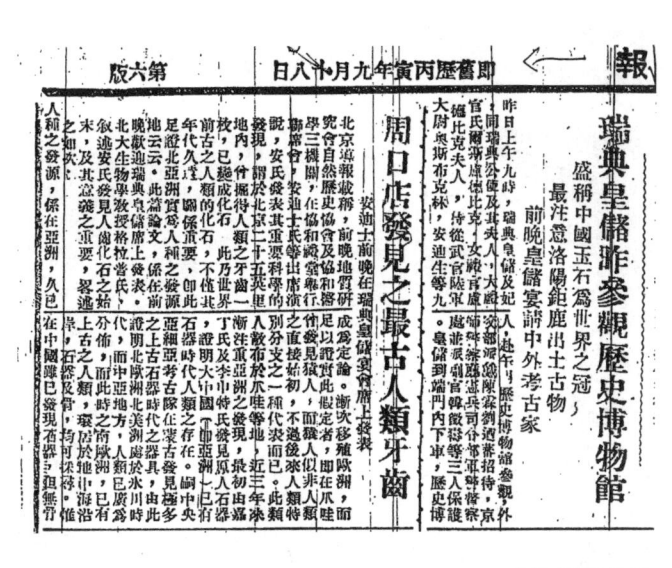

《晨报》报道

教授格拉普氏（葛利普），叙述安氏发现人齿化石之始末，及其意义之重要，各述之如次：

人种之发源，系在亚洲，久已成为定论。渐次移植欧洲，而足以证实此假定者，即在爪哇曾发现猿人，而猿人似非人类之直接始初，不过后来人类特别分支之一种代表而已。此类人散布于爪哇等地，近三年来渐注重亚洲之发现，最初由嘉丁氏及李申特氏发现原人石器，证明大中国（即亚洲）已有石器时代人类之存在。嗣中央亚细亚考古队在蒙古发现极多之上古石器时代之器具，由此证明北欧洲北美洲处于冰川时代，而中亚地方，人类已广为分布，而此时之南欧洲，已有上古之人类，环居于地中海沿岸，石器及骨，均可采寻。惟在中国虽已发现石器，但无骨骸可考，仅德国古生物学家施罗士尔散（施洛塞尔），于1903年在北京药店，购得人齿一枚，或即第三纪时代之物。但其来源无徵。若与今日安氏在北京附近所发现之人齿，其价值年代之久远，不可同义而语，而开科学之新纪元。……而此种发见之所以重要者，即在人类残骨留存年代之久远，殊令人可惊。即就慎重之估计，其年代当在五十万年以上，亦有推算近一百万年者。总之其为最古人类之残屑，毫无疑义。又该科学家等已正式公布此种古人迹之发现，将定名为"北京人"，并称此种极珍贵之"北京人"，已与世界最古之其他二原人遗迹，即"皮特当人"与"黑德令人"③将并陈列于欧陆之远古博物院内，以供世界考古学家之研究。又谓

最早发现的三颗"北京人"牙齿化石，现收藏于瑞典乌普萨拉大学古生物研究所（引自《北京原人》，黄慰文著，浙江文艺出版社2005年版）

此种发现公布后,举世人类将对于北京及中国人种发生新趣味云云。

"北京人"横空出世,把安特生的事业推上了辉煌的顶峰,并使他的名字在科学历史史册中理所当然地占据了一席之地。安特生盛名的光环使他同时代的地质学家和考古学家都黯然失色。瑞典民族良好的形象给安特生提供了成功的机遇,安特生不负众望,他的巨大成功又为瑞典民族涂上了一层耀眼的色彩。

接下来,便是一个举世闻名的世界性科学发掘计划,这个计划使一切致力于东亚特别是中国考察的科学家,都以无上崇敬和羡慕之情向周口店集结而来。哪怕稍有一点科学考察知识的人都有预感,安特生的发现,只不过刚刚揭开远古人类帷幕的一角,在它的后边将会有更加辉煌迷人的风景。

注释:

①后经科学家研究是伪造的。

②英制中的长度单位。1英里=1.609千米。——编者注

③"皮特当人"与"黑德令人",今译作"皮尔唐人"与"海德堡人"。

第二章 「北京人」横空出世

——寻找祖先——

❀中美合作发掘计划

在向周口店云集的科学大军中，捷足先登的是步达生教授。这位来自加拿大的世界一流学者，在美国洛克菲勒基金会建立的北京协和医学院成立之初，就应聘来华并被任命为解剖学教授，主要从事中国人的体质特征研究。他和安特生有良好的共事关系，安氏进行仰韶村遗址发掘时，就积极邀请其参与工作。步达生不负厚望，在墓地调查中提供了很多重要的线索。后来安特生请他准备一个关于研究仰韶村出土骸骨资料的专题报告，步达生热情合作，很快写出了颇受科学界重视的论文，题为《奉天沙锅屯及河南仰韶村之古代人骨与近代华北人骨之比较》，这篇论文为安特生的成名奠定了理论基础。随后，步达生又开始对中国华北人遗骸特征进行研究，其论证之缜密、质量之高，作为中国人体质人类学领域的经典论文之一，成为后来的人类学家很难逾越的高峰。

在田野调查中的步达生（贾兰坡提供）

尽管步达生和安特生于1926年初筹备的那项以新疆为目的地的中亚考察项目得到了瑞典科学研究委员会和美国洛克菲勒基金会的支持，但由于周口店的意外发现与强烈的震撼力，他们很快放弃了这个计划，而是盯上了"北京人"，并为进一步发掘事宜热切地奔波起来。步达生凭借他的职位和他在学术界的影响力，迅速找到北京协和医学院（南按：当时尚称学校）院长胡顿（又译胡恒德），要求更改先前的中亚考察计划，把资助经费用于周口店的发掘和筹建一个体质人类学研究机构。

北京协和医学院及其附属医院，为美国基督教会创办，

第二章 "北京人"横空出世

同后来的燕京大学有着密切关系。晚清与民国初年，国外各门各派的教会纷纷向中国渗透，如著名的圣公会、美以美会、长老会、公理会等。位于北京的"协和"和"燕京"皆为公理会创办，其庞大的经济来源，主要来自教会本身和美国各大财团，如煤油大王、钢铁大王、摩根财团、洛克菲勒财团等，这些财团对"协和"和"燕京"都有大量捐款。当时的协和医学院尽管坐落于中国北京，却在美国纽约州立案，其毕业生受领的是纽约州州长签字的羊皮文凭。入校学生要取得一纸羊皮文凭，一般需在燕大和协和两个学校努力八年方可得到，一般先在燕大读习三年医学预科，然后转协和学医学。后来在中国医学界颇为著名的妇科专家林巧稚，就是在这样的体制下完成了八年学业，又毕生从事医疗事业的一个杰出代表。

位于北京东单的协和大楼由十几座五层、四层、三层的古典建筑群组成。占地几千平方米，协和礼堂与附属医院皆与大楼连在一起，全部为绿色琉璃瓦大屋檐宫殿式建筑，其内部装修的是当时最考究、先进的西式设备，包括水汀管、门锁、抽水马桶等等，这些设备全是一色从美国用轮船输送而来。楼群的四周是一条用磨砖构筑的高大围墙，围墙除东南角毗邻外部建筑外，其他三面都是走得通的胡同。其建造工艺之精湛、内部构造之严谨、外观之华美，整个东亚未有

1917年9月24日，北京协和医学院奠基典礼，其建筑工程包括教学楼、办公楼、医院、礼堂、动力房等14座楼房，占地22.6公顷（本图及以下均为协和医学院提供）

041

匹敌者。在一些中国人的心目中,这个庞大豪华的建筑群实际地位胜过故宫;在部分外国人的心目中,它则比法国的卢浮宫更为珍贵和重要。

有史可考的是,协和大楼的主体建筑群是在清王朝的豫亲王府拆除后,在原地兴建而成。第一代豫亲王多铎,是皇太极第十五子,与多尔衮同时入关。这个混账种子敢于打死仗、打硬仗,在满族人心目中战功赫赫。清朝定鼎中原后,他被封为亲王,加世袭罔替,是摄政王多尔衮最宠信的一位亲王。最后一代豫亲王名懋林,受封于光绪二十四年(1898),其时大清帝国已是日暮途穷。随着辛亥革命兴起、民国建立、大清帝国土崩瓦解等一系列重大历史事件相继发生,那些攀附在枯树上的众位亲王,像猴子一样纷纷散去,是谓树倒猢狲散。散掉的猴亲蚁戚们各自谋划出路,京城内的王府成为最后的肥肉,纷纷出卖。就在这个时候,早已散了架的豫亲王府卖给了由美国人主持的财大气粗的协和医学院,其价格为十万两银元,约合三万美元,不足两千两黄金。

据说,协和方面在这座王府盖新楼挖地基时,无意中掘出了大量窖藏,内含整缸的银元宝、金元宝,以及名目繁多的金银财宝。数额之巨,价值之大,不但超过了购买整座王府的地价与房价,而且抵得上协和大楼的造价。有知情者认

北京协和医学院全景

为，像这样的王府深宅，窖藏二三十万两银子、上万两黄金，是很平常的事情。只要回忆一下当年老豫亲王多铎在朝野内外的声势，即可想见府邸窖藏之富。老豫亲王去世后，藏宝行动应该还在继续，只是慢慢在家族中式微，直到乱世来临方才绝迹。可惜那些傻瓜子孙太不争气，竟连祖宗埋下的金银财宝都一无所知，阴差阳错地落入了美国人的腰包。想想当年一座王府仅卖得约三万美元的价钱，只要拆几根金丝楠木房柁就抵销不少，何况如此庞大的窖藏财宝。如此奇闻轶事，一直令后人为多铎这些败家的后世子孙唏嘘慨叹。

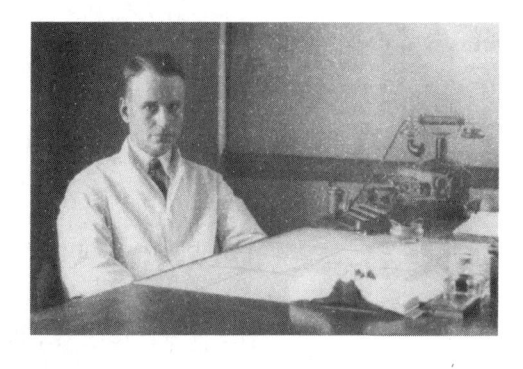

协和医学院第一任校长麦克莱恩（Franklin C. McLean）

无论如何，气势磅礴、美轮美奂的协和大楼，是在北京城最昂贵的地段拔地而起的。整个建筑群分东西南北四门，南面正门在东单三条，是医学院的大门。其附属医院之门，正对帅府园。东面的后门，供医生、护士等工作人员出入。连通的东单北大街，有护士楼、教授宿舍。北面为边门，是通机器房、厨房、进煤出灰的出入口。整个建筑群显得大而不乱、秩序井然，充分表现了美国人的生活方式与精神层面上的审美追求。

鼎盛时期的协和号称世界一流的医学院与附属医院，医护人员的治疗护理技术与相应的设备具有世界领先地位，当时整个东亚唯一的一台"铁肺"就在协和。1937年春，美国煤油大王的儿子到北平游览，突然发病倒地，口吐白沫不省

协和医学院1941年的毕业典礼。走在最前面手持金箍环绕纪念牌者是"学生司仪"吴阶平，担任学生司仪乃协和毕业生的极高荣誉。

人事，幸亏住进协和靠这台"铁肺"的效力保住了一条小命。当这位康复的儿子在协和医学院两名高级美女护士的陪同下，乘专列赴天津塘沽，再转乘煤油大王专程派来的豪华邮轮打道回府时，中外媒体纷纷报道此事，协和医学院的名声一下子响遍世界。正是协和医学院所具有的世界性地位和声名，才为后来周口店一系列发掘计划埋下了伏笔。

早在1925年夏天，步达生在筹备那项以新疆为目的地的中亚考察计划时，就曾有过设立体质人类学研究机构的设想。为这个设想的实现，他不止一次地找过洛克菲勒基金会研究部主任埃德温·恩布里，请求给予资金上的帮助，而恩布里的答复是：在提出任何计划之前，洛克菲勒基金会首先必须得到一个保证，即所提出的建议将是中国科学界认为可以接受的，也就是说这个研究机构需要中国方面参与合作，中国地质调查所是一个最理想的合作单位，因为这个研究机构将能够直接促进地质调查所自己的发展计划。如果这项合作能够成功，那么，可在北京建立一个古代人类遗骸博物馆，用以收藏和陈列所发掘的材料，基金会所付出的用于田野考察和研究方面的资金，可从博物馆的门票等方面逐渐收回。

步达生取得了洛克菲勒基金会的初步支持，很快写信给中国地质调查所的创办者和所长丁文江。未久，步达生得到了丁文江下述的保证和答复："您不必怀疑中国科学家们对建立一个体质人类学研究机构的态度。虽然我不能代表别人讲话，不过我确信您将会得到我们全体关心科学研究的同胞的衷心支持。"

正当步达生的热情奔波获得初步成

丁文江

功之时，周口店发现远古人类遗骸的消息适时传出并引起世界性轰动，极度兴奋的步达生立即决定将这项发掘和研究事宜纳入他和安特生合作的中亚考察计划之中。在与北京协和医学院院长胡顿一番协商后，步达生又来到北京兵马司胡同9号中国地质调查所与翁文灏所长会谈。在不拘礼节的氛围中，步达生陈述了自己的计划和见地："依我看来，在周口店发现上新世晚期或更新世早期的人类或与人类有密切关系的类人猿化石，是史前人类学领域中的一项带有根本意义的重要发现。现在很清楚，在第三纪后期或第四纪早期，东亚确实存在过人或者同人十分密切的类型。在这个时间的前后，也有猿人生活在爪哇、曙人（Eoanthropus）生活在皮尔唐（Pildown）、海德堡人生活在茅厄尔。实际上所有这些类型都是同时的。它们由中亚高原各自向东、向西南和向西移动了一样远。这足以表明，中亚高原最可能是它们的共同分化中心。因此，周口店的发现，立刻给我们计划的中亚考察团以一个补充的推动力，它敦促考察团在出发前先着手一个最重要的有联系的追加项目，即周口店的发掘和研究……"

步达生的计划，得到了翁文灏同意和赞许。谈话结束时，翁文灏提议最好以信件的形式交换两人的谈话内容，以作为中外官方正式签署的合同。

一个星期后，步达生将信件寄于翁文灏。信中说道：

我起草了一份关于周口店研究计划和成立一个体质人类学研究机构的申请报告给胡恒德博士。我必须再次强调，我起草的计划是纯属提案性质的，如果要全部兑现，首先必须得到洛克菲勒基金会研究部和中国地质调查所两方面的赞助和支持……在希望得到这样的人的问题上，我和胡恒德博士充分摆出理由，请他向洛克菲勒基金会研究部申请每年拨给一万二千美元的为期两年的经费。这笔经费归我们处理，以支付一位专门研究周口店的古脊椎动物学家的薪水和野外工作费用。提出这个申请时，下述各点首先得到强调：

（1）本研究项目采取同中国地质调查所合作的方式进行；

（2）所获得的材料准备用于研究，人类及类人猿化石由我掌握研究，论文在《中国古生物志》上发表，其他方面的材料则由地质调查所研究并永久保管。

其次，在做出这个申请时明确：虽然在上面提到的两年的预算以外，没有请求另外的款项，但是周口店研究应该有一个附加的目的，那就是使这项研究成为一个核心，围绕它将来会组织其他合作项目，并且最终发展成为下面起草的那样的一个研究机构。

翁文灏接到来信的两天之后，即给步达生写了一封既维护国家权益，又尊重外国专家意见的复信。这封信及后来达成的周口店发掘协议书，均被后来主持周口店山顶洞人发掘的著名古人类学家贾兰坡收藏。信的原文如下：

我已收到您十六日寄来的关于我们那次谈话的来信。您在信里，对所谈合作项目提出了一个一般轮廓的提案。对于这个有着高度科学意味的提案，我甚感满意。我认为，对地质调查所来说，能有您的合作是莫大的荣幸。总的说来，我同意您在信中所起草的建议。有几点在这里再略加说明，这样做也许比上次谈话时我所说的要更加清楚一些。

关于周口店研究：我完全赞同您对周口店研究所提出的建议。

为此，地质调查所将派一名目前在德国的中国古脊椎动物学家到瑞典熟悉和研究先前从周口店采集的材料。这样做，可以使他将来能够和您提出参加此项工作的另一位古生物学家合作得更好。在需要的时候，调查所还可以提供一位或两位地质学家担负地形学和地质学的调查。调查所可以资助一小部分工作经费。不过，我们认为经费最好全部依靠洛克菲勒基金会研究部提供。

我对于提出的有关材料分配和人类及其他化石的研究成果都在《中国古生物志》上发表的建议深感满意。勿须多说，根据这个建议，留在您处的骨骼材料应永久保管在中国，而不论体质人类学研究机构的方案将来实现与否。

我们调查的最近期目标是周口店。但研究工作最终可以扩展到今后我们可能同意的其他有希望的目标上去。

…………

我希望我已经把我们的确切的立场讲清楚了，尽管调查所的任何承诺须得到部长的特别授权才可做出，然而我想，在这样的科学事务上，我可以用调查所的名义讲话，并且真诚地希望，我们的合作计划将会很快变成现实。

第二章 "北京人"横空出世

作为中国地质学奠基人之一的翁文灏，于1912年从比利时学成归国后，即以鲁汶大学理学博士的身份走进丁文江筹办的地质调查所，开始野外考察研究工作。根据考察成果，他提出了著名的"燕山运动在中国的存在及其在中国地质发展史上的重要意义"理论。后来，翁文灏接替丁文江成为地质调查所所长。周口店的系统发掘和成立人类学研究机构，是翁文灏上任之后处理的第一件具有划时代意义的大事。多少年后，科学界还一致公认翁文灏不但具有杰出的科学才能，而且更具有作为中国地质科学界领导人的远见卓识，他清醒的头脑和出色的领导组织艺术，在他和步达生的通信中可以见到。

翁文灏在野外考察留影（贾兰坡提供）

步达生在他所写信的第（2）项条款中提道：

所获得的材料准备用于研究，人类及类人猿化石由我掌握研究，论文在《中国古生物志》上发表，其他方面的材料则由地质调查所研究并永久保管。

不知是步达生的疏忽还是出于其他目的，他对"人类及类人猿化石"最后的权属问题却只字未提，而这个问题又恰是整个协议中最为重要且不可忽视的一环。

翁文灏在复信中，将材料的使用权和归属权加以区别，并对这一问题做了明确规定：

勿须多说，根据这个建议，留在您处的骨骼材料应永久保管在中国，而不论体质人类学研究机构的方案将来实现与否。

作为中方代表的翁文灏，在这个关键问题上所保持的清醒头脑、明确立场以及在整个大局上的合作态度，不能不令人表示敬佩。而作为一位杰出的科学家和美国方面的代表，步达生也具有充分的协商和谅解精神，且步氏本人对中国文化已有较深的了解，并深谙中国哲学中"舍得"的道理，无所"舍"便无所"得"。如果不具备这方面的学识、头脑和心胸，要促成这项世界考古史上伟大的发掘计划几乎是不可能的。

步达生在接到翁文灏来信的当天，立即复信表示："我和胡顿博士都完全同意您来信所补充的各点意见……"一块悬石砰然落地，这封信成为中美双方合作的基础和标志。

1927年1月3日，北京协和医学院院长胡顿接到美国纽约发来的电报，洛克菲勒基金会总部同意为周口店发掘项目拨款2.4万美元。

同年2月14日，中外双方经过一番严肃认真的协商和斟酌，终于达成协议。周口店的系统发掘计划，在洛克菲勒基金会和中国地质调查所的共同参与支持下，于这年的春天正

1929年2月8日，翁文灏和步达生共同拟定的《中国地质调查所新生代研究室组织章程》（左图）与《与北京协和医学院和步达生博士的详细协定》（右图）（引自《周口店发掘记》，贾兰坡、黄慰文著，天津科学技术出版社1984年版）

式付诸实施。第一批派往周口店发掘的主要指导者和实施者为：

李捷，中国地质调查所地质学家，周口店野外工作事务主任。主要担负地质、地貌学的调查，负责与地方当局、土地所有者的交涉及管理从事发掘的招聘工人等行政事务。

步林，由乌普萨拉大学维曼教授推荐的瑞典古生物学家。1927年3月16日来华，担任古生物研究专员和周口店发掘顾问。

刘德霖，美国古生物学家葛兰阶的技工，曾跟随美国自然历史博物馆中国考察团进行为期两年的野外考古发掘。主要担任周口店野外发掘技术助理兼室内修补化石专员。

谢仁甫，原为步达生的办事员，担任刘德霖的助手。

周口店合作项目名誉主持人为丁文江。具体事务负责人为步达生、翁文灏。

步林（贾兰坡提供）

至此，在世界考古史上留下了光辉篇章的周口店发掘，在中美双方的共同努力下，于1927年4月16日正式拉开了帷幕。

发现一颗人牙

根据步达生最初估计，整个周口店龙骨山的发掘，两个月甚至六个星期就可结束。但实际上整个遗址含化石堆积之大、内容之丰富、问题之复杂以及工作之困难，都远远超出他的想象。五十年后，曾主持周口店遗址发掘的贾兰坡颇有

寻找祖先

中国地质调查所工作人员在野外测绘（中国地质博物馆提供）

步达生在周口店素描图（引自《黄土地的儿女》）

感慨地说道："其实，经过半个多世纪时断时续的发掘，周口店含化石的堆积至少还有一半保留在那里，未弄清楚的问题和新提出来的问题，仍然成堆地摆在我们面前。"因而，就当时的中美合作双方而言，周口店的发掘工作不得不随着形势的变化而持续下去。

1927年10月16日，维曼的学生在当年师丹斯基发现第一颗人类牙齿的旁侧，从发掘的化石堆积中找到了一颗保存完好的人牙化石，这个发现令步达生喜出望外，经过一番仔细鉴别并认为确实无误之后，步氏于10月29日写信向已回到瑞典斯德哥尔摩的安特生报告了这一喜讯：

"我们终于得到了一颗漂亮的人牙！"

"这确实是一个令人振奋的消息！"

步达生说："10月19日晚，当我于6时30分开完会回到办公室时，发现步林在那里。他身穿野外服装，风尘仆仆，但脸上却挂着高兴的笑容。他不顾战乱而完成了这个年度的野外发掘工作，在10月

16日发现了那颗牙齿。真是交了好运，终于从堆积物里挖到了这颗人牙。我太兴奋、太惬心了！步林上这儿来的时候，甚至没让他的妻子知道他已回到了北京。他真是一位与我志同道合的人。我希望您转告维曼博士，我多么感激他派步林到中国来工作。"又说："我现在已有50箱左右的材料运到北京。它们是上次战乱期间于7月下旬运回来的。还有300多箱尚未从周口店启运。地质调查所的李捷先生正忙于设法弄到车皮将这些材料运回来。……今天，我已经在娄公楼地下室安排好地方存放这批材料。这个地方，对在楼上新生代研究室上班的步林来说，是很方便的。"

步达生所说的战乱，是指张作霖与阎锡山两个军阀在北京为争夺地盘而大打出手，常有士兵晃着手榴弹钻进周口店步林工作的山洞躲避对方袭击，正是在这样的乱世岁月，年轻的步林博士经过半年的艰苦寻索，才发现了令步达生激动不已的"漂亮的人牙"。经过详细研究，步达生认为步林发现的这颗人类牙齿，是一颗成年人的左下第一臼齿，性质与师丹斯基发现的那颗臼齿一致。后来，步达生在其发表的题为《周口店堆积中一个人科下臼齿》的论文中，提议为周口店的发现建立一个人科的新属新种，即"中国猿人北京种"。遗憾的是，这个学名没有兴盛起来，倒是当年葛利普教授提议的俗名"北京人"，却被科学界和大众所广泛接受并延续下来。

就在步林发现人牙的第三天，周口店发掘工作圆满地画上了句号。

冬去春来，绯红的桃花在温暖和风的熏染下于山野田园一夜之间盛开荡漾来。

1928年4月，举世瞩目的周口店发掘再度开始。

其时，由于李捷和刘德霖被调往其他考察团参加发掘，经中外双方协商，决定派杨钟健和裴文中两人加盟，并由杨氏取代李捷为中国地质调查所在周口店的正式代理人。

1926年，翁文灏在给步达生的信中，曾提到"地质调查所将派一名目前在德国的中国古脊椎动物学家，到瑞典熟悉和研究先前从周口店采集的材料"。翁氏所说的这个人就是杨钟健。自此，北京大学地质系出身，后留洋深造的杨钟健，于1928年春归国未久，即加入周口店发掘队伍的行列。而后来发掘的事实证明，翁文灏看重和栽培的这位年轻的科学家，对中国古人类学的考古事业做出了具有奠基意义的杰出贡献。

周口店遗址早期发掘与研究者在龙骨山下的刘珍店合影。左起：裴文中、王恒升、王恭睦、杨钟健、步林、步达生、德日进、巴尔博。1928年摄于周口店刘珍店［引自《周口店记事（1927—1937）》，下同］

而这个时候的裴文中，只是作为刚刚从北京大学地质系毕业的一名学生，来周口店负责管理工人账目和协助步林与杨钟健工作的低级职员。这一年，裴文中刚满二十四岁，那震惊世界的"北京人"头盖骨的重大发现，还要等到一年之后。

尽管由于军阀混战而使周口店的发掘工作一度停止，但这一年的成果却比梦想的要大得多。在1927年步林发现过牙齿的东北角堆积层之上十米处，发现了"北京人"居住的洞穴。另外，还在堆积层中发现了二十多块人类牙齿和两块下颌骨碎片。步达生在认真研究之后，发现这两块下颌骨碎片，一块属少年，一块属成年。这一出乎意料的发现，使步达生更加确信他在去年仅凭一个牙齿就建立起来的"中国猿人北京种"这个新属新种理论的正确性。

正如安特生所说："资金、耐力和出色的鉴别力是发现新财富的基础。"周口店的发掘，正是具备了应该具备的一切条件，才爆响了一年之后那誉满全球的伟大发现。

1928年周口店的发掘，尽管取得了可喜的成果，但它存在的危机也日渐明显。洛克菲勒基金会资助的专款即将用完。同时，两年的发掘和研究使科学家们越来越清楚地认识到，周口店遗址绝不是一个独立的整体，它那丰富的化石内容、复杂的地层堆积，无不证明它和周围更广大的地域有着不可分割的联系。要想彻底弄清楚周口店遗迹所表现出来的地质学、古人类学、古生物学、地貌学和考古学等诸多错综复杂的关系，就必须把目光投向和它有关联的一切地域。

正是鉴于这诸多原因，极富远见的步达生于1927年底离开北京，到纽约洛克菲勒基金会总部汇报详细情况，并提出由该会继续为周口店发掘增款的希望。在步达生的热心周旋下，洛克菲勒基金会总部同意了他的全部请求。除为周口店发掘继续增款外，再调拨4000美元作为1928年发掘的追加经费。

步达生以兴奋和满足的心情于1928年秋返回北京，当他和前来迎接的丁文江握手时，他满怀激情地说道："丁博士，我非常高兴地对你说，他们似乎同意了我提出的全部请求。一项更加伟大辉煌的事业将从这里再度开始。"

1928年冬，步达生和丁文江、翁文灏等人经过反复磋商，又制订出一个为期三年的发掘计划。这个计划仍为中国地质调查所和北京协和医学院共同合作，由洛克菲勒基金会提供十一万美元的庞大发掘研究经费。为规避在日后进程中可能出现的许多麻烦，需正式建立一个从事新生代地质、古生物学，特别是古人类学研究的专门机构——中国地质调查所新生代研究室。这是隶属中国地质调查所的特别部门，一切发掘研究计划将由这个组织机构制定并执行。

1929年2月8日，中美双方签订了共同拟定的章程和协定。章程规定：

丁文江为中国新生代研究室的名誉主持人。步达生为研究室名誉主任。一切采集的材料包括人类学标本在内，全部归中国地质调查所所有，但人类学标本将暂时委托北京协和医学院保管以便研究。当标本保存在地质调查所时，亦应随时为协和医学院的科学家们提供研究上的方便。一切标本均不得运出中国。

民国政府农矿部很快批准了这份具有非凡科学意义的章程及一切附加协定。同时，洛克菲勒基金会第一批资助款项已通过北京协和医学院拨给新生代研究室。至此，周口店的发掘研究计划，已彻底将几年前步达生和安特生发起的那个中亚考察计划取代。不同的是，这个计划的中心点是人类祖先的圣地——周口店。

新生代研究室的建立，开拓了整个中国新生代研究的新局面。它的直接收获是促进了1929年年底第一个完整的"北京人"头盖骨化石的发现，造成了"整个地球人类的震撼"。

由于扩大了考察、发掘、研究计划，当1929年春天来临时，新生代研究室做出决定，调步林参加西北科学考察团的考察工作。调杨钟健同著名古生物学家德日进神父一起去山西和陕西各地调查新生代地质情况。如此一来，周口店发掘的重任，就历史性地落到二十五岁的裴文中一人身上。

对于周口店发掘的人事安排，新生代研究室在此之前就已做过反复考虑，由裴文中主持发掘，则主要来自丁文江、翁文灏两人的建议。如著名考古学家李济所言："作为地质调查所创始人的丁文江，不仅是一个在英国受过高等教育、赋有卓越智慧的著名地质学家，更重要的是他一心一意在祖国提倡先进的西方科学方法和技术。地质调查所在此期间所取得的最主要的行政成果，就是培养了一大批中国的田野考察人员，他们除学到了地质学及相关的基本科学知识外，还掌握了进行田野调查的现代方法。按当时的规定，每个调查人员必须具有携带仪器和无论多远的路程都要步行的体力，每次训练结束后，都将这些人分派到各地开展实际的田野考察工作。在地质学和古生物学的调查中，这些受过训练的大部分成员都为祖国的科学事业做出了有益的贡献。而从北京大学毕业的裴文中，正是在接受了这样严格、科学的训练之后才来到周口店这个特定地域进行田野工作的。"

周口店两年的发掘，已使丁文江、翁文灏等科学界前辈清楚地意识到，由中国人独立主持发掘这具有非凡意义和影响的遗迹的时代已经到来，安特生等人由此而获得的声誉的光环也将照耀到中国人身上，从此和中国人永久相伴。

正是基于这样的心境和思考，周口店的发掘主持重任才落到了年轻的裴文中肩上。尽管此时周口店遗址的发掘仍具有国际合作性质，但不可否认的是，近代田野考古学作为一门重要的学科，已在古老的中国大地上诞生了。

1929年4月，裴文中走马上任，他指挥民工在1928年发掘的地方，由第五层起继续向深处发掘。早在安特生刚刚意识到周口店具有发现古人类的可能时，他就极富经验地提醒前来发掘的师丹斯基："在冲积地层中寻找人类遗迹，就像在德国公园寻找一枚失落的针，但在同时期的岩洞中寻找古人

从顶部往下看，工人正从发掘深处向外运土（裴文中摄，1929年）

类，就像在皇家图书馆的阅览室中寻找一枚针。后者无疑也不容易，但比在公园中寻找希望还是大得多。"

这一著名的理论很快在学术界传开，年轻的裴文中自然知晓并在现场理解了安特生所指，他决定在这个发掘区一直挖下去，直至挖到含有化石堆积的最底部。令人意想不到的是，第五层却异常坚硬，出现了"凿之为铿锵之声，势如钢铁"的局面。

在一番努力均告失败之后，裴文中毅然决定，用炸药将岩石炸开。尽管这个手段对考古学和考古人员来说是一种大忌，但在当时的环境下，除了以"暴力"手段炸开岩石，似乎没有更好的有效办法。

硬如铜铁的第五层岩石最终未能抵挡住烈性炸药的威力而逐渐崩裂瓦解。堡垒一经攻克，后来的发掘便显得格外容易，发掘人员轻取了第六层和第七层的堆积物，随后又连攻两层，即第八层与第九层，清晰的地层图已勾画出来，许多难解的问题已变得明朗起来了。

发掘的遗迹显示出极其厚的地层，从洞顶到空隙底部，不少于三十五米。而从整个洞穴堆积的内容看，从底部到顶部都属于同一地质年代的动物群。

发掘中的"北京人"遗址。从西望发掘地点中部（裴文中摄，1929年10月2日）

尽管在这个时期的发掘中，裴文中和他的助手以及所指挥的工人们付出了极为艰苦的努力，取得了相当可观的成绩，但仍未超出安特生和步林发现成果的范畴。远古的祖先像是在故意逗弄一群后生小子，而那令后人极度敬仰的祖先的身影，在世纪的光照中总是忽隐忽现、忽明忽暗，令虔诚的敬仰者越发感到扑朔迷离、神秘莫测。

桃花扑面、芬芳沁鼻的春天过去了。

雨水四溅、山洪泄流、冰雹四散的夏天过去了。

山野红遍、层林尽染的秋天过去了。

寒冷的冬天已经来临，大雪一阵接一阵，周口店连同周围的群山变成了一片白茫茫的世界。

发掘越发艰难且依然没有大的突破，远古人类的踪影深藏地下而不露一丝痕迹。

其实，这时的裴文中与发掘队员们已经有了足以震撼世界的突破，可惜他们自己并未察觉而与其失之交臂，以致历史的记载者不得不暂时弃书搁笔，和裴文中等发掘队员一道在凄冷的寒风大雪中，再苦苦等待近一个冬天。

当时的情形是，发掘进入到第八层，一个破碎的头盖骨已经伴随潮湿的泥土被挖了出来。尽管这件珍品已经碎成许多块，倘若及时发现并黏结起来，仍不失为一个相当完整的头骨。但没有一个人注意和发现它。直到1930年春天，一个

第二章 "北京人"横空出世

技工在北京的研究室里修理化石标本时，才从一堆出土杂物中发现了这件四周裹满泥土的头盖骨。无论是对裴文中本人还是科学本身，这都是一件憾事。当年轻的裴文中得知这个事实后，曾捶胸顿足，落下了悔恨的泪水。直到1934年，裴文中还在他撰写的文章中念念不忘又不失坦诚地写道："北平的朋友都说这件标本因为外面还有很厚的泥土包裹着，以致在现场未被发现。我很明白他们在维护我的短处，掩盖我失察的罪名，但我无论如何也不能不承认我的疏忽。"

周口店的发掘仍在继续。随着深度不断延伸和挖出的堆积物不断增多，洞的体积也变得狭小起来。当深度进入地下四十余米时，狭窄的空间几乎只能容下一两个人的身体。正当裴文中考虑就此收兵时，意外地在空隙的底部凿穿了一个洞穴。这个洞穴的出现，意味着千呼万唤的"北京人"的大门向他轰然洞开。

龙骨山北裂隙，第一个头盖骨即出自这一洞穴中（裴文中摄）

发现"北京人"头盖骨化石

地下发现洞穴的消息传出，三个工人手持蜡烛相继由大洞进入刚发现的小洞，极富远见的裴文中当然不会错过眼前的机会，他很快找来绳子拴在腰上，点燃一根蜡烛攥在手中，对后面的人说："将绳子这一头坠住，我下去看看。"

裴文中坠绳而下，由大洞钻入小洞中。

蜡烛的火苗忽明忽暗地跳动，使人辨不清洞的长度，阴森恐怖的气氛笼罩着裴文中的全身。他摸着洞壁大约在前行五六米的地方，看到了前面几个晃动的人影，遂凑上前来慢慢将弓着的身子蹲下仔细察看。裴文中惊奇地发现，无数远古动物的化石都安详地躺在洞底的尘土碎屑之中，只要用手一扒，化石便清晰地显露出来。面对眼前一切，裴文中那颗怦怦跳动的心被极度的兴奋所替代，这种兴奋使他忘记了是在窄小的洞穴之中，当他猛地起身站立时，头撞在洞顶坚硬的石壁上，一声闷响和剧烈的疼痛，使他差点昏倒。

像当年的安特生博士一样，裴文中对洞穴内存在人类祖先的预感，再一次被验证。只是，它的验证要快得多，就在第二天。

这是一个世界考古学史和古人类学史都无法绕开的日子——1929年12月2日。

从新发现的小洞洞口开始的发掘已向里延伸至十米，尽管裴文中和其他三名工人手持的四支蜡烛仍在不住地燃烧，火苗也不规则地跳动，但越往前行愈发昏暗，惨淡的光亮使四名发掘者几乎看不清对方的脸。在幽暗中夹着一丝光亮的环境中，含有大量化石的堆积物被一铲铲小心地挖出，又一

发现"北京人"头盖骨时的场景。左为刘义山（裴文中摄）

第二章 "北京人"横空出世

筐筐拉出洞口。山野中寒风呼号,零星的雪花在风的裹挟下漫无边际地飘荡,惨白的太阳在西方的山顶悄悄从云雾中钻出,向世界做了最后的告别。天就要黑了。

黑黝黝的洞穴深处没有人讲话,沉寂中只有锤镐、探铲发出的"冰凉"的碰撞声。似乎只有这样的响动,才显示着这阴暗的深处拥有高级生命的活动。

就在这时,洞中发掘的工人刘义山一声喊:"这里有一个家伙!"

裴文中一惊,忙问:"是什么?!"

"大概是犀牛大腿头。"有人回答,裴文中凑上前来。

一豆烛光照耀着洞底,映射着一个凸露的圆圆的东西。

"像是人头?是人头!"裴文中猛地喊叫起来。

奇迹出现了。匿藏了五十万年的人类祖先,终于露出了他的面庞。这一刻,裴文中感到"从未有过的身心战栗之感和激动之情,面对这辉煌夺目的伟大发现,我竟一时不知所措"。

发现的头骨化石,一半埋在松软的土层,一半埋在硬土之中,要想取出,首先应把周围的杂土清理干净。裴文中与

工人们收工后在刘珍店前搬运发掘物品

几个技工将这一切做完后，找来撬棍轻轻插于头骨底部，然后慢慢撬动。由于头骨已演变成化石，撬动中骨盖破裂，无法完整地抱出洞穴。来不及找合适的包裹物将头骨盛下，因为这个发现太突然、太出乎意料了，即使最伟大、最有远见的科学家，也断然不会想到这一人类研究史上照耀千古的发现就在今天。

裴文中急中生智，迅速脱下身上的棉袄，将头盖骨轻轻地包藏起来，小心地抱住弓腰走出洞穴。

"挖到宝贝了，这回是真正的宝贝……"和裴文中一道走出来的技工，情不自禁地向等在外边的工人传播着这一振奋人心的消息。众人听罢，目光"唰"地投向裴文中怀中的棉袄。

"挖出了啥宝贝？快让咱看看。"民工们围住裴文中七嘴八舌地叫喊着，眼睛放出奇特的光，如同一场夺宝大战的前奏。

"是人，我们挖出了一个人……"未等裴文中说话，一起从洞穴走上来的技工乔德瑞做了极富悬念并深具诱惑力的回答。

"还活不活？快拿到村下扎一扎！"众人在诱惑力的驱使下，纷纷拥上来，用手扒裴文中怀中的棉袄，欲对挖出的"人"进行抢救。

裴文中急忙转了个身，声音颤抖地说："不要抢，人已经不活了，咱回去好好看，好好看……"

"走，快回去，快收拾东西回去。"民工们吆喝着纷纷收拾发掘工具，跟随裴文中呼呼隆隆地向山下的驻地骆驼店拥去。

夜幕降临了，起伏的山峦在夜色包围中格外肃穆空旷。风已停歇，雪下得愈发紧了，看样子一场真正的封山大雪就要到来。裴文中怀抱头盖骨在起伏不平的山间小路上向前走着，走着……

许多年后，裴文中对此情此景仍记忆犹新：

我像一个淘金人突然遇到了狗头金，不，我怀中的头骨比狗头金要贵重得多，意义要大得多。尽管是寒雪飘洒的傍晚，但我只穿了两个褂子的身体，没有感到一点寒意，只觉得心在跳，两腮和耳朵根热辣辣的。怀抱头盖骨，在沉寂的山野中走着，思绪不住地翻腾。多少人的向往、梦幻和追求，今天终于实现了。远古的祖先就躺在我的怀中，实实在在地躺在怀中，这是一件多么有趣和了不起的事情啊！想到这里，我的眼窝开始发热、发烫，最后泪水哗哗地淌了下来……

裴文中来到山下的骆驼店，也是他工作的指挥部兼宿舍，打开包裹着的头盖骨，让蜂拥而上的民工兄弟们一一观瞻。裴在后来撰写的回忆文章中说道："发现了猿人头骨，晚上我没有吃好饭，因为太高兴了。我高兴了，如何令北平人们知道呢？如何使他们也高兴？我先决定派专人去送信，写好了信，令人次日早晨返平，专呈翁所长。"

裴文中静下心来，奋笔疾书，信中写道：

尊敬的翁所长先生：

今天交了好运，我们在原发掘址第九层下边发现一个洞穴，经发掘，得一猿人头盖骨！一个完整的头盖骨。我在现场就把它取出并安然无恙地带回。待稍加处理，我即携此头盖骨返京面交。

裴文中 敬上
1929年12月2日晚匆匆

翌日一大早，送信人怀揣这一喜讯向北平奔去。裴文中回忆说："送信人走后，我又觉得他们到晚上才能看到信，天时晚了，翁所长未必能通知关心周口店事务的几位朋友。于是我于三日早又打了一个电报给步达生先生。文曰：'（衔略）顷得一头骨，极完整，颇似人（下略）。'因为猿人不是人，故我说他颇似人。"

与裴文中料想的结果大不相同，北平方面接到消息后，在一片哗然中竟没有人相信这位刚走出校门的小伙子会交上如此的好运。"如果说发现了头盖骨，肯定不是人而是其他动物的，就裴文中的知识和才华，他可能还辨不清人与其他动物的差异到底在哪里，确切地说他还不知道什么是'人'……"为数不少的科学界资深人士做出了如此结论。

即使极富远见并对周口店发掘抱有极大希望的步达生，在接到电报后也蒙了。他希望其有，又恐怕其无。希望其真，又怕裴文中走火入魔，谎报军情。这种复杂的心态在他给安特生的信中可以见到："昨天我接到裴文中从周口店发来的电报，说他明天将把他所说的一个完整的中国猿人头盖骨带回北平。我希望这个结果不是幻想而是真的。"

北平的喧哗与骚动、摇头与嘲讽，裴文中当然不会知道，在周口店那间冷清的屋子里，他正紧张而有序地做着如何把头盖骨安全运送到北平的准备。

几十万年的造化，将头盖骨变成化石的同时，又赋予了它一个婴儿般娇嫩的外表，整个头盖骨既酥软又潮湿，稍一震动就发生爆裂。如此一种状况，显然无法安全无损地带回北平，那怎么办呢？

这是一个令人心动而又让人痛苦的夜晚，窗外雪花纷飞、寒风怒吼，窗内孤灯摇曳、一片清冷，裴文中独自坐在屋里，望着好不容易发现的头盖骨久久犯愁。直到后来，经过反复琢磨，这位天才的年轻地质学家才终于想到了先人们曾经使用过的火。

于是他大胆决定，先用火将头盖骨烤干，然后经过处理，再送往北平。当然，他心里也很清楚，如此的处理方法目前尚无先例，倘若稍有不慎，定将铸成大错！但无与伦比的自信，再加上他那二十五岁的年龄，促使他终于划亮了手中第一根火柴。

用三个火盆烘烤头盖骨（裴文中摄）

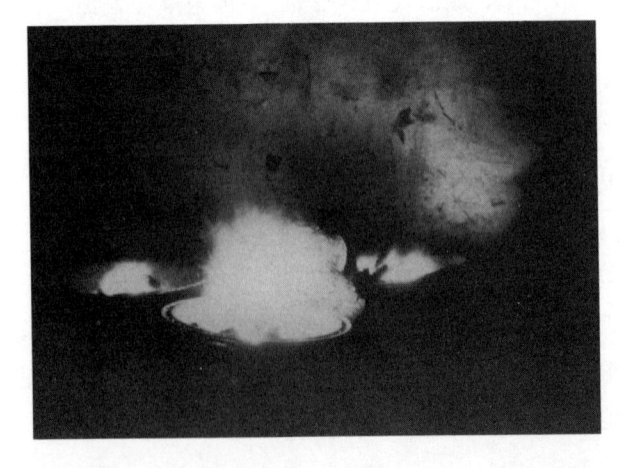

一堆柴禾在泥做的盆中噼里啪啦地爆响、燃烧起来，柴禾越烧越旺，炭火越聚越多，待木柴全部燃尽后，裴文中才将头盖骨捧在手里，在死火的上方细细烘烤起来……少顷，头盖骨在逐渐干燥中开始硬化。而后，裴文中又在变硬了的头骨四周糊

上五层棉纸，再在棉纸外加一层石膏和麻袋片，经水浸泡十几分钟后，再将头盖骨重新放在火盆上方烘烤，直至包裹着的头盖骨形成一个干燥而坚固的整体。

地球人类的震撼

12月6日清晨，裴文中宣布1929年的周口店遗址发掘到此结束。送走民工，他将头盖骨用自己的两床旧棉被包裹起来，外面捆上褥子和线毯，连同其他生活用具一道背下山，登上了去北平的长途汽车。

全身呈筛糠状的汽车一路颠簸驶往北平古城，当行至西便门时停了下来。

当时的社会动荡不安，按规矩，所有进城的旅客都要在此接受检查。裴文中刚一露面，一个警察便很不耐烦地下达了命令："快，把行李打开！统统进行检查！"

裴文中的行李被从车上全部提了下来。

未等检查开始，聪明的裴文中便首先递上自己的证件，然后从身上掏出早已准备好的另外几块化石，恭恭敬敬地送到警察面前，说："我是在周口店做人类化石发掘的工作人员，这个包里捆着的是极为珍贵的化石资料，没有其他东西，您看能不能……"

"不行，我不管你的什么石头，都得打开看看，越珍贵，就越得看！"警察抖动着显然是被寒风抚摸得不太爽的身子高声嚷道。

裴文中抱着经石膏加固后包裹好的头骨准备送往北平，技工王存义拍摄时太注意"北京人"之头而忽略了裴氏之头（王存义摄，1929年12月3日）

"里边的化石一碰就碎,还是不打开吧。"裴文中请求道。

"不行,叫你打你就打,少啰唆。"警察缩了下脖子,见裴文中仍无开包之意,上前对着行李不怀好意地踢了一脚,然后亲自动起手来。

包扎头盖骨的包裹很快显露出来。

当面前的警察挥手欲粗暴地揭开糊在头盖骨外部的麻袋和纸张时,年轻气盛的裴文中忍无可忍,他猛地上前攥住了对方的手腕,满面愤怒地喝道:"你要是坚持检查,就先把我拘捕了吧,人和行李一起押送到城里……"

20世纪20年代的北京城西便门

警察抬起头,先是颇感意外地瞅了裴文中一眼,而后勃然大怒,当场给了裴文中一拳。裴文中一个趔趄,摇晃着身子顺势给了警察一记响亮的耳光,接着二人伸胳膊弄腿地扭打起来。不远处一个当官模样的老警察,忽见前面动起武来,迅即走了过来。裴文中急中生智,慌忙上前介绍自己的职业和身份,并将化石的重要性向这位老警察做了简明扼要的解释,请求对方一定要高抬贵手。

当官模样的老警察对着裴文中的行李瞅了几眼,想了想,说:"既然这样,就别打开了,赶快走吧!"

裴文中长长地舒了一口气。他连连谢过老警察后,迅速扛起包有头盖骨的行李登上汽车,安全进入北平城。

头盖骨很快送到北京协和医学院新生代研究室步达生手中。

此时的步达生并未表现出多么激动和兴奋,当他用剔针一点点将包裹着头骨的硬土剔掉时,这位杰出的古人类研究专家竟抱着刚刚露出了本来面貌的头骨怔怔地看了好几分钟。由于极度兴奋,双手不住地抖动,他竟差点将头骨摔在了地上。

"没错,是人的,是人的。"步达生眼里迸射出无比激动的光芒,一连在头盖骨上亲吻了三次。他放下手中的头盖骨,转身拍了拍裴文中的肩膀:"小伙子,感谢你,整个世界的人类学家都应该感谢你这一伟大的发现!记住,从现在起,你的名字可以留传后世了。"

裴文中走后,步达生仍按捺不住激动的心情,他接连不断地给国外科学界朋友写信,报告这个足以令他的同行震惊和羡慕的喜讯。12月13日,他在给英国著名解剖学家、自己的老师艾利奥特·史密斯教授的信中写道:"1929年周口店的工作再次以一个壮丽辉煌的顶峰而结束。12月2日,主持野外工作的裴文中在那里发现了一个保存完好的中国猿人的成年人头盖骨。他在现场就把它认出来并亲自细心地把它挖出。12月6日,这个仍然带着野外包裹的头盖骨带回北平的时候,还透着热温。我打算在给您和基思教授发出的圣诞贺电里,报告这个将于12月28日举行的中国地质学会会议上正式公布的好消息。如果您能够将这个消息传给史密斯·伍德沃德、格雷戈里、沃森等诸位博士,我将感到荣幸……"

步达生在新生代研究室观察裴文中送来的头盖骨

完整的"北京人"头盖骨的发现,以无可辩驳的事实宣告了周口店发掘所达到的顶峰地位,它使一切怀疑和贬低裴文中取得成就的人都哑口无言。

此前,古人类学家发现的最早的人类,是德国的尼安德特人,距今只有一二十万年,属"古人"阶段。也就是说,在裴文中未发现这块"北京人"头盖骨之前,人类已知的历史只有一二十万年。然而谁也没想到的是,因了年仅二十五岁的裴文中的发现,人类

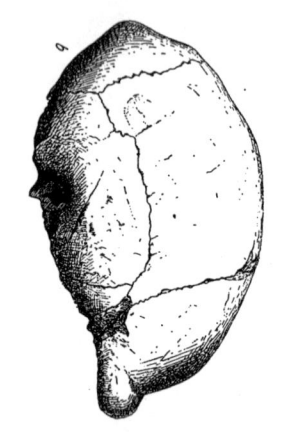

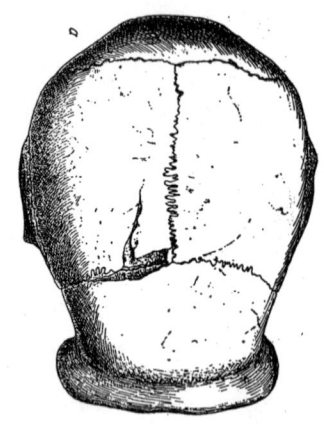

裴文中发现的"北京人"头盖骨侧面与背面，安特生绘制（引自《黄土地的儿女》）

的"寿命"一下子向前延长了几十万年！

很快，中国北京周口店发现"北京人"头盖骨化石的消息传遍全球。全世界的人类学界、考古界都被震动了。美国古生物学界的泰斗奥斯朋首先给裴文中发来了贺电。世界各国科学界争相祝贺，贺电源源不断。

1929年12月28日下午，中国地质学会特别会议在地质调查所隆重举行，应邀到会的除科学界人士外，还有中外新闻界人士。

二十五岁的裴文中面对一群白发苍苍的中外科学家，在会上做了发现"北京人"头盖骨的报告。裴文中的报告刚一结束，全场掌声雷动，经久不息。

裴文中的这一创世纪的伟大发现，如同东方的一道闪电，照亮了人类文明历史上一片漆黑的夜空，并使世界为之震惊、为之动容！

12月29日，《晨报》（此时名《新晨报》）以巨幅醒目的标题，做了如下报道：

五十万年前的人类祖先被唤醒
周口店发现一完整的猿人头盖骨

昨日下午2时，中国地质学会特别会议在地质调查所隆重举行，调查所所长翁文灏致辞，裴文中、步达生、杨钟健、德日进等中外科学家出席演说。裴氏发表其重要科学的发现，谓北京西南周口店曾掘得"北京人"头盖骨一个，已变成完整的化石。此乃世界前古之人类的化石，其年代当在五十万年以上，亦是亚洲发现第一块远古人类头骨，此种发现足令世界震惊。毫无疑义，是裴文中氏唤醒了亚洲最古老之人类，并把它从沉睡的洞穴中请了出来。

作为最初之研究成果，步达生博士断定这位先人可能属青年和少年间之年龄段，性别尚未确定，极可能属男性。对此位"北京人"头骨之研究，极大限度地扩展了我们对人类早期历史之认识。注意到"北京人"头骨之厚度，可联想到英国南部"曙人"之厚头骨。但在其他之部位，如厚眉骨及低前额，"北京人"又和爪哇的特里尼尔人有密切之关系。步达生博士仔细比较两种猿人，揭示了二者之基本区别。爪哇之特里尼尔人进化较高级，此并非对某一民族而言。"北京人"有混合原始人与现代人之特征。步达生氏总结其特点言："北京人"属发展之类型，接近原始人。此不仅属尼安德特人、南非人种之原型，亦属现代真人之原型。

这一创世纪发现，使整个人类早期理论渐趋成熟……

一时间，裴文中和他所发现的"北京人"头盖骨，成了当时中国人最感兴趣的爆炸性新闻，北平城里的大街小巷几乎无人不晓，无人不谈。与此同时，国外报纸纷纷登载周口店发现"北京人"头盖骨的消息，并以"地球人类的震撼""古人类研究史上的一道闪电"等振聋发聩的标题，概括了头盖骨发现的重大意义和影响。正如著名考古学家李济后来所说："'北京人'骨骸是考古学为体质人类学提供的珍贵非凡的实物资料，它不仅对人类起源的研究是一个巨大的突破，而且使人类学学科体系进一步牢牢奠定在唯物主义的坚实基础之上，使整个人类学的面貌为之一新。"

年轻的裴文中以发现"北京人"头盖骨而把周口店的发掘和研究推上了辉煌顶峰，但这并不意味着整项事业已走到终点。几乎每一位关心周口店的科学家都清楚地知道，在那个充溢着奇迹的山洞里，一定还会有与之匹敌的惊人发现等待现代人类去叩访。

第三章 最后的辉煌

——寻找祖先——

寻找祖先

●达尔文与"北京人"

Kutzetang-cave
Main find

英国地质学家巴尔博所绘的周口店洞穴遗址素描图。左为鸽子堂洞穴，右为第一号洞穴（引自《黄土地的儿女》）

步日耶（右）、翁文灏（中）与裴文中在周口店办事处前留影

新一季周口店遗址的发掘又如火如荼地展开。

1931年春，裴文中和新到周口店协助工作的贾兰坡带领民工在清理洞中松软堆积时，意外发现了一层含有丰富石英碎片的地层堆积物。这个发现，立即引起了裴、贾二人注意，遂开始组织大规模的发掘。两个月之后，在周口店一个叫鸽子堂的地方，又发现一处规模较大的石英层，于是集中精力对鸽子堂进行发掘。

经过近一年的努力，从发现的两个地区中，收集到不少于两千块石英碎片和十块不属于洞中的石头，五块绿色砂石、三块褐铁矿结石。另外发现了两块并列着的燧石和各种颜色的石英片。所有这些发现，几乎和人类的骨骸，猛犸、三趾马、鹿等动物化石在同一地层中找到，而那些石英碎片，其中大多数没有争议地显示出加工和使用过

070

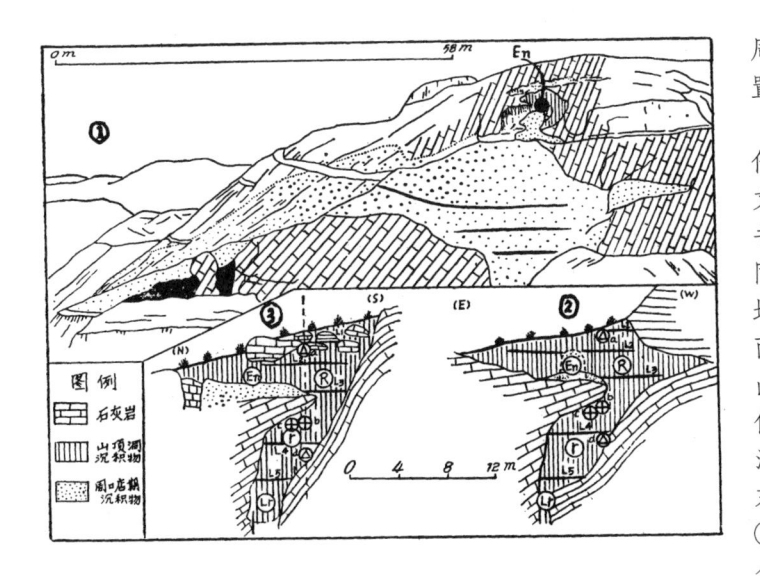

第三章 最后的辉煌

周口店山顶洞位置与文化层图示［引自《旧石器时代之艺术》，裴文中著，商务印书馆1999年版，下同。裴注：①第1地点小山之图解剖面由北面看，以示山顶洞（直线）的位置；En.山顶洞洞口。②山顶洞之东西综合剖面图。③山顶洞之南北综合剖面图。En.洞口；L$_1$—L$_5$.文化层；R.上室；a.骨针；r.下室；b、c.人头骨；Lr.下窨；d.穿孔的海生介壳。］

的痕迹。由此，裴文中大胆做出了"石英碎片正是远古人类加工和使用的石器"的结论。

1931年秋，法国著名史前石器考古学家步日耶教授，在详细考察研究了周口店遗迹化石后，这位杰出的学者完全接受了裴文中所做结论的同时，进一步提出"一些兽角和骨头也有明显人工加工过的痕迹，而这些发现同石器一样，都可

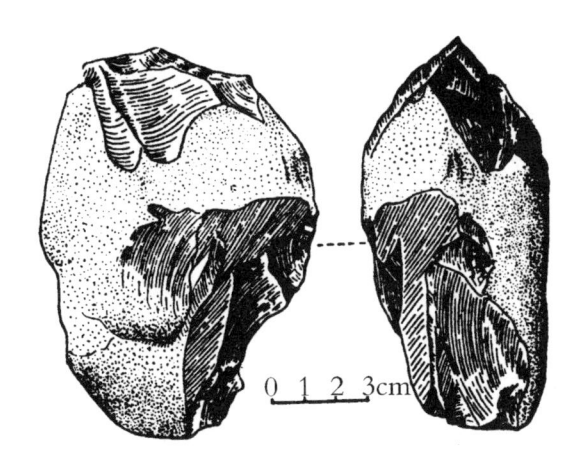

考古人员于龙骨山采集的砾石石器（引自《旧石器时代之艺术》）

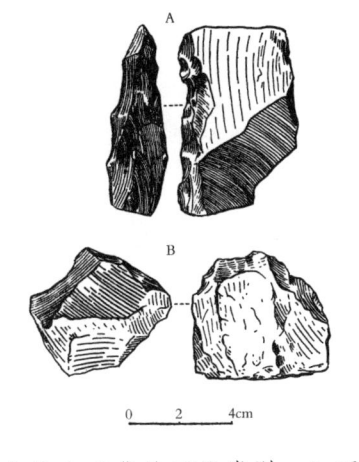

龙骨山采集的石器类别。A.石英刮削器；B.石英石核或砍砸器

能成为人类祖先的工具"。

安特生最初来到周口店时，正是把收集到的石英碎片假设成用以切割兽肉的工具，才有了进一步推断地层中可能有人类遗存的结论。十年之后，安特生假设的事实终于被科学发掘所验证。

几乎就在同时，裴文中、步达生、步日耶三位天才学者，根据周口店龙骨山地下堆积层中烧焦的木头和碎骨的痕迹，得出了"北京人"已开始用火的结论。尽管这个结论一开始遭到了部分学者的反对，但最终还是以无可辩驳的事实，得到了科学界的认同。

石器、骨器与用火遗迹的发现，使周口店的发掘继"北京人"头盖骨发现之后又步入了一个高峰，裴文中本人也在这伟大的发现中再度步入辉煌的人生之途。他在世界人类尤其是中国大众心中的声名，远远超过了当年的安特生博士。多少年后，中国的少年仍然可以从历史课本上读到"北京人"头盖骨及其用火遗迹这一伟大发现的介绍性文字，而国外的少年与学术界又往往把裴文中的这一发现，与著名的生物进化论者达尔文的名字联系在一起。

1831年，自小被学校和他的父亲看作愚笨无能、游手好闲、不务正业的达尔文毅然弃家离开英国本土，自费踏上了一艘海军勘探船"贝格尔号"（Beagle），开始环球旅行考察。五年后回到家乡，自此开始对考察成果进行总结。经过二十二年坚持不懈的专心思考和综合研究，达尔文终于在1859年11月24日出版了改变人类思想进程的划时代巨著《物种起源》（On the Origin of Species），并由此创立了著名的进化理论。这一亘古未有的全新的进化观念，第一次把生物放在完全科学的基础上，明确提出人猿同祖，人是

青年达尔文像

第三章　最后的辉煌

由古猿进化而来的学说，对千百年来根植于人类心中"上帝创造人"的学说以灭绝性的打击。

《物种起源》的出版，如同冬夜长空炸响的撼天震地的惊雷，瞬间使当时的西方宗教界、政治界、学术界以致整个社会陷于一片恐慌、茫然和慌乱。达尔文由此"理所当然"地受到了来自各方面的指责与非难，达尔文当年在剑桥大学的恩师、地质学家塞茨威克写信给达尔文说："当我读着你的这本书时，感到痛苦多于快乐。书中有些部分使我觉得好笑，有些部分则使我忧愁。"塞茨威克还在杂志上发表不署名的文章，讽刺挖苦达尔文的学说是企图"用一串气泡做成一条坚固的绳索"。有的学术界人士则直接斥骂达尔文为"一个极端失去理智，丧心病狂的疯子"和"英国最危险的人"，扬言要发动人民"打倒达尔文"。

然而，这个"疯子"所创立的学说，却受到了自称"我是达尔文的斗犬"的追随者托马斯·赫胥黎，以及当时两位哲学家马克思、恩格斯的充分肯定与高度评价，恩格斯称达尔文的思想学说为"19世纪自然科学的三大发现之一，它在人类起源的研究上开辟了一条新的正确道路"。之后，博物学家赫胥黎在达尔文另一部著作《进化论》基础上加以论证，发表了《进化论与伦理学》等一系列散发着进化思想观念的学术论文，对达尔文的观点给予坚定的声援和支持。

达尔文的文章发表后，报上登载的讽刺画，嘲讽达尔文的"从猿到人"学说（引自《北京原人》）

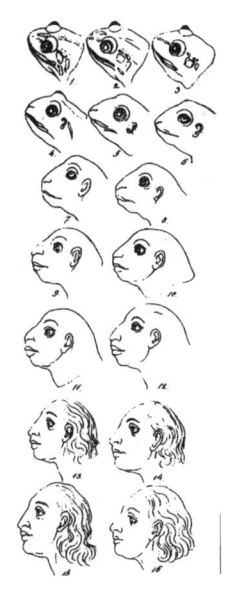

一只青蛙变成阿波罗的历程（讽刺画，约翰纳·卡斯特·拉瓦特尔绘，1829年）

这幅画形象地表明早在达尔文发表物种起源之前，有关进化的理论学说已被提出，并成为反对者议论抵制与嘲讽的话题

莱托里的脚印

这是在距今350万年前坦桑尼亚莱托里地区火山灰覆盖层中发现的原始人类的足迹。看上去两行脚印是三个步行者留下的印记。最大的脚印属一个成年雄性,踏过之后复被一个较小的约是雌性的脚印重踏了一遍,旁边是一排年轻人的足迹,或许是同行的孩子踏出。三个人类走过被雨水淋过的火山灰的泥泞,然后,脚印被晒干,变硬,被后来的火山灰覆盖并完整地保存了下来。

马、恩两位哲学家则站在人类历史的高度,更加深刻全面地提出了"劳动创造人"的光辉理论。恩格斯关于《劳动从猿到人转变过程中的作用》一文的发表,如同火上浇油,使原本对达尔文进化理论进行谩骂和攻击的宗教界以及反科学的西方统治阶级,愈发感到恐慌和不安。他们以极度的愤怒、彻骨的仇视之情,死命抵制和消除这些理论在一切领域中的流传和影响。西方世界狼烟四起,迅速展开了一场科学与反科学的大搏杀。

正在这场旷日持久的拼杀难分难解之际,近代考古史上具有划时代意义的严格运用地层学和类型学方法进行的田野考古,以创世纪的成果为"进化"理论提供了决定胜负的关键性武器。

就在达尔文发表《物种起源》的同一年,著名地质学家查尔斯·赖尔和英国古生物学家、考古学家、地质学家等一起,踏上了法国索姆河畔的阿比维尔(Abbeville)实地考察的征程。三年后,他们根据发掘的遗迹,做出了"绝种的哺乳动物与旧石器时代人类的工具是共存的"科学结论。

1868年,考古学家在法国多尔多涅地区莱塞济附近,发现了与旧石器和绝灭动物化石同一时期的克罗马农人(Cro-Magnon)化石。

1891年,著名考古学家欧金·杜波艾斯在印度爪哇岛特里尼尔发现了猿人骨骼化石。

1908年,在德国茅厄尔的海德堡河床中,考古学家发现了保存完好的古人类下颌骨,被称为"海德堡猿人"。

1911年,在英国南部皮尔唐的河床中,查尔斯·道森发现了颇像人类的头骨碎片及其他猿人的碎骨。

第三章 最后的辉煌

稍后，地质学家在欧洲西部和中部相继发现了人类历史上早已灭绝的人种——尼安德特人的头骨。

所有这些发现，将考古学中无可辩驳的例证和人类进化的学说紧紧联系起来，从不同的、更加明了的角度，开阔了人们对古猿和原始人类遗存、灵长目的比较解剖学以及生理学、旧石器时代人类工具和地质年代不断更新的视野，加强了对人类进化理论的认识和研究。

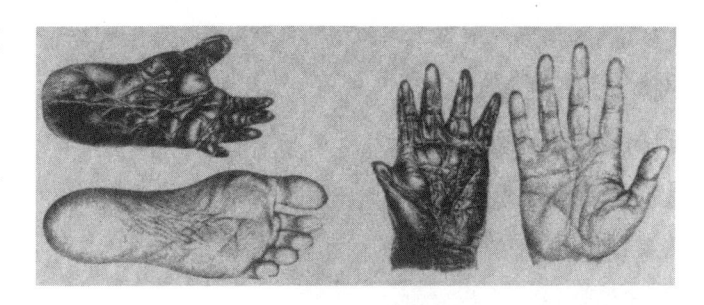

猿与人类手足部位的比较。猿类与人类的手部结构相似，但人手的拇指更长，活动范围较猿更大。猿的手掌平坦部位比人手大，因而握东西更有力。猿有着长脚趾和分开的脚趾，用来抓捏东西。人类整齐而短的脚趾则提高了直立的平稳度。人类足下的弓部则更能减少行走所产生的冲压

尽管如此，当时的宗教界和反科学的统治者，对这些重大科学发现却不屑一顾，甚至加以否定和诋毁。雅典的不列颠学院主任霍迦斯仍坚信物质证据的考古仅是"小考古学"，只有那些被文献所阐明的发现物，如玛利特、雷雅德、牛顿或谢里曼发现和阐明的才是"大考古学"。而此时的世界顶尖级物理学家牛顿、玛利特等人的研究，已进入了"神创造万物"的歧途。德国的"学术权威"、国会议员维尔和，为诋毁在他看来已超越人类想象极限的"进化"理论，干脆把尼安德特人宣布为"一个因患白痴病而成畸形的现代人头骨"，对爪哇猿人则认为"根本不是人，而是属于一种已经绝灭的大型长臂猿"。

达尔文的"进化"理论，马克思、恩格斯"劳动创造人"的学说，经受了暴雨雷电般的摧残、打击之后，最终未被扼杀在摇篮之中，它随着考古学界对史前人类历史的不断发现而逐渐跃出泥潭，开始为具有科学客观态度的世界少数知识分子所接受。

1896年，中国著名的学者、翻译家严复，开始着手编译赫胥黎的《进化论与伦理学》等包含了达尔文进化理论的

075

马克思头像

最早出版的《共产党宣言》书影

文章。严复之所以不直接翻译达尔文的《物种起源》，其因是该书属一部纯生物学著作，不易为普通读者所注意和接受。而赫胥黎的文章除了含有达尔文的自然选择的学说，还包含社会达尔文主义成分，更适合于当时中国的救亡图存运动。严复编译的文章于1898年以《天演论》的书名出版。这部被视为中国翻译文学的成功之作的巨著，使绝大多数中国人闻所未闻的、在西方争论不休的"进化"概念，比其他科学概念更早地传入中国，并对中国人的思想意识产生了极大的震动。

1918年7月，最早的马克思主义者之一李大钊开始在中国传播马克思、恩格斯理论学说，他的传播导致了一个决定中国命运的政党——中国共产党的诞生。

几年后，一系列"北京人"骸骨及其遗迹的发现，客观上为达尔文的"进化"理论提供了极为重要的事实根据。它以不容置疑的客观存在，使西方"进化"理论的反对派不得不迅速闭上诋毁、谩骂的嘴巴。因为，在所有先于尼安德特人的古人类发现中，正如众所周知的是在宽阔的冲积层内，这样的地层结构对人类遗迹来说，只能期望偶然的发现。当西方"进化"与"反进化"的思想搏杀进入白热化状态时，考古学家企望能在特里尼尔、海德堡、皮尔唐等

严复译《天演论》手稿　　　　　　　　严复

地发现更多的化石，但最终收获甚少。欧金·杜波艾斯在特里尼尔发现被命名为"爪哇直立人"的骨骼化石后，希望能在此处有更大的发现，但所有的努力只是以拣到了一只牙齿而遗憾地收场。而在海德堡和皮尔唐几乎没有一点新的发现。这就导致了"进化"派的论据难免有些捉襟见肘、力不从心。而事实上，在英国发现的皮尔唐人，确实是一个丧心病狂的疯子加骗子精心设计的一场世纪骗局，这个骗局直到20世纪50年代初，才被科学界揭穿。

周口店的一系列发现却与之大不相同，在那个充满传奇色彩的山野洞穴中，发掘出大量的人类牙齿和下颌骨，以及后来被定为"人类工具"的石英碎片和已绝迹的上万块动物化石。尤其是"北京人"头盖骨的发现，以活生生的事实，让"进化"的反对派张口结舌、无言以对，并开始确信，"猿人"的确是已发现的最早的原始人类。

近一个世纪以来，学者们一直乐此不疲地探讨"北京人"及其遗迹发现的学术意义，却忽略了它对于世界人类特别是中国人思想观念在历史转折关头所起的重大催化作用。"北京人"的发现在充分证明了马克思主义关于人类起源的论断和达尔文学说有一定进步意义的同时，客观上为这些理论的传播起到了不可忽视的推动作用，从而使这一理论与思想观念更快、更普遍地深入到大众之中。毫不夸张地说，如果没有"北京人"的发现，达尔文的"进化"理论与马克思主义学说，如此迅速地被为数众多的知识分子特别是青年所普遍接受几乎是不可能的——尽管这些学说仍属一介书生之见，同样有其阶级与历史的局限性，以及违背天地人事的缺憾。

贾兰坡入主周口店

然而，就在周口店发掘出现第二个辉煌顶峰的同时，世界政治格局已发生了急剧变化。1931年9月18日夜，盘踞在中国东北境内的日本关东军，以中国军队炸毁南满铁路为借口，炮轰沈阳北大营。时为中华民国海陆空军副总司令，并在北平设置行营，全权掌控东北军政，兼理整个华北地区军务的张学良严令不准抵抗，几十万东北军一枪未放退入关内，沈阳沦陷。随后三个月内，东北三省全部沦陷，膏药旗在白山黑水四处飘荡。这就是中国人早已熟知的"九一八事变"。

1933年1月，日军占领山海关。3月，占领热河省会承德。4月，占领秦皇岛。5月，占领通州。中国最大的城市和战略中心北平、天津被日军三面包围，周口店发掘的环境变得越来越险恶。

1935年夏，受中国地质调查所推荐，裴文中赴法国巴黎人类古生物学研究所和巴黎大学动力地质研究室留学，离开了周口店。周口店遗址发掘的历史，在另一位年轻人手中又掀开了新的一页。这个人叫贾兰坡。

1908年生于河北省玉田县的贾兰坡，由于家境贫困，在贾兰坡很小的时候，父亲便只身到了北京谋生。1920年，贾兰坡十三岁，父亲将他从乡下接到北京汇文小学念书。1929年贾兰坡高中毕业时，父亲便再也无力供养他上大学了。这时，二十二岁的贾兰坡在父母包办下，与乡下一位没有文化的女子结了婚。没有立业，便安了家，对贾兰坡来说无疑是一次痛苦但又无可奈何的选择。一年之后，女儿降生。一般说来，一个男人有了家，又有了孩

第三章 最后的辉煌

子，只能每天琢磨着如何过小日子了。但贾兰坡总心有不甘，琢磨着再学点什么，从中寻出一条较为理想的出路。于是，他成了北平图书馆的常客，沉浸在书籍的海洋里，贾兰坡自是感到欣喜，但如何养家活口的问题又时刻出现在眼前，这又令他十分苦闷。

如此悲喜交织的日子大约过了半年，贾兰坡一个要好的表弟在恒兴缸店见到了裴文中。因裴的侄子和贾的表弟是生意上的合伙人，裴文中常来恒兴缸店串门，彼此早就认识。大家一边喝茶一边聊天，闲谈中，贾兰坡在家里无事可做，只闷头读书的事情传入裴文中耳朵。贾比裴小四岁，二人同为河北老乡，裴文中说中国地质调查所正在招考练习生，何不叫他去试一试呢？这位表弟回来一说，全家都很高兴，贾兰坡自是喜不自禁，便风风火火地跑到中国地质调查所报了名。结果，他竟以优异的成绩考上了中国地质调查所新生代研究室的练习生。

贾兰坡

裴文中看似无意的一句话，让贾兰坡一步跨进了中国地质调查所的大门。而接下来翁文灏的哈哈一笑，又决定了贾兰坡一生的命运。

有一天，上班不久的贾兰坡正在与人说话，进来了一位身材矮小、穿着长袍的人。此人在屋内转了一圈，一句话没说就走了。贾兰坡不认识此人，也就没有跟他打招呼。

第二天，新生代研究室的副主任杨钟健问贾兰坡："昨天翁文灏所长来办公室了，你们见到了吗？"贾兰坡听后大吃一惊，这才知道昨天那位身穿长袍的矮个子竟然是大名鼎鼎的翁文灏。杨钟健又说，明天下午去一趟翁所长办公室，他有事召见。贾兰坡自知昨天对所长有失礼貌，心想，这下完了,好不容易才端上的一个泥巴饭碗,看来又要砸掉了!

第二天下午,贾兰坡按时来到兵马司胡同9号地质调查所翁文灏所长的办公室,他不敢坐,只是规规矩矩地站在那儿,心里十分紧张。可翁文灏并没提昨天去办公室的事,只问了一句:"地质所的工作又苦又累,你为什么还要来干这个呢?"

"为了吃饭!"贾兰坡几乎连想都没想,张口便答。

翁文灏听后,忍不住哈哈大笑起来:"小伙子,说实话好呀。好好干吧!"

贾兰坡万万没想到,正是翁文灏的这一笑,"笑"定了他的前程与命运。第二天一早,贾兰坡便接到了裴文中的通知:回家打点好自己的行李,准备离开北平!

两天后,贾兰坡便和另一位燕京大学毕业不久,曾跟随英国著名地质学家巴尔博学习过生物学的卞美年一起,随裴文中来到了周口店,时间是1931年春天。

也就是从这个春天起,贾兰坡一生的命运便与周口店永远连在了一起。许多年后他回忆说:"我被派往周口店帮助发掘时,对发掘工作有很大兴趣,立下宏大志愿,一定要做专家学者,因此也就再没有什么可怕的了。练习生的地位在研究部门里是最低的,但仍属于'先生'行列,能和各级领导同桌吃饭。除了这些,受苦受累的活都是我的事:买发掘用的物品;与来访的学者到各处看地质;他们采下的标本,装在背包里,叫我背着;我还要和工人们一起挖掘化石。我白

位于兵马司胡同9号的中国地质调查所办公楼,该楼由贝聿铭叔祖贝寿同设计(作者摄)

天除了做一般的事务外，一有空就跑到工地帮助发掘。白天工作，夜里读书。我的英文不行，但条件是好的，标本有的是，结合标本阅读有关专业的书，比较容易弄懂，即使只弄懂几句也感到高兴。我最感兴趣的，是挖掘。开始，我什么都不懂，挖出了化石就向工人请教。他们会告诉我：这是羊的，这是猪的，那块是鹿的。认识的化石越多，就越觉得发掘工作有意思。跟着专家学者在山上到处跑，查看地质，累是累，但时间一长，从他们那里也学到了很多地质方面的知识。特别是卞美年，他一有闲暇，就带着我在龙骨山周围看地质，不但给我讲解地质构造和地层，还教我如何绘制剖面图，他待我非常友好。"

贾兰坡与卞美年（坐者）在打炮眼，准备炸掉大块岩石（裴文中摄，1931年，贾兰坡提供）

为了对书中所讲的知识有个直观的了解，以便更真实地认识动物的骨骸，贾兰坡还琢磨出了一个点子：上山打野狗！因为在周口店的山坡上，经常有狗窜来窜去，尤其是夜间，野狗常常聚在一起撕咬嗥叫，扰得人难以入睡。于是他与几个工人经过一番密谋，在一个没有星光的夜晚，乘野狗们"聚会"之时，成功地打回了一只野狗。

野狗扛回来后，工友们立即将其开膛破肚，架锅烧火，但贾兰坡对吃狗肉不感兴趣，一心想要的是一副完整的狗的骨架。所以当一大锅香味十足的狗肉炖熟之后，大家争先恐后地拌着大蒜、辣椒大吃狗肉时，他却守在一旁又喊又叫："小心点，千万别啃坏了我的狗骨头！"笑得大伙直捂着肚子在草地上打滚。

众人美餐一顿后，贾兰坡将剩下的狗骨头重新煮一遍，再剔去骨头上的筋筋脑脑，用碱水去掉骨头上的油，而后在

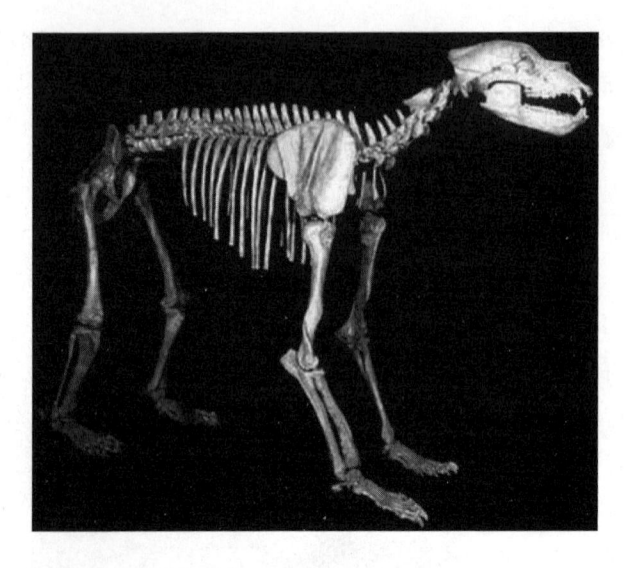

在猿人洞中发现的中国鬣狗骨架化石（周口店北京人遗址博物馆提供，下同）

根据出土化石制作的中国鬣狗雕塑

狗骨架的不同部位涂上不同的颜色，按《哺乳动物骨骼入门》图上的名称，一一对应写在骨头上，再与研究室的狼骨架进行认真对照。这样，他对哺乳动物特别是对狗的骨骼便有了清楚的认识。

由于长年累月泡在龙骨山上，天天和泥块、石头打交道，时间久了，不少人都感到日子实在太枯燥太无聊。但贾兰坡却没有这种感觉，他最喜欢的恰恰就是爬山，就是挖掘，即使在好长一段时间里连一块狗骨头也挖不出来，他也能咬牙坚持下去，绝不气馁，并能在那种枯燥苦涩、缥缈遥远而又无边无际的对古文明的发掘与寻找中，真切地体会到一种寻找的快乐。

1934年3月15日，新生代研究室名誉主任步达生在办公室突然去世。步达生患有先天性心脏病，本不适合繁重的劳作，可他把研究周口店化石标本的工作看得特别重要，经常研究到凌晨两三点，甚至常常通宵达旦。就在他去世的当天下午，他还让杨钟健去他办公室谈论过工作。杨钟健走后，有人去找他，敲他办公室的门，但里面没人答应。最后，当该找的地方全都找遍了还是找不见他时，人们才意识到什么，将他的办公室门撞开，发现步达生趴在办公桌上已经停止了呼吸。而他手里紧紧攥着的，是裴文中和贾兰坡等人不久前从周口店挖掘回来的"北京

第三章 最后的辉煌

人"的头骨碎片！

步达生去世后，裴文中将赴法留学，需在家抓紧补习法文，无暇顾及周口店发掘事宜了。而这一年的春天，贾兰坡被晋升为技佐（相当于助理研究员或讲师），周口店的发掘工作实际上就改由他主持了。

此时的贾兰坡经过几年艰苦学习和实践，已经完全掌握了遗址发掘程序，一些原来由裴文中承担的工作，如绘制剖面图、平面图，以及照相、编号、标本的记录、"日报"和"月报"的填写等等，他也全部掌握。到了1935年，当裴文中赴法国巴黎大学留学，正式离开了周口店时，如同当年裴文中主持周口店发掘工作的情形一样，在没有合适的大学者前往主持，或者说没有大学者愿意到这个荒山野外主持时，杨钟健便提议让贾兰坡主持周口店的发掘工作。

杨钟健的这一想法一经提出，有人竟公然嗤之以鼻："要是耗子都能拉车，还要骡子干什么！"

"耗子"也罢，"骡子"也好，反正贾兰坡还是硬着头皮上任了。许多年后，当贾兰坡回忆往事的时候，对这一段生活感受记忆犹新：

我虽然热爱这项工作，但总觉得自己不够格，感到压力很大。经过杨钟健的一番开导，我也只好从命了。主持周口店工作以后，我生怕自己胜任不了，把工作办砸了，心里一再打鼓。不久，杨先生派来了燕京大学生物系毕业的孙树森和北京大学地质系毕业的李悦言参加周口店的工作。杨钟健打算叫孙树森跟我合作，叫李悦言学习如何发掘和处理化石。我心里很高兴，这回有了伴，遇见什么事也可以商量了。可是没过多久，孙树森就开始埋怨，说这是把他发配到周口店，整天和石头、骨头打交道，毫无乐趣。他没待几天就走了，据说后来到某个中学教书去了。李悦言也只干了一年多，就到山西垣曲搞始新世化石去了，结果周口店又只剩下了我一个人。

成了光杆司令的贾兰坡当然很孤独、很痛苦，其压力自然也就更大。但他要让人看看，他这只"耗子"到底能不能拉动大车！

这时，美国著名人类学家魏敦瑞受洛克菲勒基金会的委派，从美国来华接替步达生的工作。魏敦瑞于1873年生于德国一个犹太人的家庭，1899

083

寻找祖先

半机器化发掘（贾兰坡摄，1935年）
贾注：从1934年起，发掘周口店"北京人"遗址办法有所改善，我们称之为"半机器化"，即在鸽子堂顶部的平台上及北面山下行人路的桥下各架起铁架，铁架横梁各装一滑轮，滑轮上装上钢丝绳，钢丝绳的两头各安一滑轮，高的一侧挂上重筐，然后把重筐滑下去，把空筐带上来。虽然是很简单的办法，但比人抬绕大弯，节省了很多人力

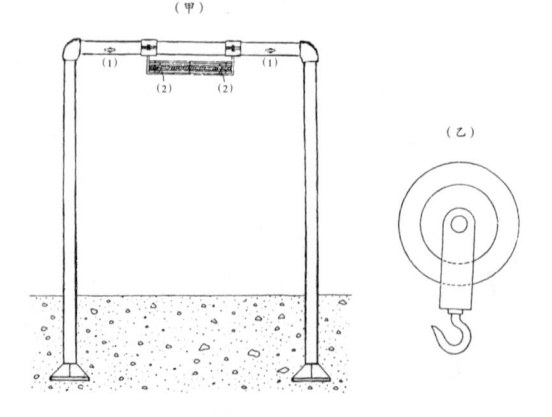

运土机械示意图。（1）挂钢丝轨处；（2）钢丝引线通过处（裴文中绘）

年获斯特拉斯堡大学医学博士学位，1921年发表第一篇人类起源论文，来华前已加入美国籍并在芝加哥大学任解剖学和人类学教授。当时尚在美国的魏氏认为，中国的周口店发现了头盖骨、下颌骨和许多人牙，但对人体骨骼的发现却很少，这是发掘的人不认识的缘故。因而，魏敦瑞到北平没几天，就赶赴周口店检查工作，连续不断地勘察地层，仔细观察工人们发掘化石的具体情况，并在一个雨过初晴的中午，站在高高的龙骨山上，当着所有发掘员工的面向贾兰坡抛出了第一道考题：大型食肉类动物的腕骨与人的腕骨有什么不同？结果，贾兰坡详细而出色的解答，令他十分满意。考察完后，魏敦瑞对周口店遗址发掘工作心悦诚服，说："这样细致的工作，不会丢掉重要东西，是可靠的。"

有了这次考察，魏敦瑞便放心地住在北平城里潜心研究"北京人"化石，至于周口店的发掘工作，他每个季度大约只去上一两次，做一些总体上的指导。

令贾兰坡心中感到沮丧的是，1935年的发掘结果，除了

第三章 最后的辉煌

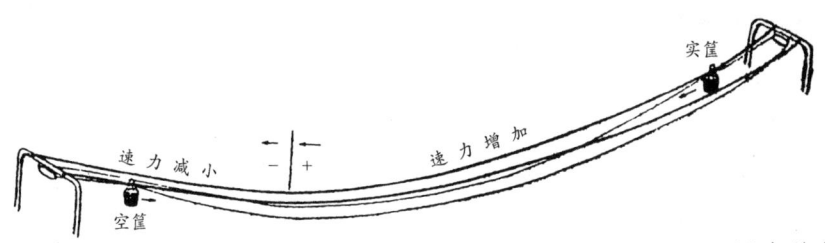

运土的钢丝轨道
（裴文中绘）

发现一些人牙以及灰烬层里的一些烧骨和石器外，没有找到什么新鲜的东西，于是大家有了暂时放弃周口店，到更远的地方去开辟新地点的想法。到了这年的秋末，贾兰坡和多数人还是觉得开辟新地点、寻找新人类很有必要。于是，经地质调查所所长批准，贾兰坡和技工杜林春便前往四川省的盐井沟进行调查和发掘，因为有人在那里发现过很多的哺乳动物化石。遗憾的是，此次四川之行，除了找到一块乌龟的背盖和一个相当大的动物头骨外，一无所获。为了不影响周口店的工作，贾、杜二人只好草草收场，赶回北平。

发现三个头盖骨化石

1936年春，周口店的发掘工作再度拉开了序幕。

按照新生代研究室的计划，本年度周口店的发掘任务，仍是寻找古人类化石。但这一年的发掘工作，跌进了一个深渊。魏敦瑞来北平已经一年有余，除见到一些被发现的人牙外，迟迟见不着其他重要的化石，对工作人员有些不满。而不少人则认为，周口店遗址的寻找已经走到了尽头，不可能再指望有什么奇迹发生了。

当然，更为严峻的是，日本关东军在东北地区已成气候，战争的硝烟已越过山海关飘荡于平津上空，北平市民们在睡梦中似能隐隐听到日本鬼子那霍霍的磨刀声和入侵的脚步声。有关战争的各种小道消息、流言传闻不时飞向周口店，贾兰坡所领导的发掘队伍也出现了从未有过的人心惶惶的局面。下一步应该怎么办？是继续坚持挖掘，还是马上停止？或者尽快撤退？这一切，成为贾兰坡不得不关注的一个大问题。

当然，令贾氏最为担忧的还是经费问题。从1936年起，美国洛克菲勒基金会只拨给新生代研究室六个月的经费，而魏敦瑞拨给周口店用于发掘的费用，每月仅有一千元！而这点钱几乎不够工人的薪水。更为严重和令人焦急的是，如果六个月后周口店再无新的发现，洛克菲勒基金会很可能以此为借口掐断资助，毫不留情地砸掉贾兰坡等人的饭碗，同时也包括所有在中国从事"北京人"化石标本研究的外国科学家的饭碗。

随着战争的逼近和北方局势的恶化，中国地质调查所迁往国民政府首都南京，只在北平设立了一个分所，由杨钟健担任分所所长。上任后的杨钟健最担心的问题同样是新生代研究室下半年得不到美国洛克菲勒基金会的资助，一旦失去这份资助，新生代研究室和周口店的发掘自然就树倒猢狲散，再也难以收拢了。要保住来自美国方面的美元，就要设法先保住周口店这支发掘队伍，只有这支发掘队伍寻找到了美国方面所喜欢的人类化石，最终才能保住所需的美元，有了美元，才能继续寻找化石——这看起来是一个怪圈，其实一切的生活与科学技术的进步都是在这个怪圈中旋转、循环，发展壮大的，这是人类发展史的一个重要组成部分。因而，为了防止贾兰坡离开周口店到别处去另谋生路，杨钟健对贾说："如果新生代研究室被取消了，在周口店搞上一个陈列馆，由你来管理，愿意不愿意？"贾回答道："只要在周口店，干什么我都愿意。"杨钟健音带悲怆地说："那好，只要你有这个思想准备，我就放心了。"

酷热的夏季很快来临，尽管贾兰坡等人每天挥汗如雨地发掘着地层，小心地注视着出土遗物，却一无所获。到了此时，大多数关注周口店发掘的学者再次失望了，眼看弹尽粮绝，有人提议干脆把发掘队伍解散算了，只有贾兰坡默不作声，每天恋恋不舍地依然出现在龙骨山上，继续指挥工人在可能出土重要遗物的地方发掘。

执着与坚韧，使贾兰坡终于得到了幸运之神的青睐。1936年6月10日

第三章 最后的辉煌

这天，贾兰坡与他的团队开始向发掘点的第8—9层推进。开工不到10分钟，就发现了一个几乎完整的猕猴头骨。猕猴化石这个种名是杨钟健命名的，过去在周口店也曾发现过，但像如此完整的头骨却是首次见到，自然也算得上是重要的发现。

贾兰坡指挥工人们在山顶洞发掘

第二天一早，贾兰坡带着这块包裹好的头骨，步行15公里到琉璃河北岸的车站，乘火车赶往北平向杨钟健和魏敦瑞汇报这一喜讯，对方见到这个猕猴头盖骨，紧锁的眉头明显舒展开来。

6月20日，贾兰坡率领的发掘队又发现了两颗"北京人"门齿和1块头骨碎片，同时还有3块猕猴的上颌骨。这一连串遗物的出土，令贾兰坡精神大振，同时他也隐隐地预感到，比人牙更加

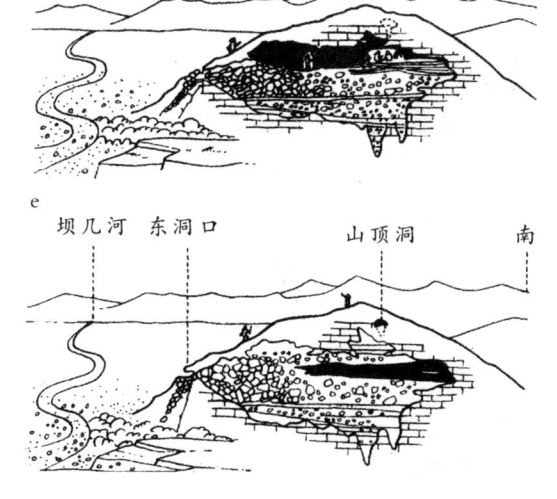

山顶洞位置示意图（引自《远古人类的家园：周口店北京猿人遗址》，林圣龙、吴新智著，中国大百科全书出版社1998年版，下同）

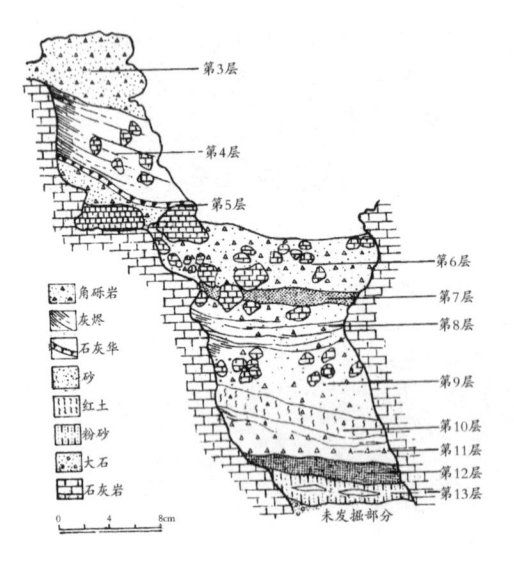

周口店北京猿人洞文化层示意图

贾兰坡在出土"北京人"头盖骨的地方进行清理（贾兰坡提供，下同）

重要的东西极有可能随之出现。

此后的日子里，在同一地点，又发现了2颗人的上臼齿和2小块"北京人"头盖骨碎片。有了这些发现，贾兰坡的预感越发强烈。但由于雨季很快来临，为防止化石在泥泞中挖掘会受到损坏或者丢失，至7月7日，贾兰坡不得不宣布结束本季度的发掘工作。

从1934年4月至1936年7月，贾兰坡他们在周口店第1地点中段共计发掘了451天，除去土石4万多立方米，获得各项标本500余箱。其中，仅石制品就有六七万件之多，鹿、牛、猪、虎、狼、马和犀等化石也不少，但古人类化石却一直很少见到，只有少量的碎片和牙齿偶尔出土，这个缺憾令所有的发掘人员感到胸闷气短。

1936年的夏季刚过不久，贾兰坡又率领一批技工前往周口店，继续发掘老地点第8—9层。据贾兰坡说，这次发掘，尽管一开始就发现了一些加工很好的石器，火石石器和哺乳动物化石也逐渐增多，而且还在成层的破碎的朴树籽中捡到了几千粒完整的树籽，但迟迟没有重大发现。这种状况无疑让洛克菲勒基金会方面失去了兴趣，加剧了资金的短缺，发掘人员精神上的压力越来越大。

如此这般苦撑到10月22日，正当贾兰坡与他的团队因找不到新的

第三章　最后的辉煌

人类化石陷入绝境时，一束亮丽的希望之光突然出现在面前。上午10时，发掘人员在裴文中当年发现的那颗"北京人"头盖骨化石之南约10米处，又发现了一块"北京人"的左下颌骨。开始，这个下颌骨只露出一个前齿，被技工刘二首先发现，贾兰坡一看是人的，神情大振，当即趴在现场小心翼翼地用小钢钩一点一点地进行发掘，颌骨很快暴露出来。

出土的下颌骨化石已经碎成几块，每块都被黏湿的土石碎屑包裹着。贾兰坡顺利将它取出后，欣喜万分，马上捧回办公室保存。按照裴文中当年的办法，当晚，先用炭火烘干、加固，然后再把碎块粘接到一起，一个相当完好的"北京人"下颌骨修复而成。经过仔细观察，贾兰坡认为这个下颌骨是女性的，极有研究价值。第二天一大早，他即派技工薛庆恩赶往北平，将其送到了魏敦瑞手中。魏敦瑞看后，长时间愁苦着的脸上终于露出了笑容——如此完好的古人类下颌骨，过去从没有出土过，因此很快引起了北平学术圈中外学者的注意。

有了这一斩获，贾兰坡信心大增，决定勒紧腰带，加快发掘进度。

11月14日上午，阴云蔽日，天气骤冷，风在龙骨山不住地狂奔呼啸。面对如此恶劣的天气，贾兰坡很想中止发掘，却又觉得有一种隐藏于尘世之外的神秘力量在引导着自己继续前行。他一咬牙，决定继续发掘第25水平层。

世界上许多事情的成功，往往就在最后一刹那的坚持之中。11月15日，是个星期天，夜里一场雪，使天气变得格外寒冷，但贾兰坡一早便领着队伍来到了发掘现场。刚开工不久，在靠近北边的洞壁处，技工张海泉在一片松软的砂土中挖出了一块碎骨片，然后随手将它扔进了用荆树条编成的小筐里。张海泉的这一举动恰好被站在5米开外的贾兰坡看见，贾问："什么东西？"张海泉满不在乎地说："韭菜！"（南按：方言，即碎骨片的意思。）

贾兰坡心里一动，会不会是"北京猿人"的头盖部分呢？他马上跑过去，拿起来一看，大声叫道："嘿！这不是人头骨吗？"

众人听罢，纷纷围拢过来，仔细一看，果然是一块人的顶骨。

贾兰坡高兴地从怀中掏出表来，时间正好是上午9时半。

这一意外发现，群情振奋。贾兰坡立即派人用绳子将大约六平方米范围的现场围了起来，并让其余人员全部退在一旁，自己带着张海泉、柴凤岐和杜春林三位发掘能手在"禁区"内继续搜寻。很快，大量的头骨碎片以及为

在西部洞顶之下约一米处发现人头骨（贾兰坡摄）

数众多的枕骨、眉骨和耳骨相继被发现。接着，一块胶结在石灰岩层上的头盖骨出现在众人眼前。

如同淘金人在大山深处经过大半辈子辛劳突然看到了硕大的狗头金，那一刻，贾兰坡周身的热血轰地冲上脑门，有几分眩晕的感觉。几年的朝思暮想、千呼万唤，芝麻终于开门了。因事关重大，每一位在场者精神都特别紧张，再加上头盖骨已经破碎，不便发掘，不得不特别小心。贾兰坡趴在地上，面对远古祖先的这块头盖骨，像朝圣者在圣殿中朝拜一样，虔诚而谨慎地一点点除掉周边的杂土碎石。直到中午时分，才好不容易将这块头盖骨的所有碎片全部取了出来，而后分别装进两个小荆条筐里，由贾兰坡和柴凤岐分别捧着一个筐子，小心翼翼地护送到山下驻地。许多年后，贾兰坡回忆说，当他捧着装有头盖骨的筐子走向办事处时，就像捧着老祖宗的灵牌一样，一种虔诚、神圣之情油然而生。

按照老办法，贾兰坡指挥几个工人对头盖骨进行清理、烘干、修复，将碎片一点一点地对粘起来。

下午4时15分，贾兰坡率队在挖出上述头盖骨不远处，又发现了另一个头盖骨。

这个头盖骨已裂成多块，情景与前者颇为相似。此时天色已晚，许多骨块尽管已暴露出来，但要想连夜取出，困难很大。怎么办？是继续让这块头盖骨留在山上，还是将它连夜取回去？贾兰坡踌躇再三。最后，贾兰坡还是决定，为了使北平研究室的有关人员能看到现场，当晚暂时不再

第三章 最后的辉煌

发掘，让祖先的这块头骨原封不动留在它的安息之处。为防不测，贾兰坡特地派了六个人昼夜看守现场，严令在六平方米的范围内任何人不得踏入一步。

当晚，心绪难平的贾兰坡在夜色中顶着寒风赶到周口店邮电局，向北平的杨钟健发去一封电报，简要地报告了发现头盖骨的经过。北平方面收到电报后，魏敦瑞和他的秘书高韩丽娥都不在研究室，杨钟健又去了陕西，电报只好转到杨钟健夫人手上。杨夫人深知事关重大，必须尽快通知魏敦瑞。经过一番周折，直至深夜，杨夫人才终于用电话和卞美年取得了联系。

卞美年闻听这一消息，既惊且喜，第二天一大早，脸没洗，饭没吃，便急急忙忙跑去找魏敦瑞。

此时的魏敦瑞还没起床，当他在沉沉的睡梦中被一阵急促的敲门声惊醒后，揉着眼睛很不耐烦地问了一句："谁呀？"

门外的卞美年急忙答道："魏先生，是我呀，卞美年！"

"什么事？这么急？！"

"不得了啦，又发现了一个头盖骨！"站在门外的卞美年对着门缝几乎是喊了起来。

魏敦瑞一听，又惊又喜，腾的一下从床上跳了下来，急忙找衣服。可衣服找不着，后来衣服好不容易找着了，又不知裤子在哪儿。再后来裤子终于找着了，刚要出门，又被夫人叫住了。

"怎么啦？"魏敦瑞停住了脚步回头问道。

"看看你穿的裤子？"

"裤子怎么啦？是我的裤子呀！"

"你……你这个大笨蛋，你把裤子穿反了！"夫人哭笑不得。

"啊！是吗？"魏敦瑞低头一看，自己果然把裤子的后面穿在了前面，忍不住一阵开怀大笑。

经过一番折腾，魏敦瑞带着夫人、女儿同卞美年一起，雇了一辆汽车匆匆向周口店赶去。因道路坎坷不平，直到下午1时左右才到达周口店。魏敦瑞一见贾兰坡便急不可耐地问道："头骨在哪里？"

贾兰坡将魏敦瑞领到办事处一个房间，把忙了一夜才粘接好的那具完整的头盖骨从文件柜中取出，转身交给魏敦瑞。由于心情过于激动，精神高度

091

贾兰坡发现第一个头盖骨的次日，魏敦瑞（前坐者）与他的夫人、女儿乘车前往周口店，并与卞美年等一起把头盖骨运回北平（贾兰坡摄）

魏敦瑞在发掘工地上视察

紧张，魏敦瑞手不住地发抖，差点把头盖骨摔在地上。卞美年见状，赶快接住，而后轻轻放到一张桌子上。

"哈哈，我的上帝呀，好极了，好极了，真是好极了！"魏敦瑞望着头盖骨，突然孩子般叫了起来。魏敦瑞夫人见状，偷偷向贾兰坡和卞美年耳语道："俺家孩子他爸今天可高兴了，早上他听说周口店发现了'北京人'头盖骨，起床时连裤子都穿反啦！"二人听罢，不禁捧腹大笑起来。

魏敦瑞与卞美年随贾兰坡来到龙骨山察看了昨晚发现的尚未发掘的头盖骨，交换了发掘意见，随后带着第一个头骨驱车返回北平，贾兰坡同几位技工开始发掘。太阳即将落山时，第二个头骨安然无恙地破土而出。当天夜里，贾兰坡与几个技术工人仍用旧法将头盖骨烘干、粘好，成为一个结实的完整的头盖骨。

翌日一早，贾兰坡携带这份珍宝乘火车赶回北平，将它亲自交到了魏敦瑞手上。

11月24日下午5时，魏敦瑞在协和医学院解剖科——自己的办公室举行了中外新闻记者招待会，报告了贾兰坡在周口店连续发现两个"北京人"头盖骨的传奇事迹。

第二天，中外许多报纸刊登了这一消息。

于是，继1929年裴文中发现第一个"北京人"头盖骨之后，中外学术界又一次被在中国周口店发现的头盖骨所震动，人们对东亚大陆华北地区这块神秘的土地再度投以惊奇的目光。

然而，事情并未到此结束。

就在这个消息在全球广为传播，并让世界上关注周口店的人们为之震动并议论纷纷之时，1936年11月26日上午9时，即魏敦瑞在北京举行记者招待会的第三天，贾兰坡与发掘队员又在风雪飘零中，再度从周口店龙骨山那个近似魔术师道具般的山洞里发现了第三个"北京人"头盖骨。

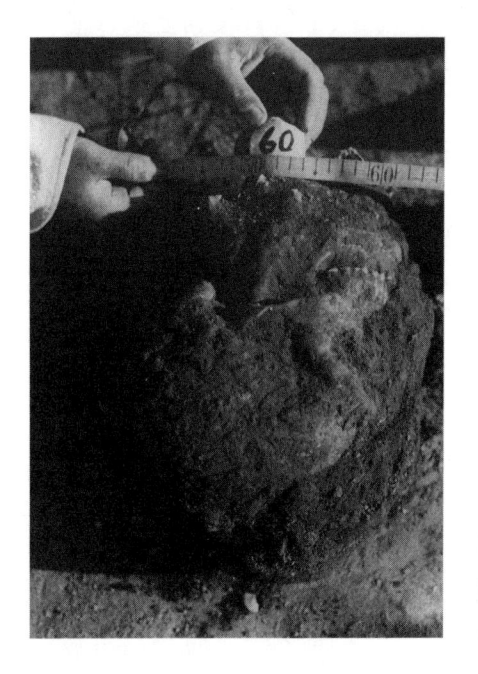

贾兰坡测量人头骨

这个迟迟不肯轻易露面的头盖骨虽然深藏于坚硬的岩层之中，却不像先前发现的那样破碎，而比过去发现的所有头盖骨都要完整得多，甚至连神经大孔的后缘部分和鼻骨上部及眼孔外部都依然完好。其完整程度，前所未有！

贾兰坡把头盖骨捧回办事处，当即进行修理。在修理的过程中，有一个问题引起了贾兰坡的注意，即在发掘前两个头盖骨时，在地层中同时还发现了大量的石器，人工打击的痕迹一清二楚。但唯独发掘的这第三个头骨，虽然也发现了一些砂石片，可石片上却看不出有人工打击

在山顶洞发现第二个头骨处的下坎又露出了第三个头骨（贾兰坡摄）
贾注：在同一地点发现了三个头骨，我们估计是个原始墓地。此前有人称我们是扒祖坟的，这次真的是扒了祖坟了

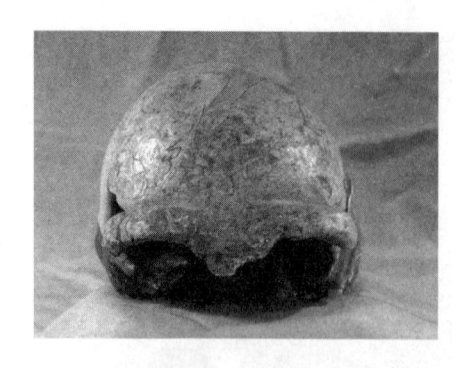

修复后的头盖骨

的痕迹，这到底是为什么？于是贾兰坡联想到，这第三个头骨当初是否被人移动过呢？如果被人移动过，这移动的人是谁？为什么要移动？这个问题开始占据了贾兰坡的心。

由于前两个头盖骨的发现，周口店和北平已满城风雨，想保密已不可能。在一些人心目中，这些头盖骨肯定是稀世之宝，价值连城，再加上当时周口店极不安宁，为了确保这个头盖骨的安全，贾兰坡连夜下山乘火车将其亲自送到了北平。当这颗完整的头盖骨交到魏敦瑞手上时，对方竟"啊"了一声，两眼直直地瞪着，呆坐了很长时间才缓过神来。

这个头盖骨的发现，无疑锦上添花，使本来就沉浸在惊喜中的北平科学界欣喜若狂。

12月19日，中国地质学会北平分会在兵马司胡同9号中国地质调查所北平分所图书馆举行特别会议，有一百余名中外学者参加了这次盛会。

会议首先请贾兰坡报告了三个"北京人"头盖骨化石发现的前后经过，而后由德国著名古人类学家魏敦瑞就其发现

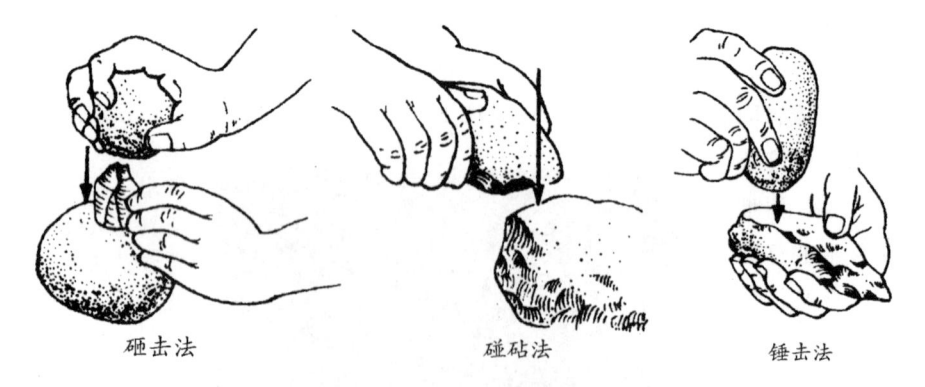

砸击法　　　　　　　碰砧法　　　　　　　锤击法

"北京人"遗址共发现猿人加工以及从洞外搬入的没有加工的石块十万多件。经研究发现，"北京人"制造石片的方法主要为砸击法、碰砧法、锤击法三种（引自《远古人类的家园：周口店北京猿人遗址》，下同）

的重大意义，专门做了长篇学术报告。魏敦瑞说道：

> 现在我们非常荣幸，因为"北京人"在最近又有新的发现，10月下旬曾发现"北京人"下颌骨一面，并有5个牙齿保存；11月15日一天之内，又发现"北京人"头骨2具及牙齿18枚；26日更发现一极完整之头骨。对于这次伟大之收获，我们不得不归功于贾兰坡君，因为当发现之始，前两个头骨化石，虽成碎片状态，但贾君已知其重要性，并施用极精巧的技术，将其掘出，并经贾君略加以修理，后才由卞美年君及余携手研究。
>
> 此三头骨，均为成年的，保存得都很完好。前两个，一个较大，一个略小，大的属于男性，小的属于女性。头盖部分，虽然完整，但颅底部不齐全。因为颜面部分及上颌骨，都有保存痕迹，可重示其原来面目。不幸的是，保存的颜面骨骼，由于震压太碎，工作实感困难。
>
> 已故步达生教授研究1929年裴文中先生发现的8岁孩童头骨之后，即无头骨发现，此次在11天之间，发现3个完整头盖骨，实出人意料。
>
> "北京人"，为最原始的化石人类，关于脑量容积，女性约为850—1050立方厘米；男性约910—1200立方厘米（现在人约1320立方厘米）。头骨两性之间的差别，比现在人较大，与猩猩和大猩猩相仿佛。
>
> 最近找到的小头骨和春季发现的头骨碎片，全部可以用来解释爪哇猿人的问题。爪哇猿人很久就被认为是大长臂猿的化石，但因头骨的性质与"北京人"相同，由此可见爪哇猿人并非他物，即与"北京人"属于相类的一支人类。换一

山顶洞人的生活想象图

句话说，所谓爪哇猿人，即为"北京人"演化过程中代表进步者。然而这次找到的头骨，男性比女性高得多，并且很接近尼安德特的人类，所以演化过程，似从"北京人"进化到尼安德特人，然后又进化到现代人类。

第三个"北京人"头骨，比前二者尤为完整，比第一个小，比第二个大，脑量容积约1100立方厘米，为一青年的头骨，颜面有一小部分保存，如左右两块鼻骨、眼眶骨等，并和头盖相接连。

关于中国已有的"北京人"材料，如头骨、下颌骨和牙齿等，实在是最完善、最优美的采集。只是四肢骨骼始终未能找到。从已有的头骨和下颌骨来看，在未变成化石之前，已经破碎，此种特征，可以认为"北京人"当时彼此互相杀害、剖弃四肢，将人头积存洞里。不过就现在所有的材料研究，对于人类演化过程完全可以断定，唯对解决上述问题尚嫌不足，若将来有新的发现，或许可以圆满解决……

会后，中外报纸纷纷对此做了大篇幅报道，尽管当时战争的烟云几乎遮住了人们对其他所有事物关注的视线和兴趣，但贾兰坡继裴文中之后在周口店发现三个"北京人"头盖骨的消息，却很快得到全球性传播。

为纪念这一伟大的发现，中国地质调查所的领导者特意叫贾兰坡去相馆照了一张相，洗印一百多张，以提供给各地报纸发表之用。昔日默默无闻的贾兰坡一下成了众人瞩目的英雄，无论是科学界的前辈，还是地质调查所的领导、同事，兼及新闻界人士，都为贾氏这一非同寻常的发现欢呼和祝贺。这一事件影响之大、传播之广，令中国地质调查所的领导者和贾兰坡本人都大为吃惊。1937年6月1日，英国伦敦弗利特街110号国际剪报社致函贾兰坡，这家专门搜集世界各地重大消息的剪报公司，把当时欧洲、美国、英国、爱尔兰等全世界所有地区刊发的关于周口店发现三个"北京人"头盖骨的消息做了搜集整理，其剪报多达两千余条。如此规模和大面积的信息传播，在当时那样一种混乱的局势和复杂的政治背景下，是世界上任何其他考古发现都无法匹敌的。

这家剪报公司在信中客气地明示，只要贾兰坡乐意支付五十英镑，即可收到这两千多条剪报复制件。贾氏手捧信函，当然很想得到这一批报道自己心血结晶的成果，只是自己无能为力。对此，贾兰坡曾深情而惋惜地回忆说:"两千多条关于我的消息真是太诱人啦!可我一想,五十英镑啊!这虽然并不算贵,可穷得叮当响的我,到哪儿去弄这五十英镑啊?没钱买,那就只好去他的吧!"

毫无疑问,贾兰坡的发现,是继裴文中首次打开"北京人"大门之后的又一次伟大创举,也是周口店的发掘在泥泞的道路上徘徊了六年之后,在几乎绝望的萧条境况下,一次具有非凡历史意义的重大突破。十一天之内连续发现三个"北京人"头盖骨化石的事实,不但让关注周口店发掘的悲观者看到了希望,更给坚持寻找祖先足迹的贾兰坡和其他中外科学家以莫大的信心和巨大的鼓舞。这一连串的发现,以更加确凿的事实证据,填补了人类进化发展史上一个极重要的空白,它在科学上的重大价值是不言而喻的。关于这一点,贾兰坡曾有过这样一段形象的叙述:

举个最简单的例子来说吧,谁都愿意知道自己是从哪里来的,又是怎样变成了今天这个样子。这个问题自我们祖先起,就企图做出答案。可是由于当时认识水平的限制,所做出的答案,大都归于"神"的力量。这当然不会使人满意。后来我们的革命导师恩格斯给我们做出正确的答案,提出"劳动创造了人""劳动创造世界"的理论,但人们还希望见到真凭实据。被发现的"北京人"化石,就是真凭实据。"北京人"是从猿到人的发展过程中的一个重要环节。它所以被看作"宝",原因也就在此。

当惊喜交加的科学界欲挽起袖子准备在周口店发掘与研究领域大显身手,彻底解开人类进化之谜时,越来越险恶的战争风云,使他们不得不含恨放弃这个辉煌的梦想。

第四章 历史的紧要处

——寻找祖先——

被迫撤离周口店

1937年7月7日，七七事变爆发。

中日交战的枪声惊碎了几乎所有关心周口店发掘事业的科学家的美梦。洛克菲勒基金会资助的这项具有世界合作性质的考察计划，在艰难地持续了十个年头之后，终于降下了那曾照耀全球的帷幕。

根据中国地质调查所的建议，周口店发掘人员分批撤回北平。主持人员贾兰坡携化石标本率大部分科技人员先期撤往北平，发掘场地只留几名当地雇用的技工看守。

形势险恶，必须尽量避免可能的麻烦，因火车不能通行，贾兰坡一行人全部轻装上路，沿着西山北行，整整走了两天，天黑时分才抵达北平西直门。可这时的北平早已戒备森严，城门口的两边站满了二十九军的士兵，西直门也只开一道小缝，他们被盘问了好半天，才总算被放了进去。

守卫北平城的士兵与城楼上的枪眼

几天后的一个傍晚，杨钟健派人来到贾兰坡家，让他到协和医学院附属医院娄公楼新生代研究室去上班。贾兰坡听后很高兴，第二天一早来到娄公楼，向杨钟健和卞美年详细汇报了周口店临走前的安排情况，并告诉他们说："周口店过去的重要发掘地点，全都用泥土和石头掩盖好了，所有已经发掘出来的化石标本，也全都做了登记。"二人听后，认为处理得还算妥当，遂安慰贾兰坡说："你先在这里上班，看看下一步局势如何发展再决定是否返回周口店。"

北平城的中国守军与日本人战战和和的传言，随着燥热并伴有霉腐气味的

第四章 历史的紧要处

空气流传了二十余天之后,终于水落石出。8月初,贾兰坡一大早便出了门,刚走出不远,就看见满街都是帽子上戴着屁帘子的日本兵。这些耀武扬威的鬼子排着队,挑着一块又一块印有武大郎烧饼图案的裤衩状的旗子,仰头挺胸,走路时大皮鞋使劲跺地,以此对北平的老百姓示威。贾兰坡这才知道,北平沦陷,日本鬼子进城了。

此后,贾兰坡早出晚归,规规矩矩地坐在协和医学院新生代研究室的办公室里,上班、下班,下班、上班。但"说是上班,其实大家也无心干活。每天谈论的,全都是一些战事。一有飞机从头顶飞过,就跑出去看,而看到的多是有着膏药旗的日本飞机,只得吐口唾沫,又唉声叹气地回到办公室。尽管这样,大家还是一致认为,日本人是兔子尾巴长不了的!"贾兰坡回忆说。

战前的前门

但事情的发展,并不像贾兰坡想象得那样简单。战争,如同一把锋利的刀子,以闪电般的速度很快切入历史躯体深处,中华民族遭受侵害的伤口,开始往外滴血。而那些一心要探寻祖先之谜的中外学者,每天重复不断的,只能是梦中无奈的叹息。

就在这个时候,随着国民党二十九军宋哲元部弃守北平,溃退南下,周口店龙骨山发生了一场规模异常的血战,交战双方是日本操纵的冀东伪军与华北抗日自卫军。当年安特生住过的乡村寺庙以及寺庙总院,后来成为周口店发掘指挥部的几间大厅,全被日伪军所占,并成为

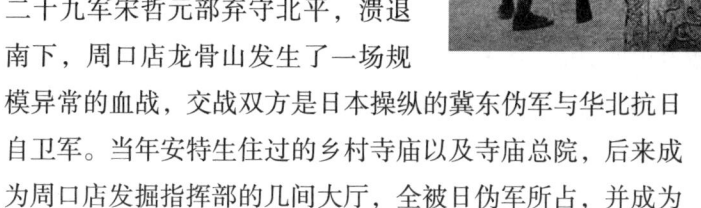

日军在北平张贴的布告

101

阻击抗日自卫军的工事。山野中埋有"北京人"遗骸的洞穴,成为日伪军存放弹药、食品和进行作战的天然屏障。龙骨山已完全失去了往日的孤寂与平静,隆隆的炮声震撼着山谷,喊杀声和哀号声在山野回荡。整个龙骨山硝烟弥漫、热血沸腾。寺庙、土墙在炮声的轰鸣中坍塌了,盛藏人类祖先的山洞在战火中崩裂,战争给这块圣洁之地带来了空前的劫难。

1937年11月初,周口店地区战事处于暂时缓和状态,华北抗日自卫队撤出龙骨山,进入大石河一带,日伪军抓住这短暂喘息机会,进行补充休养。就在这个短暂时刻,发生了一件看似平常,但对日后"北京人"头盖骨化石遗失一案关系极大的神秘事件。

11月7日,三辆汽车满载荷枪实弹的日本兵驶出北平城,来到周口店龙骨山停下。数十名日军手持带刺刀的长枪,护卫两个身穿便装、具有学者风度的日本人,缓慢地来到裴文中发现"北京人"头盖骨的山洞前。便装人先是打量了一番山洞四周的环境,接着掏出皮制卷尺测量山洞的长宽距离,然后用相机拍下了一切可以拍摄的地形、地貌和古生物堆积层。这两位神秘兮兮的人物,就是奉命来华搜集"北京人"情报,并参与了后来"北京人"头盖骨化石失踪案的日本东京帝国大学人类学教授长谷部言人和地质系助教高井冬二。四年之后,日本北支派遣军总司令部,就是根据他们提供的情报,开始了搜寻、夺取"北京人"化石的秘密行动。

箭在弦上

全国性抗日战争爆发后,我国爱国将士英勇而顽强地抗敌,但由于敌我实力悬殊,不可避免地造成了中国正面战场的全线溃退。

1938年后,由于中国人民奋起抗战,日军在东亚"速战速决"的战略严重受阻。为摆脱其内外困境,以求"死中求活",日本只好又将战火向东南亚丛林推进。而南洋,是英美等国的势力范围和托管地,是石油、橡胶、锡、镍、茶叶、大米等重要物资的著名产地,且又处于欧亚两大洲及印度的海上咽喉要道,在世界格局中具有举足轻重的战略地位。日本对此采取军事

第四章 历史的紧要处

行动，无疑直接威胁了英美等国的殖民利益与其在中国的政治经济利益。于是英美与日本间的矛盾，由此加剧。

1939年9月1日，欧洲战火突起。法西斯德国以闪电战术袭击波兰。面对骤变的世界风云，日本再也按捺不住全面侵略的野心，在一片"不要误了公共汽车"的呼喊声中，意欲将战火蔓延到亚洲和太平洋地区。

1940年5月，罗斯福总统下令例行演习完毕的美太平洋舰队这一"威慑力量"进驻夏威夷珍珠港。

1940年9月23日，日军占领印度支那北部，开始了南侵的第一步。

1940年9月27日，日本与德国、意大利法西斯政府签订了"三国同盟"条约，决定携手并肩，荡平一切敌对势力，而开刀祭旗的对象便是美国和英国。

1940年冬，日舰开赴金兰湾海面，向英美示威。英国立即宣布马来亚（今称"半岛马来西亚"）、新加坡进入紧急战备状态；美国则急忙发出了东亚撤侨的劝告书，督促侨居东亚的所有美国公民迅速归国。

1941年1月23日，新任日本驻美大使野村吉三郎，在严峻而复杂的局势下，以"和平使者"的面目出现在美利坚国土上。他走下飞机舷梯时，立即对簇拥而上的记者宣布："不管日美两国之间存在什么问题，都能够以友好合作的态度予以解决，日美双方没有任何理由动用武力……"

野村吉三郎的出任，轰动了整个世界。日本报纸借此大肆渲染，称其为"旧时代的结束，新时代的到来，开创了日美关系再度谅解和友好的新纪元"。美国报纸也信以为真地纷纷以头版通栏标题刊登野村抵美宣布的消息，并盲目乐观

为了进一步迷惑美国，掩盖其战争准备，东条英机派遣前驻德大使来栖（右）赴美助野村（左）谈判

地预言:"日美关系将揭开新的友好的一页。"

1941年3月8日,野村与美国国务卿赫尔开始了第一次正式会谈。此后,双方在卡尔顿饭店、威特曼公园饭店多次会谈。宾主言来语往,貌合神离,明争暗斗,各不相让。显然,日美关系已到了剑拔弩张的地步,但双方引而不发,各打自己的如意算盘。美国方面企图采取"先欧后亚"的战略方针,不惜以牺牲中国以及荷兰、印度的利益,同日本达成暂时的妥协,并诱使对方进攻苏联,以换取日本放弃进攻南洋美国属地菲律宾,暂时求得"太平洋上的平静"。而日本方面的战略方针是:利用欧洲局势,诱使德国先同美国交手,拖住英美主力,并利用美国迫使中国政府投降,在以中国为中心的东亚建立巩固的"后方基地",然后再集中主力南下,对英美势力范围大打出手。

在世界局势大混乱与大骚动中,存放于北平协和医学院美国人手中的"北京人"头盖骨化石,也面临着是走还是留的最后抉择,而负责在中美之间周旋的人,是第一个"北京人"头盖骨化石发现者裴文中。

1935年,裴文中离开周口店和北平,乘船赴法,进入巴黎大学跟随步日耶教授攻读旧石器时代考古学。

短短的两年很快过去。1937年夏,裴文中到了学成毕业的时候。步日耶教授与另外两位著名学者一起,主持了裴文中的毕业论文答辩,论文题目是《史前人类使用的硬岩石的破碎和形成中自然现象的作用》。答辩时,裴文中操一口流利的法语,侃侃而谈,把过去有关学者未曾注意到的、因各种自然现象破坏而形成的假石器类型及辨认方法,阐述得头头是道、明晰透彻。主考者听后大为惊奇,当场夸奖裴文中的答辩"令人信服,很有创见"。一位专家赞誉道:"裴文中初来时还讲英语,现在能用流利的法语进行论文答辩,真不简单!"专家们对裴文中的礼赞,不只令裴文中感到光荣,作为导师的步日耶同样感到自豪,他为有这样一位出色的中国学生而感到由衷的高兴和自豪。裴文中以他杰出的学习成就,荣获巴黎大学自然科学博士学位,并成为法国地质学会会员。

1937年11月,裴文中取道意大利,乘船越过辽阔的印度洋,驶往中国。当他抵达国民政府首都南京时,正值上海战事吃紧。未久,南京沦陷,三十余万居民遭到日军灭绝人性的大屠杀。接着,广州失守,武汉失陷,战火把大半个中国烧得一片狼藉。国民政府以重庆为陪都坚持抗战，誓与日本拼个你死我活。

此时的北平，早已落入日伪之手，中国地质调查所北平分所在枪声与战火的笼罩下迁往南京，后又与本所合并相继迁往长沙、昆明，直至退到重庆北碚才算立稳了脚跟。因北平的协和医学院及附属医院属于美国人的地盘，在日美开战之前，日本人不能干涉，因而设立在娄公楼的新生代研究室没有随地质调查所南迁，在美国星条旗的庇护下，于混乱之中居然挣扎维持了三年。按照中美达成的协议，原北平中国地质调查所的一切财产，暂时由协和医学院的美国人代管。

中日战争全面开始后，由于负责北平协和医学院的美国人与日本人交涉感到非常困难，再加上地质调查所留下的几位职员相互不服气，都认为自己是诸葛亮，别人是阿斗，争吵不断，且经常有大打出手者，工作起来更是难上加难。因而，裴文中刚在南京落脚，地质调查所的负责人便希望他去北平收拾这个烂摊子，裴文中只好遵命。

根据中美双方达成的协议，回到北平的裴文中进入协和医学院负责管理新生代研究室，并代管地质调查所在北平的财产，"不到万不得已时，不准离开北平"。对这段特殊时

北平协和医学院附属医院办公楼（作者摄）

期的特殊经历，裴文中后来在一篇回忆文章中这样写道：

> 我虽然不得已留在北平，但是与协和方面订了口头约定，大意是我只负责研究任务，不管财政，不对日本人出头交涉。当时日伪北平政权的有关人员，曾屡次要接收地质调查所的财产，但由于美国方面声言有"投资"关系，都没有接收得了。我虽然声言不负交涉责任，但是实际都要由我决定对策，故而，日伪方面对我是恨之入骨的。

由于新生代研究室名义上是协和医学院的一个附属组织，其工作人员均由协和医学院发给证书，尽管日本人已经占领了北平，却并没有占领也不敢占领属于美国管辖的协和医学院。裴文中临时接管新生代研究室后，遂以协和医学院职员的身份上班，有关工作很快开展起来。后来，时局动荡，经济拮据，加上政府的溃败，新生代研究室工作人员连薪水都找不到地方领取，也就不可能再在紧张的战争氛围中搞研究了，大家的"研究课题"渐渐从科学中偏离开来，其兴奋点转向有关战争和战争发展趋势的各种猜测与议论之中。进入1941年，随着日美矛盾日趋尖锐，太平洋上空乌云越聚越厚，中国乃至整个世界仿佛都被架在了一个由日本制造的火药桶上。而北平的局势，更是一天比一天紧张，暂时得势的日本鬼子越发横行霸道，外国侨民惊恐万状，驻华美军魂不守舍。新生代研究室的每一个工作人员，每天在办公室谈论的话题，几乎全都是关于战争、战争、战争……

眼看日美战争即将爆发，北平协和医学院的学生以及助教、讲师、教授等，纷纷离开北平。一些外国教师、学生，先乘火车到达秦皇岛或者上海、青岛等码头，再转乘轮船回国。中国籍教师、学生，大都设法逃向重庆，在那里继续工作和学习。而一些医务人员，则纷纷逃往南方城市，寻找新的饭碗。于是，北平协和医学院——这座由美国人构建在中国土地上并在中国土地上曾经辉煌一时的神圣殿堂，有史以来第一次出现了空前未有的混乱衰败局面。而这个时候，几乎所有关心"北京人"研究计划的科学界人士，都开始担心起"北京人"头盖骨化石的安全问题。日美战争一旦爆发，日军很快就会占领协和，"北京人"的命运自是凶多吉少。作为新生代研究室具体负责人的裴文中，对"北京人"的安全问题自然比任何人都更加焦急不安。在他看来,"北京人"首先是中国的国宝,其次才是全人类的珍贵遗产。作为一名中国的考古工作者,自然要比外国科学家更有责任和义务保护好"北京人"。何况,他还是"北京人"第一个头盖骨的发现者和战时这一批国宝的监护人!

于是,究竟该采取什么切实有效的措施保护珍贵的"北京人"?怎样存放才能真正做到安全可靠、万无一失?是继续存放于保险柜中,还是就地埋藏,或者尽快转移到没有战争硝烟的万全之地……这一切,便成为摆在裴文中、魏敦瑞等中外科学家面前十分严峻的命题。

凶险莫测的"北京人"

事实上,当日美关系刚露出破裂的迹象、太平洋风浪突起之时,关于"北京人"何去何从的问题,就引起了中国科学界高层的关注。1940年12月26日,在重庆的中央地质调查所副所长、地层古生物学家尹赞勋致函北平的裴文中,内中云:

近来国际关系更趋恶化,太平洋风云亦日紧,北平友人之安全,科学材料之保存,均应从速设法,以免临时张皇,措手不及。现存协和之猿人标本以及重要石器等,似以运至西南安全地带为妥。若有特殊困难不能南运,亦应设法托美国友人运往美国学术机关暂存,一俟和平恢复,再行运回。请兄转为面商关系人员决定方针,俾至必要时间,即可实行……兄谓应保留魏公之名誉主任一节,原未取消,请切实面告。据弟推想,魏之行动,似与协和共进退,而协和于必要时应变之政策如何,兄能就所知略示大概否?平方结束工作接洽事宜,准备行装,协助葛师等等,异常繁重,除贾君能予若干助力外,皆烦兄一手主持。吾兄古道热肠,爱所至深,拜托之处,谅不见却。[1]

此函原件收入中央地质调查所档案,后存于南京中国第二历史档案馆。

附件4

```
                           American Embassy
                           Chungking, China,
                           January 13, 1941.

H. E. Dr. Wong Wen-hao,
     National Resources Commission,
          Chungking.

Dear Dr. Wong,

     It is quite irregular and contrary to our regulations for us
to use our diplomatic mail for the forwarding of sealed covers, but my
confidence in you and belief that this cover does not in fact contain
anything but matter relating the safety of Sinanthropus and Cenozoic
remains, has lead me to accept the cover which you sent to me in your
letter of January 10th and send it on personally to Mr. Smyth for
delivery to Dr. Pei. We have no very safe method of sending mail but
I hope that it will safely reach its destination.

                    With kindest regards,

                              Sincerely yours,

                         (Signed) Nelson Trusen Johnson
```

詹森回复的电文

全国性抗日战争爆发后，迁往南京的地质调查所随政府迁至重庆北碚，为与各省设立的地质调查所相区别，自1935年起命名为国立中央地质调查所，隶属经济部。尹氏给裴文中这封信函，由时任国民政府经济部部长、主管中国战时工业生产及经济建设的翁文灏亲笔修改多处。函中提到的魏公，指魏敦瑞。葛师，指北大地质系教授葛利普。贾君，指贾兰坡。

与这封信一起的，另有翁文灏写给魏敦瑞和北平协和医学院院长胡顿的信函，其大意与尹给裴信内容相同，只是特别强调翁氏本人和中国政府对魏氏与胡顿的信任，相信他们一定会想办法把珍贵的"北京人"化石安全顺利地运往美国本土保存，并于战后完璧归赵的。

为避免信函落入沦陷的北平敌伪之手，尹、翁二人的信函通过美国驻华大使詹森分别转到了裴文中、胡顿与魏敦瑞三人手中。

当收到信的裴文中正在办公室与贾兰坡商量如何找胡顿与魏敦瑞商量办法时，正在新生代研究室的魏敦瑞手持信函急匆匆地敲门而入。

同裴文中、尹赞勋、翁文灏等关注"北京人"化石命运的中国人一样，自日美关系开始紧张，魏敦瑞对"北京人"的命运同样忧虑不安起来。两个星期前，他和裴文中、胡顿等人曾就"北京人"的安全问题做过反复商讨。当时，有人提出一种方案：把"北京人"化石连同魏敦瑞的行李一起悄悄运往美国。魏敦瑞感觉这一方案有失稳妥，他说："我认为,如果把这批化石作为我的行李运往国外是非常危险的。现在华北均在日本人控制之中,万一'北京人'被海关查出,就会遭到扣留。再说,这样有价值的东西在如此危险的时候运往前途更加不可知的美国,是否妥当也应慎重考虑。我想,最保险、最合适的方法,是不是让化石留在原处,也就是说将它牢牢地锁在协和医学院新生代研究室的保险柜中。至少,在目前来说这种做法是较明智的。"众人听罢魏氏的陈述,觉得所言似有道理,也就不再坚持运往美国的方案。

但两天之后,魏敦瑞又找到裴文中,认为由他将"北京人"头盖骨化石带到美国去,存放在美国自然历史博物馆里,这个方案是可以考虑的。理由是局势看来会越来越乱,"北京人"化石只要在中国,不管放在什么样的保险柜里,其安全都是很难保证的。虽说现在日本人还未占领协和医学院,恐怕是迟早的事情,一旦有一天占领了,"北京人"化石肯定凶多吉少!

面对凶险的局势和棘手的难题,裴文中大有两手捧刺猬之感,情急之下,他想:"北京人"头盖骨宁可让美国人拿走,也不能落到日本人手中。但问题是,如果真同意让魏敦瑞带到美国去,又违背了1927年2月中国地质调查所和美国洛克菲勒基金会双方签订的《中国地质调查所与北京协和医学院关于合作研究华北第三纪及第四纪堆积物的协议书》精神,因为该文件有明确规定:周口店发掘所得的一切东西,完全是中国的财产,不得运出中国。而人类化石的研究权,则属于美国洛克菲勒基金会所委托的代表。换句话说就是,魏敦瑞作为美方的一名代表,只有权研究"北京人"化石,却无权将这些化石带走。所以,裴文中犹豫再三,还是没有同意魏敦瑞的这一提议。正在左右为难之时,裴文中收到了翁文灏授权、尹赞勋写来的信函。于是,他再度与主动找上门来的魏敦瑞商量起来,商量的结果是不能转移,放在原处最为妥当,除非情况变得能够顺利转移,否则整件事勿再加考虑。这个决定从魏敦瑞给翁文灏的回信中可以看到。信中说:

感谢你在委托我安排周口店化石安全保管问题上所表现出对我的信任。我保证尽最大努力。

我估计你们也在同一时间知道了北平协和医学院的决定。鉴于北平目前的形势,最近一段时间内不可能恢复我们在周口店地区的发掘工作。我将回美国准备那些尚未完成的有关中国猿人化石的论文。

在收到你的来信之前，我曾经与胡顿博士和裴文中博士讨论过由我带上这颗"北京人"头盖骨在战时为它在美国找个安全地方存放这一举动是否明智。正当我们考虑如何尽快争取得到你对这种安排的支持时，我们收到了你和尹博士的授权。

在研究用船运送的问题上，我们一致认为把这些化石原物当作我的行李随身带走要冒极大的风险。一旦在乘船时或在过境港口被海关发现，它们肯定会被没收。另外还得考虑不能让这些珍贵的物品在这个危险时刻暴露在一次没有护航的航行中。思前想后，我们认定，至少在现在这一时刻，让化石原物放在它现在的位置即北平协和医学院解剖系大楼内新生代研究室的保险柜中是最明智之举。

…………

翁文灏收到魏敦瑞这封信时，早已收到裴文中与胡顿的信函，并"知道了北平协和医学院的决定"。作为协和医学院院长、对"北京人"化石何去何从的命运直接掌控的胡顿，于4月17日对翁文灏语气生硬地说：

出于对地质调查所属下新生代研究室科学物品的慎重起见，我必须告诉你：在征询了北京、上海诸校董及美驻华大使和其他我所信任的专家等人士的意见后，我认为企图将这批化石转移出北京是不切实际的想法。理由是，地方当局和海关必定会直接插手检查所有这类物品的进出。这批科学物品是民国政府的财产，将它们运出中国或日本占领区很易遭到被没收的危险。看起来是无法把它们安全转移了。由于这批标本的所有权归中华民国政府，想求助美国政府某些部门将它们转移也不可能。即便美国官方同意转移，驻华使馆也不敢承担违反日伪政府及其海关法规的责任。

本校董事以及我的一些顾问一致赞同把这批标本存放原地。这一点，裴文中博士也完全赞同。在我们看来，即便将来局势恶化，这批标本也不可能受损，没有任何理由使其受损。它们没有出售价值，最坏的情况莫过于不再在北平（或中国）保存而被分散在世界其他博物馆罢了。果真如此的话，这些标本似乎完全有可能在战争结束后被保存下来，并有希望归还中国。我同意将它们存放在保险柜中,如有必要,再将保险柜放入学校地下保险库。请你毋庸担心这批宝物的安全保管问题。

新生代研究室的人事方面……

就在胡顿猫在协和医学院办公室以略带教训的口吻写这封信,且不知天高地厚地告诫翁"毋庸担心这批宝物的安全"的前一天,裴文中已致信尹赞勋,用暗语说明事情经过并请其报告翁文灏,其中有这样几句:

猿祖兄存货,胡兄已复公羽一信。述说甚详,弟认为胡兄实不肯为力,但他们有他们经商的目的,我们实不可强求也。只有听之而已!

信中的"猿祖兄"自是指"北京人"头盖骨化石。胡兄,指胡顿。公羽,指翁文灏。这封信的落款日期为4月16日,显然比胡顿落款的日期要早,想来裴文中此前应看过胡顿信函的草稿,或征求意见稿之类的内容,否则不可能知道这位"胡兄"在信中"述说甚详"。但无论如何,既然更注重商业利益的协和医学院与"胡兄"不肯为"北京人"转移卖力气,而中国方面的学者与官僚机构又无力将其转移到西南地区,或其他没有战争威胁的安全地带,也只好采取打掉牙和血吞的古训,听凭对方的安排与口气生硬的训导与所谓"保证"了。

日美战争的脚步在快速逼近,北平形势越来越坏,几乎每时每刻,人们都能听到那令人心惊肉跳的枪炮声。面对如此严峻的国际形势以及恶劣的北平现状,魏敦瑞心神不定,越来越强烈地预感到,"北京人"化石很可能在劫难逃,这笔曾经数次轰动世界的珍贵财富,在不远的某一天完全有可能毁灭在人类自己的手中。大局如斯,单凭像他这样一个满腔热情但手中并无实权的科学家,实在是爱莫能助。他所能做的就是尽快逃离凶险迫在眉睫的北平,返回美国向洛克菲勒基金会当面说明情况,继续从事"北京人"研究,并尽快以论文的形式公布研究成果,以尽到一个科学工作者应尽的责任。

历史需要铭记的是,这位极其精明和富有远见的犹太民族的科学家,临走前出人意料地做了一件事。他把年轻的中国助手胡承志叫来办公室,极其严肃而又颇为伤感地说:"我马上要走了,非走不可,我有一种预感,也许在不久的一天，我们将失去这些曾经倾注过我们心血和热情的宝贵化石，并难以完整地寻回。可面对这个不测的预感，我们又无力去改变它。唯一可以弥补的是，你现在立即把裴文中和贾兰坡发现的那几个'北京人'头盖骨的模型赶做出来。"

胡承志说："这几个模型可以做，但就是太费事了！"

魏敦瑞点点头："是的，我也知道做这样的模型很费精力和时间，但为了'北京人'及人类今后的研究事业，你必须这样做，直到非停止不可那一天为止。"

"做好后怎么办？"胡承志问。

"你给我邮寄到美国自然历史博物馆去。感谢你所给予的最后一次合作与帮助，我在那边等着你的成果。"魏敦瑞答。

胡承志想了一会儿，终于下定了决心，说："既然如此，您就放心走吧，我做好后一定尽快给您寄去！"

魏敦瑞严肃的面孔露出了笑容，他向前攥住胡承志的手，真诚而略带伤感地说："谢谢你！"

1941年4月21日，魏敦瑞就要离开北平了。为表示对一

1941年秋，魏敦瑞（前排左起第四人）离京赴美前与同事留影，左三是息式白，左六是裴文中，第二排中间戴眼镜者是贾兰坡

第四章 历史的紧要处

个外国科学家的友情,裴文中从新生代研究室有限的开支里拿出了点钱,让人到街上买回一些糖果,邀请部分中外科学家在协和医学院娄公楼106室专门为他举行了一个欢送道别会。会议开始后,首先由主持人裴文中说了一些彼此合作愉快与感谢的话,然后便请魏敦瑞讲话。

魏敦瑞礼貌地站起身,很客气地给大家鞠躬敬礼,然后以极其复杂的心情说道:"感谢各位朋友对我来华工作期间所给予的热情帮助与合作。我在来华工作的六年里,生活得非常愉快。今天,我就要离开中国,离开各位亲密的朋友了,不能和朋友们一起工作了,这不是一件值得高兴的事情,可你们还摆了这么多的糖果,让我很是感激。由于时局的原因,我不得不离开中国,这是一件令我感到十分遗憾的事情。相信在不远的将来,我还会重返这个美丽的国度,同大家一起工作。中国是一个了不起的国家,这儿有着发掘不完的宝藏、研究不尽的东西,令全世界的人们仰慕不已。如果不是因为战争,我愿意一辈子留在中国,死而无憾。我走后,希望我们多加强工作联系,多通信息。同时也希望你们继续努力工作,为我们的考古人类学做出更大的贡献……"

魏敦瑞说着,声音却越来越低、越来越弱,最后竟讲不下去了。他侧过身,抬起衣袖想掩饰那双发红发烫的眼睛,但泪水还是流了下来……

会后,魏敦瑞又来到装有"北京人"头盖骨化石的地下室,最后一次将保险柜亲手打开,捧起一个"北京人"头盖骨,像捧着自己亲生孩子的脸庞,抚摸了又抚摸,亲吻了又亲吻,直到滚

胡承志与他制作的"北京人"头盖骨模型

113

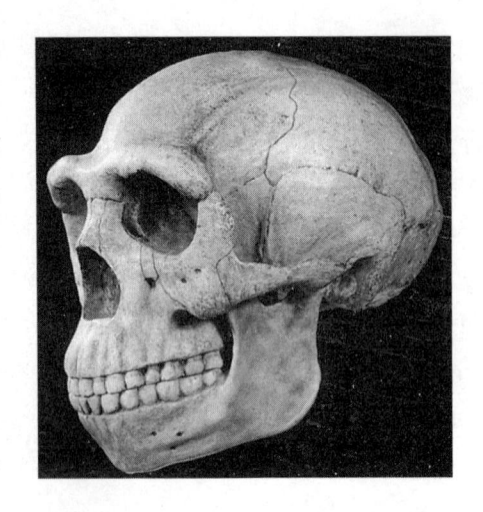

魏敦瑞指导胡承志制作的"北京人"头盖骨模型，现藏美国自然历史博物馆

滚滴落的泪水打湿了手臂，才恋恋不舍地放回原处。这位外籍科学家把研究对象视为自己生命的动人情景，令在场的中国学者深受感动。

如同前任几位外籍科学家一样，在中国寻找、研究了六年祖先遗迹的魏敦瑞，怀着遗憾和深深的眷恋之情，告别了北平的同事，返回美国。

之后，胡承志按照魏敦瑞的临别嘱托，开始昼夜加紧做"北京人"头盖骨模型。尽管制作模型既费神又费力，但胡承志凭着多年给魏氏当助手的经验和自己不断练就的精湛技艺，还是在短时间内就出色地完成了任务。第一套模型在8月完成，并及时打包寄给了远在美国的魏敦瑞，供他继续研究时使用。未久，魏敦瑞致函胡承志，说已收到了"北京人"头盖骨模型，且完好无损，深表感谢云云。接着，胡承志又给魏敦瑞寄去了第二套"北京人"头盖骨模型。胡氏所做的模型颜色得当，外形逼真，如果不是行家慧眼，仔细辨认，简直就和刚从周口店出土的"北京人"头盖骨一模一样。遗憾的是，当胡承志把装有第三套头盖骨模型的邮包交到邮局时，北平通往美国的邮路已被卡断。后来，德日进神父得知此事，便以自己的名义从邮局将这套模型取了回来，直到1946年他离开中国时，才将这套模型送回新生代研究室。

魏敦瑞离开中国返美后，在美国自然历史博物馆继续从事"北京人"研究工作。这位享誉世界的人类学家和解剖学家，自1935年应聘来华接替步达生担任地质调查所新生代研究室名誉主任，并致力于"北京人"化石研究以来，倾注了他的心血和才华。如果说当年步达生在周口店人类化石的研究中充分显示了他卓绝的智慧和超人的洞察力，那么魏敦瑞在对"北京人"化石的发掘与研究中，则最大限度地体现了一个犹太人在科学上的顽强斗志和精湛技艺，其在古人类研究领域所取得的成就，很少有其他民族的科学家可与之匹敌。尤其是在华期间发表的关于"北京人"的科研论文，其严谨的结构、流畅的文笔、准确的叙述，充分显示了一个科学家的优秀特质。这些著述不仅是人类学的杰作，也是一切科学论著的典范。在中国科学界看来，魏氏发表其辉煌论著之前和之后，没有任何一种用欧洲语言写就的关于人类化石的研究报告可与他的关于"北京人"的研究专著相提并论。定居美国后，魏敦瑞坚守他的诺言和职责，又先后发表了一系列论著，其主要代表作有：《中国北京猿人头骨》《中国猿人头盖骨》《爪哇早期巨人与中国南方古猿》。尤其是1946年出版的《猿、巨人及人》专著，综合了他一生的研究精华，创造性地论述了人及猿类之祖先的复杂关系，引起世界古生物学界、人类学界的高度重视和广泛称赞，被誉为研究人类学和古人类学的经典文献。特别值得一提的是，这位聪明的犹太人和极富政治远见的科学家，在当时那样一种混乱的战局下，离开北平前夕居然对"北京人"化石命运的预感是那样准确，并预见性地安排胡承志做好了所有"北京人"头盖骨的模型，为日后中外科学家们的研究提供了形象的依据，因而在某种意义上弥补了"北京人"后来遗失的缺憾。这是不幸之中的大幸。为此，全人类都应该感谢他。

魏敦瑞在美国自然历史博物馆研究"北京人"模型

●艰难的抉择

魏敦瑞走后，裴文中依然顽强地支撑着新生代研究室摇摇晃晃的局面。遗憾的是，他已经远没有当年主持周口店发掘时那样走运了。越来越紧张的日美关系和动荡不安的国际时局，使所内不少人员陷入了极度的恐慌和不安之中，研究工作根本无法正常进行。再加上重庆方面一直没有关于"北京人"化石如何处置的消息，所以他心里十分明白，在国难当头之际，别说有所作为，只要能安全地将"北京人"保存下来，就算是天大的幸运了。

正当日美谈判双方争论不休之时，1941年6月22日，法西斯德国先于日本向苏联发动了突然袭击，仅短短十几天，德军以"闪电式战术"突破苏联边界六百多公里，并有长驱直入之势。消息传出，举世震惊。日本军阀面对瞬间骤变的局势，摩拳擦掌，蠢蠢欲动。在统治集团内部，迅速爆发了一场"南进"还是"北进"的争论大战。最终的结果是，主张"南进"的实力派获胜。

1941年10月8日，北平《时事快报》登载的漫画，文章的标题是：德军两路迫莫斯科，苏承认由布利安斯克撤退，亚速海岸德军作战已完成

6月27日，翁文灏在致尹赞勋信函中，对胡顿提出的建议，做了"彼所建议标本妥存北平，弟可同意"的答复。自此，"北京人"算是彻底陷入险恶之地而难以脱身了。

此时的日本军阀主导的内阁决定孤注一掷，在英美的南洋势力范围内大开杀戒了。7月24日，日军在印度支那南部登陆，开始了掠夺战略资源的行动。日美谈判宣告暂停。

作为对日本人的回敬，7月26日，美国总统罗斯福宣布冻结日本在美的一切资产。8月1日，宣布对日全面禁运石油。如果日本的石油得不到进口，在两年之内库存就会消耗殆尽，具有高强度杀伤力的武器如军舰、飞机等将变成一堆废铁。日本人见此情形，杀气骤增，海军军令部总长永野修身大将公开发表讲话，锋芒毕露地嚷道："与其坐待石油日渐枯竭，倒不如先发制人。"

一个月之后的9月6日，日本东京御前会议讨论通过了由海军军令部草拟的一项重大决议——《帝国国策实施要领》，明确提出："帝国为确保自存自卫，在不惜对美、英、荷一战的决心之下，大致以10月下旬为期完成战争准备。日美外交谈判，如果至10月上旬仍不能实现我方要求时，立即采取对美（英、荷）开战行动。"

10月下旬，以东条英机陆军大将为首的军阀们组成了新的政府内阁，内阁成员几乎是清一色的战争狂人，在高速旋转的战争机器面前，这帮杀红了眼的军阀官僚聚集在一起，连续进行了九天九夜的激烈争吵和疯狂策划，最终确定了对美战争的策略和具体方案。

日美大战，一触即发。

此时协和医学院新生代研究室的杨钟健和卞美年已经离开北平，辗转到了重庆中央地质调查所，留平的几人随着太平洋局势越来越凶险，早已对自己的工作失去兴趣，或虽有兴趣但无法正常工作了。整个北平科学教育界也在战争的巨大阴影里涣散开来，科研机构的学者与学校的师生，开始成群结队无目的地游荡起来。协和医学院新生代研究室存放的"北京人"化石，既不能迁往西南地区，又不能运往美国，这命悬一线的"国宝"，随着媒体的报道和各种猜测，再度成为游荡人群关注的热点。流风所及，北平一些高校地质系、历史系的教授和学生，也纷纷拥向协和医学院参观"北京人"化石。

当然，这些供参观的"北京人"化石，统统不过是仿制的模型而已。这些仿制出来的模型，与原来真的标本相比，除了重量轻，专家拿到手里才知道以外，若是只用眼睛看，是根本分辨不出来的。平常，新生代研究室人员研究的时候，一般用的也都是仿制的模型，除非有特别用途或有重要人员前来参观，否则是绝对不许任何人从保险柜中取出"北京人"化石真品的。

在这些络绎不绝的参观者中，有两个很奇特的日本人，也神不知鬼不觉地夹在其中，瞪着一双机警的眼睛，不声不响地四处打听、窥探。而且，几乎每个星期，这两个日本人都要混杂于人群之中，观摩一次"北京人"化石的模型——像幽灵一样地到来，又像幽灵一样地离去。

不久，日本人的行动引起了中国地质调查所和新生代研究室工作人员的注意。有人将这一情况向裴文中做了反映，正当裴文中要出面了解对方的身份和来历以及参观"北京人"化石的动机时，这两个日本人却先发制人，在1941年11月初的一个下午，大大方方、笑容可掬地来到了裴文中办公室。

这两个神出鬼没的日本人，正是七七事变之后，曾经暗中到周口店"参观"、窥探过"北京人"遗址的日本东京帝大人类学教授长谷部言人和地质系助教高井冬二。

长谷部言人一见大名鼎鼎的裴文中，以日本人惯有的礼节，向裴文中深深鞠了一躬，谦虚中不失学者风度。他把自己的身份简单做了介绍后，便彬彬有礼地说道："我们是怀着对贵国远古文化无上崇敬的心情来这里参观访问的。伟大的'北京人'的发现以及取得的研究成果，令我们敬慕不已。'北京人'是中国人的祖先，当然也是我们日本大和民族的祖先，我们为中国有如此伟大的发现而感到自豪，同时也对裴先生的杰出成就表示深深的敬意和诚挚的祝贺！"

裴文中望着面前的两个小个子日本"学者"，并没有急于说什么。他知道，"北京人"的发掘和研究工作，虽然历来都是由许多外国学者共同参加的，但是，由于美国洛克菲勒基金会代表的控制，始终没让日本的科学家和学者参加。日本人曾多次去"参观"周口店，也曾多次同他们有过联系，却一直未能从门缝里伸进一条腿来。日本人对于这项重要事业，当然是不会甘心永远被排斥在外的，因而七七事变之后，日本一些"学者"以战胜者的姿态，强行前来攫取这项事业成果。只因"北京人"的发掘和研究工作，前面横挡着一个腰缠万贯、"独霸江湖"的大老板——美国洛克菲勒基金会，日本人也就只有暂时忍而不发，待机而动了。

第四章 历史的紧要处

"裴先生,我们的意思是,鉴于您在国际上的崇高名望,以及'北京人'化石对人类意义之重大,我们打算在您所领导的研究室学习工作一段时间,在您的指导下,从事我们共同祖先骨骸的研究。若能承蒙您高抬贵手,在贵处容我二人一席之地,那实在不胜感激,也是我们一生中最大的荣耀与幸运!"长谷部言人对裴文中说了一大堆溢美之词后,终于道出了真实意图。

裴文中望了望面前的二人,毫不犹豫地给予了拒绝。裴氏心里明白,在这风雨飘摇的时刻,两个不速之客想来这里"研究""北京人"化石,凭日本人的本性和暂时得意的状态,不可能纯粹是为了科学,一定有不可告人的目的。那么这个不可告人的目的究竟又是什么呢?他想,日本人无非是想利用在新生代研究室工作的机会,进一步了解"北京人"的保安措施,侦探中国方面将如何转移或隐藏这批珍贵的宝藏而已。这一点,即便是一个孩子,也能从日本人皮笑肉不笑的脸上和阴气荡漾的目光中,感知到这是一个心怀叵测的圈套。

"请裴先生三思。后会有期。"两位日本"学者"遭到裴文中拒绝后,昂着头,留下两句意味深长的话后,神秘兮兮地离开了协和医学院。

望着二人的背影,裴文中心里明白,来者不善,这两个不怀好意的家伙是不会就此罢休的。

果然,一个星期后的某个下午,高井冬二居然在法国人德日进的陪同下,又一次来到裴文中办公室。裴文中一见高井冬二,颇感惊讶,想不到日本人真是神通广大,竟然把手伸到大科学家德日进那儿去了。

德日进一进门,便指着高井冬二先向裴文

德日进神父(贾兰坡提供)

119

中做了介绍，而后告诉裴文中："高井先生希望能在研究室工作两个星期，研究一下周口店的各种动物化石。"

裴文中急忙借口推辞说："现在没有办公桌，是不是等等再说。"

德日进却说："那就让高井冬二先生先在我的办公桌上工作吧，这些日子我就不来办公了。"

尽管裴文中心里知道，高井冬二很可能就是来新生代研究室"卧底"的，但又拿不出什么证据，加上德日进是外籍大科学家，又是中国地质调查所请来的顾问，他也就没再好讲什么，只有暗中观察一下再说。

如是这般，高井冬二堂而皇之地进入新生代研究室"工作"起来了。

此时的裴文中有所不知，周口店和出土的"北京人"头盖骨化石，早就被日本高层紧紧地盯在了眼里，并列入了梦想侵吞中国文明圣果的计划之中。早在1926年，安特生发现"北京人"牙齿的消息初次公布，日本学术界在引起强烈震动的同时开始密切关注发掘进程。1929年，当裴文中在周口店发现第一个"北京人"头盖骨化石的消息刚一公布，日本文部省立即派出科学情报人员密切关注和研究一切与此相关的情报了。其间，日本方面多次通过日本驻华使馆，向中国政府提出请求，欲派人参加周口店发掘和研究工作，以促成更大规模的"国际合作"，只是一系列请求遭到了中国地质调查所和洛克菲勒基金会的坚决反对而最终未能如愿。

七七事变之后，日本人感到插手"北京人"化石的机会已经来临，便迅速调派东京帝国大学教授长谷部言人和助教高井冬二来华。两人来中国的公开身份是学者，名义是到中国做学术访问和交流，暗中的任务主要是搜集"北京人"化石有关情报，包括有关"北京人"化石的一系列科学研究成果，以及"北京人"化石存放的具体地点、具体工具和具体保管措施等。

鉴于美国人的强大势力和中国方面采取的严密保安措施，长谷部言人和高井冬二始终未敢采取冒险行动，而一直利用暗中察访的方法，偷偷探寻"北京人"化石有关信息和存放地点。随着时间推移，他们发现这种方法实在笨拙之极、收效甚微，在某些方面甚至一无所获。因为裴文中所领导的新生代研究室向人们展示的，只是一些人类骨骸的模型而已，真正的"北京人"骨骸却始终秘而不宣，日本帝国即使派来两名高级间谍，也未必就能囊中探宝、一了夙愿,何况他俩乃一介书生!当然,二人心里也明白,像"北京人"头盖骨这样的世界级珍品,恐怕只有傻瓜才会将其暴露于大庭广众之下。要想获得所需的可靠情报,必须采取特殊的行动和手段。

长谷部言人和高井冬二缓慢无效的行动和微小的情报收获,令日本文部省极其不满。于是,随着太平洋上空战争乌云日渐浓密,日本文部省再次下令,催促他们务必加紧行动,尽快探明"北京猿人"化石,特别是秘藏地点和保安措施。

然而,长谷部言人和高井冬二毕竟不是专业情报人员,他们在会议桌上的高谈阔论可以哗众取宠甚至令人从心底发出由衷的赞叹,但在情报工作中的拙劣伎俩不免捉襟见肘,甚至弄巧成拙——从与裴文中的对话,以及亲自到新生代研究室去"工作",便是最好的例证——其结果是,既暴露了狐狸尾巴,又促使中国方面进一步提高了警惕。

高井冬二来到研究室"工作"的当天晚上,裴文中便向正要外出参加交谊舞会的胡顿院长做了详细汇报,并指出:"高井冬二来研究室'工作',很可能居心不良,另有图谋。"

胡顿听罢,傻愣了一会儿,而后板着脸说:"哎呀,有这事,看来事情比我想象的复杂,日本人良心大大地坏了,一旦被他们盯上,'北京人'就难以保住了,还是想办法把东西弄出去吧。"

裴文中说道:"问题是,我们该怎么弄呢?"

"这个嘛,你琢磨着办,你们中国人干别的不行,弄这一套有的是办法!"胡顿有点阴阳怪气并语带讽刺地说着。

裴文中听罢,大为不快,脸色沉下来,心中骂道:"我看你是一个成事不足、败事有余的东西,说不定这'北京人'要毁在你们这帮自以为高等、实则愚笨的白人手中。"骂过之后,裴文中镇定了一下,仍以大局为重,遂以商量的口气对胡顿道:"看日本人的来头,即使你把它藏在老鼠洞里,他们也会钻进去把它挖出来,非得想个万全之策不可。我们继续向重庆和纽约方面说明情况,请他们在'北京人'迁往西南地区还是美国两种方案中择其一个。"

胡顿微微点头,心不在焉地说:"好,看来也只能这样了,你就按这个计划弄吧。"言毕,从怀里掏出一块怀表看了一下,咕哝了一句什么,转身

121

急匆匆地走了。

裴文中望着胡顿趾高气扬的背影渐渐消失在茫茫夜色中，一时百感交集，心想中华民族真是已坠入深渊了，号称有五千年文明史的泱泱大邦，如今竟到了连自己祖宗留下的一把骨头都保不住的地步，这是何等可悲可叹。嘻！裴文中深深地叹了一口气，强打精神重返新生代研究室，一人默坐沉思对策。

第二天，裴文中再次找到胡顿，提出了一系列防范要求并得以实施。自此，新生代研究室加强了对"北京人"化石的封锁和警戒，除雇用警卫人员外，胡顿还做出规定：研究室人员轮流夜间值班，严防"北京人"化石被盗。据魏敦瑞的中国助手胡承志后来说，魏氏在研究室时，经常用"北京人"头盖骨做研究，胡氏便用其做模型，但用完后必须放回保险柜里，从不许真品"北京人"在保险柜外过夜。而且，到了晚上，每隔半个小时便有一个打更的人背着一个监测仪器在楼前楼后检测，一旦发现异常情况，立即报警。甚至连胡氏本人进入研究室做"北京人"模型工作，也必须有一个较大的店铺为他担保。一旦有变，当局便拿这家店铺老板试问。

令裴文中感到奇怪的是，自从围绕"北京人"增加了防范措施之后，日本方面人员却蛰伏不出，没有任何动静。

而这时，北平的天气越来越冷，随着一场大雪飘落，1941年最严酷的冬天到来了。

11月3日晚，天空飘落着零星雪花，肆虐了一天的北风依然呼啸着横冲直撞，丝毫没有歇息的意思。喧哗了一天的北平古城渐渐沉寂下来，大街小巷只有风的呼啸、雪的飘零以及三五成群缩着脖子、急着赶路的人影。

这个夜晚，胡承志留在新生代研究室加班。

胡氏加班的原因是，随着日美关系恶化，局势越来越严重，万一重庆和纽约方面的命令一来，"北京人"头盖骨连同相关的一批化石马上就得转移。如果不提前将包括"北京人"在内的化石模型制作完毕，到时再做就来不及了。因而直到深夜12时，胡承志才结束了一天的工作，捶捶酸痛的腰背，离开研究室。临走前，他特意向值班员做了交代，一定要对"北京人"化石严加看守。

据魏敦瑞的秘书息式白后来撰文说，胡承志走后，又困又乏的值班员

第四章 历史的紧要处

正昏昏欲睡时，却蓦地被一种异样的感觉触了一下，心头随之掠过一种不祥的预兆。值班员起身抹了把脸，迅速出门，便听到了从隔壁实验室传出的轻微的响动。

"莫非有人在盗窃化石？！"值班员的心不禁一沉，差点叫喊起来。

但他没有喊。他猫下腰，轻轻来到实验室窗下，然后慢慢抬起头来，从窗户的缝隙向里窥视。只见实验室角落的墙架上有一束晃动的手电光，微弱的光束集中在保险柜上，一个人影弯腰站在保险柜前，一只干瘦的手上拿着一块桌布，既像是在为保险柜擦抹灰尘，又像是在轻轻地拨弄保险柜上的刻度盘。

值班员顿感惊奇。因为他清楚，珍贵的"北京人"化石就在这个保险柜内。此人是什么人？晚上到此干什么？是来打扫卫生，还是想盗窃"北京人"化石？他猛地将门推开，同时打开了随身携带的手电。

一道光束突然直射在了对方的脸上，对方打了个冷战，惊叫了一声，干瘦的手迅速从保险柜上缩了回来，手上的桌布一下掉在了地上。

对方惊呆了，值班员也大吃一惊。

原来，彼此都认识。

此人是个五六十岁的干瘦老者，是近几个月才出现在协和医学院的，任务是在工作人员下班后，打扫各医务室和实验室的卫生。老者平时很少和人说话，也很少主动和值班员接触，他每天准时出现在院

1995年，胡承志（左）在家中向作者讲述一神秘人物潜入协和医学院地下室欲窃取"北京人"的往事

123

里时，总是穿着一件脏乎乎的蓝色短上衣和一条扎着腿的黑色裤子，看上去极像一个地道的苦力。值班员几乎每天上班都能与这老头相见，但并没有把这个打扫卫生的老头放在眼里，也从来不知道他姓什么、叫什么。至于这个老东西是什么时候来的，谁引荐来的，从哪里来，家安何处，真实背景及其社会关系，等等，他更是一无所知——当然，这一切也不需要一个看守院门的小小值班员知道。

"你……在干什么？"值班员厉声问道。

"先生，我是……是院务部派我来打扫这间屋子的卫生的。我今天有点事，所以来……来得太晚了……"老头指着身旁的拖把和水桶，很不自然地做着解释，脸上的窘态显而易见。

值班员哼了一声，在这个老家伙身上反复打量了几眼，本想当场将对方扣留当作小偷交医学院处理，但觉得又没什么过硬的证据，虽然刚才自己好像看见对方有转动保险柜上刻度盘的动作，但又很容易被对方以擦拭保险柜上的灰尘为由蒙混过去。再说，老头到底是真的打扫卫生，还是一般的小偷，或者就是想把"北京人"化石窃走，现在还很难做出判断。如果他真是想盗窃"北京人"化石的话，问题恐怕没有这么简单。不如来个放长线钓大鱼，先让他回去，以免打草惊蛇，等明日将情况搞清楚上报之后再说。

于是，自作聪明和主张的值班员故意做出一副若无其事的样子，说："天这么晚了，我看还是明天一早再打扫吧。"

"好的，先生。"干瘪老头躬身施礼，收拾好拖把、水桶，一出门便消失在夜色之中。

第二天一早，值班员便将昨晚看见的情况向裴文中做了汇报，裴听后颇感震惊。二人经过分析，认为这里定有文章。于是，裴文中立即赶到院务部，查问到底是谁派那个老头到实验室去的，又是谁给他打开的门。结果，院务部没有一个人承认自己知道此事。裴文中又让院务部立即派人去找那老头，要当面对他进行询问。

可等院务部的人到老头的宿舍一看，此人屋里除了一个已经破烂的暖水瓶和一张孤零零地躺在墙脚的摇摇晃晃的空床外，所有的生活用品早已清扫一空。至于老头本人，经过四处寻找，更是不见一丝踪影。

神秘老者半夜出现和突然失踪，给裴文中等人留下了一道难解之谜。此

第四章 历史的紧要处

人的行动是正常的，还是不正常的？是无意的，还是有目的的？是一种自发的巧合，还是背后有人指使？如果是受人指使，那么这个指使他的人是谁？难道是日本人？如果真是日本人，那，事情就复杂了……

一个星期过去了，裴文中依然没有得到任何线索，自然也无法解开这个谜团。直到四年之后，这个谜团才得以解开：1945年，日本投降后，盟军在东京帝大教授长谷部言人的一份备忘录中，发现了有关这件事的一段记载——

……当我们费尽心机在协和医学院终于物色收买了一个专事打扫卫生的中国人，并企图通过他将"北京人"化石弄到手时，由于意外的情况使我们的计划再次落空。这使我们不得不考虑其他的方法并马上动手，因为一旦"北京人"化石被转移，以后的事情就更加困难了。

尽管当时的裴文中对这一切并不知晓，但凭着一种直觉和其他有关线索，他已经明显感到日本人在暗中插手"北京人"化石，且通过各种方法劫持的可能性已相当大。因此，"北京人"化石是迁是留、何去何从也就到了非解决不可的紧要关头。

一份电报，从裴文中手中再次飞往重庆。

此后，裴文中每天上班，总要站在办公室的窗前，朝着国民党政府也是老所长翁文灏所在的方向——重庆，呆呆地望上一会儿，心中暗暗涌动的，是一种无奈的惆怅和焦虑。然而一个星期过去了，两个星期也过去了，重庆方面却依然杳无音信。

注释：

①中国第二历史档案馆：《"北京猿人"骸骨化石失踪及追查经过（上）》，《民国档案》1996年第3期。本组材料选自二八（16）号全宗134号卷及三七五全宗846号卷。原件为英文者，由文俊雄译成中文。以下所引信件皆来自该文。

第五章

转移『北京人』

—— 寻找祖先 ——

"北京人"惊动蒋介石

此时,身居重庆官拜国民政府经济部长的翁文灏,面对国际国内复杂的局势与党内党外钩心斗角的人事纠葛,已感到心力交瘁、疲惫已极。尽管处于人在江湖,身不由己的官宦地位,但翁文灏还是以一个知识分子的文化良知和使命感,为"北京人"化石的命运而殚精竭虑地奔波忙碌。他收到北平发来的电报后,便与国民政府驻美大使胡适联系,就"北京人"化石存放在美国的可行性进行了具体商谈;接着,又与美国洛克菲勒基金会总部多次电函联系,商讨对策。由于局势混乱,战争迫近,好不容易得到洛克菲勒基金会总部同意"北京人"化石运往美国的回音。驻美大使胡适亦表示对此竭诚相助,力保"北京人"化石赴美后的安全与主权不发生变故。由于"北京人"化石所具有的世界性声誉,其去留关乎国家荣誉,翁文灏本人无权做主,必须得到最高当局批准方能成行。因而,他给在外视察战事的蒋介石拍发了一封措辞激烈的电报:

介公委员长钧鉴:

"北京人"化石在平安全可虑,有被窃遗失之危。倘遇不幸,乃为吾国与世界人类文化之一大损失。为避免可能之灾难,请就迁移之去向明示为荷。

蒋介石接到电文,同样感到左右为难,一时拿不定主意。声名赫赫的"北京人"如同古代之九鼎,可谓镇国之宝,古人曾言得鼎者得天下,失鼎者失天下。九鼎在国势命运中的重要程度,从"问鼎中原"等典故中可见出分量。"北京人"所具有的世界声誉和强大文化力量,使深知儒家正统之道和"鼎革"之运命的蒋介石也不敢贸然行事,草率

第五章 转移"北京人"

地决定迁移去向，此事只好悬而不决。待蒋介石回到重庆后，翁文灏再度催促此事，并表示："北京人"化石危在旦夕，必须速做决定，并着手行动。否则"北京人"化石将不复见矣！蒋介石意识到此事已迫在眉睫，到了非解决不可的时候了，于是令行政院召集相关人员开会相商，自己亲自到会听取意见。经过几番慎重讨论，终于做出决定：国民政府同意并允许将"北京人"化石运往美国自然历史博物馆暂避风险，待战争结束后再归还中国。

会后，翁文灏立即给裴文中写信，对"北京人"化石转移之事做了如下安排：

先找美国公使馆对"北京人"转移之事，做个周密的计划安排，请他们委托有关部门将"北京人"化石标本运到美国，然后再交给国民政府驻美大使胡适先生。

"北京人"化石运到美国后，可供魏敦瑞博士研究时使用，但保管和保存权必须在中国驻美大使馆的手上，即必须要掌握在胡适先生的手上。待战争结束后，务必再将"北京人"化石重新运回中国。

翁文灏的这些想法和打算，属于两害相权取其轻的无奈选择。这样做，就翁氏个人感情而言，自然是一件痛苦的事情。

只是，翁文灏写给裴文中的这封至关重要的信，似乎来得太迟了一点。据裴文中回忆说，他收到由美国驻北平公使馆转给他的这封密信的时候，已经是1941年11月了。也就是说，离太平洋战争的全面爆发，大约只差一个月。

时间如此紧迫，裴文中来不及多想，在接到翁文灏来信的当天，便匆匆赶往美国驻北平公使馆，就"北京人"转移事宜进行交涉。

此时的美国驻华公使馆，已是一片慌乱，各种各样待处理的材料文件散落一地，箱子与柜子等办公生活用具乱七八糟地堆了满满一走廊。公使馆内大大小小的官员脸上好像都清楚地写着一个意思：战争就要爆发，赶快离开中国这块是非之地吧！

在慌乱的人群中，裴文中好不容易找到了美国驻华公使馆的一个负责人，可当他把"北京人"化石转运美国之事说出后，对方的答复却是两个生硬的字："不行！"

"为什么？！"裴文中着急地问。

"我们在未得到重庆大使馆詹森大使的训令前，无权'航渡'这些化石标本。"对方答道。

"那现在我们该怎么办呢？"裴文中急忙问道。

"必须先请示重庆方面的詹森大使。如果他下令，我们照办就是了。"对方说。

裴文中沉思了一会儿，知道不如此做，事情不会有新的进展，便请求美国公使馆给重庆的詹森大使发去一封急电予以请示。

两三个星期之后，詹森大使才向北平复电，同意将"北京人"连同相关的珍贵化石标本装箱运往美国。

奇怪的是，据裴文中回忆说，此后有关"北京人"的一系列事情，他没有再插手，而改由协和医学院院长胡顿和总务长博文与美国公使馆交涉、安排。事情为何如此？裴氏语焉不详，后人不得而知。从留下来的资料中，难以找到相关线索、根据和理由，也没人留下任何清晰的说明，只有裴文中本人后来撰写的《"北京人"的失踪》一文可供参考，裴氏说：

一直到1941年11月，才由北京的美国大使馆转来翁文灏的信，允许将"北京人"的标本全部运往美国，交纽约自然博物馆（美国自然历史博物馆）保管，待战争结束后再行运回中国。但是当我与北京的美国公使馆交涉时，他们的负责人却说没有得到重庆美国大使詹森的训令，不便负责。我又请他们急电重庆请示詹森，等詹森回电答应。时间已经到了11月底。以后，就由协和医学校的校长胡顿和总务长博文二人与美国公使馆交涉。

裴文中所说的请示重庆驻美大使詹森，或是当时听错，或是记忆有误。据可考的资料显示，詹森已于1941年5月14日离任，继任者是高思。高思于1941年1月10日奉派为驻华大使，尽管詹森的离任延迟至当年5月，但11月显然是由高思来执掌权柄了。另外一个问题是，裴文中为什么没有和美国公使馆继续交涉，而改由胡顿和博文进行交涉？裴氏至死也没有说明白内中缘由。而胡顿和博文与美国公使馆到底是怎么交涉的，双方谈了些什么，达成了什么协议，也是扑朔迷离、无证可查。

"北京人"的命运，从这时起，开始变得诡秘、复杂、恍惚起来。而这个时候离太平洋战争爆发只有十几天的时间了。

1941年11月2日，美国亚洲舰队司令赫德上将，接到美国海军总部命令："驻屯北平、天津海军陆战队，驻沪海军陆战队第四联队，驻华长江舰队，做好撤离准备，共赴菲做军事集结。"

美国海军自1927年派陆战队屯驻中国的北京、天津、上海等租界后，尽管世界局势越来越动荡不安，直至刀兵相见，由于美国采取了中立和避而不战的战略方针，驻华美军虽处于战争旋涡，仍能毫无顾虑和不受任何威胁、伤害地平安度日。

现在，太平洋上空战云密布，大战一触即发，凶多吉少的日美局势使远在异国他乡的美军官兵感到惊恐不安。他们在为美国命运担忧的同时，密切关注着大洋那边关乎自己命运前程的点滴消息。

显然，驻华美军开赴菲律宾群岛所进行的军事集结，在很大程度上意味着将与7月24日在印度支那南部登陆的日军及其他续部队直接交锋。

血战在即，来不得半点犹豫了。驻华美军立即行动起来，做着迅速撤离的准备。

美国总统轮船公司，早在海军总部发布命令的前三天，就按照政府的指令，派出"范盘轮总统号""麦迪逊总统号""哈立逊总统号"三艘远洋巨轮，从旧金山海岸拔锚起程，分别开往中国的秦皇岛和上海，承载美军撤离任务。

11月5日，新组阁的日本首脑人物，在召开的御前会议上经过一番激烈争论和秘密策划，通过了关于太平洋局势的《帝国国策实施要领》。日本决定孤注一掷，不惜一切代价对美、英、荷三国开战。

《帝国国策实施要领》称："发动武装进攻时间定于12月初，陆海军应迅速完成作战准备……对美谈判若在12月1日凌晨0时以前获得成功，即停止发动武装进攻。"

此时日本在战争狂人的操纵下，遵循了这样一条宗旨："今后和美国的谈判是伪装外交，一旦日本完成作战准备，即行开战。"

就在日本法西斯军事集团制定《帝国国策实施要领》的当天，日本军令部和联合舰队相继发布了由天皇批准的准备作战命令：

大海令第一号

兹奉敕命令山本联合舰队司令长官：
一、帝国决定为自存自卫计，预期于十二月上旬对美、英、荷开战，并决定做好各项作战准备。
二、联合舰队司令长官应进行所需之作战准备。
三、有关具体事项，听候军令部总长指示。

军令部总长　永野修身
昭和十六年十一月十五日

联合舰队命令

联合舰队在对美、英、荷作战中之军事行动，应根据附件规定进行。

联合舰队司令长官　山本五十六
于佐伯湾长门号旗舰上

也就在这一天，日本的"和平特使"来栖三郎的专机在美国华盛顿机场徐徐着陆。当这位冲破战争的重重乌云、专为"和平"而飞来的"和平特使"刚一走下飞机的舷梯时，便像真的一样向世界新闻界郑重宣布道："日美会谈形势尽管艰巨，但我仍不失信心。"并且，他在回答记者提问时还极其认真地反复强调："如果不抱希望，我何必不远万里来此谈判呢？"

当日，《华盛顿邮报》在编发来栖赴美谈判的消息时称："来栖的到来，如同一线阳光刺破乌云，照射着太平洋海面。"美国人此刻当然不会想到，来栖离开华盛顿仅二十二天，一串串的炮火便刺破乌云，真的"照射"在了太平洋的海面上。

而这时在中国北平的美国官兵们，对日美上层之间已经发生和正在发生的一切故事，浑然不知。他们除了胡思乱想、坐以待命外，便整天无所事

第五章 转移"北京人"

事。在此期间，美海军驻华第四联队司令霍华德上校，曾先后赴驻华日本海军专员公署和舰队司令部，分别拜访了大冈少将、古贺中将、牧田少将——明为对日本驻华舰队过去的合作表示感谢，实为暗中窥探日本方面的动静与反应。结果依然一无所获。直到11月20日早晨，霍华德上校才接到一纸命令：所属部队的行李、器械、枪支弹药等，马上全部装车，运往浦东码头等待装船。

11月20日晨，美海军驻华第四联队司令霍华德上校下令，所属部队的行李、器械、枪支弹药全部装箱，运往浦东码头等待装船。

11月21日，美驻华使馆发出公告，督促美侨做好撤返准备，随第四联队一同乘船去菲律宾群岛，然后再取道回国。

同日，日本联合舰队司令长官山本五十六向第一航空舰队司令长官南云忠一海军中将发出了绝密作战指令："机动部队务于11月26日自单冠湾出发，竭力保持行动隐蔽，12月3日傍晚进入待机海域并加油完毕。"

11月22日，日本机动部队集结完毕。各舰队司令官分别向机动部队舰员传达了空袭珍珠港的作战计划。

11月24日，日本陆海军大批部队从上海搭乘由四五十艘运兵船组成的船队，离沪南驶，故作赴东南亚军事集结状，以掩人耳目。

11月25日，华盛顿白宫召开最高军事会议，会议讨论的主要课题是：如何对付日本即将对东南亚发动的进攻？如果日本首先进攻马来亚或泰国，美国应以什么方式进入战争？

11月26日晨6时30分，南云忠一海军舰队的"赤城号""加贺号""苍龙号""飞龙号""翔鹤号""瑞鹤号"共计6艘航空母舰，盛载400余架飞机，携同"比睿号""雾岛号"2艘战列舰，"利根号""筑摩号"2艘重巡洋舰，以及1艘轻巡洋舰、11艘驱逐舰、3艘潜艇和8艘油船共33艘舰船组成的庞大舰队，从日本领海拔锚起程，以壮观的环行航海队形，在波涛滚滚、浓雾密布的太平洋海面上，向远在3000海里以外的珍珠港冲去。

同日，美国陆军参谋总长马歇尔以及海军作战部部长斯塔克，向罗斯福总统提交了一份《关于远东形势的报告》，并着重提出了两个观点：

1. 判断日本将南进，特别是将入侵泰国。

1941年11月19日《国民新闻》报道

1941年11月25日《申报》报道

2. 为对抗日本的上述活动，美国在加强菲律宾的防御力量之前，尽可能避免对日作战。

罗斯福总统指令向当地菲律宾和夏威夷等地的陆军部队发布"战争可能随时发生"的警戒命令。

11月27日，美驻沪海军第四联队首批撤退的第二队三百名官兵，由寇蒂斯中校率领，分批乘公共汽车公司特派的专车直驶新关码头，而后列队登上曼马勒号轮船。按原定计划，当官兵登上轮船后，要举行告别仪式，但此时整个天空大雨倾盆，仪式无法进行。寇蒂斯中校只好率队乘轮船驶往停泊在黄浦江岸的"麦迪逊总统号"轮船。

下午2时，"麦迪逊总统号"轮船解缆拔锚，离开黄浦江，直驶菲律宾。

11月28日，美驻沪海军联

1941年11月26日《国民新闻》报道

队第一队四百五十名官兵在联队司令霍华德上校率领下乘"哈立逊总统号"离开黄浦江，直驶秦皇岛。"范盘轮总统号"因故延期来华，根据赫德上将的命令，"哈立逊总统号"须抵达秦皇岛运载美国驻屯平、津海军陆战队官兵，然后驶往菲律宾。

11月29日，美驻华扬子江舰队司令葛拉斯福少将，乘旗舰"吕宋号"，率扬子江舰队在夜幕中悄然驶往菲律宾群岛。

12月2日，中华社向世界播发消息：

驻屯北京之美海军撤退准备已行终了，一俟"哈立逊总统号"轮船到来，即赴秦皇岛。此事日前美大使馆已正式通告日本大使馆土田参事官。全员计百二十人，与天津美海军同自秦皇岛乘船赴菲。

同日，美国驻华使馆、驻津和驻沪总领署分别发出通告：

1941年11月28日《申报》报道图片　　1941年11月29日《申报》报道图片

此时重申历次发表之撤侨劝告。查日美会谈，无何进展，太平洋风云，日形险恶。……鉴于此种情势……再度通告在华驻京、津、沪美侨，速做撤退准备。在可能范围，应全体撤离。近来太平洋上之航运，因他处需用船只甚多，极感困难。即目下太平洋上之船只往来，能否维持，犹难保证。因此，本使馆力促美驻华侨民，尽速自行调度船只，及早撤退是幸。

通告发出，意味着大战真的到来了。北平、天津、上海及其他居住侨民的城市，迅速开始了比以往更大规模的喧哗与骚动。大街小巷到处流动着美英两国的军人家属、外交人员的家属以及经商和传教者的家属。城里城外，四面八方，尽是携妻带子、扛箱背包的滚滚人流。此时的华东、华北，寒风呼号，雨雪交加。凄风苦雨中，告别的人群川流不息，络绎不绝，哭声、骂声、哀叹声，此起彼伏，交织一片。

1941年12月1日《国民新闻》报道

英美之外驻华的荷兰人、比利时人、挪威人、丹麦人，也因法西斯德国的入侵，流落街头，无家可归。法国人则因为大多不愿归顺德国控制下的维希政府，也暂时寄人篱下、漂泊在外。苏联人则由于西伯利亚大铁道被德国掐断，同样有家难

第五章 转移"北京人"

回。于是，无数的撤离者整日哭丧着脸在大街小巷四处游荡，探听信息，密切关注战争的态势和自己祖国的命运，同时也纷纷谴责法西斯的暴行……

世界各地，狼烟四起。中国东部，一片混乱。

"北京人"化石，到了非转移不可的时候了。

"北京人"要转移，首先得装箱。

这个装箱的重任，落到了中国人胡承志的身上。

胡承志名义上是魏敦瑞的一名助手，实际上是新生代研究室的一名技工，新生代研究室的所有标本模型，全都由他亲手制作。1931年春，只有中学学历的胡承志到北平协和医学院解剖科工作时，仅有十四五岁。他深知要想在这里站住脚，除了自己努力工作外，必须学好英语。于是他勤奋好学，不久就学有所成。后来，新生代研究室的负责人步达生让他帮助修补出土的化石，胡承志得以与"北京人"亲密接触。步达生死后，胡氏又帮魏敦瑞修补化石，并试着制作"北京人"模型。开始，胡承志对制作模型一窍不通，只好一方面从书本里找制作方法，一方面靠自己在实践中苦心钻研。魏敦瑞见这个青年人勤奋好学又有一股钻劲，便在医学院里找了个外国专家加以指导。这个外国专家每教一次，要收取十美元的学费。没过几个月，外国专家就再也不肯教他了。不解内情的魏敦瑞找到这位专家，问他为什么不教了。对方回答说："胡太聪明，他现在做的模型已经比我做的还要好了，我还教他干什么？"这位专家的话虽有点言过其实，但胡承志以他的聪明伶俐和实干精神，加上中国人在这方面天生具有的灵性，确实可以独当一面了。

一晃几年过去，胡承志制作的化石模型越来越好，其技术之精、工艺之妙，达到了以假乱真的程度，令同行们惊叹不已。据裴文中回忆说，当时有一位十分傲慢的美国体质人类学家，以最瞧不起人而著称，对任何人做的事，从来都不肯说一个好字。但奇怪的是，当新生代研究室把胡承志制作的模型寄给他时，他写来一封亲笔信，对新生代研究室的研究工作一字未提，而对胡承志做的模型却连连称道，大加赞许。贾兰坡后来也撰文说："胡承志是我的好朋友。我曾到B楼看过他制作模型。他制作每件模型都一丝不苟，精益求精，在每件模型上都刻上发现人的名字。他制作的模型与原件相比，一般的人很难辨出真假。说他是一名制作模型的高手，一点也不为过。"

于是，胡承志在中国地质调查所便有了"模型大师"的美称。

正是由于胡承志所处的独特位置和对"北京人"化石的熟悉，在没有更合适人选的情况下，装箱的任务就落到了他的身上，胡承志由此成为唯一一位最后见到"北京人"的中国人。

关于这段神秘的经历，在20世纪50年代，中国政府在追寻"北京人"失踪过程和下落的第一个高潮时，曾专门找到胡承志问询，胡在出具的一份报告中这样说道：

胡承志提交的报告

1941年4月，魏敦瑞教授（Dr. Franz Weidenreich）在美国撤退华北侨民之际返美。彼行前分配工作，曾嘱余在时局紧张时将"北京人"及上洞之史前人骨骼一并装箱，交胡恒德校长（Dr. Houghton，协和医学校校长）或交总务长博文（Mr. Bowen），以便交美大使馆运美。余于此颇为怀疑。据余所知者，"北京人"永远为中国所有，不能出国一步，当即以此为询，魏答，已商得翁先生同意。

魏敦瑞教授所分配之工作，非短期内可完成。同时，美大使詹森（Embassador Johnson）尚未有所指示应装箱之日期，余只有继续工作而已。将所做成之模型照彼吩咐，源源寄美

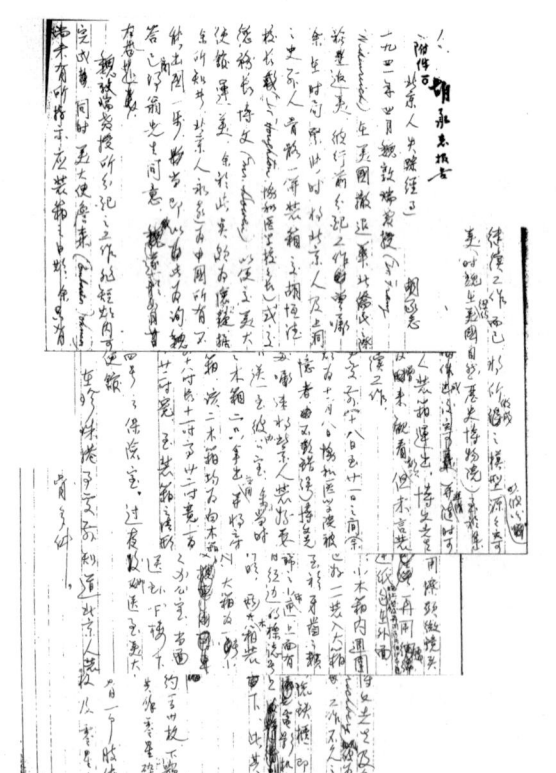

第五章 转移"北京人"

（时魏在美国自然历史博物馆），并准备随时可停止工作，将"北京人"装箱运出。博文先生在魏教授走后，曾来观看数次，但未言装箱日期，余也只好继续工作。

在珍珠港事变前，十八日至廿一日之间（余已忘其确期，此日期为十二月八日协和医学院被日人占据时推忆者，不致错误），博文先生匆匆至余处，嘱速将"北京人"装好，要在极秘密之下送至彼办公室。余当时将早经备妥之木箱二只拿出应用，并将房门锁住后装箱。该二木箱均为白木箱，一为四十八寸①长、十一寸高、廿二寸宽，一为四十五寸长、十一寸高、二十寸宽。至装箱之情形，颇为华贵。先将骨骼用擦显微镜头用之细绵纸包好，再用软纸包着，然后再裹以洁白医用吸水棉花后，用粉莲纸包上，然后再用医用细纱布多层包在外面，装入小箱，再用吸水棉花填满，小木箱内周围六面有具有弹性之黄色瓦垅纸数层包好，一一装入大箱内，用木丝填装。至于牙齿之类之小骨骼，具有相似装首饰之小纸匣，上面有玻璃，内填棉花，于玻璃上有红边的标志号码，以及牙齿属何部位，皆详明。两木箱装好后，即书CASE 1和CASE 2。大箱为一号，小箱为二号。旋即派工友用车亲自押送至博文先生办公室，当面交彼。彼即立刻将两箱送到"F"楼下四号之保险室，过夜后即送至美大使馆。

在珍珠港事变前，知道"北京人"装出的有胡恒德校长、博文先生及息式白小姐（Miss Claire Hirschberg，彼为新生代研究室工作不久之秘书）。

原装"北京人"骨之保险铁柜，即以各式照相机及小型电影机及放映机等等，填满锁上，余即匆匆南下。此其当时梗概。

两箱内骨骼之数目：

"北京人"头骨五个，头骨片五片，牙齿约一百卅枚，下颌骨约十个，上颌骨一个，及其余零星碎块之肢体骨等，均数十块。

上洞史前人头骨三个，未成年头盖骨一个，肢体骨十余个，牙齿数十枚及零星小骨多件。

——自胡承志装箱并派工友将这两箱珍宝送往博文办公室后，再也没有一个中国人知道"北京人"下落了。

"北京人"装箱采访录

当"北京人"神秘失踪后，已成为矿物学家和恐龙研究专家的胡承志，半个多世纪以来，一直有一种很微妙的情感潜藏在心灵深处，令他感到无比痛楚又有苦难言。无论是外国的还是国内的作家、记者、科学家等等，只要找他谈有关"北京人"丢失的情况，他都缄默不语。甚至有的外国学者和记者来到中国要亲自登门造访，也同样被他婉言谢绝。至于当年撰写的一份至关重要的"北京人"遗失经过的报告，随着岁月流逝，他本人也已渐渐淡去了印象，不再记得了。

事隔五十五年之后的1997年3月5日，经过多年的争取努力，从中国地质博物馆保管部主任的位置退休多年、已是八十多岁高龄的胡承志，得知笔者十余年来立志为找回"北京人"化石四处奔波忙碌的至诚，心有所动，遂产生倾吐旧情，为历史留下一个详细记录的想法，于是终于同意在家中接受笔者的访问。此后近五年的时间，笔者又多次入胡老家中就相关问题进行请教、核对，将历次谈话加以梳理，成其一段文字，以为有志于"北京人"化石的研究者、寻找者、关注者留下鲜活的证据，并借此开启新的研究与寻找门径。

岳南（以下简称岳）：胡老，"北京人"最后装箱，是否确是您亲手所为？

胡承志（以下简称胡）：是的，是我亲自装的箱。

最后一位见到"北京人"头盖骨化石的中国人胡承志在讲述装箱经过（作者摄）

第五章 转移"北京人"

岳：装箱的事与博文有关吗？

胡：早在1941年4月，魏敦瑞离开中国去美国前，他就让我将"北京人"和山顶洞人化石一并装箱，然后交给协和医学院院长胡顿，或者交给总务长博文，以便到时交美国公使馆运往美国。我问魏敦瑞何时装箱，他对我说，等候通知。大概到了1941年的七八月份，有一次裴文中先生也告诉我说："'北京人'化石要全部装箱运走。"我当时没有问他具体细节，只问他："什么时候装箱？"他说："听信儿。"

岳：最后是谁叫您装的箱呢？

胡：是博文。他是协和医学院的总务长。

岳：博文让您装箱的时间，到底是哪年哪月哪日？具体怎么给您说的？您现在还能想起来吗？

胡：大概是在珍珠港事件爆发前的十八天到二十一天之间。也就是说前三个星期左右。

岳：珍珠港事件爆发的时间是1941年12月8日，如果是三个星期前的话，那就应该是1941年11月的十六七号。但裴文中在《"北京人"的丢失》一文中却说，一直到1941年的11月，才由北京的美国公使馆转来翁文灏的信，允许将"北京人"的标本全部运往美国。又说，到了11月底，驻重庆的美国大使詹森才回电，答应"北京人"转移美国。大约在12月初，胡顿和博文才下令装箱。但据我所知，您在1977年3月4日曾给贾兰坡一封信，信中说您和裴文中先生曾经一起回忆过，装箱的时间大约是在1941年12月8日日军占领协和医学院之前的十八日到二十一日之间，也就是如同您现在所说，是珍珠港事件爆发前的三个星期左右。还有，您于50年代写给政府的一份报告，也说是这个日子。我觉得您与裴文中的说法有点矛盾，若按裴先生的说法，从逻辑上来推理，装箱的时间应该在接到重庆美国驻华大使詹森电文之后，即1941年12月初，这样才与事实比较接近。可您又说二人的共同回忆是在11月中旬左右，您能再想一想准确的日期到底是哪一天吗？

胡：哎呀，你不说我还记不得了，我是曾写过一个报告，那是中科院查找"北京人"，他们找到我，让我回忆，我就写了个东西给他们，现在这个东西大概还在他们那里保存着，具体怎么说的我已记不得了。

岳：是的，现在您那份报告还完好地保存在中国科学院档案室，我查到

141

了，内容就是装箱的时间、地点、人物与箱子大小等等。

胡：是这样的，不过你现在问我，准确的日期我确实记不起来了，别的人也记不清了，因为当时很乱，不可能有意去记住这个日子。但我确实记得是在日本占领协和医学院的两三天后，裴文中找到我，我们共同回忆的是在珍珠港事件的前三个星期左右。我记得是一个上午，那天，我正在办公室做模型，息式白急急忙忙地跑来找我。

岳：息式白？何许人也？

胡：息式白是魏敦瑞的女秘书，二十岁出头，不怎么漂亮但很风流，和不少男人都眉来眼去的，我们这边的人不太看得起她。她的名字又译作克拉·塔什黛安或赫斯博格什么的，真正的英文名字是 Claire Hirschberg。其人是德国人，后来加入了美国籍。当时，她刚来新生代研究室才几个月的时间。

岳：噢，这就是说，具体通知您装箱的人不是博文，而是息式白？

胡：没错，是息式白。她找到我后，有点神秘地对我说："博文打电话来，让我告诉你，马上将'北京人'化石装箱，送到他的办公室去！"

岳：可您于50年代的报告中，说是博文亲自找到您的？

胡：那时可能是那样说的，现在想一想，应该是息式白，不是博文，当时很混乱，回忆有些差错是正常的。

岳：既然形势紧迫，为什么博文不直接通知您，而让息式白来转告您？

胡：可能是因为息式白的办公室有电话，我的房间没电话，博文就先通知息式白了吧。息式白的办公室就在我的斜对面，离得很近。

岳：从当时的实际情况来看，魏敦瑞走后，裴文中是新生代研究室的负责人，从一般道理上来讲，博文应该先通知裴文中才对，而不应该直接通知您。那么为什么胡顿和博文要避开裴文中，而让一个整天与男人眉来眼去的放荡女人息式白直接通知您呢？

胡：这个我不知道。不过，当时裴文中的办公室不在协和医学院，而在兵马司胡同9号，也许是因为时间太紧迫，来不及了，就直接让息式白通知我了。

岳：既然博文可以用电话通知息式白，同样也可以用电话通知裴文中，至少可以先用电话告诉一下裴文中。因此，时间应该不算一个问题。

胡：这我就搞不清了，他们之间的事我是从不过问的。

岳：在这个关键点上，博文会不会有意避开中国人，有别的企图？

胡：你是说博文搞鬼？这不可能，因为这样的事他必须要向胡顿院长报告，他是受胡顿领导的。

岳：胡顿与博文同是美国人，协和医学院是美国洛克菲勒基金会支撑的。周口店的整个发掘工作，也是在美国洛克菲勒基金会的经费资助下开展的。那么在"北京人"归属的问题上，从这个时候开始，美国人会不会产生占为己有的想法呢？

胡：这我不知道，他们想占有那是他们的事，我不了解。五六十年代，中国方面与美国方面有过一番这个意思的论战，但没有什么结果。这个事情我没有证据，不好多说，无可奉告。

岳：噢！这个问题就先搁这儿，不再提了。我们再回到装箱这个焦点上来。您得到装箱的通知后，有没有告诉裴文中呢？

胡：当然我要告诉裴文中啦！息式白走后，我感到事关重大，于当天下午就跑到了兵马司胡同裴文中的办公室，把装箱的事告诉了他，还问怎么办。裴说："你赶紧装吧！"好像他早已知道了。当天，我和另一个人便开始装箱了。

岳：装箱不是只有您一个人吗？怎么这半路上又杀出了一个程咬金？此人姓甚名谁？

胡：这个人叫吉延卿，是协和医学院解剖科的一个技术员，中国人。是我请他帮的忙，因为我一个人无法从三楼把大木箱抬到一楼来。

岳：吉延卿现在还在世吗？

胡：早不在了，大概在1945年前就生病死了。

岳：哦！死得太早了，要不可以找他回忆一下，现在知道这件事的只有您一个中国人了？

胡：是的，只有我一个了。我让吉延卿帮我把早已准备好的两个大木箱抬到办公室后，我们先将房门锁住，然后开始秘密装箱。要装的两个木箱均为白木箱，一大一小，小的为120厘米长，30厘米高，70厘米宽；大的为130厘米长，30厘米高，70厘米宽。由于这次装的不是模型，而全是真家伙，所以我们的每一个步骤都比模型更加小心谨慎。我将"北京人"化石从原来的保险柜中一件件取出，每一件都包了六层：第一层包的是擦显微镜头用的细绵纸；第二层用的是稍厚的白绵纸；第三层包的是洁白的医用棉花；第四层包的是医用细纱布；第五层包的是白色粉莲纸；第六层再用厚厚的白纸和医用布紧紧裹住，就像穿了六层衣服似的。包好后，我才小心翼翼地将它装入四方形的小木盒，并用吸水棉花将小木盒剩下的空间填满，然后再将这些小木盒一一装进大木箱里，最后再用木丝填实，使化石和小盒、小盒和大木箱形成一个牢固不动的整体。因为不这样的话，在运输途中就容易碰撞破碎。至于那些牙齿化石，由于最零碎，最容易遗失，所以我就用小纸盒来装。这些小纸盒内填有棉花，上面压有玻璃，玻璃上贴有镶着红边的标志，标明牙齿部位的符号。小纸盒装好后，先放入小木箱，再装进大木箱。"北京人"化石主要装在较大的一个木箱里，另一个较小的木箱内，则主要装的是山顶洞人化石。化石全部装完后，再严密封盖，在外边加锁，并在两个木箱的外面分别标有"CASE 1"和"CASE 2"的字样。

岳：您装完这两个箱子一共用了多长时间？

胡：两个多小时。

岳：才两个多小时，怎么会这么快？

胡：因为在1937年七七事变之前，也就是1937年的6月间，魏敦瑞怕日本人进城后，"北京人"放在协和医学院有危险，就让我先把化石用箱子装起来，我就装过一次箱了，箱子是我找新生代研究室的木工张寿山做的。装完箱后，就送到了美国花旗银行的保险库里。后来见协和医学院还算平静，又从美国花旗银行的保险库里取了回来，重新放到了协和医学院B楼魏敦瑞办公室的保险柜里。因为魏敦瑞不断研究，我也做模型，化石就从箱子里重新拿出来了，有时放回去也没有包装，想不到两个箱子后来又派上了用场。

岳：原来"北京人"化石装过两次箱，并且几年前就曾经转移过一次了。

胡：是的，正因为我装过一次箱，所以第二次装箱对我来说，就是一件轻车熟路的事情了。

岳："北京人"装完箱后，您又是怎么处理的呢？

胡：两个箱子装好后，我和吉延卿就找来一辆平板小轮车，然后分别将

第五章 转移"北京人"

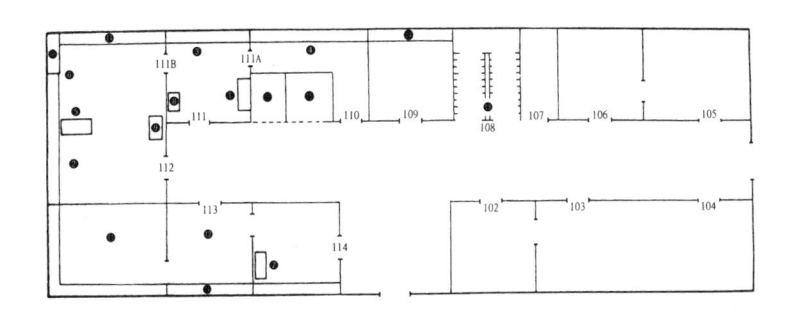

协和医学院B楼底层解剖科办公室布局示意图（胡承志提供）

协和医学院B楼（作者摄）

两个箱子运到了总务长博文的办公室。

岳：确实是您亲自将这两个箱子送到博文办公室的吗？

胡：这么大的事还能说瞎话？这可不是乱说的事情，要经得起历史检验的。

岳：送到博文办公室后，您和博文又是怎么交接的？

胡：两个箱子我并没有亲自交到博文手上。

岳：没交给博文？那您交给谁了？

胡：博文的一位女秘书。我们进去简单一说，她迎上来说博文交代过，她知道这事，说放这儿吧，我们就放那儿了。

岳：此人姓甚名谁？

145

胡：哎呀，现在记不清了。

岳：您在50年代的报告中说的是亲手交给博文了。

胡：当时我想是交给博文了，不过现在又一想，好像没有交给博文而是他办公室的一位秘书。

岳：您交给这个秘书时，办公室还有其他人在场吗？

胡：还有两个秘书，或者是职员。

岳：这两个人的名字知道吗？

胡：弄不清楚了，当时乱得很，谁还去想这些。

岳：您将箱子交给这位女秘书时，有没有签个字什么的呢？

胡：没有。

岳：这么大的事，您怎么没有亲自交到博文手上，交给他的秘书怎么也没留个字据什么的呢？

胡：我送箱子去博文办公室时，博文不在，或者是在，正要出门，打个照面就走了。再说，那个时候的中国人在协和医学院就是个打杂的，根本没有人看得起你，就像现在中国人到了美国一样，或者说就像你们山东老家那个村的农民到了北京一样，根本没有人瞧得起你。既然人家不把你当回事，你还要自己"跳出来"，要立个什么字据。

再说，当时谁也不知道"北京人"后来会出事，所以也就没想那么多，也没把问题想得那么复杂、那么严重。一个人吃几碗干饭要心中有数，不知天高地厚是不能在世上生存的，在那种环境下，你让我装箱，我就装箱；让我送去，我就送去，这就行了，其他的事就不是我要过问的了。不过，装完箱后，我还是多了一个心眼，把两个箱子里装的所有化石都列了一份清单，并在清单上写上A和B两个字，然后将这份清单交到了裴文中手上。

岳：你一说，我明白和理解了一点。这些伤心的事暂且打住，等以后再讨论，"北京人"后来的情况又是怎么发展的呢？

胡：听说博文将这两个箱子转移到了协和医学院F楼4号地下室的保险库里。因为大家知道协和医学院的保险库是一个最保险的地方，即使是失火了，保险柜也不会受到损伤。协和医学院所有的重要档案历来都存放在里面，孙中山在那里治病的案例现在还保存得好好的。不过，博文转移化石之时，我不在场，是后来听裴文中说的。就在珍珠港事件爆发后的第二天，我见到了裴文中。他告诉我说，他碰到了王锡炽（南按：王锡炽为协和医学院附属医院的院长），王锡炽对他说，博文到办公室看见两个箱子后，当天就将那两个箱子亲自押送到了F楼4号地下室的保险库里。两个箱子在那儿只待了一夜，就又送走了。到底送到哪儿去了不知道，估计是送到美国公使馆去了。

岳：既然您是听裴文中说的，而裴文中又是听王锡炽说的，而王锡炽也没有亲自参与其事，那么用什么来证明，博文确实是把两个箱子从他的办公室押送到了保险库呢？博文有没有可能将箱子弄到别的地方去了呢？

胡：这个不太可能。因为还有一个叫常文学的人用小车帮博文将两个箱子推到保险库的，常是博文办公室的勤杂工，当时他并不知道里面是"北京人"，只是稀里糊涂地押送就是了。珍珠港事件爆发后，为"北京人"丢失的事，常文学被日本宪兵给抓去了，一顿鞭子加老虎凳什么的伺候，常文学才从日本宪兵的审问和提示中知道，他那天送的东西是"北京人"头盖骨。所以说我是最后一个见到"北京人"的人并没有错。日本占领协和医学院后，我又听说博文被日本宪兵抓去审问时，也是这么讲的。

岳：可惜我们现在无法证明博文是这么讲的，而事实是否真的如此也无法证实。

胡：因为当时与博文同时受审的还有美国公使馆的人，他们也被抓去了，知道博文是怎么说的。

岳：这个博文从日本宪兵队被放出来后，你问过他到底是怎么回事吗？

胡：抗战胜利后，我见到过博文并问起过"北京人"的事，可我一提起新生代，一提起"北京人"，他就变得神经质，全身打哆嗦，我也就不便多问了。

岳：那么究竟有没有谁证明过那两个箱子确实是送到了美国公使馆，并和美国公使馆人员办了一些相关的手续？

胡：珍珠港事件爆发后，不久我就逃走了，后面的事就什么也不知道了。

岳：您逃走仅仅是出于个人的安全考虑呢，还是怕"北京人"的事受到牵连？

147

胡承志（左）向日本电视台记者讲述"北京人"装箱经过

胡：主要是怕"北京人"的事受到牵连。其实，日本人还没打进北平时，也就是说，我还在装箱的时候，就想着要逃走了。

岳：为什么您在那个时候就会想到要逃走呢？

胡：这"北京人"一装箱，就意味着要运走。如果真的运到美国，日本人打进北平后，找不着"北京人"，又知道是我装的箱，肯定要找我的麻烦。要是"北京人"没有运到美国，途中被人劫走了或者搞丢了，日本人要找我，美国人也同样会找我，我怎么说得清楚。所以我只有一走了之，先逃过日本人这一关。费了一些周折，我就跑到南京去了，在那儿提心吊胆地躲了整整三年。

岳：在这三年中，为什么日本人要找的人全都找到了，单单就没找着您呢？

胡：这我就不知道了。反正自从我将两个装有"北京人"化石的箱子亲自送到协和医学院总务长博文办公室那天起，就再也没有见过"北京人"化石。而有关"北京人"化石下落的情况，我就更不知道了。不只是我，恐怕再也没有一个中国人知道了。

胡承志的回忆与早些年他亲自写就的"报告"内容基本相同，只是在具体细节上稍有出入。尽管这些不同点还有待进一步考证，但有一点是不会改变了。这就是，当装有"北京人"化石的两个箱子被胡承志送到博文的办公室后，或者说，当胡承志转身离开这间办公室后，就再也没有一个中国人知道它的踪迹了。

从此，"北京人"紧紧地攥在了美国人手中。

偷袭珍珠港

就在"北京人"化石秘密转移的同时，日美之间也在加紧进行战争的最后准备。

12月4日，日本出兵入泰国、越南境内。

12月6日，美国总统罗斯福直接以私函致电日本天皇，为挽救太平洋危局做最后一次努力，同时强烈指责日本军队进攻泰国的侵略行为；同日，中华民国中央政府行政院发表公开讲话："美国如与日本作战，中国亦将对日宣战。"

12月7日凌晨1时16分，太平洋瓦胡岛海底随着"咔嚓"一声轻微的响动，牵缚五艘日本潜水母舰的固定带迅速断开，随着暗流巨涛的骤然滚动，五艘特种潜水母舰如野马脱缰一般，向位于夏威夷群岛的美国太平洋舰队基地珍珠港疯狂扑去……

就在庞大的日本舰队以极快的航速杀气腾腾地向珍珠港疾进时，美国华盛顿专门负责破译日本外交电报的通信谍报处，截获并破译了日本政府发给驻美大使野村的一封密电：

……鉴于美国政府所采取的态度，帝国政府不能不认为，即使今后继续进行谈判，亦无法达成协议。特此通知美国政府，并深表遗憾。

日本突然中断外交谈判，意味着战争即将爆发。情况万分危急！美国陆军情报局远东科科长布拉顿上校立即向马歇尔的参谋总长的办公室打去电话。但电话却无人应接，再往住所打，还是没人。而此时的马歇尔正骑着他心爱的枣红马，牵着一只白毛黑斑狗，在阿灵顿公园愉快地进行星期日早晨的散步。透过公园的树丛，他听到了从附近教堂里传来的风琴声和赞美诗。

马歇尔散步归来回到办公室后,拿起谍报处破译的电文刚刚瞥了一眼,顿时大惊失色。他立即站起身来,对参谋长和全体工作人员斩钉截铁地说:"各位,我敢断定,日本军队将在今天下午1时或1时过后,对我们开始发动攻击。我决定,立即向全军司令官发出紧急戒备的指令!"

"是!"参谋长转身奔向发报处。

此刻,日军南云舰队已行驶在了瓦胡岛以北230海里的洋面上,并收到了从东京发来的密电:

檀香山街市平静,亦未实行灯火管制。大本营海军部确信:此举必成!

南云忠一司令立即指挥航空母舰转舵,逆风航行;飞行指挥所也当即下达了"起飞"的命令。

于是,一架紧接一架的日舰载机,在摇摆不定的飞行甲板上,在隆隆的引擎声中,很快腾空而去。

夏威夷时间7日早6时15分,从6艘航空母舰上起飞的183架日机,在黎明前的夜空中编好队形,组成了第一轮冲击波,发疯般向珍珠港扑去……

当马歇尔的参谋长快速拟好电文,并通过西部联合电信公司将马歇尔的指令拍发完毕时,珍珠港正是清早6时30分,也就是说,日本的飞机飞离航空母舰已经整整一刻钟了。

这时,5艘日本特种潜水艇已捷足先登,到达了珍珠港。

正在珍珠港洋面巡逻的美国"守护人号"驱逐舰和日本潜艇舰队狭路相逢。当美舰舰长奥特布里奇上尉确认海底行驶的正是日本潜艇时,立即下令:"右15度,目标潜艇,深水炸弹攻击开始!"随着一阵沉闷的爆炸声,一艘日本潜艇被炸沉。

接着,另一艘日本潜艇也遭到了"守护人号"的重击……

而此时,驻守在珍珠港的美国海军官兵们依然迷醉在"神圣的周末"之中。军官们在陪酒女郎的搀扶下,从"太平洋夜总会""夏威夷桥牌中心"等逍遥场所跟跟跄跄地走了出来,嘴里不时哼着流行小曲,胡乱叫嚷着谁也听不懂的酒话;檀香山广播电台则依然漫不经心地播放着优美动听的轻音乐;九十六艘不同型号的美国军舰静静地停泊在清新而平静的水面上,空中

第五章 转移"北京人"

见不到一架巡逻的美国飞机,只有教堂传出的圣洁的钟声,在宁静淡泊的珍珠港上空慢慢飘荡,悠悠回旋……

东京时间12月8日凌晨3时19分,率机向珍珠港扑去的日本渊田中佐,用颤抖的声音发布了决定美国太平洋舰队命运的命令:"水木兵曹,现在拍发攻击令!"

珍珠港美国飞机被炸情形

"嘀嘀嘀……"电键快速启动,密码攻击令旋即发出。

珍珠港美国舰队瞬间笼罩在一片火海爆炸声中。

日机战斗机群投放的炸弹雨点冰雹一样倾泻而下,迷醉在酒精与情爱中的美军官兵在炸弹的呼啸与浓重的烟雾中醒了过来,但除了设法逃命,几乎没有还手之力了。

美国太平洋舰队司令金梅尔上将在夏威夷司令部大楼里眼看着他的装甲舰队被摧毁,束手无策。战列舰"俄克拉荷马号"在被炸沉翻覆时,由于桅杆触到海底的泥沙,最后翻转了150度,倒扣在水底不再动弹,400多名官兵被扣在船壳里活活闷死。

珍珠港被炸场景

12月7日下午1时50分(珍珠港上午8时20分),华盛顿的美海军部接到了珍珠港拍来的第一份电报:"珍珠港遭受空袭,这不是演习。"海军部长诺克斯读罢电文大声叫喊:"不得了啦!这不可能是真的。那一定意味着菲

151

律宾……"

此刻，美国总统罗斯福正在白宫二楼圆形书房里，一边津津有味地吃着一只从东南亚空运的苹果，一边向他的挚友哈里·霍普金夸耀其心爱的集邮册。

突然，电话铃响了。"我是诺克斯，我们侦获了一份美国太平洋舰队总司令发出的作战电报。"

"不可能！"总统说。

"看来已经干起来了。"

"不可能！！"

"日本人正在进攻珍珠港。"

"不可能！！！"

"我将电文念出来：'美国太平洋舰队总司令致夏威夷所有舰船：珍珠港遭受空袭，这不是演习。'"

"迅速通知所有的舰船和军港！"罗斯福盛怒之下脸色涨得通红。

"进攻还在继续。"诺克斯说，"我几乎听到炸弹的爆炸声了，布洛克说，这回我们挨揍了！"

"快通知美国军队进入作战状态！"罗斯福"咔"的一下挂上了电话，气急败坏地把没有啃完的半个苹果摔在地上，将这一消息通知了国务卿赫尔，然后一动不动地端坐在椅子上整整十八分钟。

此时，日本的野村和来栖早已在日本大使馆门口预备好汽车，正焦急地等待着《致美国政府备忘录》第14部分的英文译稿。为了避免"偷袭"的

珍珠港被炸场景

第五章 转移"北京人"

1941年12月28日《晨报》登载的漫画，标题是《罗斯福的面孔》

恶名，日本政府训令递交该文件的时间是华盛顿时间"下午1时"，即日机袭击珍珠港前半小时。由于日本大使馆翻译工作迟误，直到下午2时20分才忙碌完毕，野村与来栖乘车急急忙忙地向美国国务院驶去。

此时，正是珍珠港早晨9时50分，日本第二轮攻击机群正像蝗虫一样飞抵珍珠港上空。

野村将要递交的文件，赫尔早已通过美国"魔术"密码翻译机知道了详情。他装出一副匆匆看了一遍的样子，然后猛然转过身来，两眼盯住野村，愤怒地说："我想直截了当地告诉你，我在过去同你进行历时9个月的谈判中，从来没说过一句谎话。这一点，只要看一下记录就会一清二楚。我在50年的公职生涯中，从未见过这样厚颜无耻、充满虚伪和狡辩的文件。到目前为止，我做梦也没有想到，在这个星球上，竟有如此牵强附会和说出这么多谎言的国家。"

野村欲张口辩解，赫尔挥手加以制止，并用下颌指指门口。

野村的脸"唰"地涨成猪肝色，两眼饱含着泪水，低着头与同伴灰溜溜地走出了美国国务卿办公室。他们在返回

来栖狼狈离去的情形

途中，听到了美国广播电台的反复广播："Pearl Harbor attacked"（珍珠港遭到攻击），紧张而激愤的播音员已失去平时沉着优雅的语调，不时发出颤抖的声音。

日本轰炸机群对珍珠港先后实施两轮攻击后，于夏威夷时间上午9时45分全部撤离，攻击时间共计1小时50分钟。共击沉美战列舰5艘、重巡洋舰2艘、轻巡洋舰2艘、油船1艘；重创战列舰3艘、巡洋舰2艘、驱逐舰2艘；另有战列舰1艘、轻巡洋舰4艘不同程度地受伤。总计炸沉、炸伤美太平洋舰队各种舰船40余艘，炸毁、炸伤美飞机450架。有4500余名美军官兵伤亡。美国太平洋舰队几乎全军覆没……

而日本仅损失飞机29架，潜艇5艘。珍珠港偷袭大获成功！

消息随着无线电波传出，世界一片哗然……

星条旗被迫降落

就在日本舰队的轰炸机群从甲板上接连起飞向珍珠港疯狂扑去的同时，日本驻华远东军陆海军司令部接到了东京军令部总长永野的秘密指令：

帝国已决定对英美进入战争状态。驻华陆海军各部，务于8日12时前扫除英美驻华一切敌性武力。封锁敌国所有驻华人员及其财产。

日本驻华远东军陆海军司令部迅速通知所属部队，立即采取行动。

1941年12月，北平时间8日凌晨5时20分，日本驻上海海军井田一郎少佐在四名士兵的警卫下，匆匆来到了停泊在上海黄浦江军用码头的美国"赫克尔号"炮舰前，向该舰舰长艾里斯特上校递交了一份劝降书。该劝降书称：

为维护上海及亚洲的和平与安宁，缓解日美之间的矛盾冲突，实现大东亚共荣的愿望，日军司令部要求美国驻上海"赫克尔号"炮舰全体官兵，从

第五章 转移"北京人"

即日起解除武装，将炮舰并入日本舰队之列，共同维护本地区秩序……

与此同时，日本海军川岛少佐也登上了停泊在黄浦江码头的英国驻上海的"赫特勒尔号"炮舰，并递交了一份与上述内容大致相同的劝降书。劝降书实为宣战书。日军的意思很明确，美英两炮舰必须放下武器，拱手投降！

对日军的无礼要求，尚不明底细的美英两舰官兵当然不能接受。他们个个义愤填膺，拍案而起，纷纷对日军的骄横无礼进行强烈谴责。日军方面对美英海军可能产生的反应，似乎早有足够的预料。既然劝降不成，那就只有动用武力了。

于是，8日6时10分，日军调集炮舰六艘、飞机十二架，向停靠在黄浦江上的英美两炮舰突然发起攻击。

早有准备的英美两舰奋起还击。凄风苦雨中，黄浦江面炮声隆隆，硝烟滚滚，美英两舰被日舰团团围住，接连被击中。双方仅仅交战了二十分钟，三百零一吨的英炮舰"赫特勒尔号"突然被炸起火，只在拂晓的江面上摇摆挣扎了不足三分钟，便在一片惊叫声中无可奈何地沉入江底。

美舰"赫克尔号"见英舰已被击沉，自知寡不敌众，只得停止还击，在桅杆上挂出了白旗。美英两舰的官兵除死伤者外，三百一十多人全部被俘。随后，日军进驻美英两国在沪租界，并将美英侨民全部逮捕，押入集中营。

就在黄浦江上战火突起、日美英三方打得不可开交之时，驻中国华北日军也纷纷出动，杀气腾腾地向北平、天津和秦皇岛所在

正在江面上向日舰开火的英国炮舰

位于东交民巷内的美国兵营旧址（作者摄）

的美军兵营及英美租界疯狂扑去。

驻北平日军在小野松支陆军大佐的指挥下，包围了北平东交民巷内的美军兵营。这座美国兵营位于美国驻北平公使馆旁侧，主要任务是负责护卫使馆安全，平时由海军陆战队执勤。美兵营被围后，日军又以东交民巷为中心，对御河桥、英国炮台、美英使馆及其租界各区的街道口等地，实施了封锁。

日军的突然行动，引起了美兵营哨兵的注意。美国驻北平海军陆战队队长罗宾逊中校见情况有些不妙，立即用电话向驻北平的华北美国海军司令官艾休尔斯特上校做了报告："艾休尔斯特上校，军营外发现大批荷枪的日军，正在对我兵营实施包围。"

"为什么？！"艾休尔斯特上校从床上坐起，神色紧张地问道。

"不知道，情况尚未查明。"罗宾逊答。

"是不是美日两国干起来了？"

"我也说不清，不过，看样子很像。"

"快，马上调集部队，做好迎战准备。"艾休尔斯特上校下完命令，随后又补充道，"我马上到办公室去。"

第五章 转移"北京人"

在队长罗宾逊的指挥下，美国海军陆战队全体官兵迅速集合起来，而后进入各自的指定位置。他们先堵住所有房门，又在门楼上架起机枪，并将营区内的灯火全部熄灭。

"不是说要撤退吗，怎么又要打仗啦?!"手拿卡宾枪的美国士兵们揉搓着惺忪的睡眼，相互问道。

"不知道，可能是在演习。"有士兵自作聪明地回答。

"不，我们被日军包围了。"

"瞎扯！怎么可能呢？"

"别吵了，美国同日本可能开战了！"

军官们制止了士兵们的争吵，训示士兵们要做好最坏的准备："记住，无论美日两国发生了什么，我们绝不能束手就擒。"

就在美国士兵们吵吵嚷嚷之际，日军特使井向关一陆军少佐神气十足地来到了美国海军上校艾休尔斯特的办公室，匆匆递上一份劝降书：

艾休尔斯特上校阁下：

鉴于日美关系紧张之时局，为维护华北新秩序，避免日美之间的矛盾冲突，共同为大东亚共荣圈的安宁效力，本司令官要求艾休尔斯特上校阁下，即命驻平、津、秦皇岛等地之美军解除武装，归从日本军队安排。美军归从大日本皇军后，其营房、财产及官兵生命安全均受保护，哈斯特上校本人也可继续佩剑，以保持驻华北美军最高指挥官之尊严。

此告务请上校阁下于今日正午前执行完毕。在此期限内，日本军队视其情况，考虑直接实施武力。

日本军华北最高司令官　冈村宁次
昭和十六年十二月八日

艾休尔斯特上校匆匆看完劝降书，挥动手臂，往桌上用力一拍，霍地站起，脸色铁青，声音有些哆嗦地指着井向关一少佐道："你们打着维护东亚和平的幌子，悍然出兵包围我美军兵营，逼我投降，这已明显地违背了国际法规和日美在东亚缔结的公约协定！现在，我告诉你，无论美日两国发生什么事情，即使爆发战争，那么在美国未战败之前，我们也绝不单独求和，更

157

1941年晚秋，五位美国海军陆战队队员合影于秦皇岛霍尔库姆兵营，中间者即为戴维斯（美国自然历史博物馆提供）

不会拱手投降！请转告冈村宁次司令官，让他立即撤兵！"

艾休尔斯特上校说完，大手一挥："你可以走了。"

井向关一少佐冷笑几声，转身走出办公室，至门口处，又猛地回过头来，轻蔑地说道："艾休尔斯特上校阁下，我奉劝你还是不要感情用事，时间还来得及，还是好好考虑一下吧。"

此时，天已渐渐亮了。艾休尔斯特上校刚要去院子看看情况，办公桌上的电话突然又响了起来。

他抓起电话，只听话筒里传来急促的声音："艾休尔斯特上校，我是海军陆战队秦皇岛分队队长戴维斯上尉，我有紧急情况向您报告。"

"说！"

"现在，我们已被日军包围，营区外布满了数不清荷枪实弹的日本兵士，营区上空有六架日机在盘旋示威，港口停泊的日本军舰已经开始转舵，所有的炮口已对准了我们……"

"先做好作战准备，再听我的命令。"艾休尔斯特上校重重地放下电话，一屁股坐在了椅子上。

第五章 转移"北京人"

此前，艾休尔斯特上校曾接到天津美兵营被日军包围的电话，没想到现在秦皇岛防区也被包围了，看来情况比他想象的要严重得多。本来，美国派出的"哈立逊总统号"轮船原定12月8日，也就是今天的某个时刻到达秦皇岛码头，美国驻华北海军陆战队也定在今天上午全部撤离北平，然后再乘"哈立逊总统号"驶往菲律宾。但现在看来，这一切都不可能了。那么日军的行动是为了阻止美军撤离，还是出于其他什么目的呢？

艾休尔斯特上校当即召集身边的几名军官，商讨对策。两台开着短波电路的收音机，就摆在艾休尔斯特上校桌子的两侧，情报人员在向美国远东亚洲舰队司令部发报的同时，也密切关注着收音机里传出的各种消息。

就在艾休尔斯特上校和军官们围绕是决一死战还是马上投降的问题大声争吵不休之时，一条不幸的消息从收音机里传了出来：

美国国家广播电台，现在播送重要消息：今日凌晨，美国太平洋舰队基地珍珠港遭到日机偷袭……

紧张而激愤的播音员已失去了往日平和沉着的语调，声音颤抖着，听起来让人感到凄惨而又悲凉。

"看来，真的干起来了！"

"没错，真的干起来了，我们挨揍了！"

艾休尔斯特上校办公室的军官们纷纷围到收音机前，屏气凝神地听着播音员一遍又一遍地播送珍珠港被袭的消息。

可还没等艾休尔斯特上校和军官们从这突然而至的噩耗中缓过神来，身旁的另一台收音机里又传来了更令人不安的消息：

东京广播电台，现在播发日本大本营陆海军部公告：帝国陆海军于今日凌晨，在西太平洋同美英军进入了战争状态……

东京广播电台在发布这份《大本营陆海军部公告》时，同美国的态度和气氛完全相反，他们不仅说话时底气十足，而且还配上了激昂雄壮的日本《军舰进行曲》和《拔刀队》乐曲。

159

愤怒、懊丧、悲观、绝望……各种复杂的情绪在艾休尔斯特上校和美军军官们的心中急剧翻腾着。办公室里，艾休尔斯特上校等人再度围绕是决一死战还是马上投降的问题，展开了激烈的争论……

北平的市民们在度过了一夜的安宁，迎着晨曦，像往日一样走出自家的房门时，发现整个市区的街道已经完全改变了往日的模样——遍地是持枪的日本士兵，四处流动着载有日军的车辆，张贴在大街小巷的各种"布告""声明"等，更是令人眼花缭乱、胆战心惊。

东交民巷美国兵营的大门旁，几个日本士兵正在张贴一张"避难劝告"，一群不明真相的市民纷纷围将上去，驻足观看。

劝告

此次日本帝国与美合众国及英国间，因已发生战争状态，故日本军对其在北京之军队，劝告其自动解除武装。美军如对上述劝告不加应诺时，当行使武力。故居住使馆区域内、明治路以西者，从速撤至该地点以外之地，避免日美交战而造成伤亡。

日本军北支最高指挥官
昭和十六年十二月八日

与此同时，在英美使馆区内外，几个日本士兵也在张贴着一张内容大致相同的"安民布告"：

布告

因此次日本帝国与美利坚合众国及英帝国之间，已发生战争状态，本军依照国际法，决定实行扫除全华北之敌性武力，并把握住敌国的权益财产之一部分。为此计，本军视敌情状况，直接实行武力，但对从事正常和平事务者，充分加以保护。再对其私有财产，除为利敌行为所利用者外，均行尊重。但自开战之日起，敌国的公私权益财产之变更国籍及更换户名，无论对任何国籍人一律不允许。又有时视现状，不承认开战前曾变更之国籍与曾更换之户名。虽本军随战争状态之发生施行以上紧急措施，而对维持一般秩序，为所最需求者也，希望民众体会本布告之旨趣，万勿轻举妄动。倘有紊乱治安，或为通敌利敌行为者，依照军律施加处罚，不稍宽贷，特此布告。

日本军华北最高指挥官
昭和十六年十二月八日

随着东方大亮，街上的人越聚越多，秩序越来越乱，车马、行人挤成一团，东西南北，大街小巷，交通几乎全部堵塞。东交民巷内，日军将六国饭店以东划为临时军事地带，任何车马行人，一律不许通过；对六国饭店的工作人员和旅客，也同样做了不许出入的军事规定。整个东交民巷笼罩在一片神秘、恐怖的氛围之中。而美国兵营，则更是成了北平市民和各国侨民关注议论的焦点。许多人为目睹美国军营的状况，冲破层层封锁来到六国饭店四周，爬上楼顶、高墙，向美兵营内窥探。但他们除了看到手握机枪、卡宾枪的美国海军士兵正与日军对峙外，并无什么激动人心的场面。几名被日军特批而进入东交民巷的记者企图进入美兵营采访，却被美海军守门士兵挡了回来。原因是艾休尔斯特上校拒绝一切来访。尽管如此，《晨报》社还是于8日上午印发了一份关于东交民巷现状的《快报》。此《快报》云：

东交民巷西口的敷文牌楼

由于东交民巷美国兵营还存留有一百二十名美国海军官兵，所以东交民巷也便成了戒备的中心。每一个道口都伫立着荷枪守望的日本勇士，于

是每个道口都堆积了如山的人。日本兵、中国警察在忙乱地指挥，每一个人的面上，现着惊恐和严肃，同时心里也意识着战争的可怕。东西大街的西半截，静得没有一点响动，只有臂上佩着标志的日本士兵忙着张贴布告，告诉人们日本和美英已经交战了。

美国兵营的大红门，紧紧关闭着，门的旁边贴着一份日军的大布告。在这有着历史价值的一刹那，门口有几个佩戴臂章的摄影记者。门楼上的美国国旗，也现出了衰弱无神而在挣扎的气息。记者正在注视着关在门里的一百多名美国兵现在不知做着怎样的窘状的时候，大红门哗啦一声开裂了一条缝，从里面闪出了手提零碎什物的三个厨师傅，同时也看到了手握枪柄的无精打采的美国士兵。美兵营将要崩溃了。

东交民巷的巡捕，已失去了他们昔日所有的威风，低着头坐在道边，身旁还有一个大茶壶。经记者询问，才知道自从昨日上班以后，到现在还没有移动地方，肚子一直饿到现在。

从东交民巷出来，经过东长安街、东单一带，路上的行人是特别多，个个现着有事的神态，同时在每一处壁板下，围聚着仰视日美战争消息的人。诚然，这一个大的波动，不但是中国，恐怕世界每一个角落，都被它震撼着了。

时间在混乱、紧张、恐怖中飞速流逝，美军兵营内，从艾休尔斯特上校到每一个士兵，都坐立不安。面对眼前已无力挽回的败局，大多数官兵已倾向于缴械投降的方案了。

艾休尔斯特上校举棋不定。

本来，他很想听取一下远东亚洲舰队司令部的指令，却始终得不到点滴回音。而此时此刻，那一连串令人沮丧、令人恐惧的消息，偏偏又像是凑热闹似的，一个接一个地灌入他的耳膜：

新德里广播电台综合东京消息：日本大本营发布第二号公告。1. 帝国海军于今日凌晨对夏威夷方面的美国舰队和空军断然进行了猛烈的大规模空袭。2. 日本海军于8日在上海击沉英炮舰"赫特勒尔号"，美炮舰"赫克尔号"于同时刻投降。3. 日本海军于8日轰炸新加坡，收到莫大战果。4. 日本

第五章 转移"北京人"

海军于8日晨轰炸瓦胡岛、关岛之敌军事设施。

东京广播电台新闻消息：1.日军于8日进入战争状态后，立即开始攻击香港，目前正在实施第二轮轰炸。2.日军在陆海军密切协同下，于8日晨奇袭马来岛并登陆作战，目前正在扩大战果中。3.日本政府于8日午前11时颁发对美英宣战布告。

中华社电讯：日本大本营海军扣留敌国船只二百艘以上，其中有美国巨型船"哈立逊总统号"。此船为一千五百个吨位，系美国邮船公司所有，于1921年建造于纽约。工竣后，即行驶旧金山与马尼拉间。此次专为撤离驻华美海军而来中国。但当该船行驶到秦皇岛港外二百海里处，被日海军截获。

…………

1941年12月9日《晨报》登载的照片，标题是《向日军竖立白旗之美军官佐》，美军敬礼者是艾休尔斯特上校

从世界各地传来的消息，仿佛都在向艾休尔斯特上校表明一个意思：没有抵抗的必要了。面对最后的期限，艾休尔斯特上校望着在座的所有军官，长叹一声，终于有气无力地说道："现在我宣布，驻华北海军陆战队各分队就地解除武装……"

8日正午，美军代表罗宾逊中校正式向日本军方做出答复："驻华北海军陆战队全体官兵就地无条件解除武装，听从日本军队的安排。"

下午2时45分，美国驻北平海军陆战队兵营内一百二十

1941年12月9日《晨报》报道

余名官兵全体集合，庄严、整齐地排列在国旗下，在美国国歌《星条旗永不落》的乐曲声中，由艾休尔斯特上校亲手降下了悬挂了十四年之久的星条旗。当美国国旗缓缓降落时，艾休尔斯特上校举手敬礼，以示告别。官兵们清楚地看见，艾休尔斯特上校脸在抽搐，手在颤抖，两行泪水慢慢溢出了眼眶……

第二天，也就是1941年12月9日，罗斯福总统身披深蓝色海军斗篷，登上国会大厦讲坛，进行了一次震撼人心的演说：

昨天，对我们美国人来说，永远是个耻辱的日子。就在这一天，美利坚合众国遭到了日本帝国海军和空军的突然袭击。

在这以前，美国和日本处于和平状态……

昨天对夏威夷群岛的袭击，使美国的陆海军遭到了严重的损失。大批美国人遇难。

昨天，日本政府出兵马来亚。

昨天，日本军队进攻了香港。

昨夜，日本军队进攻了菲律宾群岛。

今晨，日本军队又进攻了中途岛……

我们将永远记住，这样向我们进攻，意味着什么？

不管要打多久才能挫败这场蓄谋已久的侵略，美国人民依靠正义的力量，一定能排除万难，赢得最后的胜利……

我要求国会宣布：自12月7日星期天无端发动这场卑鄙的进攻之时起，美国和日本帝国之间处于战争状态！

就在罗斯福总统发表讲话的同一天，也就是12月9日，中国政府对德、意、日宣战！

随后，英国、加拿大、澳大利亚、荷兰、新西兰、自由法国、波兰等二十多个国家，相继对日宣战！

惊心动魄的第二次世界大战，全面开始了。

1941年12月22日，美国总统罗斯福与英国首相丘吉尔在白宫签署二十六国同盟文件。中国首次成为四大国之一。此为胡适手持罗斯福签署的文件，高兴地在白宫留影

注释：

① 全称"市寸"。市制中的长度单位。1寸＝（1/30）米。——编者注

第六章

角逐与搜寻

寻找祖先

"北京人"神秘失踪

日本军队在偷袭珍珠港、包围美国驻华海军陆战队的同时，对美国驻华公使馆以及由美国教会创办的燕京大学、育英、慕贞等大中小学校，全部进行了封锁。北平协和医学院自然也在劫难逃。

接管协和医学院的日方负责人，是一个叫松桥的日军上尉。

松桥曾留学德国洪堡大学，获医学博士，他的老师，便是魏敦瑞的学生。此前，松桥曾多次作为日本访问学者，来过北京协和医学院并参观过"北京人"化石。由于是学医出身，又对考古和古人类学有所研究，日本方面特派遣此人前来接管协和医学院，同时扣留保存的"北京人"化石。

松桥带领的日军不到半个小时便占领了协和医学院的每个要点，将协和医学院内的美国人全部捕获。院长胡顿、总务长博文以及一名前荷兰医生、时为协和医学院客座教授斯纳珀被拘押在胡顿的住宅里，而正在天津演讲的北平燕京大学校务长司徒雷登，也阴阳差错地被弄了进来，与胡顿等人一起关押拘禁。

松桥这位穿着马靴、挂着战刀的日本军官，与别的日本侵略者似乎有所不同，他首先张贴布告一份：凡是协和医学院和协和医院的教职员工，一律坚守岗位，不得擅离职守。接着又下了一道命令，将学院和附属医院的所有资料与标本封存起来，不许乱动。

但未过多久，松桥被日本宪兵队抓了起来，关进了北平郊外一间黑屋子。据说

1941年12月9日，《晨报》登载照片，谓日军对英美在华势力进行扫荡

其罪状有两条：一是接管协和医学院后对"北京人"追查不力；二是对协和医学院的中国人太仁慈云云。

与松桥同时进驻协和医学院的，还有东京帝国大学（即今东京大学）的长谷部言人和高井冬二。一到协和医学院，长谷部言人便带领两名手持大枪的日本宪兵，直奔掌握着存放"北京人"化石地下库保险柜密码的息式白的房间。

魏敦瑞去美国后，作为秘书的息式白一个人留在了协和医学院继续工作。在这个寒冷的冬夜，她在黑暗中尚未完全弄清眼前发生了什么，便被日本宪兵从床上"请"了下来，而后被挟持着来到了娄公楼地下室藏有保险柜的门前。

"打开！"一个日本宪兵指着门上的铁锁命令道。

"嗯，嗯……"惊恐莫名的息式白摊摊手，说着日本大兵听不懂的鸟语，做出一副无能为力的样子。

"息式白小姐，"长谷部言人用娴熟的英语道，"你不要再演戏了，我们非常清楚，这间地下室归你管，也只有你知道里边那个保险柜的密码。你就赶快动手吧！"

"没有博文的命令，我无权打开这间屋子。"息式白辩解说。

长谷部言人冷笑道："息式白小姐，你别再指望博文了，他和你们的胡顿院长都被拘捕了！"

"什么？！"息式白大惊，望着眼前的日本人，不知如何是好。

长谷部言人态度有些缓和地说："息式白小姐，你大概

司徒雷登在燕园

还不知道吧？日美战争已经爆发了，中国的北平已经是我们大日本帝国的天下了！"

"我的上帝啊，这是真的？"息式白双手捂住自己的脸，抽泣起来。

长谷部言人伸手拍了拍对方的肩膀，语气温和地说："息式白小姐，你不用怕，只要你打开房门和里边的保险柜，就没你的事了。"

"我，我没钥匙。"

"钥匙在哪里？"长谷部言人脸蓦地沉下来，眼露凶光。

息式白见状，打了个哆嗦，嗫嚅道："在我房间里。"

"马上回去取来！"

两个面露杀气的日本宪兵押着息式白，很快将钥匙取了回来。铁门打开，无奈的息式白在刺刀的寒光中，被迫走到保险柜前，伸手转动了只有她和魏敦瑞才熟知的密码键盘。随着那细长的手指在密码键盘上不停地旋转与拉动，保险柜那足有十五英寸①厚的钢板在昏暗的灯光下"嘎"地叫了一声，极不情愿地敞开了不知令多少人朝思暮想的神秘之门。

长谷部言人见状，兴奋得几乎跳了起来，他弯下腰，小心翼翼地将脸贴在保险柜上，瞪圆了双眼，借着手电筒的光亮，在柜中仔细查找起来。

他先是摸出一块磨光的鹿角，一盒獾的犬齿、一盒狐狸犬齿，接着又掏出四块石器和七本电影胶片和几个"北京人"化石石膏模型……

保险柜中的一切全被查找完毕，却没有见到真正"北京人"化石的影子。长谷部言人敲了敲保险柜的箱壁，见无异常，心猛地一沉，蓦然感到了事情的复杂和玄妙。他直起身，一动不动地望着面前的息式白，两眼放着近似绝望的凶光逼问道："'北京人'化石藏到哪里去了？"

"我不知道。"经过了一阵暴风骤雨般的折腾，息式白变得冷静起来。

"你，快说，到底弄到哪儿去了？！"长谷部言人显得异常焦灼不安。

此时的息式白已完全清醒过来。她望着眼前这个气急败坏的日本人，斜视了对方一眼，轻轻摇了摇头，背过身去，不再说话，用女人特有的藐视作为抵抗的武器。

长谷部言人围着保险库转了一圈，看了息式白一眼，突然冷笑了两声，说道："息式白小姐，你是喜欢来软的，还是喜欢来硬的？"

"我什么都喜欢，就是不喜欢你那一套！"

第六章 角逐与搜寻

长谷部言人听罢，微笑着点点头道："好，那就请你到喜欢的地方去吧。"言毕，示意两名宪兵将其带走。

息式白满怀恐惧地叫唤着，被连拖带拉弄到了位于北京西城区一座有日本兵看守的不知名的别墅里关了起来。日本人对其先是软的，后是硬的，间或软硬俱备，双管齐下。经过一番折腾，息式白在经受了一番痛并不快乐的灵与肉的折磨之后，终于做了如下交代：

"北京人"化石已根据协和医学院总务长博文的指示，于12月5日装箱转移。这天上午，由美国海军陆战队派了一辆卡车来协和医学院将"北京人"拉走，听说是要搭乘由上海驶来的"哈立逊总统号"轮船，绕道马尼拉运往美国自然历史博物馆。因属重要机密，"北京人"被拉走后，是被存放在美国公使馆里，还是被存放在美国海军陆战队兵营，或是已经被运走，本人一无所知。

至此，日本人感到从息式白身上再也无油水可榨，只得将她送回协和医学院，但规定不准走出这座学院，日常行动，由日本宪兵公开和秘密地监视。

就在息式白遭受肉体与精神凌辱之后，遭到关押拘禁的博文又被日本人弄进了一幢不知名的别墅，开始接受秘密审问。

面对博文这种身份的美国人，审讯者开始还装腔作势地好言相劝，最后一不耐烦，原形毕露，令日本宪兵一顿拳脚示以教训，而后开始让其钻狗洞，在一个狗笼里蜷缩着身子苟延残喘地挨过一段受尽凌辱和摧残的艰难时日。被打得皮开肉绽、惨不忍睹的博文，蜷缩在那个几乎不能容身的狗笼里，对"北京人"化石的下落做了什么样的交代，一直不被外人所知。抗战胜利后，博文得以释放，但神经似乎有了问题，当裴文中、贾兰坡和胡承志等人找到他，并提及"北京人"化石下落时，博文马上进入一种极度恐惧的状态，嘴唇发青，全身哆嗦，神志不清，说话也吞吞吐吐，好像是小孩抽风的样子，在医学上可能属于比较严重的神经质症一类。许多年后，根据裴、胡等人的转述，大致可描述出博文当年向日本人交代内容的轮廓。博文说：

171

"北京人"化石由胡承志装完箱后，送到了我的办公室，我很快又将它送到了娄公楼地下室的保险库里。这批东西在地下室里只存放了一个晚上，第二天就按照上面的指示，押送到了美国驻北平公使馆。12月5日，美国海军陆战队又派人从美国公使馆拉走了，据说送到了秦皇岛港。他们要在那里等待原定12月8日抵达秦皇岛港口的"哈立逊总统号"轮船运往美国。至于"北京人"现在到底在哪里，我没有过问，后来的情况如何，一点也不知道了。

博文的这一说法，到底是真是假，抑或半真半假，没有文字证据留下，也没有人给予确切的证明。但博文就"北京人"之事被日本人抓去严刑拷打并钻狗洞狗笼当是属实。此点从司徒雷登回忆录中可以找到证据。

这位由毛泽东一篇《别了，司徒雷登》而被中国中学生在课本上知道的"瘟神"式名人，回到美国后曾写过一本《在华五十年——司徒雷登回忆录》（*Fifty Years in China: The Memoirs of John Leighton Stuart, Missionary and Ambassador*）。此书由美国著名五星上将马歇尔与中国著名学者胡适作序，1954年10月15日，由兰登书屋出版发行。次日，台北《大华晚报》即开始一边请人翻译，一边予以连载，并于同年12月1日出版了中译本，轰动一时。这位1876年生于中国杭州一个美国美南长老会传教士家庭，1904年开始在中国传教，后出任燕京大学校务长和美国驻华大使的约翰·司徒雷登，在书中叙述了珍珠港事件之后他被捕的经过，以及与胡顿、博文等人被囚禁的严酷而难忘的经历。司徒雷登说："珍珠港事

1941年12月12日，《晨报》登载的漫画，标题是"驱逐恶势力，美英在华势力全面崩溃"

件前几个星期,我们一直提心吊胆,预感到会发生什么事,打破我们虚幻的安宁。我们只能就种种可能发生的事进行推测。华北已进入秋季,那是一年中最宜人的季节,天气逐渐凉爽起来,很少刮风。可是,我们沉寂的校院里却显出了某些不祥之兆。天津校友会一直邀请我去看望他们,我担心会'发生'什么事而数度推迟之后,决定于12月7日去做一次短暂的周末之行,自以为这期间不会出事。但是星期一清晨,我正静静地为返校做准备时,日本人显然由于某种原因,迅速地采取了控制措施。不久,两名宪兵找到了我,把我带回北京。"

司徒雷登被带回北平后,被关进美国海军陆战队兵营三楼。屋里约有五十名英国人和美国人,一群杂七杂八的人,由一堵开有一扇门的隔墙分隔开。司徒雷登说:"我很快就认出了亨利·胡顿博士、斯纳珀博士和特利弗·博文博士。三位都是协和医学院的,也是我后来长期受监禁时的难友。我出于某种预感,选择了一张靠近他们的床位。"一个月后,司徒雷登与协和医学院胡顿等三人被转移到胡顿家里———一所清朝皇族迷人的住宅。四个月后,三人又被转移到一个英国商人荒凉的后院住宅,在这个破旧的房子里开始了为期三年零八个月的监禁生活。司徒雷登回忆,在这个地狱般的小屋里,"冬天,我们并非总是温暖而舒适的。我们在没有暖气的过道里吃饭,常常是我们还在桌上吃着饭的时候,杯子里的水就结冰了。夏天,狭窄的小院十分炎热。天冷时我们就穿上中国的棉袍子,再罩一些衣服,而天一热就把它们全脱掉。但有一点我们是知道得很清楚的:不会有客人,每天的情况都完全一样"。又说:

协和医学院院长胡顿、司徒雷登、博文(左起)三人在囚所前合影,直到1945年,三人才重获自由

"即使这样,情况也有变化的时候,其中一次是由'北京人'引起的。她(我相信这是正确的性别)的举世闻名的骨头原存在协和医学院,仿制出一些惟妙惟肖的复制品之后,只有专家才能分辨其真伪。某些日本科学家显然感到,他们国家在世界上(以及在北平)所处的新地位,使他们有资格享有这一史前时期的宝物。不管怎样,有一天宪兵军官们来向胡顿和博文询问此事了。他们如实地回答说不知道这些骨头在哪里。事实上,为了安全起见,已把这些宝物装进一个宝箱送到秦皇岛去了,一艘美国运输舰预定要在珍珠港事件发生的前后去那里接运海军陆战队的一个分遣队。化石是交给了运输舰或是丢在海滩上了,或是遭到了别的命运,我的两位难友当然全然不知。"

司徒雷登的回忆与后来裴文中、贾兰坡、胡承志等人得知的情况大体相同,但当时的日本宪兵军官们似乎不相信这一说法,认为其中有诈,必须采取严厉的措施,给他们点颜色瞧瞧,方能迫其就范,供出事实真相。于是,司徒雷登眼见的情形是:"争论了很久,军官们显然不相信地离去了。几天之后,博文被带到了宪兵司令部,五天以后回来时,一切迹象表明,他经受了一番可怕的经历。他一到司令部,一切被认为可以用来自杀的东西都给搜走了,他被强迫从一个小洞爬进一个小得连身子也无法躺卧的笼子里。白天,一个不怀好意的看守看着他,连他把身子往笼壁上靠一下也不让。一条鞭挂在十分显眼的地方。他痛苦得连每天送去的两顿食物碰都不碰一下,只焦渴地喝几小杯水。经过五天这样的折磨之后,日本人显然认为他已失去了自制力,什么事情都会承认的,于是在放他回来之前再次追问了他有关'北京人'遗骸的事……日本人的兴趣好像纯粹是带有偶然性的,不然,要是他们知道博文在事后好多天里听到任何可能又是来抓他的声响就吓得发抖时,他们会以这种虚狂为乐的。"

就在息式白与博文相继遭受审讯和折磨时,日本松桥上尉和长谷部言人指示日本士兵,在协和医学院所有可能匿藏"北京人"化石的地方进行了反复严密的搜寻。但除了找到一些类似"北京人"化石的石膏模型和其他化石外,仍然未见真正"北京人"的踪影。

到底是谁如此迅速地把"北京人"化石弄走或藏匿了呢?

是美国人、中国人,还是日本人?

长谷部言人想到了另一个人——裴文中。

❀日本人穷追不舍

　　作为新生代研究室主要负责人的裴文中，在后期为什么没有参与十分重要的"北京人"的转移工作，一直是个不解之谜；而后来的所有文章——包括裴文中本人在内，对此也没做出任何解释。但有一点可以肯定，这个时候的裴文中并不知道"北京人"已经失踪。

　　长谷部言人和高井冬二之所以要找裴文中，是想尽快从裴氏口中打听到"北京人"的下落。他们突然出现在裴文中面前时，已完全失去了往日东洋帝国大学"教授"和"人类学家"的风度，一见面便以战领者的姿态疾言厉色地问道："裴先生，你能告诉我们'北京人'化石到哪里去了吗？"

　　从来者的口气中，裴文中敏锐地预感到"北京人"的命运凶多吉少，但转念一想，装有"北京人"的两个箱子在日军占领协和医学院前就由胡承志交到美国人手上了，应该不会有闪失。于是，他不冷不热地答道："'北京人'在美国人手上，你们应该去问美国人才是。"

　　"裴先生，实话告诉你吧，"长谷部言人说，"美国人还没把'北京人'运出中国，它就不翼而飞了。我想，'北京人'现在身在何处，你不会不知道吧？"

　　裴文中大惊。这是怎么回事呢？胡承志明明已将箱子交到了美国人手上，怎么会不翼而飞了呢？"北京人"曾藏身在周口店龙骨山的

兵马司胡同标志牌（作者摄）

寻找祖先

裴文中在兵马司胡同9号的办公楼，该楼于1921年由著名的雷虎公司承建。"北京人"装箱时，裴文中在此楼办公（作者摄）

山洞里，以自己独特的生命方式存活了几十万年，并始终默默注视着人类的变迁，而如今，子孙们好不容易与久违的祖先相会，可丧心病狂的日本人不仅入侵中国，连几个"北京人"头盖骨化石也不肯放过！"北京人"是世界考古学界的珍宝，若真的丢了，其损失是无法弥补的！裴文中想到此处，心里蓦地升腾起一股比往日更加炽烈的仇恨。

不过，裴文中转念一想，"北京人"若真的一时失踪，说不定是美国人从中做了埋伏，或许是一件好事情。但无论如何，"北京人"不管落在谁的手上，都不能落入日本人手中。裴文中心中稍感宽慰，遂摇摇头，淡淡地说了句："不知道。"

两个日本"学者"相互对视了一下，思索片刻，很客气地告辞。走时留下了一句话："裴先生，我们很欣赏你的记忆力，也相信你的记忆力，请你再好好想一想。后会有期。"

二人走后，裴文中心中又为"北京人"的下落着急紧张起来，一种不祥的预感在他的心中弥漫膨胀开来，撑得他的心脏隐隐作痛。更令他感到沮丧和悲愤的是，在日军占领下的北平，要想打听"北京人"的确切消息，已变得不可能。

大约就在裴文中回到协和医学院上班后的第三天，松桥上尉又突然来到了裴文中的办公室，这位上尉虽是日本人，却能说一口比较清楚的中国话。他进屋后并不急于坐下，而是和裴文中拉扯了几句闲话，然后才淡淡地问道："裴先生，你知道'北京猿人'标本存放的地方吗？"

"知道啊。"裴文中朗声答道。

"在哪里？"松桥上尉两眼放光，一下兴奋起来。

"不就在协和医学院的解剖系吗？"裴文中说。

松桥上尉摇了摇头，情绪陡然又低落下来。他看了裴文中一眼，一屁股便坐在了凳子上，而后，只喝水，不说话。

裴文中也装作若无其事的样子，伸手拿起桌上的一张报纸，一声不吭，埋头看报。

松桥上尉闷坐了几分钟，微微地叹了口气，起身道别。出门后又转回身，几乎是附在裴文中耳边轻声说了一句："裴先生，你没说实话！"

第二天，松桥上尉又给裴文中打来电话，约他晚上到自己位于协和医学院一幢楼中的宿舍里"谈一谈"。

当晚，裴文中按时来到已被日军占领的协和医学院松桥上尉的宿舍。这位年轻的军官很客气，让座，倒茶，显得对中国式礼节十分熟悉。两人"谈"了一会儿有关协和医学院的情况，似乎便再也没有更多的话可说了。整个谈话过程，有关"北京人"的事情，松桥上尉只字未提，裴文中也就佯装不知。

局面陷入尴尬。脑袋瓜子颇为机灵的松桥上尉站起身，提议说："裴先生，我请您到咖啡馆去喝杯咖啡吧？"

"请便。"裴文中面无表情地说。

两人来到协和医学院外面不远处一家咖啡馆。松桥上尉选了一个靠边的位置，先请裴文中落座，自己才坐了下来。此刻，已近午夜时分，咖啡馆里比较安静，在场的除了几个不易辨别身份的中国人，几乎全是日本人。

咖啡被端上来后，松桥与裴文中各自喝了一口，情绪似乎比以前放松了一点。松桥以温暖的眼神望着裴文中，开门见山地说："裴先生，我想问您一个问题。"

"请说。"裴文中欠了欠身子，有点笨拙地伸手端起了桌上的咖啡。

"您能不能告诉我，'北京人'现在到底在什么地方？"

"我不是已经告诉过你了吗？"裴文中故作镇静地反问道，"怎么，你们没去？"

177

松桥上尉的情绪有点激动,他摇摇头,声音低沉,说道:"裴先生,实话告诉您吧,我们的人已经去过解剖系了,那保险柜里的'北京猿人'化石是假的,而且还知道是美国人把真家伙弄走了。这件事骗不了我们,希望你对我说实话。"

"我的办公室离那儿很远,确实不知道。"裴文中说。

松桥上尉急忙安慰道:"裴先生,说吧,不要紧的。协和医学院被我们接管后,我们仍然会对你格外照顾的。因为我们知道,你是研究学问的人,不是政客。不过……"他端起咖啡杯,继续说道,"我可要实话告诉您,这事如果军部不再有人追问,您还可以照常工作;如果军部再要追问起来,您是逃脱不了责任的。知道吗?"

"知道。"

"那就请赶快告诉我实情吧,尊敬的裴文中先生,我已经没有多少耐心等待了!"

"要说的,我已经说过了。"

松桥上尉一仰脖子,咕噜灌下一大口咖啡,突然板起面孔,改用日语说了声刺耳的"再见",起身疾步离开了咖啡馆。

几天后,四个日本宪兵一大早便来到裴文中家,先是一番审讯,而后一个军官模样的人忽然咆哮道:"拿出来!"

裴文中不解:"拿什么出来?"

"装什么糊涂,居住证!"

裴文中这才明白,原来日本宪兵今天"登门造访",是来没收居住证的,其目的是要控制自己的行动。在日军严密控制下的北平,如果没有了居住证,不仅不能出城,甚至连上街都是件困难的事了。既然日军专门为此而来,裴文中只好将居住证交出。军官模样的人警告了几句只许在家老老实实待着、不许乱窜乱跑扰乱秩序之类的话,率领同伙匆匆而去。

此后一段时间里,再也没有日本人找过裴文中,也没有日本人向他提起过"北京人"的事。正当裴文中心中纳闷期间,有人告诉了他一个意想不到的消息。据裴文中后来回忆说:

在此期间,有人告诉我,在北京的日文报纸以及日本的两家大报上,都

第六章 角逐与搜寻

在第一版用大号字登载了"北京人"失踪的消息。消息的大意是："北京人"的重要标本，原存放在协和医学院解剖系的保险柜中，但是日军接收时保险柜内却全换成了石膏做的模型。据他们所知，这些标本是中国的财产，不许运往外国，但是美国人不顾信义，将这些标本偷偷地运往美国了。

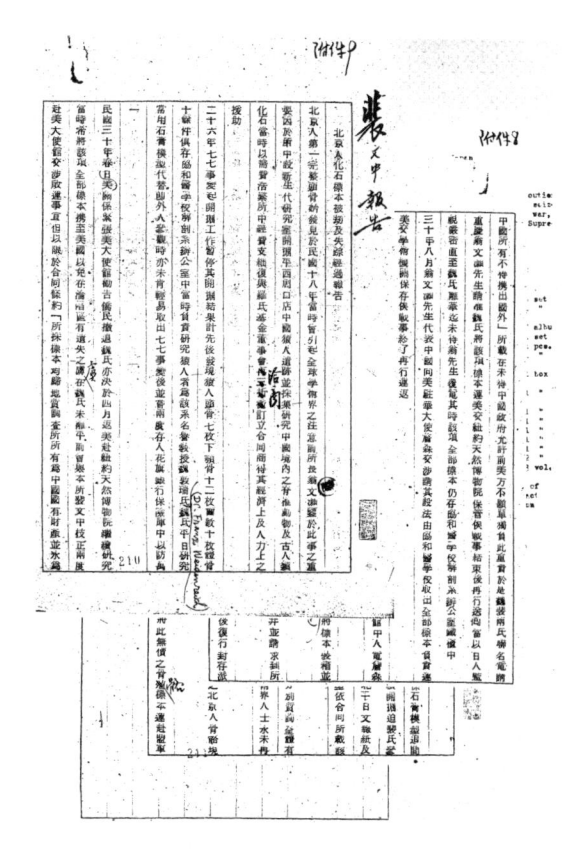

对于这条消息，裴文中希望其真，又不敢完全相信，但不管是真是假，"北京人"的事，日本人大概不会再找自己的麻烦了吧？

转眼到了1941年年底，协和医学院被日军改成了伤兵医院，美国的星条旗已不再是协和医学院的保护伞，全体员工被发薪遣散，新生代研究室也随之瓦解。

裴文中报告

大名鼎鼎的裴文中，成了一个无业游民。

出乎裴文中意料的是，日本人不但没有减轻对他这个无业游民的"关照"，反而格外"重视"起来。无论裴氏走到哪里，身后总有日本特务对他暗中盯梢。不管裴文中做什么事情，总有一双双像枪口样的眼睛"瞄"着他。此外，一顶"重庆派来的政治工作人员"的帽子，也像一座小山似的压在他的头上。几乎每时每刻，日本人都可以随便找出一个理由来折磨他、刁难他。如此几个星期过去，生存问题成了裴文中最为头痛和迫切需要解决的难题。

经过多日的奔波，裴文中总算在北平师范大学地质系谋

179

到了一份教书的差事。在名义上，裴是地质系特聘教授，但实际上属于临时工性质，一个月的薪水只能买回二十公斤玉米面。一个有五个孩子的七口之家，靠二十公斤玉米面如何生活？裴文中只好让夫人去买最廉价的混合面吃。所谓混合面，就是掺有麻袋毛、玉米皮和沙子的杂面，这种杂面比后来人们常见的猪饲料还要糟糕得多。然而在当时的中国，四亿人中就有三亿半中国人吃这种面。到了后来，随着物价飞涨，裴氏一家连这种面也吃不起了，只好过起了"君子常当当"的生活。先是当衣服——冬天当夏天的，夏天当冬天的。后来，连家中一件像样的会客衣也当掉了。再后来，红木圆桌被卖了，祖传手镯被卖了，连抽屉上的拉环都被卸下来换成了黑面窝窝头。然而一家人的肚子，依然瘪得像泄气的皮球。本来就不修边幅的裴文中，更像一位地地道道的苦力，甚至街头乞丐。

据裴文中回忆说，有一天中午，他正在细细品味夫人费尽心思熬出来的半碗玉米糊糊，突然"当"的一声，一颗假牙的牙渣从嘴里掉了出来，这是在法国留学时镶的一颗金牙。他先是一惊，继之高兴得手舞足蹈，禁不住脱口而出："金子，这是金子啊！"赶紧用报纸将金牙渣包了起来，然后拿出去卖旧，为全家换回了三天的口粮。只是三天过后，一家又陷入了"山穷水尽疑无路"的境地，他和夫人只好一咬牙，把美国地质学家葛利普送的一架老式钢琴也给典了出去。搬钢琴时，裴文中眼圈都红了，不是舍不得这架钢琴，而是舍不得一位外国老科学家的那份深厚情谊。

为了能多挣点钱，裴文中又东挪西借，凑了八块银洋，买了一辆旧自行车，白天去师大教书，晚上与人合伙出去为一些商家老板接电话、送药、打听消息、运送货物，即使寒冬腊月，也常常忙到晚上十一二点才能回家。

后来裴文中才知道，在此期间，贼心不死的日本人，并未放弃对"北京人"的追寻。对此，裴文中回忆说，就在1942年8月的一天，有人告诉我说，有一个日本地质学家要找我谈话。当我如约来到北京饭店时，那个日本地质学家显得彬彬有礼的样子，几句闲谈之后，便对我说道："日本东京帝国大学的长谷部言人教授不日要来北平，准备成立一个'周口店调查所'，在周口店继续发掘'北京人'，准备请你一起参加。"裴文中听罢只点了点头，没有做出半句回答。

几天之后，高井冬二带着一名日本宪兵突然来到裴文中家，一见面，便

第六章 角逐与搜寻

对裴文中说:"我与长谷部言人教授刚刚来到北平。我们此行的目的,是准备继续在周口店开展发掘研究工作,希望你能同我们好好合作一下。"

裴文中说:"依我现在的情况,恐怕是爱莫能助,无能为力了。"

"为什么?"高井冬二问道。

"不为什么,只为我是一个中国人。"

高井冬二沉默片刻,说:"当然,裴先生,你有选择的自由。不过,周口店的事情我们大日本帝国很重视呀。明白吗?很重视呀!你们中国有句俗话说得好,好汉不吃眼前亏嘛!我想,裴先生是个聪明人,还是再考虑考虑吧!"

高井冬二在屋里来回踱了几步,见裴文中沉默不语,忽然转身问道:"裴先生,我还有一件事情要问你。"

"请便。"

"'北京人'的下落,你究竟知不知道?"

"我早就说过了,不知道。"

"真的不知道?"

"不知道就是不知道。"

"好!"

高井冬二不再追问什么,转身离开了裴文中家。

两天后,长谷部言人和高井冬二带着几个日本兵,领着裴文中(也有人说是押着裴文中)专程来到周口店龙骨山。

面对满目荒凉、一片萧条的龙骨山,回想当年周口店轰轰烈烈的发掘情景,裴文中心如刀绞,感慨万千。他知道,科学只有在善良的人的手中,才是科学。如在丑恶的人手中,只能变成罪恶。在极度的痛苦与悲愤中,裴文中对长谷部言人和高井冬二的所有提问,一概以"不知道"作答,搞得两个日本"人类学家"火冒三丈,但又无可奈何。最后,对方只得带着几个日本兵离开了周口店。

长谷部言人和高井冬二在北京活动了一个多月,其间又到周口店去过几次。但不知为什么对周口店始终没有正式发掘,也不知什么原因,再没问过裴文中"北京人"的下落。而裴氏自从被日本人弄到周口店去了一趟回来之后,对"北京人"的命运又多了一份担心、一份牵挂。他想,日本人对"北京人"如此穷追不舍,照此下去,"北京人"有一天会不会落到日本人手中呢?他一时搞不清,那两个神秘兮兮的东洋"教授"下一步到底要干什么,他们的葫芦里到底卖的是什么药呢?

贾兰坡秘密行动

1936年11月2日,贾兰坡在周口店第一地点留影(卞美年摄),随后在两个月内连续发现了三个"北京人"头盖骨

就在裴文中日夜牵挂"北京人"命运,并苦思冥想日本人企图的时候,他的同事贾兰坡也卷入其中并开始了一系列另类行动。

珍珠港事件爆发之前,随着地质调查所北平分所南迁和人员疏散,贾兰坡也不得不离开了新生代研究室,忍痛放下了对"北京人"及相关出土古脊椎动物化石的研究工作,成为一名失业人员。他正在艰难支撑的时候,收到了迁往重庆的中央地质调查所杨钟健等人的来信,令其离开北平转赴重庆中央研究所工作。贾兰坡考虑再三,决定离平南下。

此次南下,贾兰坡除要安顿好家里老小,还要自己筹集路费。更麻烦的是,为了防止日本人盘查,需要编造出很多的来往信函,以证明自己南下理由正当。为这个"正当"理由搞到一张外出北平的证件,贾兰坡必须"弄虚作假",这对祖辈奉行老老实实做人、"实事求是"的贾兰坡而言,一时难以转弯——尽管是向敌人撒谎。

第六章 角逐与搜寻

经过一番苦思冥想，贾兰坡终于想出了一个办法，即让上海的一位朋友事先寄来一封信，假称聘他到上海一家工厂去担任副经理，专门做牙膏皮生意。当这一切手续办完后，对此次南行的路线，贾兰坡又做了精心设计：先乘平浦火车到浦口，渡江到南京，再乘火车到上海，从上海乘船到香港，由香港到越南，从越南到云南，最后再抵达重庆。

主意打定，线路在胸，可一旦真要离开工作和居住了多年的北平，贾兰坡的心情却变得异常沉重。家中的父母、妻子和儿女，得知他要离家出走时，个个脸上挂着乱离之世特有的恐慌与悲伤。但贾兰坡顾不得这些了，他恨不得一步踏入重庆，与中央地质调查所的同事会合。由于一些事情耽误，直到1941年12月6日（星期六），也就是珍珠港事件爆发的头一天，他才乘上了从北平到浦口的火车。

8日上午，贾兰坡在浦口一下火车，就觉得气氛紧张、情况不妙：站内站外有铁路警察来回穿梭，出口处的两旁还站满了军警；每个乘客不但被搜遍了全身和携带的行李物品，而且还由汉奸、伪军与日本宪兵一一盘问，发现可疑者立即拘捕，弄到一个地方关押起来。

1941年12月9日《晨报》报道

由于贾兰坡事先从北平警察局领了证件，总算通过了车站这一关。来到南京市里，与一位朋友见面，这位朋友听罢贾兰坡的打算，神情紧张严肃地说："昨天早晨日军偷袭了美军在太平洋的海军基地珍珠港，太平洋战争爆发了，从上海乘船赴香港再辗转去云南的路已被切断，你选的这条路走不通了，赶快另想办法吧！"

这个突如其来的消息，令贾兰坡大吃一惊，既然预先设想的路线被切断，又有什么路线能达到山川阻隔、战火连绵的重庆呢？贾兰坡思虑再三，最后决定，先折回北平猫

183

起来，一旦时局好转再做行动。

12月10日晚，当贾兰坡突然出现在家门口时，全家人惊喜交加。自从得知太平洋战争爆发的消息后，家里人日夜都在为他担惊受怕，虽然离家只有短短的五天，但母亲那张饱经沧桑的脸却明显消瘦了一圈。现在，贾兰坡总算又回来了，全家人围着他又说又笑，母亲喜极而泣，泪珠吧嗒吧嗒地掉落下来。

回到家的贾兰坡并未感到踏实。虽说离开北平只有五天，但在他的感觉中像是过了五年。正是这次离别，才让他从心底里感到，自己对周口店和"北京人"的牵挂已难以割舍，要离开北平又是何其痛苦艰难。为舒缓心中的压抑情绪，也为坚定书生报国的立场，第二天，贾兰坡就在家中重新展开业务书籍，欲继续之前未竟的事业。此前，有关周口店发掘的一批学术论文，贾兰坡早就想写出来，因当时以发掘实物标本为主，且杂事甚多，这一愿望难以实现。而如今，周口店发掘被迫停止，正是研究实物标本、撰写论文的时候，只是发掘的材料都在新生代研究室，要写论文就不能脱离实物，要亲手触摸实物，又必须到混乱不堪的协和医学院去上班。于是，贾兰坡在返回北平后的第四天一早，便到新生代研究室上班去了。

这时的贾兰坡，并不清楚日军已经占领了协和医学院。上班第一天，他刚刚来到东单北大街路西的娄公楼门前，就发现气氛异常：协和医学院大门口，不但原来的看门人坐在那里木然不动，脸上失去了往日的诚恳与热情，而且大门的两边，还增添了几名站得笔直、持着长枪的日本宪兵；这些荷枪实弹的日本兵对进去的人似乎管得不是那么严，但对每个从协和医学院里出来的人，则必须搜遍全身，并对所携带的东西进行严格检查。由于看门人还是老熟人，并不知道贾兰坡曾到南京走了一趟，再加上他手中持有总务长博文亲自签署的出入证，在路过大门时，贾兰坡只将出入证掏出来晃了一晃，便大模大样地走了进去。

贾兰坡刚刚走进协和医学院娄公楼108室，听到的第一个消息就是："北京人"化石失踪了！

"怎么会呢？不是早都做了安排吗？"望着议论纷纷的几个熟人，贾兰坡惊得目瞪口呆。他知道，在周口店发现的所有人类化石，包括"北京人"和山顶洞人以及一些灵长类化石，其中还有一个非常完整的猕猴头骨，全都

第六章 角逐与搜寻

保存在协和医学院西楼解剖系地下室的保险柜里,任何人都不能轻举妄动。特别是"北京人"化石,平常研究的时候,都是用仿制的模型,除非有特别用途或有要人来参观,否则是绝对不能从保险柜中取出真品的。可现在,"北京人"化石标本却下落不明,或说神秘失踪了!这究竟是怎么回事呢?

几天之后,贾兰坡又从别处得到消息,"北京人"确实失踪了。并且,除了已经装好的两箱"北京人"化石,他亲自带领技工们装载的六十七箱动物化石、三十多箱书籍,以及清华大学地质系袁复礼教授随校南迁之前,存放于新生代研究室的十多箱爬行类化石和私人文稿,都遭到日本占领者的捣毁或付之一炬。贾兰坡清楚地记得,由周口店龙骨山发掘出土并运到新生代研究室的六十七箱动物化石包括:北京人遗址的肿骨鹿、斑鹿、犀牛及其他动物;第9地点和第13地点的鹿类、水牛、犀牛及介壳化石;第14地点的鱼化石;湖北宜昌独角兽头骨的左半部;北京人遗址的裴氏转角羚羊颈骨;第3地点的介壳;安阳绿龟;山东山旺古犀前后肢骨及植物化石;山顶洞赤鹿角;山西武乡的中国肯氏兽;以及山顶洞的熊、虎、猩、兔、狼、狐等化石。这些化石都是贾兰坡和其他科学工作者多年汗水的结晶,想不到竟落入日本人之手并遭到劫难。

贾兰坡还得知,日军占领协和医学院后不久,长谷部言人、高井冬二以及日本宪兵队,到处寻找"北京人"化石标本,致使很多人都受到了牵连和拷问。除了院长胡顿、总务长博文、秘书息式白和裴文中等人外,协和医学院解剖科的马文昭教授也被抓进了日本宪兵队。到了最后,连用小车帮博文运送"北京人"化石到F楼4号保险库的工人常文学也被抓,并在日军宪兵队被打得皮开肉绽、死去活来。至于亲自参与了"北京人"化石装箱的胡承志,当然是日本人追查的重点对象,只是当日本人要抓他的时候,深知利害关系的胡氏已鞋底抹油,偷偷离开北平,躲到南京去了。兵荒马乱中,日本人一时找不到他,胡承志算是躲过了一劫。

至于贾兰坡,知情的日本人知道他确实没有参与"北京人"化石最后的转移工作,因而未将他列为重点追查对象。但日本人接管协和医学院后,还是对他进行了追查,但听说他早已"金盆洗手",离开新生代研究室,到上海做牙膏皮生意去了,也就未再深究。

然而,令贾兰坡没有想到的是,他回北平一个多星期,日方就派人来对他进行查问，主题自然是围绕"北京人"化石的下落。贾兰坡一问三不知，对方无法，只好警告性地提示"如果知道，马上报告，不得有误。否则，死啦死啦地"云云。几天后，又有背景不清的日本人和几名留分头的中国人，一道登门"拜访"，主题是让贾兰坡重新去周口店协助日本人做发掘工作，并愿为他支付相当丰厚的酬金等等。

重返周口店工作，自然是贾兰坡梦寐以求的愿望，但一听是和日本人合作，他断然拒绝。对方见状，撂下几句软中带硬的狠话，扬长而去。

这群来历不明的人走后，贾兰坡坐在椅子上琢磨了半天，越琢磨越觉得不对劲。看来，不只是"北京人"已陷入生死莫测的险恶境地，很可能整个周口店龙骨山发掘基地也将遭到不测。这样想着，一个念头忽地涌上脑际，必须设法保存协和医学院的"北京人"遗址平面图和剖面图！

自1932年至1937年，贾兰坡等人在周口店发掘时，对"北京人"遗址、山顶洞遗址和第15地点，全部用"打格分方"的办法发掘。也就是说，在每一水平层的每个"方格"内发现的标本，都编有相同的号码和发现日期。每隔一定的距离，在南北和东西处还绘制了多幅剖面图。因此，只要一看标本上的号码，查一下平面图和剖面图，便可知道这件标本出自哪一层、哪一方。

发掘中所绘制的各种图样，已全部装订成册，并一直保存在贾兰坡手中，贾氏奉命南下时，无法在日寇、汉奸遍布的眼皮底下带走这些珍贵图纸，只好将其存放在协和医学院原来办公的地方。想不到只有几天工夫，北平已是天翻地覆，日本人占领了协和医学院，并在搜寻"北京人"化石中费尽心机。可以想象的是，无论日本人是找到，还是找不到"北京人"化石，都极有可能转过头来打这些图纸的主意。而这些与"北京人"密切相关的图纸，一旦落到日本人手中，要么成为战利品被封存，要么被当作学术资料研究、利用，或者是在战争中遗失，甚至遭到毁灭。无论属于哪一种情况，中国人都难以见到了。因每张平面图和剖面图上都详细记有每件标本的出土位置，无论是图纸被劫还是被毁坏，周口店出土化石标本都会因此失去层位的依据而造成混乱，发掘的标本也就无从查对了，由此将给周口店的发掘，特别是未来的事业造成不可估量的损失。

为了不让这份珍贵的历史文明遗产毁于日本人之手，贾兰坡决定干一件

第六章 角逐与搜寻

冒险的事情,把"北京人"遗址的所有图纸,从日本人控制下的协和医学院"偷"回来。

然而,要从日本人的眼皮下和黑洞洞的枪口下"偷"出图纸,谈何容易!于是,贾兰坡左思右想,终于想出了一个办法,即把原图纸偷偷复制一份,然后再想法拿出去。

但原图纸的比例为1∶100,如果在办公室里对图纸原封不动地进行复制,一是很容易被人发现,二是即便复制成功,由于原图纸的目标太大,带出去时也肯定会被日本兵搜查出来。而一旦被搜查出来,不仅图纸保不住,恐怕连自己的脑袋也难保了。怎么办?

经过反复思考,贾兰坡又想出一个可行的办法,即把原来图纸1∶100的比例缩小为1∶200,先画成草图,带回家后再详细描绘出来。

方案既定,贾兰坡开始了行动。

为了携带方便,防止出门时被日本兵搜查出来,贾兰坡在办公室画草图时,使用的是一种又细又软的薄纸。由于这些"北京人"遗址图纸原来多半都是贾兰坡自己亲手测绘的,因而画起来可谓轻车熟路。到了下班的时候,他再将这些草图藏在身上,或者干脆就放在衣服兜里,日本哨兵检查时,他就大大方方地掏出来晃一晃,日本兵以为是"手纸",便照例放行。

回到家后,一吃过晚饭,贾兰坡便将这些"手纸"一一平展开来,再仔细地描绘在另一张纸上。

当天的草图,必须当晚绘完,次日再去"上班",再去"作案",再去冒险。

就这样,一天绘一张或者两张,一下就干了两个月。

在当"小偷"的两个月里,贾兰坡每天早起晚睡,担惊受怕,几乎每晚都要干到一两点,甚至有时还要干通宵,身心交瘁,疲惫不堪。不过,尽管"小偷"的日子度日如年,所幸的是,他最后终于还是将原来所有的"北京人"遗址图纸全部复制完毕,并将它们一一装订成册。

在偷偷绘制图纸的同时,贾兰坡还偷偷干了一件同样很漂亮的事情:加印发掘周口店出土物品的照片。

年轻时的贾兰坡就喜欢照相,后来因工作需要,这门技术大有长进。当年外国科学家在周口店视察或工作时,不少照片都是他拍摄的。而有关周

187

口店发掘过程中的不少照片,绝大部分也是出自他手。这些保存在协和医学院的照片和那些手绘图纸一样,在周口店发掘史上同样具有珍贵的学术价值。为了将这批珍贵的照片资料保存下来,贾兰坡每天偷偷从办公室的柜子里取出几张底片,用纸包好,再想法混出大门,来到位于王府井大街的五兴照相馆,将照片洗印出来,而后再将底片悄悄放回原处。一个多月下来,基本把保存的珍贵照片翻印出来,并装订成册保存于家中一个隐蔽的地方。

历史让人们看到的是,贾兰坡这一大胆的"盗图"与"盗相"之举,为周口店遗址和"北京人"等出土化石留下了历史性的见证。所保存的图纸和照相资料,成为研究周口店和"北京人"等化石标本不可或缺的重要资料。特别是那本经过精心复制而成的平面和剖面图册,比原图的记录还要完整。后来,这部图册用照相技术拍摄下来,洗印几本,一直为同行所沿用。

随着形势的发展,贾兰坡当初的预感,以及铤而走险

原协和医学院图书馆(作者摄)

第六章 角逐与搜寻

"盗图"的必要性和重要性,很快得到了验证。就在图纸和照片悄悄复制和翻印完毕后不久,日军便采取了行动,将原来保存在北京协和医学院B楼解剖科魏敦瑞研究室有关周口店的所有文件资料,以及保存在娄公楼106室和108室的所有文件、图表和一部分标本,统统劫掠运回了日本。

更加令人痛心和不可思议的是,一队日本宪兵住进协和医学院娄公楼后,因急于用房,竟然把存在协和医学院娄公楼的古生物书籍和枯骨化石装入一辆载重汽车,拉到东城根下(东总布胡同东口、小丁香胡同东口往北十数步),全部焚毁。当地市民听说日本宪兵在焚烧协和医学院的藏书,纷纷前往围观,见书籍正在熊熊燃烧,便将一部分书籍从火中抢出,而后转手卖给街头收破烂的商贩。至于从载重汽车上倒下的一大批古脊椎动物骨骼化石,市民自感不能售卖,弃之不顾,凶悍的日本兵用军靴一阵乱踏猛踩,大多化成碎块。少量幸存者,散落满地,又被疾驶而过的车轮碾碎。当时有一位叫韩德山的协和医学院食物化学系职员,下班路过此处,在目睹了日本宪兵罪恶一幕的同时,趁施暴者未加注意,偷偷捡了四块骨骼化石带回家中。1950年年底,已在西安定居的韩德山将这四块骨骼化石寄到北京中国科学院并说明来历。经古脊椎动物学家杨钟健鉴定,一块是水牛的距骨,三块是鹿的距骨,四块骨骼化石均出自周口店"北京人"发掘地点。

顺便提及的是,当年中国地质调查所北平分所的负责人杨钟健南下之前,曾将一个小箱子交给贾兰坡,并叮嘱道:"这里有一件毛泽东由长沙写给我的信,很重要,千万别让人看见,更不能落到日军手里。此外,还有我花费多年心血写成的手稿,也万万不能丢失。"

杨钟健走后,贾兰坡不知将这个小箱子藏到哪里是好,最后,他找来了老实可靠的老技工陈德清,两人找来梯子,爬到办公室楼顶的天花板上,打开天花板的一块维修孔,用绳子将箱子拽上去,藏在了天花板内。后来日本兵占据了协和医学院并搜遍了每一个角落,但这只箱子却因秘藏有术,躲过了一劫。

抗战胜利后,杨钟健返回北平,向贾兰坡问及那只箱子,贾将他带到协和医学院,从天花板内取了出来,杨深为震惊,打开一看,所藏物品安然无恙,当年毛泽东写给他的信同样完好无损。借此机会,贾兰坡看到了信的内容:

钟健先生：

　　前几天接到通告，知先生当选执行部主任。今日又接来示，嘱补填入会愿书，今已照填并粘附小照奉上。惟介绍人系王君光祈为我邀集五人，我现在只能记得三人，余二人要问王君才能知道。以后赐示，请寄长沙潮宗街文化书社为荷！

弟　泽东
廿九

　　当时的毛泽东与北京大学地质系学生杨钟健皆参加了李大钊组织的少年中国学会，这是在五四时期青年社团中，会员最多、历史最长、影响最为深远的一个民间学会。时毛泽东由北京回到长沙组织革命运动，杨仍在北大读书并被选为少年中国学会的执行部主任。毛的来信主要为入会登记一事，内容不多，但足以见出二人的关系和共同的理想志向。贾兰坡凭借自己的聪明才智，在冒险保全了杨钟健手稿的同时，也保全了一份珍贵的革命文献。许多年后，这封书信作为一道红色的历史印记，对"文革"中遭受批斗并打成"黑帮分子"和"反动学术权威"的杨钟健，起了极其关键的保护作用。否则，作为1948年由蒋介石掌控的国民政府评选的中央研究院首届院士，杨钟健性命堪忧，说不定在哪一场批斗会上就进入阎王殿，倏忽登上鬼录——这已是题外话了。

　　且说贾兰坡为"北京人"遗址的图纸和照相等资料费尽心机保护之后，刚刚松了一口气，日本人对"北京人"的追查和搜寻又开始了新一轮行动，其紧迫、疯狂的程度，远远超过了贾兰坡的想象。

"野山之狐"平津探穴

　　自太平洋战争爆发的时间算起，日本派出的长谷部言人和高井冬二等日本"学者"，在军方的密切配合下，虽绞尽了脑汁，费尽无数心力，但"北

第六章 角逐与搜寻

京人"化石依然下落不明。到了1942年下半年，踌躇满志的长谷部言人才感到失望，在极度的沮丧和懊恼中，他不得不从北平返回东京，并上书日本文部省，将自己在北平搜寻"北京人"化石的经过做了汇报。其中报告主页如下：

文部省：

　　存放于协和医学院密室中的"北京人"化石头骨已被转移，目前只存有石器时代的工具和一些科学价值不大的动物骨骼化石标本。经初步调查，是美国人转移了"北京人"化石，因为他们已预料到日本皇军将占领北京协和医学院。如果我们的调查和估计无误，"北京人"化石应该还在中国的某一个地方匿藏着。目前，我们正在加紧搜查之中，只要尚有一线希望，我们绝不放弃最后努力！同时，我们请求天皇命令华北驻屯军继续负责搜查"北京人"。

长谷部言人　呈上
昭和十七年十月十四日

详细经过与分析图表见附件。

　　日本文部省接到这份报告后，顿觉事关重大，当即便将此报告速送日本裕仁天皇阅示。
　　按照美国作家戴维·贝尔加米尼所著《日本天皇的阴谋》（*Japan's Imperial Conspiracy*）中的说法，裕仁天皇是"一个令人恐惧的战争首领。他不知疲倦，有奉献精神，细心、精明而有耐性。他继承了祖父未竟的事业，要将白人赶出亚洲"，但也有人说他是"一个文化生物家"，把对帝国的管理职责留给大臣和海军司令，而将全部精力贡献给蘑菇和小虫子似的海洋生物。不管外界对裕仁天皇做何评价，至少有一点是可以肯定的，那就是他对古物，尤其是对中国的古董字画和各种文物总是格外欣赏，厚爱有加。因此，当他看完文部省送来的关于"北京人"化石的报告后，做了如下批示：

　　令北支派遣军总司令部负责追查"北京人"。待查实后，从速运往日本

191

帝国。

日本文部省速将天皇指令交于日本大本营陆军司令部，再由陆军司令部向北支派遣军司令部转达。

此后，日本文部省决定改派长谷部言人再度到中国继续从事周口店古人类化石的"发掘"与"研究"，其苦苦经营却最终没有完成的搜寻"北京人"的"宏大事业"，则将由日本"北支总部"一名著名侦探来接替完成。

这个著名侦探，叫锭者繁晴。

锭者繁晴具有典型的日本人形象，小个子，平头短发，留着一撮日本武士惯有的小胡子，说得一口流利的英语，看上去既精明又老练，全身透着一股阴冷的杀气。给人留下的印象，就像在山间的夜晚突然撞见了一只饥饿的野狐。因此，在日本同行的圈子里，锭者繁晴享有"野山之狐"的称谓。

1942年年底或1943年年初的一个夜晚，受领任务的锭者繁晴从满洲里起程，悄无声息地潜入古都北平。几天后，他来到裴文中家。时裴文中外出未归，锭者繁晴留下了一张名片，并叮嘱裴夫人，让裴文中明天不要出门，自己有很要紧的事情前来交谈云云。言毕，颇有礼貌地告辞而出。

裴文中回家后，夫人拿着锭者繁晴留下的名片说明了一切。

第二天一早，锭者繁晴果然又来到了裴文中家。几句寒暄后，他便直截了当地说："我是'北支总部'的侦探，奉军部最高命令，为找'北京人'化石而来，希望能得到裴先生的鼎力相助。"

因裴文中此前已见识过多次类似的场合，对锭者繁晴的介绍与要求似已感到平

日本侦探锭者繁晴

第六章 角逐与搜寻

常,遂不卑不亢地回答道:"很遗憾,我感到自己无能为力。"

"我已经知道保险柜中的'北京人'真的已经被人偷走了,剩下的只是一些破碎的模型,同时我还知道盗窃者就是美国人。现在,我非常希望裴先生能告诉我'北京人'丢失的一些具体情况。"锭者繁晴的言谈举止显得颇为得体,所有的询问都干脆利索,毫无拖泥带水之感。

"我的办公室在西城兵马司胡同9号,协和医学院在东城,两者离得远,当时具体发生了什么事,我并不知道。"裴文中答。

"负责装有'北京人'保险柜的人是谁?"对方问。

"我只知道是美国人,到底具体是谁负责,我也不太清楚。"裴文中答。

"'北京人'标本到底存放在什么地方?"对方问。

"协和医学院娄公楼的地下室。"裴文中答。

"你最后看见'北京人'是什么时候?"

"大约是日美开战的前一个月,我因为要找一块头骨来研究,进过保存'北京人'的地下室。"裴文中答。

锭者繁晴听罢,轻轻点了点头,站起身来,眼睛盯着裴文中,继续说道:"我知道你是热衷于做学问的人,不是政客。只要你肯配合,我们是不会伤害你的。为尽快弄清'北京人'的下落,从现在起,你不能出门,至少两个礼拜内不能出门,要随时等我找你谈话!"言毕,告辞而去。

锭者繁晴确是一名精干、狡诈的老手,从裴文中家出来之后,仅用了三天时间,就把协和医学院内所有与"北京人"有关和可能有关的人,全部审讯了一遍,其中包括用小推车帮助博文把装有"北京人"化石的箱子送进保险库的勤杂人员常文学。

只是,这一切的努力并未取得突破性进展。考虑再三,锭者繁晴决定把突破口放在博文身上。

博文,这个昔日风度翩翩的美国学者,在日本人长达一年的拘禁中,已经明显地憔悴和消沉了。此次,锭者繁晴再度把博文弄到日军一座兵营的房子里,不分白天夜晚,一次又一次地审问。据说,开始的时候,博文只把"北京人"怎样装箱,装箱后怎样押送到地下保密室,而后又怎样交到美国公使馆等详情一一讲了出来。至于"北京人"后来到了哪里,最后落到了谁

193

的手上，去向如何，他一概不知。

　　锭者繁晴认为博文是有意撒谎，是敬酒不吃吃罚酒的表现，遂开始动刑。这名具有丰富刑讯逼供经验的侦探，开始用种种毒辣手段摧残博文的身体，用种种卑鄙的伎俩污辱他的人格。诸如让博文趴在地上学狗叫，或强逼其弯腰弓背，学狗的样子用四肢围着屋子爬行，等等。前些时候已被另一伙搜寻"北京人"的日本人折磨得神经兮兮的博文，经锭者繁晴又一番折磨，精神彻底崩溃，很快成了一个胡言乱语、哇哇乱叫，并时常吃自己大便的疯子。

　　锭者繁晴一看这种情形，找来军医对博文做了鉴定，证明其精神确实失常后，便窝着一腔怒火，朝着趴在地上哼哼唧唧的博文猛踹两脚，一挥手，由几名士兵像拖死狗一样把博文拖出屋子，押回原来的监禁地。

　　接下来，锭者繁晴在综合分析了所有的调查情况后，又将追查的目标重点放在了美国海军陆战队上。

　　对美国驻华北海军陆战队来说，自1941年12月8日那场灾难从天而降后，境况越来越坏，越来越令人感到绝望。太平洋战争爆发不到一个星期，英国最新型的、最强大的战舰"勇猛号"和"威尔士亲王号"相继被日军炸沉，美国太平洋舰队眼望它在太平洋滚滚燃烧却无力参战。而菲律宾群岛、马来群岛、泰国也先后受到强大日本陆海空军的攻击，紧接着，新加坡沦陷了，中国香港沦陷了……日本陆海军以迅雷不及掩耳之势猛扑过来，整个东南亚犹如山崩地裂，英美军队到处都在溃退、溃退。

　　太平洋海岸的战争消息，使这支远在几千里之外的美军不寒而栗，而自身的遭遇更令人生出无限的伤感与恐惧。这些驻平、津、秦皇岛的美国海军官兵，第一次亲身体验到了在敌人占领的国度里，作为俘虏的滋味。他们白天的一切事务自然被取消了，夜生活也不可能存在，限制上街，限制串门，限制彼此窃窃私语，限制交头接耳，甚至限制四处张望等一切正常活动。只要日本士兵走过来，他们就得立即鞠躬，稍有怠慢，便是一记耳光，而且打得还特别响亮。

　　锭者繁晴首先找到了已被监禁的华北美国海军司令官艾休尔斯特上校。这时的上校司令官早已失去了往日傲慢的神气，尽管依然身着军服并佩有日本人特许的长剑，然而那长长的佩剑如同乞丐的木棍斜挂腰间，让人见了顿生可怜和滑稽之感。事到如今,"高等"的白人终于向日本人屈服,艾休尔斯特上校也低下了那"高贵"的头颅。

锭者繁晴审问的结果,有些出乎意料。艾休尔斯特上校坦言:他确实曾经接到过美国公使馆的指示,让他指挥的海军陆战队负责转移"北京人"化石。但他并没有具体承办这项任务,因为当时还有许多更紧迫的事情等着他去做。至于"北京人"到底是什么模样,是三根骨头还是五根肋骨,是装在白色木箱里还是装在红色皮箱里,是一个箱子还是两个箱子,他从未见过,因而一概不知。至于派去拉箱子的人究竟是在什么地方拉的箱子,是拉了还是没拉,他同样无可奉告。

锭者繁晴只好暂时放弃了艾休尔斯特上校,又根据新的线索,找到了曾经去协和医学院运送"北京人"化石的海军陆战队上士斯耐德尔和下士杰克逊。锭者繁晴认为,不出意外,这两个直接承办"北京人"化石的转运者,应该知道"北京人"的去向。

然而,当锭者繁晴见到两个"知情者"时,情形却比想象中复杂、棘手得多,同时也要尴尬得多。

斯耐德尔和杰克逊站在锭者繁晴的面前,紧绷着脸,不愿正面和他对视,因为这两个美国军人的不幸遭遇和未卜的前程,早就加深了他们对日本人的愤恨和仇视。也许缘于初生牛犊不怕虎的道理,两个年轻的士兵虽身陷囹圄,却并不把眼前的这只"老虎"放在眼里。他们开始推说什么也不知道,什么也记不起来了,后来在对方的再三逼问下才承认,他们是去北京协和医学院押车装过一批货物,但并不知道里面装的是什么东西。他们将这批货物先送到了美国公使馆,之后又遵命押往秦皇岛,然后放入了瑞士仓库。至于这批货物里面到底有没有红木箱或白木箱,木箱里装没装"北京人"化石,则毫不知晓。

"你们怎么可能不知道呢?!"锭者繁晴一听,好不容易搞到的线索有可能又将断掉,有些焦急起来。

"我们怎么可能知道呢?"两个美国士兵并不示弱。

"转运'北京人'是你们的职责!"锭者繁晴板着脸,强调说。

"士兵的职责是完成上级交给的任务,"两个美国士兵针锋相对,"而上级交代任务时并没有让我们知道箱子的颜色和形状,更没有告诉我们箱子里到底装的是什么东西；如果让我们知道了这些，岂不意味着泄露了军事机密，违犯了军事纪律？"

经过近四个小时的审问，尽管锭者繁晴对两个美国士兵软硬兼施，但最终还是不能奏效，只得匆匆收场。

锭者繁晴回到住所，把近一段时间来调查的结果细细分析了一番，美国人提供的情况，引起他高度重视，尽管那些美国佬的话表面上听起来语无伦次，毫无头绪，但有一点却是可以肯定的，这就是：既然美国海军陆战队受美国公使馆的指令而去协和医学院转移过一批货物，那么珍贵的"北京人"化石肯定就在其中。现在只要搞清"北京人"从协和医学院运出后，美国人将它藏在了什么地方，下一步找到"北京人"就大有可能。根据两个美国兵的说法，"北京人"已被他们转运到了秦皇岛瑞士仓库，假设美国士兵的话是真的，又假设"北京人"目前还没有同其他货物一起被转移至别处，那么"北京人"就应该还匿藏在秦皇岛瑞士仓库的某个地方！

经过反复推敲，锭者繁晴最后认定，可能存留"北京人"的地方只有两处：

1. 秦皇岛瑞士仓库（这个地方的可能性最大）；
2. 美国海军陆战队兵营。

锭者繁晴当即向北支派遣军司令部做了报告，得到准许后，马上带领一群士兵，首先冲向美国海军陆战队兵营。经过一阵翻箱倒柜的搜查，结果是一无所获。

看来"北京人"唯一可能存在的地点，只有秦皇岛瑞士仓库了。

锭者繁晴马不停蹄地率队向秦皇岛赶去。

日本侦探剖腹自杀

昔日井然有序的秦皇岛，此刻是老虎拉碾——乱了套。

1941年12月8日，日本军队缴获了秦皇岛霍尔库姆营地美国海军陆战队官兵的枪支后，紧接着便对美国在秦皇岛及市区的所有物资全部进行了严密

第六章　角逐与搜寻

封锁。

　　这时的秦皇岛码头，从北平、天津等地运来的集装箱已塞满了整个货栈，偌大的瑞士仓库也早已塞得几乎放不下一只脚了，而整个码头上，耸立起了一座座由货物堆积而成的小山包——有的用白色篷布遮盖着，有的顶端搭上几块草席，有的干脆什么也没有，任凭风雪肆虐。这些货物原来是等待即将到来的"哈立逊总统号"轮船装载的，但从太平洋上过来的"哈立逊总统号"轮船未能靠岸，就已被日军截获，因而码头上的货物便成了一堆堆既无人运走也无人领回的"流浪儿"。

　　由于战局不断恶化，秦皇岛港成了日军转运战备物资的专用码头。随着一批批军火运进运出，原存放于码头和瑞士仓库的美国人的物资，有的被日军抛入大海，有的被运到大街上卖掉，有的被洗劫后变成了他人的私有财产。而这一切都是为了保证有充足的地盘，以存放战争所急需的军火。

　　锭者繁晴赶到秦皇岛港，立即将"北京人"化石的情况向驻守此地的日军司令官做了汇报，并要求派兵协助搜寻

秦皇岛霍尔库姆兵营的照片，这是美国海军陆战队在秦皇岛的基地之一，据传"北京人"化石于珍珠港事件爆发前曾运到此处，而后运至码头，候船转移至美国（美国自然历史博物馆提供）

197

"北京人"化石。

于是，整个秦皇岛港内港外，无论是大小板箱还是集装箱，统统以各种方式被打开进行仔细搜查。整个码头、仓库和货栈，铺满了被从箱子中扔出的衣服、书籍、铁器、瓷器、木器等各色物品。日本士兵穿着皮靴在上边来回走动，几乎将这些抛散的物品碾成了一摊摊碎渣和湿泥。

然而，锭者繁晴和他率领的士兵们经过三天三夜的紧急搜查，依然连一块骨头碎片也没找着。

这位著名的东洋侦探的梦想，再一次落空了！

"这不可能，一定还有什么地方没有搜查彻底！"当一个红着眼睛的日军大尉汇报搜查的最后结果时，锭者繁晴根本不顾眼前的事实，歇斯底里地咆哮道："找，给我继续找，哪怕挖地三尺，也一定要给我找到！"

"前几天有一批美军的行李从这里运到了天津，'北京人'会不会被藏在了那里面呢？"大尉想了想，随便嘀咕了一句。

"什么？你说还有一批运走的行李？！"焦虑中的锭者繁晴喜出望外，阴郁的脸上立刻绽出激动与兴奋，如同一个溺水的孩子突然抓住了大人的手臂。

"是，是的，是根据派遣军司令部的指令运走的。"

"为什么要急着运走这批东西？"

"为什么要运走？这不是我应该知道的。"

"这批运走的货物现在放在什么地方呢？"锭者繁晴的眼睛闪耀着咄咄逼人的光芒。

"大概还存放在天津瑞士总库吧。"

"真的？！"锭者繁晴几乎跳了起来。

"是真是假，你不妨亲自去看一看。"大尉不紧不慢地说。

锭者繁晴听罢，长长地吁了一口气，转身望着茫茫大海，从牙缝里挤出了十几个字："'北京人'，你休想从我的手中溜掉！"言毕，他让大尉命令手下人暂停寻找，自己悄悄地返回了北平。之所以舍天津而回北平，是因为锭者繁晴想起了一个女人，即魏敦瑞的秘书息式白。

在此之前，锭者繁晴为寻找"北京人"下落，曾先后三次找过这个协和医学院的女秘书兼保密室的保管人。这个聪明、漂亮而又性感的女人，给他留下的印象美好而又深刻。男人对漂亮而又性感的女人，总是多一份说不出的情感、说不出的温馨、说不出的缠绵。这样的女人一旦出现在面前，其诱惑力难以抵挡，无法抗拒。更何况，息式白还是他很想利用也必须利用的一枚棋子。现在，锭者繁晴悄然回北平找息式白的主要目的，并非仅是出于这个女人的诱惑，而是要让她和自己一起去天津。或许，只有这个女人亲自到场，才能辨认出"北京人"的真伪。

当锭者繁晴来到协和医学院时，已是下午时分。这时的协和医学院内，稳住阵脚的日军已经准许溃逃的中立国家人员和中国人返回，并且允许他们运走早被日本人搜查过的财物。医院里除了住有大量日军伤员，门诊也已对外开始营业，院里院外有了一些活跃的气氛。当然，一切进出人员必须经门口全副武装的日本哨兵检查后，方可被决定是否放行。

锭者繁晴见到息式白，尚未坐下，便直奔主题："息式白小姐，'北京人'最近有什么新的线索吗？"

"对不起，我对'北京人'没有兴趣。"息式白看了对方一眼，懒懒地说。

"你没兴趣，我有兴趣。"

"那是你的事情，与我无关。"

"我告诉你，'北京人'就藏在天津的瑞士总库里。"

"哼！那是你做的梦吧？"息式白讥笑道。

"为了验明'北京人'化石的真伪，请你跟我走一趟。"锭者繁晴坦率地说明了来意。

"我不去。"

"你必须跟我去！"锭者繁正色道。

息式白一看情况不妙，不免心有余悸，急忙改口问了一句："什么时候动身？"

"现在。"

"现在？我还没换衣服呢！"

"那你就慢慢收拾、打扮吧，我很有这份耐心等待你。"锭者繁晴嘴角露出一丝生硬的微笑，眼睛色眯眯地望着息式白说道。

一个小时后，锭者繁晴和息式白如同一对貌合神离的情人，踏上了开往

199

晚年的息式白在回忆往事时多次提到日本侦探锭者繁晴强迫自己到天津寻找"北京人"的经过

天津的列车。

列车喘着粗气在满目萧条的原野上爬行。锭者繁晴坐在窗前,眼望呼啸的狂风吹起的翻腾尘土,原有的兴奋和激动渐渐转变成一种恐惧和忧愁。连日来毫无收获的奔波,使他这个备受赞誉的日本帝国的第一流侦探,首次遭到了上司的不满甚至指责。对此,他感到从未有过的羞辱。他曾向上司一再保证,一定尽快查清"北京人"的下落,如果……他最终未能说出"如果找不到'北京猿人',就向天皇剖腹尽忠"这句话。但作为军人,一个自认为具有大日本帝国武士道精神的优秀军人,在有辱自己的职责和天皇赋予的神圣使命的时候,最终该做出什么样的选择,他心里是比谁都清楚的。

是的,一切就看天津之行了,要是此次天津的搜查再没有希望,那……锭者繁晴不敢再想下去,只好闭上眼睛,在火车运行的隆隆声中默默地祈祷。

据息式白晚年回忆,锭者繁晴和她来到天津兵营后,很快与这里的日军指挥官松井少佐取得联系。锭者繁晴向松井讲明此次天津之行的目的和重大意义,对方表现出极大的热情和忠诚,说:"为了拯救这人类伟大的财富,我愿协助做一切事情。"

翌日一早,锭者繁晴率领八名日本士兵赶赴天津瑞士装卸公司,与公司经理罗契克拉经过一番交涉后,终于得到了进库搜查的许可。但对方要求说,在搜查时不得打乱仓库的正常作业,如果出现损失,应由搜查者负责赔偿。显然,天津的瑞士装卸公司不同于秦皇岛码头的货栈，可以任由日本人摆布。尽管第二次世界大战已经爆发，但作为中立国的瑞士政府，在表面上与日本帝国还是井水不犯河水的。但对锭者繁晴来说，不管该公司提出什么条件，只要能够进库搜查就行。况且天津也在日本人控制之中，即使搜查中有什么差错，一个小小的瑞士公司也不敢对他有过分之举。

在公司监工的带领下，锭者繁晴、息式白和八个日本兵一同进入院中一座最大的仓库里。只见仓库的地板上堆积着各式各样、大小不一的大皮箱、小皮箱、内务箱和包装箱，从标明的地址和文字可以看出，这些货物的主人来自十几个国家，其中以美国居多。而其中一部分货物，正是锭者繁晴要搜查的美国海军陆战队官兵的行李。

"息式白小姐，你看这些行李箱中，哪两件可能装有'北京人'化石？"锭者繁晴指着一堆皮箱与木箱说。

息式白围着这堆行李箱转了两圈，并未说话。行李箱太多，积压严重，几乎无法辨别。但为了对方的面子和表示自己愿意尽心合作的态度，她指了指几个行李箱，示意搬下来打开查查看。

几个日本兵钻进货堆，一一向外扯拽，由于这些箱子都压在其他行李的底部，要扯出来并不是一件很容易的事情。

经过一番折腾，一个个沉重的箱子还是被日本兵极其小心地抬到了仓库的走廊上，接着在监工的监视下，锭者繁晴带领士兵用钳子和螺丝刀打开了箱盖——对锭者繁晴这样一名著名的侦探来说，如何打开箱子而又不露明显的痕迹，简直如同呼吸一样容易。

然而，当所有被怀疑的箱子——打开后，除了露出一堆堆衣服、鞋子、书籍、儿童玩具以及美国士兵们的一封封情书外，并未发现"北京人"的一根毫毛。

锭者繁晴的脸上露出一丝紧张与失望，而息式白望着一个个箱子，禁不住伤感万分，泪流满面。眼前的日本人不会知道，息式白深深爱恋着的男友，正是被日军当作战俘看押起来的一名美国海军陆战队队员。

也许是眼前的事实激怒了锭者繁晴，他不打算再听从息式白的胡言乱语了。他感到这个漂亮的小姐对他总是敬而远之，并无诚意可言，既然如此，还指望她什么呢？于是他下令，让士兵们把美国人的箱子挨个打开，逐一搜查，直到最后一个为止。

八个身强力壮的日本士兵赤膊上阵，挥汗如雨，几十个箱子打开、封死，再打开、再封死，直至最后一个。然而，展现在锭者繁晴面前的，依然是衣服、书籍、儿童玩具等乱七八糟的东西，而"北京人"最终还是千呼万唤不出来。

锭者繁晴长叹一声，极度失望地蹲在了地上。

或许是仓库的沉闷，或许是由于锭者繁晴内心的悲切与恐惧，尽管外面飘落着零星的雪花，但他的额头还是沁出了点点汗珠。

锭者繁晴站起身，似乎缓过了一口气，他望望满仓库的物资，又望望眼前的息式白，仍不死心地说："息式白小姐，你说，从秦皇岛运来的美国人的东西，有没有可能混入了其他的货堆之中？"

"也许吧。"息式白毫无表情地说。

"这样，明天我再多找些人，将这个仓库中所有的行李箱全部搜查一遍。"

"随你的便，但愿您能交上好运。"

随后的两天，几十名日本士兵在锭者繁晴的指挥下，又对天津瑞士装卸公司总库的所有行李箱、集装箱，进行了无一遗漏的开盖搜查。令他大为失望的是，"北京人"的影子仍未出现。锭者繁晴孤注一掷，又下令将仓库每一个角落认认真真、仔仔细细搜查了一遍。但，还是没有结果。

锭者繁晴绝望了。

在返回北平的列车上，锭者繁晴坐在息式白小姐的对面，心情沮丧，一言不发，只顾埋头一根接一根地抽烟，浓重的烟雾掩遮着他那张蜡黄的脸，息式白觉得眼前坐着的这个著名侦探，似乎不是一个有血有肉的人，而是一尊被人供奉已久的泥像。这个大日本帝国一流的侦探，终于在"北京人"事件上黔驴技穷，陷入了从未有过的失败的痛苦之中。

"锭者先生，"息式白被对方艰难的处境和绝望的神情所感染，动了恻隐之心，遂以一个女人的善良和同情说道，"锭者先生，不要难过了，我看还是想想别的办法吧。"

锭者繁晴蓦地抬起头来，怔怔地望着息式白，声音低沉而哀婉："谢谢你，息式白小姐。"他把烟在车窗上按灭，吐出了一口浓重的烟雾，然后面对息式白继续说道："息式白小姐，你认为'北京人'有可能会在什么地方？我想听听你的……哪怕是揣测，甚至……胡思乱想也无妨。"

"这个，你早就知道，包装好的'北京人'化石被美国海军陆战队从协和医学院拉走后，或者说'北京人'化石从我保管的实验室被取走之后，我就再也不知道它的下落了……"

锭者繁晴摇了摇头，打断了对方无聊的套话，说："息式白小姐，你还是谈谈这'北京人'可能在什么地方吧。"

息式白低头沉思片刻道："如果我没猜错的话，那装化石的箱子不是在美国公使馆，就是在美国海军陆战队兵营，再不就是在秦皇岛码头的某个仓库里。"

锭者繁晴听罢，竟一下子微笑了起来，他的脸色比刚才好看了一点，轻轻说道："息式白小姐，你的推断十分正确，我也曾这么想过。不过，据我调查，'北京人'既不在美国公使馆，也不在美国海军陆战队兵营和秦皇岛。因为这三个地方我都做了详细、彻底的调查和搜寻。"锭者繁晴望了一下息式白那性感的嘴唇和迷人的眼睛，继续说："假如那两个装有'北京人'的木箱就在秦皇岛，并在我去之前已被日本皇军发现，他们是一定会转告我的，或者早就报告了

前门火车站

北支派遣军司令部。但是，在我去之前和去之后，我们没有得到一点消息。"

"会不会在秦皇岛港口被日军士兵用皮靴踩碎了？或者被他们随手抛进了大海？"息式白似在配合对方展开想象。

"说，继续说。"对方鼓励道。

"我是说，"息式白补充道，"假如日本士兵发现并且打开了装有'北京人'化石的木箱，而他们缺乏古人类学这方面的常识，所以把这些宝贵的东西当成了无用的垃圾，然后……"

"息式白小姐，请你闭上你的嘴巴，不要对我们大日本皇军如此污辱，我相信我们大日本皇军是绝对不会干这种傻事的！"锭者繁晴面带怒容，显然是被息式白的话激怒了。

谈话显然无法再继续进行下去了，明显心烦意乱的锭者繁晴不再说话，又大口大口地抽起了香烟，息式白眼睛盯着窗外，一言不发。

列车拉着长笛驶进了北平前门车站。

锭者繁晴和息式白刚走出站口，便看到广场上挤满了被俘的美国海军陆战队官兵，而四周则是日军荷枪站立，正押送着美军向站内拥去。息式白没敢在此久留，尽管她很想弄清这群美国兵的去向，但出于安全考虑，她与锭者繁晴分手

被俘后的美国驻华海军陆战队队员被日军送往战俘营

第六章 角逐与搜寻

后,便找了一辆人力车,匆匆回到了协和医学院的住处。

第二天,《晨报》报道了一则消息,题目是《驻京美海军陆战队转往上海江湾战俘营,昨日已从北京前门车站登车起程》。在这条醒目的标题下,还配有大幅照片,显示出在日军的逼迫下,美国海军陆战队登车的情景。息式白这才搞清楚昨天在车站见到的美国海军陆战队的去向。

就在息式白在自己的居处阅读《晨报》并替美国海军陆战队的命运担忧,准确地说是替她深深爱恋着的那个海军陆战队队员的命运担忧的时候,在西城一座华丽的别墅里,号称大日本帝国的著名侦探锭者繁晴,正在悄无声息地一步步朝着死神走去。

锭者繁晴回到住处后,既不忙着洗手吃饭,也不像以前那样马上忙着向他的上司汇报,而是端端正正地坐于桌前,慢慢静下心来,开始写一份关于寻找"北京人"经过的备忘录。

这个计划在他从天津返回北平的列车上就已想好了。从东京来北平之前,他没有想到"北京人"的搜寻会如此艰难——其实,到目前为止,他也并不认为这件事算得上多么艰难,只是战争所造成的特殊环境,使这件事情变得复杂和棘手,而结果是如此地令人失望透顶。而他不得不承认,在整个搜查过程中,自己的确是没有保持住一个大侦探遇事不惊的风度,不得不像一只晕了头的苍蝇一样毫无目标地傻撞乱飞,以致如此快速地败下阵来。而这有辱大日本帝国和天皇本人赋予的重大使命的失败,对他来说意味着生命的终结。唯有一死,方能洗清他所犯下的罪过。

于是,锭者繁晴将在一夜之间断断续续写成的备忘录密封好,交给一位侍从,命他务必亲自转交给北支派遣军司令部。随后,在阳光的初照中,他脱下自己身上那套精工做成的毛料军装,换上一件黑色礼服,跪在一个低矮的漆桌旁,面对墙上洁白明亮的镜子,在胸前慢慢画了一个十字,嘴里说了几句只有他自己才能听懂的话,便抓过一把日本武士军刀,慢慢对准了自己的腹部,猛地刺了下去……

正当他躺倒在血泊中等待生命结束时,意想不到的是,前来拥抱他的,并不是死神,而是他的侍从。

这个侍从当即将昏迷中的锭者繁晴送进了医院。他的性命终于保住了,但侦探生涯却从此结束了。

不久，锭者繁晴被送回了日本。他很快便被关押了起来，直到第二次世界大战结束，才恢复自由。

1945年8月15日，日本宣布无条件投降，在盟军缴获的日军情报资料中，有人发现了锭者繁晴死前书写的那份关于搜寻"北京人"的备忘录，从而引起圈内人士的极大兴趣。至于他在这份鲜为人知的密文中到底对"北京人"的下落记下了什么，埋下了什么谜底，始终无人知晓。

当然，对锭者繁晴的天津之行，也有传闻说，他找到了"北京人"并做了转移。而对他自杀未遂一事，则另有说法：因有人想从他的手上得到"北京人"，所以他不是自杀，而是被迫自杀。

于是，关于"北京人"下落的问题，再度引起了新一轮世界性关注。

注释：

①英制中的长度单位。1英寸=2.54厘米。——编者注

第七章
全球寻找『北京人』

寻找祖先

●传闻随战争脚步行进

"北京人"的突然神秘失踪,如同当年突然被发现一样,再度震惊了世界,无数关心"北京人"的科学家纷纷致电、致信协和医学院的领导以及翁文灏、裴文中等,询问"北京人"丢失的原因、经过和近况。然而,战火纷飞,整个世界局势已混乱不堪,"北京人"事件扑朔迷离,没有人能说得清楚。

就在"北京人"刚丢失不久,魏敦瑞忠诚的女秘书息式白便给远在美国自然历史博物馆的魏敦瑞寄去了一封只有一句话的奇特信函:

拉利失踪,迄今下落不明,经各有关方面大力搜寻,仍无结果。

信中的"拉利",指的是什么呢?魏敦瑞一时还弄不明白。

太平洋战争爆发后,日军在华建立了一种只能写二十五个字的所谓"红十字信函"制度。这种制度允许在日本占领国土上的人,与在战俘营中或在"敌对"国家中的亲友通信,但来往的信函必须经过日军严格检查方可投递。息式白发往美国的信函当然也不例外。为了能把"北京人"失踪的消息

荷兰人类学家、"爪哇人"的遗存发现者杜布瓦(左二)八十寿辰和同行友好合影,左一是魏敦瑞

尽快传递给魏敦瑞，息式白在信中故意用"拉利"来替代"北京人"。因为她知道，日本人是看不懂"拉利"意思的，而只有远在大洋彼岸的魏敦瑞能心有灵犀一点通。

据魏敦瑞的同事——美国著名古人类学家、美国自然历史博物馆古人类学部主任夏皮罗后来回忆，魏氏接到息式白的来信，疑惑地端详了半天，不知其意，后来灵光一闪，好像通电的灯泡一样，"唰"的一下明亮起来。他知道，曾倾注了自己心血和情感的珍贵的"北京人"化石丢失了。接下来，他看到魏敦瑞双手不停地颤抖，眼睛直勾勾地望着东方，持续了十几分钟。尽管魏敦瑞平时极具学者风度，是个自制力很强、喜怒哀乐不形于色的人，但这次却一反常态，大失风度。他独自走到窗前，望着外面的蒙蒙细雨，悲伤地流下了热泪。

几天之后，魏敦瑞才渐渐冷静下来。

冷静下来的魏敦瑞立即向美国洛克菲勒基金会总部打探"北京人"的下落，而此时的洛克菲勒基金会总部也正为"北京人"丢失而大为恼火，他们一边致电指责美国公使馆和协和医学院胡顿等人渎职，一边通过各种渠道探寻"北京人"的消息。

然而，这时的北平已不再是美国人的天下，洛克菲勒基金会总部所得到的消息总是一些道听途说和互相矛盾的八卦式传闻。如一份电文称，装有"北京人"化石的箱子在日军占领秦皇岛兵营之前就已装上火车，向天津转移了，后来火车在中途

1941年12月10日《晨报》对"哈立逊总统号"轮船的报道

被日军扣押，所有物件都经日军搜索后扔掉了，"北京人"当然也在劫难逃。另有一份电文称，"北京人"化石已安全装上了"哈立逊总统号"轮船，正向美国方面开来，大约一个星期之后便可抵达美国。而另一则电文又称，"哈立逊总统号"轮船被日军截获并租用后，不幸被美国军舰击沉，因而"北京人"化石很可能已同"哈立逊总统号"轮船一同葬身海底……

魏敦瑞虽然被这些眼花缭乱的消息搞得晕头转向，但作为一名杰出的古人类学家，他深知"北京人"对人类演变的历史具有的重大研究价值和深远意义，因而为了能尽快寻找到这一稀世珍宝，他下定决心，以一个科学家的名义，给美国政府写信，请求帮助寻找"北京人"，并希望政府利用各种场合谴责毁掉"北京人"的凶手——日本人。

出乎魏敦瑞意料的是，此时的美国政府早已陷入战争的泥潭而不能自拔，他写去的信如同泥牛入海，久久不见回音。魏氏每日焦虑不安，夜夜难眠，仍痴迷地苦苦等待，哪怕有一点点有关"北京人"的小道消息，也能引起他极大的兴趣。

而远在大洋那边北平、天津及秦皇岛等地的人们，对"北京人"丢失一事，也是众说纷纭，莫衷一是。有的说日本人把所有从火车上卸下来的箱子，统统装上一艘轮船，准备送到开往日本横滨的一艘货轮上去，但恰在这时，轮船被美国飞机扔下的炸弹炸毁，于是"北京人"沉入了距离秦皇岛不远的海底。有的说日本人根本就没有把"北京人"装上船，而早在劫持火车之后，连同其他美军货物一同扔掉或被当作"龙骨"卖给了当地的中国商人。有的则说装有"北京人"化石的箱子已经到了天津美国海军陆战队的兵营，但还未来得及装船，日军就突然占领了天津，于是在一片战乱中，"北京人"不翼而飞，去向不明。有的传说更是哗众取宠、神乎其神，说日本人扔掉"北京人"化石后，被苏联一名神秘的女郎认出，而后携带着"北京人"火速逃往了西伯利亚秘藏起来……

尽管说法多种多样，且大多数是没有具体影像的猜测，但有一点似是一致的，即矛头所向，几乎全是挑起这场战争的日本人。

正当世界各地，尤其是北平和天津学术、文化、教育界人士，以及百姓纷纷议论"北京人"，并将"北京人"的丢失和日本人紧密联系在一起时，英文版的《北平时事日报》突然爆出了这样一条热门新闻：

保存在北平协和医学院的"北京人"头骨被窃
有名的"北京人"被模型所调换
一个美国职员被怀疑为主要盗窃者

中华同盟社消息：约在五十万年前居住在北平附近的人类祖先——著名的中国猿人的头骨发现被窃，在它原来的地方被运出而替换了一个模型。

这个惊奇的事情是被两名日本学者——东京帝国大学地质系的教授长谷部言人和该系的助教高井冬二先生所发现。他们在1942年8月19日到达北京，在周口店开始他们的研究工作。

当这两名学者去参观保存在北京协和医学院的极为珍贵的原始人类化石时，他们惊奇地发现"北京人"头骨已被模型所调换。该学校里的一位美国职员被怀疑曾在"大东亚战争"爆发时取走了真正的头骨，因为他预料到日本将武力占领学校。

偷盗发生在两年以前吗？

长谷部言人博士指出，若干石器时代的工具和一些属于石器时代到铜器时代过渡时期的人类骨骼的真实标本却都留下了。从另一方面获悉，有一个日本医学院的毕业生松桥在某次为研究人类学问题去参观北京协和医学院时，曾经亲眼看见中国猿

长谷部言人搜寻"北京人"的报告

人的头骨标本。他说，他在1940年时，同许多日本学者去该校的时候，他们发现，在该学校的储藏室里，只有一个爪哇直立猿人的模型。据松桥说，有这样一个合同，就是禁止将"北京人"头盖骨从这个学校运出。

这则消息所说内容是否属实，不得而知，但一个令人费解的事实是，消息公布后不久，长谷部言人便停止了对"北京人"的寻找，并很快从周口店撤出，不再进行发掘。据裴文中后来回忆说，此后日本人也放弃了对他的纠缠，再也没人找过他的麻烦。另外，还有这样一种说法：日本人在天津找到了"北京人"，然后让息式白小姐去天津辨认。可息式白到了天津刚下火车，日本人又对她说："天津找到的东西，与'北京人'无关。马上回去吧，没你的事了！"从此以后，日本人便再也没有找过"北京人"了。

于是有人又做了这样的推测——可能是锭者繁晴从博文或者美国海军陆战队的某个队员嘴里问出了详情，而后"按图索骥"，找到了"北京人"。这样，日本人才放弃了对裴文中的纠缠，心满意足地返回了东京。

事实上，继锭者繁晴之后，日本人对"北京人"的追查戛然而止，确实给世人留下了一个难解之谜。因为若以日本人做事的性格和习惯论，他们不找到"北京人"，或者说对"北京人"失踪一事不搞个水落石出，是断然不会善罢甘休的。

这究竟是怎么回事呢？谜底埋在何处？是因日本在战争中的地位逐渐处于劣势而无暇他顾，还是他们已经将"北京人"牢牢地抓在了自己的手里？

当然，后来还传出这样一个说法：在锭者繁晴自杀未遂之后，日本军部又派出一个陆军大尉继续寻找"北京人"。但这个大尉是谁？他是怎么到中国的？在中国是通过什么渠道、什么方式，怎么寻找的？他在寻找过程中都找过哪些人？他寻找的详细经过和最终结果如何？诸如此类问题却一直未向外界有过半点透露。

事实上，有关"北京人"的丢失、寻找、议论、猜测，在纷纷扬扬了一个时期之后，人们还是不得不暂时画上了一个休止符。因为此时人们更加关心和更有兴趣谈论的，是风起云涌的战争的各种消息和传闻。比如，列宁格勒保卫战、斯大林格勒保卫战、盟军在欧洲开辟第二战场、中国远征军进入缅甸战场、诺曼底登陆等等。

第七章 全球寻找"北京人"

不断变化的世界政治格局，使备受战争摧残的人们受到极大的鼓舞。尽管这一时期人们对"北京人"依然难以忘怀并偶尔也投以关注的一瞥，但随着第二次世界大战的进展，特别是后来随着意大利和德国的战败，世界人类更为关心的是：在这场战争中毁掉了"北京人"的罪魁祸首日本最终将是什么命运？从某种意义上说，日本人的命运决定着整个第二次世界大战的命运，也连带着决定了"北京人"的命运。

此时的日本，真的如山东诸城贾悦镇河西拐庄一位叫王丙超的农民所说，是"兔子尾巴——长不了"了！

日本海军冒险偷袭珍珠港大功告成后，尽管逞凶一时，横扫东南亚诸国，但很快又陷进了难以自拔的烂泥坑。1942年6月，日本海军进攻中途岛，遭到美国海空部队的拼死抵抗，日军有四艘航空母舰和多艘驱逐舰、战列舰被击沉，从此由战略进攻转为战略防守。8月，美军在所罗门群岛的瓜达尔卡纳尔岛登陆，发动反攻。此后，日军在太平洋上连连受挫，节节败退。

1942年6月4日，中途岛海战中，从日本"飞龙号"起飞的舰载机冒着美军猛烈的防空火力对"约克城号"航空母舰展开攻击，一枚鱼雷正在"约克城号"左舷爆炸

日本法西斯集团原以为,珍珠港事件后的美国至少要到1943年才能在太平洋地区恢复元气,而日本可在美国实力恢复之前巩固战线。但事实却出人意料。日本兵力原已不足应付侵华战争,在匆匆开战的太平洋战场上,仅外围战线就长达万余公里,本土与前线相距甚远,仅东京到所罗门群岛就超过5000公里。要在如此长远的战线上作战,其兵力、运输能力都极为不足,最终只能导致全线崩溃。同时,日美两国综合实力悬殊,美国仅1943年制造并编入现役的航空母舰就有39艘,而日本直到1945年战败时,全部用于战争的航空母舰才不过25艘。

太平洋战争爆发后,罗斯福下令发展空军和具有两栖作战能力的海军,即后来闻名于世的海军陆战队。美国太平洋上的势力迅速恢复,并不断得到补充和加强,美军很快掌握了制空权和制海权,战争由被动转为主动。

美军从太平洋瓜达尔卡纳尔岛开始,在所罗门群岛和新几内亚北部着手反攻,由于日军拼死抵抗,美军进展缓慢,历时半年艰苦的搏战才攻下瓜达尔卡纳尔岛。之后,美军改变战略战术,以蛙式跳跃方法进攻,即暂不进攻日军某些防守顽固的岛屿,而是凭借强大的战舰绕岛而过,直逼日本本土,从而使防守岛屿孤立无援,成为死岛。在新几内亚北部采用与上述类似的蛙跃式进攻战术,由海路跳跃式攻占陆上的日军据点。

沿中太平洋进攻的美军,在

1945年2月10日,乌利希锚地,完成休整的第58特混舰队的航母编队转向,航母甲板上摆满F4U"海盗"舰载机。每艘"埃塞克斯"级航母可携带超过100架舰载战斗机,此时美军已有能力在一次攻击中出动数百架飞机

攻克所罗门群岛后，于1943年11月开始攻击吉尔伯特群岛。这时的美国舰队有了大的发展，登陆攻击部队由护航航空母舰及其他舰船护送，同时有一支强大的舰队掩护，其中仅航空母舰就有11艘。

1944年7月，中太平洋美军接连攻占吉尔伯特群岛、马绍尔群岛和马里亚纳群岛。11月，美军出动B-29远程轰炸机，从马里亚纳群岛的塞班岛、关岛起飞，直扑东京，实施连续大规模轰炸。另一路美军从西太平洋沿新几内亚北部进攻，与英、澳、荷军队会师后，攻占新几内亚西部。

1945年2月，两路美军胜利会师，重返菲律宾。6月，美军迫近日本国门，日军"大和号"巨舰沉没，海军舰队全部被摧毁。

在缅甸战场上，从1943年10月开始，中、美和英、印、东非、西非部队先后在缅甸北部和西部投入反攻。在盟军节节胜利的形势下，缅甸国民军和游击队于1945年3月底发动总起义，5月1日解放仰光。日军在缅甸彻底失败。

在中国战场上，由于中国军民坚持不懈地反击，终于粉碎了日本法西斯企图以战养战、把中国占领区变为太平洋战争"兵站基地"的计划，有力地配合、支援了盟军对日反攻。

1945年7月，盟国发表《波茨坦公告》，敦促日本早日投降。日本政府在军部强硬分子的操纵下，宣布"绝对置之不理"。

8月6日，美国在广岛投下第一颗原子弹，举世震动。

8月8日，苏联宣布

盟军用于轰炸东京的飞机与炸弹

215

1945年9月2日，东京湾，日本签字投降后，上千架美军作战飞机编队通过盟国舰队上空，其中大多数是海军舰载机。美国仅用三年零八个月便打赢了太平洋战争，航空母舰的作用无可替代，这一幕也可以说是航母登上海洋霸主宝座的加冕典礼

对日作战，并迅速出兵中国东北，歼灭了近百万日本关东军。

8月9日，美国在日本长崎投下第二颗原子弹，整座城市化为一片废墟。当晚，日本天皇在御前会议上最后裁决，以不变更天皇地位为条件，接受《波茨坦公告》。

8月15日，日本时间中午12时，重庆时间上午11时，日本裕仁天皇对全世界广播了"停战诏书"，正式宣布三百三十万垂死挣扎的日军放下武器无条件投降。

9月2日，在泊于东京湾的美国"密苏里号"战舰上，正式举行了日本投降签字仪式。美联社在这一天向全球播发的电文称："第二次世界大战，历史上最惨烈的死亡与毁灭的汇集，今天随着日本的正式无条件投降而告终。"

至此，中国以及世界反法西斯同盟终于打败了日本人。

但打败了日本人的中国人，能找回丢失的"北京人"吗？

喜讯从东京传来

抗日战争胜利后的1945年11月19日，美联社以《拯救"北京人"遗骸——包括在掠夺品之内的地质学珍品在日本发现》为题自东京向世界发布了这样一条消息：

第七章　全球寻找"北京人"

在被日本军队送往日本又被占领当局取得的掠夺品中，有来自已知人类最早祖先之一的山洞中的科学上的无价之宝"北京人"。

现在得知在取得的这些掠夺物中，包括有粗糙的工具、雕刻的牙齿的装饰品和说明这些物品在1929年北平附近周口店石灰岩山洞中刚发现的位置略图。它们曾在北平协和医学院保存过。

从被没收的信中泄露，"北京人"的遗骸曾被中国人很好地保藏起来，躲避了日本科学家三年的追寻。在日本当局通知了盟军总部后，这些物品在东京帝国大学内找到。

盟军总部的科学顾问、美国地质调查所的职员沃特莫尔博士现在保管这个遗骸，准备送回到中国中央地质调查所（原文为地理调查所）。

这则新闻对世人的震动是不言而喻的，尤其对刚刚从战争浩劫中过来的中国人，不仅仅是一次震动，简直就是一个巨大的诱惑。因为不少中外人士一直认为，"北京人"最大的可能是落在了日本人手上，而多年来渺无音讯的"北京人"突然在日本被发现，这对苦苦寻找其多年的中国人尤其是科学界人士来说，无疑是极大的慰藉。

当然，这毕竟只是一则报道，但发自美联社的、事关如此重大事件的报道，难道是空穴来风、无

1946年1月2日，北平英文报纸《北平新闻》发表的文章。

中生有吗？此前，西方一家报纸曾说过，第二次世界大战刚一结束，美国地质调查所的怀特莫尔博士（即前文报道中的沃特莫尔博士）便奉美国国务院之命，以盟军总部科学顾问的身份专程赶往日本寻找"北京人"。这个消息与上述这篇报道中提到的"盟军总部的科学顾问、美国地质调查所的职员沃特莫尔博士现在保管这个遗骸"有着合理的连续性。因而，近几年来所有关注"北京人"的人，尤其是中国人，对这则新闻的真实性坚信不疑。

一个多月后，即1946年1月2日，英文版的《北平新闻》又发表了英国路透社1月1日发自上海的一则消息：

"北京人"将由日本归还中国

在日本占领期间被日本军队当作掠夺物运往日本的"北京人"，将归还到中国中央地质调查所（原文系中国地理调查所）。据东京大学报告说，这些名贵的遗骸和工具已经一同交给盟国当局。

寻找了三年之后，日本科学家在北平找到了"北京人"，有一个专家负责监督把它运往东京。遗骸和图标以及其他文件在日本人手中没有遭到任何损坏。

在日本占领期间，日本科学家曾在发现过"北京人"遗骸的周口店附近进行过新的发掘工作，但是没有新的发现。

"北京人"是中国被日本掠夺的宝物中首先将被归还的，但是中国爱国团体现在还正在设法取回其他被日本抢去的中国的古物和艺术的宝物。

如果说1945年11月19日美联社发布的那条报道多少还让人不太放心的话，那么，这次英国路透社发布的消息，则完全让人吃下了一颗定心丸。

尽管在日本发现的"北京人"尚未经过中国专家最后确认，但这篇报道已经明确说明"这些名贵的遗骸和工具已经一同交给盟国当局"，而"遗骸和图标以及其他文件在日本人手中没有遭到任何损坏"。

于是，许多中外科学界人士积极提议，中国政府应该尽快组织人员到日本去接收，或者说寻找到失踪了几年的祖先——"北京人"！

事实上,当抗战刚刚胜利的1945年8月28日,裴文中就已向重庆中央地质调查所和翁文灏本人写信,要求赴东京寻找"北京人"了。信中写道:

赓阳、汲清、柱臣、建猷、克强诸师友鉴:
　　……
　　自去年一度被捕后,即不敢再为通讯。现托胡恒德先生带上此函,另有简略信一件呈咏师,报告一切。
　　……
　　五、中国猿人标本,前曾装二大箱,交美国大使馆,惟未能运出,战争即行爆发。一年后,东京帝大人类学教授长谷部言人及高井冬二来平。拟继续研究,始向文及胡恒德、博文追问。博文曾因此事入日本宪兵队者五日。文亦被令在家二周,以备随时问话。然日人至秦皇岛、天津及北平各处寻找,谓未找见,此后亦再无人追究。胡恒德君及文等猜疑,此项标本或为日人得去,而故作不知。吾人似应派人赴东京寻找下落,以便取回。文虽不敏,愿当此任,请诸先生向咏师推荐。
　　六、文在平数载,初受日人限制,不许离平,且时派人问话,最后于去年五月间被日宪兵捕去,追问文与咏师、英美人及国民党之关系,四十余日,始恢复自由。甚盼所中派员来平,指示以后行止。即请
　　大安
裴文中上
卅四年八月廿八日

咏霓夫子大人钧鉴:
　　廿日曾记友人代发一电,想已收到。现再托胡恒德先生带上此函,禀明一切。另有致赓阳、柱臣诸先生一信,内容较为详细,请便中转交。
　　……
　　中国猿人之全部标本,现不知存于何处,胡恒德先生及文等,均疑已为日人掠去,而故云不知。胡先生认为有派人赴东京寻找之必要。如我师认为可行之时,文愿任此责,赴东京一行。
　　文今后仍拟从事新生代地质及史前考古之研究,愿赴新、甘、满蒙诸地

调查，尚望我师多方提携。草此。敬请

公安

裴文中上

卅四、八、廿八

裴氏第一封信中提到的赓阳，即李春昱，河南汲县①人，北京大学地质系毕业，1937年于德国柏林大学理学院获理学博士学位后归国，时为国民政府经济部中央地质调查所所长；汲清，即黄汲清，四川人，早年毕业于北京大学地质系，1935年获瑞士浓霞台大学理学博士学位，归国后入中央地质调查所工作，曾任所长，后辞职。时为《中国地质学会会志》主编兼重庆中央大学教授；柱臣，即周赞衡，字柱臣，曾留学瑞士，时为中央地质调查所副所长；建猷，即尹赞勋，曾获法国里昂大学理学博士学位，时为中央地质调查所副所长；克强，即杨钟健，时为国民政府资源委员会专门委员。第二封信提到的咏霓夫子，即翁文灏；信中的文，是裴文中自称；胡恒德，即北平协和医学院院长胡顿。

1945年11月6日，裴文中再致中央地质调查所所长李春昱函，就"北京人"寻找事宜提出要求。信中说：

关于"北京人"之标本事，咏公曾面嘱仍继续寻找。兹附寄弟前致魏敦瑞之电函抄稿一份（内云：其他标本已失，系当协和初接收之时，见原存之室全无标本，故有如是之词，现经发现，大部尚贮仓于库房之中），惟至今无魏之回音。请兄函魏：请他在纽约托人与麦帅总部交涉，询问长谷部言人（东京帝大人类学教授）及高井冬二（同学校地质助教）；请他与罗氏基金会交涉，新生代经费如何办理；如罗氏供给一部经费及决定继续，请他函北平协和博文，拨办公室及将标本移出整理。

在此，我已请德先生与洛克将军（现在重庆）交涉，准我等至秦皇岛查访，必要时，我再请北平行营交涉。此外，报载教育部将派调查团赴日，各部会均派代表参加（剪报附上），请转嘱经济部代表（如有的话），请他注意中国猿人事。至另附剪报一段，或系弟电魏之结果？

弟更应大公报记者徐盈之请，写一《北京人在那里？》，述说遗失之经过。彼拟下月中在渝、沪、津三处发表,发表时请注意,亦可为经济部赴日调查团之参考材料。

……………

弟　裴文中
十一月廿六日

李春昱接信后,于1946年1月14日,以中央地质调查所的名义呈国民政府经济部函,文曰:

查"北京人"骸骨,为本所新生代研究室研究员裴文中于民国十八年在北平周口店所掘获,为人类史上最重要之化石标本,向为本所所有。抗战前期,北平沦陷,上项标本被日人所劫持。顷据报载中央社东京十一月十九日专电:被劫持之"北京人"已在日本发现(见卅四年十二月四日北平版大公报及卅五年一月二日北平英文时报路透社讯)。兹拟请派遣裴文中前赴日本东京详加检查,并着其收交本所,俾供研究,并拟恳由钧部咨请外交部转商东京麦克阿瑟总部,令饬该"北京人"保存机构将上项标本全部交还本所,并请其先行见复。是否可行,理合备文呈请鉴核示遵。谨呈

经济部

时为经济部长的翁文灏接到呈件后,于1946年1月19日,以个人名义致函李春昱等人,就提及问题做了如下答复:

赓阳、汲清、建猷吾兄大鉴:

北京猿人化石既在东京,自应设法运回,但在目前国际形势之下,并不是

驻日盟军最高司令麦克阿瑟和夫人飞抵日本

我们要派何人前往，其人即可顺利成功，前例具存，不易忽视。本来中央研究院李济之君赴日，弟已托其商取此项骨骼，但李君现亦因事暂缓启行。在此形势之中，裴文中君自亦不免有同样周折。此事弟考虑再三，不能忽遽派人，又不能默而不问，因此拟第一步，先由弟专为此事函托General Marshall，请其电商General MacArthur，俟得回音，再为定夺。兹将英文信函附缮一份，请为查阅，并希便为告知裴文中兄，至为盼荷。此颂

时祺

翁文灏敬上

一月十九日

1946年翁文灏致马歇尔信函，请其帮助查询"北京人"下落（贾兰坡提供）

```
                                              Chungking,
                                              January 19th, 1946.

His Excellency
General of the Army George C. Marshall
American Embassy
Chungking

Dear General Marshall:

          I wish to ask you to help me in the restoration of
important fossils of the primitive man "Sinanthropus Pekinensis"
from Japan to this country.

          The National Geological Survey of China of which I
have been director for a good number of years was financially
supported by the Rockefeller Foundation for the research of the
Prehistoric Man in cooperation with the Peiping Union Medical
College with the understanding that fossils are to be kept in
China.

          As result of extensive research, teeth, skulls and
other bones of ape-man like character were successively found
from cave deposits at Chou-Kou-tien, a locality south-west of
Peking. The excavation work was largely done by a chinese geo-
logist Dr. W. C. Pei who as his special work devoted his atten-
tion to the artifacts which were particularly abundant. The
paleontological study on the animal fossils was chiefly done by
Drs. C. C. Young and Teilhard de Chardin. The anatomic research
on the pre-historical man was being taken care of by Dr. Davidson
Black after whose death, by Dr. Weidenreich both professors at
the Anatomical Department of the Peiping-Union Medical College.
Many papers have already been issued. The age of the Primitive
man, scientifically named Sinanthropus Pekinensis, but commonly
called "The Peking Man", was considered as similar to the Trinil
Man or Pethecanthropus of Java. There have been found much more
abundant material with the "Peking Man".

          When the war was started in China, the whole collection
of the Sinanthropus material was deposited in the Laboratory of
the Anatomical Department of the Peiping Union Medical College.
In the summer of 1941, in view of the very tense international si-
tuation I wrote to Dr. Houghton, Acting Director of the Peiping
Union Medical College, giving his special permission to send this
material for safekeeping to some scientific institution in the
United States to be forwarded back when the war will be over. Dr.
Houghton was of course very careful in such an action which he only
did at the end of November or the very begining of December in that
```

信中的General Marshall，指美国陆军参谋总长、五星上将马歇尔将军；General MacArthur则指美国驻日盟军最高司令、五星上将，负责对日军事占领和日本重建工作的麦克阿瑟将军。就在翁文灏给李春昱回复的同一天，即1946年1月19日，他致函马歇尔将军，请其就"北京人"一事电商在日本东京盟军总部的麦克阿瑟将军。信中说：

尊敬的马歇尔将军：

本人谨请求您帮助我把珍贵的"北京人"化石由日本归还中国。

…………

战争开始后，整个"北京人"实物被存放在北平协和医学校解剖系的实验室里。鉴于国际局势非常紧张，1941年夏我给该校校长胡顿博士去信，破例同意他把这些化石送到美国某学术机关保存，俟战争结束后再送回来。胡顿博士非常认真地

做了布置,将装有化石遗骨的箱子委托给即将去秦皇岛港的一位美国驻平海军陆战队队员,这是胡顿博士在当年11月底或12月初所做的唯一一件事。就在这时,太平洋战争爆发,美国海军陆战队队员全当了日军的俘虏。

一段时间以来,没人知道这些化石遗骨的下落。但日本方面在努力寻找这些化石,并最终获得成功。我不十分清楚日本人是如何找到这些化石,又如何将它们运往东京的,它们很可能在日本东京帝国大学保存着。

据最新消息,"北京人"化石已经交给驻东京联合国代表麦克阿瑟将军,以便归还给中央地质调查所。当我得知这些人类早期演化的珍贵遗物还在世上并将归还中国的消息时确实非常激动。作为"北京人"或古中国人的遗骨,这些化石归还中国后将继续受到高度重视和精心保管。

现在的问题是如何安全地归还化石。拜托您费心给麦克阿瑟将军去份电报,请他关心此事。征得他的同意后,我会很高兴地派遣某个中国科学家前往日本接收这项人类史前遗骨。假如麦克阿瑟将军委托某位美国军官将它带到中国交给我的话,我同样乐于接收。在此事上所做的任何方便之举动都是对早期人类研究这项重要工作的巨大贡献,将会得到极高的评价。

对您满意的合作提前表示谢意。

您忠诚的 翁文灏

1945年12月,马歇尔作为美国总统特使前往中国调解国共内战问题,此为马歇尔与蒋介石夫妇在南京

朱世明将军在南京

马歇尔接到翁文灏的信函后，是否向麦克阿瑟提及此事不得而知，而中国政府将组团赴日本接收被劫财产的行动成为事实。1946年3月31日，中国航空委员会管辖的飞机第一次飞入了日本的领空。日本投降后，同盟国便纷纷派出代表团前往日本，参加在东京举行的对日本战犯的审判以及被日军掠夺物资的接收等活动，在抗日战争中付出沉重代价并为战争的胜利做出重大贡献的中国，自然也要派代表团前往日本参加各种活动。此时，这架进入日本领空的中国飞机，承载的就是前往日本参加战后各种活动的国民党政府代表团，其团长是朱世明将军，代表团的文化学术顾问之一，便是中国著名的考古学家李济。

李济，字济之，1896年生于湖北钟祥，1918年毕业于清华学堂，随即赴美留学。他先在马萨诸塞州克拉克大学学习心理学和社会学，并获得文学硕士学位，后渐渐对民族学和人类学产生了浓厚兴趣，又转入哈佛大学学习人类学专业，并于1923年获得博士学位后回国。李济先生最初在天津南开大学执教，后入清华大学任讲师，与王国维、梁启超、陈寅恪、赵元任并列为清华大学五大导师。李济是中国最早独立进行田野考古的学者。1926年，李济与美国弗利尔艺术馆合作，主持发掘了山西西阴村仰韶文化遗址，从而揭开了中国现代田野考古的序幕；1929年，李济全面主持并首次独立完成了殷墟的发掘工作；正因为在殷墟发掘中做出了非凡的贡献，李济被英国皇家人类学会吸收为名誉会员。此外，李济以人类学家的眼光对待中国文明史，力主把中国历史置于世界历史背景来观察，既不赞同某些本土论者所持之狭隘地域观念，又力驳"西来说"中的种种无根据的臆测，而完全以科学实证之精神开辟了人类学派的古史研究之蹊径，一步步使中国上古史的重要阶段由传说变为信史，为中国现代科学考古学开拓了一条新的道路。

就李济当时的声誉而言，他作为中国代表团的文化学术顾问前往日本是恰当的，而用他自己的话来说，则"是由一种追寻丢掉了的灵魂的心引导出来的决定"。所谓"丢掉了的灵魂"，指的就是"北京人"。事后有人曾怪他"放着正事不做而出去跑江湖"，显然是对他一时的误解。作为文化学术顾问，李济此次日本之行，主要执掌属于教育文化方面的事务，专门的责任是为调查战争期间日本劫去的中国的书画、古器物及一切与文化有关的物品，并与盟军总部商量要求赔偿的步骤，预备为讲和约时做一个具体的方案。这一点是教育部与外交部指定的工作，并在行前已征得盟军总部同意。但除此之外，他还有一个前人"未完成的重要使命"，那就是寻找、查证"北京人"。因了李济的加入和名额限制，一直在北平渴望到日本查寻"北京人"的裴文中就无法成行，寻找"北京人"的重任，又历史地落到了考古学家李济的肩上。

李济在殷墟发现彩陶片时留影（李光谟提供）

奔波在东京街头的李济

承载着中国代表团的飞机降落在日本横滨附近的厚木机场时，已是下午6时左右。这是1946年3月最后的一个日子，虽说已经过了春分将近十天，但下午6时的日本，已笼罩在夜色之中，在横滨这座大城市的附近，并不见与黑夜相随的万家灯火。

据李济后来回忆说，由厚木机场乘汽车到东京中国代表团的住所，虽说只有三十余里路程，却走了两个小时。司机是美国士兵，却没开快车，理由很简单：炸毁了的路，仅仅刚恢复到可以通车的程度。横滨至东京的这条路，原为工业繁盛区域，日本投降前已被炸光；路旁的高楼大厦、工厂花园统统不见了，所见的只是一堆堆在路旁的破铁、乱板、残瓦、柱烬等。汽车虽走得慢，但因天黑看不清楚周围的情形，沿途所得印象仅是隐隐约约。不过这两小时汽车行程的经验，却唤醒了李济等中国同行的若干回忆。同车的人虽在断断续续地谈话，车外却静得好像半夜在坟圈里乱窜时所触到的旷野一样，偶尔听见一阵子风吹树叶子的乱响，或看见类似磷火的几盏路灯，还可感觉到有一两个人的影子在不远的地方摇摇摆摆，像是无家可归的孤魂野鬼。面对此情此景，李济感慨万千："将近十年的抗战及窜逃西南各省的经验，使我此时只感到悲悯，战时的那股怨气，似乎软化了，收缩了，隐蔽了，在那时我确实没有任何称快的心情。"

应该说，这次由美国主持的盟军总部的工作做得十分周到。此前，李济得到南京美国大使馆的通知后，盟军总部就

驻日盟军总部（General Head-quarters，简称GHQ）外景

第七章　全球寻找"北京人"

朱世明率领的中国代表团在日本东京盟军总部与同盟国军官交谈

派了一位号称"中国通"的美国人史克门少校特别先到上海来与他接洽，但是他却错过了。来日本的前一天，他去访史克门少校，少校又未到。李济到东京的第三天，又去找这位少校，此人却已飞往上海了。

李济到东京后所见的第一个美国人是美国海军司令斯脱特。斯脱特中等身材，灰色眼睛，平常最喜欢穿的衣服，就是黑色海军制服，他给李济留下的印象，是"一位很诚恳率直的人"。在服役海军以前，斯脱特曾是一位富有经验的博物馆工作者。最初他听说李济来日本寻找"北京人"化石，"似乎感觉到有一点惊讶"，等李济将有关"北京人"的前后发掘情况以及重大意义与之交谈后，他很快便理解中国人为什么要苦苦寻找"北京人"了，同时也理解了中国对于文化教育注重的意义，并为中国人对古文明执着的追求精神所深深打动。

斯脱特司令告诉李济的第一件事情，就是关于"北京人"的消息。遗憾的是，他谈的却是一个很坏的消息。斯脱特对李济说："盟军总部已查询东京帝大的教授，据他们的说明及答复，'北京人'不在东京，也不在日本。"

"这……事情怎么会是这样呢？有两篇报道不都报道说，已经在日本发现了'北京人'吗？怎么转眼间'北京人'又不在东京，也不在日本了呢？"李济感到很是惊讶，

227

甚至难以置信。但斯脱特司令的话又说得十分肯定。从对方的口气中，李济明显感觉到，斯脱特司令的话绝非儿戏，而是十分严肃和慎重的。

"我也不希望事情变成这样，但目前我得到的情报就是如此。"斯脱特摊了摊手，有些无奈地说。

"斯脱特先生，我恳切地希望您再协助我们查证一下，如果事情果真如此，是一件非常令人遗憾的事情。不过，希望您能协助我们再找一找新的线索。您知道，'北京人'对中国这样一个古文明国家来说，是极其重要的，因为它维系着后世人类的感情。"李济再次强调说。

"这我理解。放心吧，我会尽力的，李先生。"斯脱特十分爽快地答应。

李济与斯脱特道别后，开始拿出主要精力展开对"北京人"的寻找。他心中清楚，要想在日本找到"北京人"的线索，首先必须找到日本东京帝国大学的长谷部言人和高井冬二。

然而，李济费尽周折，始终找不着长谷部言人和高井冬二。

有关人士向他介绍说，这两个曾以学者身份多次出现在中国的教授，于1942年年底返回东京后，便开始对从中国拿回的化石标本进行潜心研究。日本战败后，两个曾经风光一时的"学者"，便失去了往日那种春风得意、霸领天下的"英雄气概"，很快变得神情恍惚、老态龙钟了。他们同所有参战和被战争所累、所害的日本人一样，最终不得不受到历史的惩罚，进而陷入了战败后巨大的精神痛苦和绝望之中。不久，与其相识或相关的人士，听说二人隐身于某个乡村角落里，再也无从寻找了。

真实的情况到底如何，李济难以做出判断，只是无可奈何地中止了对长谷部言人和高井冬二的查找。

随后，李济又和盟军总部的美国史克门少校取得了联系。由于这位少校对中日两国的历史文化有所了解，因而二人的谈话开展得既快又顺利。可惜的是，史克门同样否认了他们已经找到了"北京人"的事实。李济的希望再次落空。

当然，在这次会晤中，李济还是有所收获，史克门少校直言不讳地向他表示了七点意见：

（一）京都大学的梅原末治教授想约我当面谈退还日本劫掠的中国古物问题，他很赞成并愿同往；

（二）盟军总部管美术品与纪念品的一组，保有珍珠港事变后日本广播新闻的全份，中有数条记载日本搬运中国古物的消息，可做中国代表团的参考；

（三）现在总部所订的规则为：凡是有确实证据，并具容易辨认为日本战时劫掠的属于盟国的器物，总部均可代为搜寻并退还原主；

（四）在平时劫掠的美术品与古物，总部不拟办理；

（五）周口店上洞层的遗物，已由盟总保管，可以退还中国；

（六）中央图书馆的书籍现在东京，可以咨请盟总代索；

（七）要日本政府命令日本收藏家各编一完备的收藏目录送盟总及各国代表团做参考，可以考虑。

这七条意见，有几条是对一些问题的答复，有的则代表的是盟军总部已经采定的立场，大致与斯脱特司令所说类似，只是更加明确切实。

史克门少校谈完意见后，又与李济商量下一步如何查找"北京人"的问题。对此，李济回忆说，由于东京除了沿皇宫区域及大学一带，大半都炸毁了，旧日收藏多已下乡或已散

东京帝国大学校门

佚，帝室博物馆的陈列品，也只是应付盟军的急就章而已，所以在那里可以说没有什么看头。而京都却完全不同，大战期间没遭任何轰炸，有关教育文化的事业更没停顿过，又为收藏家集中之地。因此，当史克门少校提议一起去京都走一趟，说不定在那里能找到"北京人"之时，李济很是高兴，满口答应，因为这正是他此次日本之行的重要内容之一。

史克门少校和李济一行很快赶往京都，并在此地住了七天。李济与史克门少校同住一个饭店，差不多朝夕相见，且同桌吃饭的时候甚多，李济尽量利用这些机会与对方交换意见。史克门少校自称是一位爱好东方艺术的人，有一点收藏经验，对于中国抗战前的考古成果有点熟悉，并认识几位号称东方学家的学者，因而两人谈起话来尚算投缘，谈的范围也相当广泛。自然，各自心中也都有必须保留的部分，彼此心照不宣又能理解。就总体上说，这位史克门少校对中国的不幸遭遇是非常同情的。

在此期间，李济曾提出三个问题征询史克门少校的意见：

1. 中日的战争，应该从何年算起？
2. 日本军阀在中国毁坏的文物，日本应该如何赔偿（例如，上海商务印书馆的东方文化图书馆、南开图书馆等）？
3. 未经中国政府允许（伪政府的允许当然不算），日本人在中国发掘器物，应如何处理？

关于第一个问题的答案，当时有四种不同的意见：

1. 从珍珠港事变算起；
2. 从七七事变算起；
3. 从"九一八"开始清算；
4. 算到甲午战争那一年。

对此，史克门少校认为，自"九一八"算起似乎最合理，但应该呈送到高一层的机关决定。毁坏的古物应该赔偿，盗窃的古物应该归还，这在原则上应无问题，但具体的办法仍应遵守"有切实证据的"及"可以辨别的"两个标准。

上述意见大致符合中国代表团的期望，但真正实行起来，盟军总部似乎也不是那么痛快，或者说显得很是困难。至于何以如此，不得而知。

一日，盟军总部有一个叫鲍尔士的美国高级顾问，在京都碰见了李济。鲍尔士曾在哈佛大学研究民族学，也在中国的西藏考察过，与李济是旧相识。二人在日本相遇，自然都很高兴。当鲍尔士得知李济所遭遇的困难后，很坦诚地对李济说："美国政府对于中国要求日本偿还劫掠的文物，是极同情的，但英国却不一定。他们对于'劫掠'一词（斯坦因等在新疆、甘肃一带的行为）极为敏感，不一定会帮助中国。所以，我的意见这事最好就在盟军总部办理，不要推到盟军管制委员会（Allied Control Council）去决定，那里是不会得到什么好结果的。"

听了鲍尔士的话，李济已心中有数。但可惜的是，他和史克门少校在京都寻找了整整一个星期，还是没有找到"北京人"。

在余下的日子里，李济依然坚持在日本四处奔波，八方打听，哪怕有一点点与"北京人"相关的线索，他也要亲自过问，亲自查询，但依然没有什么新的线索。

这是怎么回事呢？在日本国的本土找长谷部言人和高井冬二，本来是一件很容易的事情，可有关人士却推说"地址不明，难以查询"。再者，去年11月19日美联社曾发布了《拯救"北京人"遗骸——包括在掠夺品之内的地质学珍品在日本发现》的消息，今年1月1日英国路透社又发表了《"北京人"将由日本归还中国》的消息，但现在，为什么以美国为首的盟军总部对"北京人"到底找到没有，找到后到底在谁的手里等问题，又避而不谈甚至干脆从根本上加以否定呢？很显然，"北京人"还在日本人手中，或者遗失在了别的什么地方，这些都是完全可能的；但谁又可以断言，美国一定没有从日本人手中将"北京人"揽入自己腰包呢？

李济把有关寻找"北京人"的情况向中国代表团团长朱世明将军做了汇报。对方听罢，感到问题比较复杂，也很棘手，当即给盟军总部发去《备忘录》，请求盟军总部继续协助查找"北京人"和其他人类学标本的下落。《备忘录》原文如下：

备忘录

致：威洛比陆军少将参谋长助理，

主文：为送还周口店的人类学材料及中国猿人的研究记录事。

1. 根据报告，以下各项物件在战时从北平中国地质调查所新生代研究室被送到日本：

（1）"北京人"标本，包括7个头骨、12个下颌骨、一些牙齿及骨骼材料。

（2）周口店第1地点、第15地点及山顶洞的石器、骨器及动物遗骸。

（3）关于周口店发掘的工作记录、照片和文件等。

（4）安阳发现的狗及狼等哺乳动物。

（5）步达生教授及魏敦瑞的关于人类学的书及单行本等。

2. 已经知道，在发掘周口店的工作中及创办了新生代研究室时跟中国地质调查所合作的北京协和医学院曾经请求盟总（SCAP）查询上列失物。随后一些属于项目（2）和（3）的标本被送还了，现在是在盟军总部自然资源组保管。中国代表团李济博士应中国经济部的要求，请对这些高度重要的科学标本做更进一步的查询。经过请求从C. I. E组已发现物件的清单，附在后面的是这个清单的抄件。

3. 为此请求盟总（GHQ，SCAP）批示文物保管处的外国及杂项财产部把重新找到的周口店人类学的标本和中国猿人的研究记录交给代表中国代表团的李济博士。

4. 恳切希望你们对于这些请求加以注意。

中国代表团团长　朱世明
1946年4月30日

很快，盟军总部与日方就劫掠中国物品问题，初步达成了如下几项协议：

1. 七七事变以后之劫掠品，有证据者即退还中国；
2. 登记日本私人收藏目录以备检查；

3. 已决定之事项为周口店遗物即时交还代表团；
4. 中央图书馆书籍即时预备送还。

然而，令人大失所望而又无可奈何的是，尽管李济在日本进行了一个多月的艰苦努力，对"北京人"前后共进行了五次寻找，最终还是没有找到"北京人"。

5月5日，带着一腔遗憾，李济离开日本回国。

5月24日，李济致函裴文中，并附了一份备忘录和物品清单。李济的信全文如下：

文中先生：

5月21日手示敬悉。弟于5月5日返国，因写报告，各处信都未写。弟在东京找"北京人"前后约五次，结果还是没找到，但帝国大学所存之周口店石器与骨器已交出（弟已看过一遍，确是你们的东西），由盟军总部保管。弟离东京时，已将索取手续办理完毕。兹将致总部之备忘录抄奉，即可知其大概矣。一切详情容再谈。

专此并颂撰安

弟　济手启　卅五、五、廿四

此前，裴文中听说李济随中国代表团前往日本寻找"北京人"的确切消息后，便给李氏写去一封信，嘱他在东京寻找长谷部言人和高井冬二，并向他们要回"北京人"的化石标本。李济从日本回国，裴文中又迫不及待地给李济写去一信，询问在日本寻找"北京人"的情况，

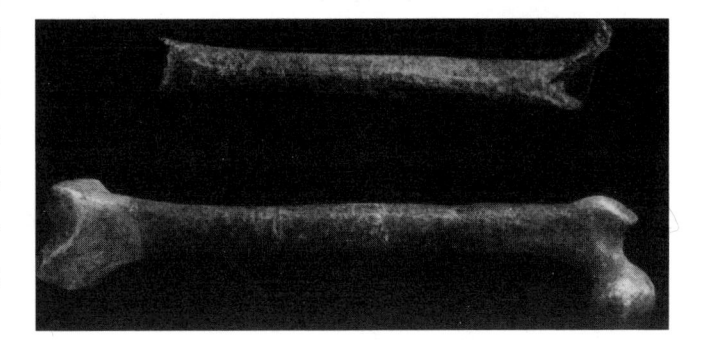

中国代表团接收的"北京人"肢骨

中国代表团接收的周口店出土的碎骨

这便有了李济的回信。

裴文中收到信不久，在北平见到了李济。当详细问及李氏在日本寻找"北京人"情况时，李对裴说，在东京他曾通过中国驻日代表团要求盟军总部代找长谷部言人和高井冬二，向他们询问"北京人"的消息，但是盟军总部最后给他的回答是：长谷部言人已迁往乡间，住址不明；高井冬二可能在东京，但因住址不明，也查询不着。

裴文中听后颇感奇怪，长谷部言人和高井冬二在日本是两个响当当的人物，既有知名度，又有详细地址，怎么会找不着呢？

他认为这实在不可能，显然是美军总部欺骗了李济。但就是欺骗了你，在强大骄狂的美国人面前，贫困落后的中国人，又能如何呢？

尽管中国代表团回国不久，被日本人掠走的周口店的化石标本以及其他资料等很快就由盟军总部接收后交还给了中国，但当年日本从中国掠走的是大量的化石标本，还回来的却只是极少一部分，这一事实从战争前后两部分有关"北京人"化石标本的清单即可看出。

战前由胡承志亲自装的两个箱子的"北京人"清单：

一只较大的白木箱子里，共装有七盒标本：
第一大盒："北京人"的牙齿（分装七十四小盒）
"北京人"的牙齿（分装五小盒）
"北京人"的残破股骨九件
"北京人"的残破上臂骨两件

第七章 全球寻找"北京人"

"北京人"的上颌骨两件

"北京人"的上颌骨一件（发现于山顶洞底部）

"北京人"的锁骨一件

"北京人"的腕骨一件

"北京人"的鼻骨一件

"北京人"的腭骨一件

"北京人"的第一节脊椎骨

"北京人"的头骨碎片十五件

"北京人"头骨碎片一盒

足趾骨两盒

猩猩牙齿化石三小盒

"北京人"的残下颌骨十三件

第二盒："北京人"头盖骨

第三盒："北京人"头盖骨

第四盒："北京人"头盖骨

第五盒："北京人"头盖骨（1929年从"E地"发现）

第六盒：山顶洞人女性头骨

第七盒：山顶洞人女性头骨

另一只较小的白木箱子装有下列标本：

"北京人"头骨（从"D地"发现的）

山顶洞人头骨（男性老人）

猕猴头骨化石两件

猕猴下颌骨化石五件

猕猴残上颌骨化石三件

猕猴头骨化石残片一小盒

山顶洞人下颌骨四件

山顶洞人脊椎骨一大盒

山顶洞人盆骨七件

山顶洞人肩胛骨三件

山顶洞人膝盖骨三件

山顶洞人头骨残块三件

山顶洞人跗骨六件

山顶洞人骶骨两件

山顶洞人牙齿一玻璃管

山顶洞人下颌骨残块三件

而战后日本人归还中国的关于周口店的物品清单是：

周口店第1地点不同水平层的平面图和剖面图一套

野外工作办公处的简报和账目十一套

给外国的周口店哺乳动物化石清单一套

周口店外景的电影片七本

山顶洞磨光的鹿角一件

山顶洞狐和獾的犬齿一盒（四十四个）

未磨过的山顶洞狐狸和獾的犬齿一盒（三十七个）

山顶洞的石坠、骨针、带红色的石灰岩碑块和大型鹿的犬齿一盒

山顶洞狐狸的犬齿（典型标本）一盒

山顶洞的人工穿孔的蛤蜊壳、鸟骨坠、鱼骨、鱼的脊椎骨和石珠一盒

山顶洞的石器四块

第1地点的石器三块

第1地点烧过的鹿角碎片一盒

第15地点石器五块

第15地点石器一块

文件（英文）三卷

  两相比较，差别甚大。而且，在日方归还的这一极少部分物品中，根本没有一件是"北京人"的化石标本。

  于是，中外一切关注"北京人"下落的热心人士不禁设问：日本、美国，究竟谁是偷走"北京人"的真正"盗贼"？如果"北京人"既不在日本也不在美国，又在哪里？

美军中校寻找"北京人"

就在裴文中焦急地等待李济在日本寻找"北京人"消息的同时，远在美国的魏敦瑞也密切注视着中国代表团在日本寻找"北京人"的情况，当得知李济从日本回国后，马上催促美国方面赶紧与中国取得联系。

1946年7月12日，裴文中收到了曾受美国国务院委托前往日本寻找"北京人"的美国自然历史博物馆著名地质学家怀特莫尔的一封信：

尊敬的裴文中先生：

您大概已经收到了美国陆军当局在东京帝国大学找到的周口店的文件和标本。

在魏敦瑞博士的请求下，我附上一张这些物件的清单。当去年冬天在东京的时候，我曾努力寻找中国猿人遗骨的线索，但是不能这样做。

如果您对被日本人拿去的任何东西提供东京任何进一步的情况的话，我建议您和美国陆军中校善克联系。

您的亲爱的 怀特莫尔

1946年7月12日

怀特莫尔曾在1945年受命赴日本寻找"北京人"之前，就由军邮转给过裴文中一封信，在这封信中他对裴文说自己将奉命去日本东京美军总部工作，同时又奉美国国务院之命并接受洛克菲勒基金会的委托，在日本东京寻找"北京人"化石，要求裴文中为他提供一些有关"北京人"的消息，以便让他顺利完成这一重任。

裴文中回信一封，告诉他可以到东京帝国大学人类学教研室找长谷部言人和地质教研室找高井冬二，他们二人是最后在北京寻找"北京人"的负责人，或可提供最可靠的消息。

但裴文中去信后，一直没有收到怀特莫尔的回信，后来又去了两封信，还是没有收到只言片语。直到一年后的今天，才收到了对方这封突如其来的信。

令裴文中费解的是，怀特莫尔在信中说："当去年冬天在东京的时候，我曾努力寻找中国猿人遗骨的线索，但是不能这样做。"这最后一句话是什么意思呢？他为什么不说自己在东京的寻找没有成功，或者说他在东京的寻找失败了，而偏偏要说"但是不能这样做"？

很显然，怀特莫尔有其苦衷和难言之隐，那么这苦衷和难言之隐又是什么呢？

当时怀特莫尔的身份是美军总部军事地质组的代理组长，并受美国国务院之命和洛克菲勒基金会双重委托，在日本寻找"北京人"不仅名正言顺，且完全可以做到畅通无阻。可为什么他又"不能这样做"呢？是谁，或者是什么原因迫使他"不能这样做"？为什么开始让他专程去日本"做"，后来又"不能这样做"了呢？

在致裴文中的信中，怀特莫尔对他在日本查寻长谷部言人和高井冬二的情况只字不提，这又是为什么？他到底见没见到长谷部言人和高井冬二？如果相见，这两人对"北京人"的下落如何说？若是没见着，为什么？难道也像盟军总部回答李济一样，是"住址不明"吗？很显然，从寄来的清单看，盟军总部已经从东京帝国大学索取到了许多有关"北京人"标本的研究材料，而要取得这些材料，是不可能越过长谷部言人和高井冬二的。而既然找到了长谷部言人和高井冬二，"北京人"的下落问题就应该会有一个说法，即使长谷部言人和高井冬二避而不谈，怀特莫尔也将设法让他们敞开嘴巴说个一二。不可思议的是，为什么怀特莫尔避而不谈有关长谷部言人和高井冬二的一切情况，只简单而含蓄地说他"不能这样做"？这句很微妙的话，究竟传递了什么意思，传递了怎样的心境呢？其背后隐藏着什么不可言语的秘密？

据悉，盟军在东京帝国大学发现有关"北京人"的材料后，美国曾经特派专人代表洛克菲勒基金董事会去东京做了秘密接收，事后对外宣称，只接收了一些拍摄周口店的电影片。美国派去接收的人是谁？外界毫无所知。派去接收的人到底接收了什么东西？外界更不清楚。而在接收的那些东西中到底有没有"北京人"？除了接收者和少数圈内的密谋者，圈外人士便不得而知了。

裴文中反复看了怀特莫尔的信，脑子里闪烁不尽的是一个又一个问号。

不过，根据怀特莫尔的建议，裴文中还是决定尽快与美国陆军中校善克取得联系。

善克是盟军军事地质调查组的组长。此前，威洛比少将接到中国代表团团长朱世明递交的《备忘录》，迅速转交给了善克中校，并明确指示将由其负责调查"北京人"以及与其相关化石的下落。与此同时，在魏敦瑞的反复请求下，美国政府联邦调查局也开始协助善克中校全力寻找"北京人"。因而，裴文中与善克取得联系就显得极其重要。

于是，中国人去日本寻找"北京人"的故事刚刚结束，由美军善克中校牵头寻找"北京人"的行动，又秘密拉开了序幕。

据美国方面保存的资料表明，善克中校是个精明干练的军人。受领任务后，他很快组织起一个调查组，并按照拟定计划开始了行动。善克首先率领调查组仔细研究了由盟军总部转交的有关"北京人"的若干资料与情报，接着又对日本侦探锭者繁晴自杀前书写的关于搜寻"北京人"的备忘录进行了一番研究。

当对"北京人"失踪的前后情况有了一个大致了解后，

关岛的美军

善克中校经过详细考虑，决定首先赶往关岛美军医院。

1941年12月中旬，被俘的美国驻华北海军陆战队被日军分别从北平、天津送往上海江湾战俘营，不久，又被转送到了北京丰台的一个集中营。艾休尔斯特上校同他忠诚的海军陆战队队员在上海江湾和北京丰台度过了艰难的一年零七个月之后，又被日军于1943年9月，分两批押往日本。而后，艾休尔斯特上校和一部分海军陆战队官兵被送到了日本北部的一个废铁矿，在日军严密的监视下从事挖掘铁矿石的苦力。而另一部分美军则被送往冰天雪地的北海道继续关押。

战争结束后，关押在日本集中营的战俘陆续遣返回国。美国前驻华海军陆战队由于长时间被关押和日军的折磨，四分之一的队员已死于非命，剩余人员则因痢疾等疾病导致其他各种慢性疾病发生，个个生命垂危。于是，美国军方决定，前驻华海军陆战队在遣送回国之前，先将其送往关岛美军医院接受治疗。

善克中校一行抵达关岛后，便驱车直奔美军医院，并很快找到了正在医院疗养的前美国海军陆战队的艾休尔斯特上校和大部分前驻华海军陆战队的队员。善克没有想到，才短短几年，罪恶的战争竟使艾休尔斯特上校完全变成了一个白发苍苍、精神恍惚的干瘪老头。而眼前这些活下来的海军陆战队队员，也个个瘦骨嶙峋，面无血色，目光呆滞。尽管残酷的事实已向世人表明，这是一支饱受战争磨难与创伤并且已经完全垮掉了的队伍，但若是用标准的军人眼光来审视，艾休尔斯特上校和他的士兵们那一双双充满血丝的眼中偶尔透射出来的些许光芒表明，他们仍不失为一群优秀的美国军人。

"艾休尔斯特上校，请允许我向您表示诚挚的问候。"善克中校一脸真诚地说。

艾休尔斯特上校苦笑了一声，对人世间的一切似乎早已大彻大悟，他平和地说道："没什么，作为一个军人，命运就是如此。"

"我这次专程赶来，是为寻找丢失的中国'北京人'化石，我知道这批珍贵的化石是由您的部下经手押运的，希望上校把您所知道的情况尽可能说得详细一些。"善克中校说完，打开了事先准备好的录音机。

然而，艾休尔斯特上校的回答却有些出乎意料，他既没说出什么惊天动地的故事，也未提供什么新的有价值的线索，回答的内容与四年前在北平给锭者繁晴的说法大同小异。他只承认自己受美国公使馆的委托,派部下到协和医学院取走了"北京人"化石并运往秦皇岛。至于具体方案、办事经过、转运途径、存放地点、最后去向等等,他一概不知。

善克中校大失所望。

"艾休尔斯特上校,"片刻,善克中校又问道,"您作为驻北平海军陆战队最高长官,为什么对'北京人'的转运没有负责到底呢?"

艾休尔斯特上校一下子激动起来,似乎有什么东西触动了他的痛处。也许是为了证明自己刚才所说的真实性,他大声强调说:"那时天要塌了,后来也真的塌了,作为一名军人,一名美国驻北平海军陆战队最高指挥官,大敌当前,我要竭尽全力去维护我的部队,支撑危急的局面,而不可能一门心思地去看管那些死人骨头!"

二人的谈话,只得到此结束。虽是不欢而散,倒也十分坦诚。

根据艾休尔斯特上校提供的线索,善克中校又在医院里找到了曾参与"北京人"化石转运的美国海军陆战队队员斯耐德尔上士——前文日本侦探锭者繁晴曾经找过的那个美国士兵。

两人见面是在一个晚上,窗外繁星密布,还有一轮似圆非圆的月亮,整个关岛沉浸在战后的寂静之中,很容易让人想起许许多多有关生生死死的事情。这个在北海道历尽苦难总算幸运地活下来的美军上士,在接到医院有关部门通知十分钟后,便一瘸一拐地来到医院的会客室。

善克中校一见上士,便热情地把手伸了过去。上士放下拐杖,顺便接住了善克中校的手,嘴里却吝啬得没吐一个字,表情也显得出奇地平静。

中校直截了当地提起了"北京人",上士认真听着,一言不发。当中校第三次提出希望对方谈谈他的亲身经历时,斯耐德尔才抬起头来,专注地望着窗外,而后晃动着有些肿胀的脑袋,慢慢悠悠地开始了他的讲述。那音调,那表情,那感觉,既像是一个诗人在对着皎洁的月亮朗诵自己的忧伤动人的诗篇,又像是一个老到的小说家在讲述自己某部书稿的构思,总之有关"北京人"的这段故事,他似乎在关押期间便打好了腹稿且背得滚瓜烂熟。

斯耐德尔说道——

1941年12月4日上午10时,奉上司的指令,我和杰克逊下士驾一辆卡车前往北平协和医学院拉东西。至于拉什么东西我们不知道,也没有过问,因

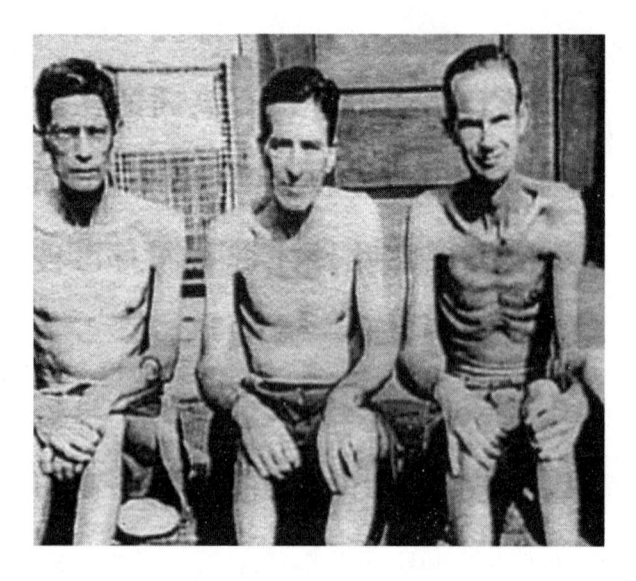

关岛医院的美军，中为斯耐德尔（美国自然历史博物馆提供）

为在这之前许多美国驻北平机构都在忙着向外抢运东西，海军陆战队兵营也有大批物资开始运往秦皇岛港。因此这次去协和医学院，对我们来说没有什么特别和例外，一切都是自然的事情。

当我们开车走出海军陆战队兵营时，天空布满了阴云，不时飘落下零星的雪花，雪花落到车窗玻璃上很快就融化了，并不影响我们的视线，更不会影响我们要做的事情。我们驾驶卡车从东交民巷向东，然后转弯向北进入王府井大街，最后驶进协和医学院。我们向协和医学院总务长博文先生说明来意，他让我们将车靠在医学院运货口的装卸台上，那些东西早就堆积在装卸台上等待我们了。

卡车的尾门放下后，医学院的苦力开始将台上的板条箱和包装箱向车上装。由于我在车上指挥装箱的位置，所以就注意到两个带圆铜锁的红木箱，并指挥苦力把这两口箱子放在了车厢的最后边。现在看来，那两个箱子装的也许就是"北京人"化石。

车装好后，我坐进驾驶室，杰克逊坐在车厢里以便监视，防止万一出现差错。

当我们返回海军陆战队兵营时，大家已经开饭了。

"怎么才回来？"麦克·里迪中尉端着饭盒听完我的汇报后有些不高兴地问。

"箱子太多，医学院的那帮苦力又不肯卖命，总是磨磨蹭蹭，真他妈见鬼。"我答。

麦克·里迪中尉点点头，说："快吃饭吧，吃完饭准备

第七章 全球寻找"北京人"

卸车。"

我们吃完饭后,发现一群士兵正在麦克·里迪中尉的指挥下卸车。卸下的箱子分别用红色油漆写上了艾休尔斯特上校、罗宾逊中校等海军陆战队军官的名字。至于为什么要这样做,我们不清楚,也没有去问中尉。不许随便问上级的规定,是美军的纪律,这你是知道的。

箱子上的名字写好后又重新装上了车,并用油布盖好,因为这时天空仍飘荡着雪花。当我们要回营房休息时,麦克·里迪中尉走过来说:"斯耐德尔和杰克逊,你们两个明天早上7时,押送运载这一车物品去秦皇岛,下午赶返北平的火车回来向我报到。"

尽管我们不愿意执行这项无聊的差事,但还是答应了下来,因为作为军人只有服从命令。这天夜里,雪开始下大了。第二天早晨,大雪依旧下个不停,卡车的油布上足足积了两英寸的雪。我们将车上的雪扫掉后,急忙钻进了驾驶室,卡车在艾斯顿中士的驾驶下很快来到前门火车站。和我们一起出发的还有一辆装载海军陆战队兵营物资的卡车。

火车站的苦力把两辆卡车的东西卸下后,又装上了北平至秦皇岛的列车。列车的第八节和第九节车厢归我们海军陆战队专用。

大约一小时之后,火车出了前门车站向秦皇岛方向驶去。我和杰克逊还有另外两名海军陆战队队员怀抱卡宾枪,爬进各自的车厢开始执行这趟押运任务。没有暖气的闷罐车厢里,湿漉漉的,冷得让人直打哆嗦,尽管我们戴着毛皮手套,但手指还是很快被冻僵了,几乎握不住枪柄。路上的积雪时常将列车堵住,为了扫除障碍,火车不得不多次停下来等待铲除轨道上的积雪,直到黄昏的时候才总算到达秦皇岛。

借助港内专管搬运的苦力,我们监督把物品从车上卸了下来,再用小车推进货栈和瑞士仓库。这时从天津和北平运来的各种包装箱已堆成了山,整个港内几乎每一个角落都放满了,它们都在等待美国邮轮"哈立逊总统号"的到来。

我们总算去掉了一件心事,只是下午去北平的列车早就开走了。回营房已不可能,我们只好搭乘一辆黄包车,来到秦皇岛美国海军陆战队霍尔库姆营地过了夜,第二天才返回北平……

善克中校听完斯耐德尔的叙述,和同行交换了一下眼色,又沉默了大约两分钟,然后才问道:"你确实在霍尔库姆营地住过一夜?"

"是的,这不会有错。"上士答。

"从日本侦探留下的资料看,此事你并未向他提起过?"

"是的。我今天向您所讲的故事,从来都没向任何人提起过。如果您不是出于一种公心,如果您不是专程远道而来,如果您不是一名称职的美国军人,那么,对不起,您也将永远听不到这个动听的故事。"

"那个叫杰克逊的下士现在还在医院吗?"

"他在北海道患了肺炎,死了。"

"什么?死了?"

"是的。杰克逊下士死了,还有麦克·里迪中尉,也死了。不过,他们所知道的,我全说出来了。对不起,中校先生,整个过程就是这样。"上士结束了他的精彩叙述。

善克中校似乎很不甘心,又追问了一句:"你认为'北京人'的失踪,会出在哪个环节上?"

"这该死的'北京人',我想……是在秦皇岛出的问题,而不是在这之前。"斯耐德尔上士摇晃着浮肿的脑袋说完后,马上转入沉默,不肯再说哪怕一个字。善克中校点点头,对上士的合作表示谢意,而后搀扶着他走出会客室的大门。

当晚,善克中校一夜难眠。他把斯耐德尔上士的话回味一遍,认为对方提到的霍尔库姆营地倒是一个新的线索。那么问题会不会出在霍尔库姆营地呢?

第二天,善克中校又找来几个曾驻秦皇岛霍尔库姆营地的海军陆战队队员,希望能从他们嘴里再掏出一些新的情况。但这几个美国士兵对"北京人"丢失的事似乎并无兴趣,他们想的只是如何尽快回国和家人团聚,因而当得知中校是为寻找"北京人"而来时,都表现出一副十分扫兴的样子。

"我请你们来,是想谈谈1941年12月8日前后霍尔库姆营地及港内的情况。"中校的话说得很诚恳。

"我们只是从窗子里看到日本兵在港区乱翻乱砸,有关'北京人'转运的具体情况,我们一点也不清楚。因为我们很快就被俘了,先是被关在营区,后又被押到天津。至于'北京人'的骨头,我们从来就没有见到过……"

几个士兵对中校的提问漫不经心地敷衍几句后，再也无话可说。中校又问了几个无关痛痒的问题，感到再也问不出什么来了，便草草结束了与士兵们的对话。

但善克中校是一个办事执着的人，他的调查并未到此结束，他又坚持在关岛美军医院查询了一个星期，当感到确实找不到新的线索后，才决定离开此地，转赴北平协和医学院做一些更详尽的调查。于是，善克中校把在关岛调查到的情况做了一番详细的分析记录，又率领他的调查小组匆匆飞往中国北平。

此时的北平，已是一派深秋景象。

抗战结束后的北平协和医学院，从长期蛰伏中醒来，又焕发出了原有的活力。当年一些被关在集中营里的医务人员与职员又陆续回到了自己的工作岗位，虚弱的身体经过战后的营养补充，又变得精神焕发起来。人们几乎全都陶醉在战争胜利后的兴奋和喜悦之中。

中国和日本——战胜国和战败国，毕竟是两种氛围，两种感受。善克中校一踏进协和医学院的大门，便有一种轻松之感。

善克中校要找的第一个人，自然是总务长博文。

博文在经受了日本人三年零八个月无端的关押和折磨后，总算活着重新坐在了他的那把交椅上，只是身体大不如前，精神也时常出现恍惚。善克中校和他只谈了一会儿，便认定博文所讲的问题几乎全是重复的话题，过时的新闻外加一些神经质的胡言乱语。

中校很快又找到了息式白小姐。这个风流女人与博文一样，曾在日本人手中经历了一番急风暴雨般的摧残蹂躏，如今随着战争的结束，也宛若寒冬过后的一束玫瑰，在不知不觉中又恢复了昔日的芬芳与情致。

与关岛的伤兵们不同，面对善克中校英俊的面孔和儒雅的谈吐，息式白很乐意向这位她眼中的"英雄"谈一谈她所经历的"美人受难故事"。当一段开场白讲完，善克中校插话道："息式白小姐，你说装'北京人'的箱子里面塞的是刨花，而不是脱脂棉，是吗？"

"是的。我听说是这样。"息式白答。

"你所见到的那口木箱到底有多大？是什么形状？你能向我准确地描述一下吗？"善克中校像一个小学生，以温和的口气问道。

"箱子大概是这样的——"息式白小姐张开手臂，在胸前比画了一下。

"箱内的尺寸是不是18 cm×20 cm×247 cm？"

"如果我没记错的话，应该是这样。"息式白答。

"那么箱外的尺寸和箱子的重量又是多少呢？"

"这个我不清楚。"

"箱子上锁的形状、颜色，你还记得吗？"

"好像是……记不清了。"

"你有没有注意到箱子上写有什么记号之类的东西？"

"好像没有。"

"比如，写有艾休尔斯特上校或其他人的名字什么的？"

"这个我不敢肯定，但我想不会有。"

"听说你和日本侦探锭者繁晴到天津瑞士装卸公司的仓库走了一趟？"

"是的。"

"那么你认为日本人在天津到底找没找到'北京人'呢？"

"不知道。也许找到了，也许没找到。反正从那之后，日本人好像就再也没有找过'北京人'，也没有再找我的麻烦了。"

　　善克中校与息式白就"北京人"转移的一些细节问题进行了探讨，遂离开协和医学院，开始对胡顿与中国方面的裴文中等人员进行问询，而后又像当年日本侦探锭者繁晴一样，直赴秦皇岛，再去天津城。当该找的人找了、该去的地方去了、该查的疑点查了，所有的调查都到了该终止的时候，善克中校依然没有找到要找的"北京人"。最后，善克中校再度找到裴文中，将上述情况做了说明，带着万分沮丧和遗憾的心情离开了中国。

　　回到美国后的善克中校，马上着手为盟军总部和美国联邦调查局写了一份寻找"北京人"的备忘录。在这份备忘录中，善克详细地叙述了自己搜寻"北京人"的前后经过，以及对"北京人"失踪这一悬案的分析与思考。其中，他认为有的问题是个盲点，有的问题是个问号，有的问题是个死结，有的问题简直就是说不清道不明、稀里糊涂纠结在一起的一团乱麻线。但最后他对"北京人"去向的推测是：或者"北京人"根本没有运到秦皇岛便已丢失，后来被日本人找到；或者"北京人"早已在日本人的枪托和皮靴下化为一堆碎骨。二者相较，第一种可能性较大。

无论何种推测，美国中校和日本侦探的结果最终都是一样：没有搞清"北京人"的下落和去向。不同的是，美国中校没有像日本侦探那样剖腹自杀罢了。

1947年年初，曾任中国代表团团长的朱世明将军接到了由盟军总部转来的关于善克中校调查"北京人"的备忘录副本。朱将军匆匆阅罢后，立即呈送国民党政府，并要求由中国政府组织一个专门调查小组，继续对"北京人"实施调查，同时继续与盟军总部交涉并对日本方面施加压力，以便尽快弄个水落石出。

然而，此时受时局影响，关于"北京人"的追查与交涉又延缓下来。

而这时，大洋彼岸另一个著名的古人类学大师，也在与死神的艰难对抗中，万分焦急地等待着哪怕任何一点有关"北京人"下落的消息。

魏敦瑞的遗愿

1948年7月22日，纽约上空阴云密布，暴风雨即将来临。

著名的古人类学家、地质学家魏敦瑞大师躺在纽约医学院附属医院的病床上，两眼直直地望着天花板，一动不动，犹如一尊静止的人体雕像。此时，自知病入膏肓的魏敦瑞，是那样不愿就此撒手归天。

自七年前那个落日的黄昏，大师得知"北京人"失踪的消息后，内心一直忐忑不安，开始绞尽脑汁采用各种方式帮助寻找"北京人"。抗日战争胜利后，他准备重返中国，亲自到那片曾经生活和工作过的土地上寻找"北京人"的下落，想不到中国很快又坠入了内战的汪洋大海之中。即便如此，大师也始终心有不甘，1947年和1948年上半年，他还连续两次给美国政府有关部门写信，打听"北京人"的详细情况并希望能派他的助手、著名的古人类学家费尔塞维斯前往日本寻找。可惜他的助手未能成行，"北京人"的下落依然没有明确的说法。后来，费尔塞维斯终于到了日本，并在日本帝国博物馆发现了古老的梭罗人（Solo Man）化石并公布于世。魏敦瑞深受鼓舞，立即拖着病重的身体找到华盛顿当局，请求派他和另外几名助手一起去日本寻找"北京人"。

遗憾的是，他的请求受到了当局的冷遇，魏敦瑞心情郁闷，身体渐渐垮了下来，直到病重住院。

大师的病情越来越重，他满目晕眩，体内有一股说不出的炙痛。魏敦瑞深知属于自己的生命时光已经不多了，在他看来，这个世界上的任何事情都可以舍弃，唯有一件事情却实在无法舍弃，这就是寻找"北京人"。此前，他曾写过数封信函致美国政府和东京盟军总部，强烈要求美国当局和盟军方面组织有效力量搜寻"北京人"，但迟迟没有接到回复。现在，在撒手归天之前，唯一可做的一件事，就是向政府发出最后的呼吁。

于是，在那个暴风雨即将来临的夜晚，魏敦瑞招呼身边的医护人员，将他从床上慢慢搀扶到写字台前，然后勉强撑起身体，用颤抖的手握住笔，一字一句地给美国政府写了他生前最后的一份报告，强烈呼吁政府想法继续寻找"北京人"，内容如下：

内政部：

在科学上有着重要研究价值的珍贵的中国周口店遗址出土的"北京人"化石，自1941年12月太平洋战争爆发后神秘失踪，至今下落不明。它的丢失是洛克菲勒基金会以及世界古人类研究科学上的重大损失和不幸。凭我的预感，这些化石可能在日本人的掌握之下，并很好地匿藏在某个地方。上月，美国地质调查所费尔塞维斯先生，成功地在日本帝国博物馆发现了太平洋战争中日军从印度抢掠的梭罗人化石。这个发现再次提醒我们，"北京人"的发现仍为时不晚。

为此，建议内政部成立一个"北京人"化石调查小组，由富有经验并熟悉情况的费尔塞维斯先生率领重返日本国土，进行不同于以往任何形式的探寻。如"北京人"能重新面世，那么美国政府的行动，无疑将对世界科学做出重大贡献，全世界的古人类研究者都要感谢美国政府在日本人的魔爪下，拯救了人类这伟大的财富。

当然，在这个计划不能实现时，恳请与东京盟军总部联系，以尽可能的方式查找到"北京人"的下落，拯救这一人类珍宝，并使之物归原主。

魏敦瑞　7月22日

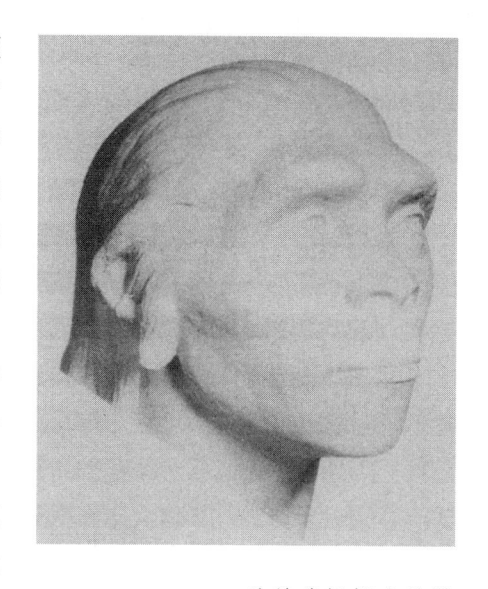

第七章　全球寻找"北京人"

魏敦瑞写完这份报告的第三天，便与世长辞了。这位把毕生精力都献给了古人类学的世界级大师，在生命的最后昏迷时刻，念念不忘的仍是中国的"北京人"。在他留下的遗嘱里，没有金钱的纠纷，没有财产的分割，没有女人的缠绵，没有子女的嘱托，唯一的遗嘱，就是请求美国自然历史博物馆古人类学部主任哈里·夏皮罗博士继续与同行寻找失踪的"北京人"。

魏敦瑞撒手归天后，他忠诚的朋友兼同事夏皮罗博士恪守了大师的临终遗言，他通过与军方关系较好的博物馆同事怀特莫尔与东京盟军总部联系，以探听关于搜寻"北京人"的最新消息，同时也了却魏敦瑞临终前的一桩心愿。

魏敦瑞根据头骨模型所塑造的"北京人"女性复原像局部（美国自然历史博物馆提供）

1948年9月，怀特莫尔收到了盟军总部的一份备忘录的副本，告之"北京人"搜查的事实。这份文件的正本将送达中国驻日代表团。全文如下：

盟军总部致中国驻日代表团备忘录
盟军总部民间财产管理组
APO 500

386.6（1947年9月7日）CPC/1P 1948年9月18日
备忘录　致：中国驻日代表团主席
主旨：所谓"北京人"化石骨骸
1. 相关文件见中国驻日代表团致民间财产管理组备忘录"请求进一步调查'北京人'"，文件编号RC/476，1948年8月2日。
2. 本组1947年9月7日收到了美国自然历史博物馆怀特莫

```
                GENERAL HEADQUARTERS
            SUPREME COMMANDER FOR THE ALLIED POWERS
                  CIVIL PROPERTY CUSTODIAN
                          APO 500

386.6 (7 Sep 47)CPC/lp
                                          18 September 1948
MEMORANDUM FOR:  Chairman, Chinese Reparations and Restitution Delegation
SUBJECT:     Fossil Bones of the So-called "Peking Man"

     1.  Reference is made to memorandum for Civil Property Custodian, Ref.
No. RC/476, 2 August 1948, subject, "Request for Further Investigation on
the Sinanth Ropus Pekinensis," from the Chinese Reparations and Restitution
Delegation.
     2.  On 7 September 1947 a letter was received from Mr. Walter Fairservis
Jr., American Museum of Natural History, writing for the China Medical Board
and Dr. Franz Weidenreich of the Department of Anthropology of the American
Museum of Natural History, which contained the information contained in
reference 1 above.
     3.  The Japanese Government was directed to make an investigation in
regard to the disposition made of subject fossil bones and reported that no
information could be obtained.  A copy of the report submitted by the Japanese
Government is inclosed.
     4.  It has come to the attention of the Civil Property Custodian that,
at intervals, the newspapers throughout Japan give publicity to the missing
"Peking Man" in an effort to obtain information and thereby foster goodwill
between China and Japan through scientific channels.
     5.  If any additional information is received on the matter, it will be
forwarded.

1 Incl
  C.P.B. No. 179,
  4 Mar 48
                                         PATRICK H. TANSEY
                                         Brig Gen, USA
                                         Custodian
```

盟军总部致中国代表团备忘录（贾兰坡提供）

尔先生的信，信是为中国卫生署以及该馆人类学部魏敦瑞博士写的，信中含有上面相关文件中的内容。

3. 日本政府受命对北京人化石骨骸的处置情况进行调查，但他们报告说未获得任何情况。日本政府呈交上来报告的副本附上。

4. 民间财产管理组已经注意到全日本报纸都在时时报道遗失的"北京人"的消息，以期获得更多的线索，并通过科学渠道促进中日两国友好。

5. 一旦得到有关"北京人"化石的新情况，定将立即转告贵方。

民间财产管理组
美军准将
帕特里克·H. 坦西（Patrick H. Tanscy）

[附件]

日本外务省关于调查"北京人"化石骨骸经过的报告[②]

东京

致：盟军总部民间财产管理组

发自：外务省民间财产局

主旨：所谓"北京人"化石骨骸

C.P.B.179号　1948年3月4日

1. 相关文件：

250

a. 民间财产管理组备忘录，文件编号293（1947年10月7日）CP/FP，主旨同上。

b. C. L. O.备忘录，文件编号8864（RP），1947年11月13日，主旨同上。

2. 复员局对主旨所指之事报告如下：

a. 本局所作调查显示，1941年12月在秦皇岛及其周围驻扎的日本部队是第27师团之第15联队。由于有关材料丢失，该部队人员姓名和现在的地址不详。

b. 未查清该部队是否与"北京人"化石遗失案有关。

c. 复员局对下列人员进行过询问，没有获得任何与化石骨骸遗失案及备忘录相关文件a第三节a、b、c所指各项有关的情况。

（a）Yuji Nakamura中佐，前华北派遣军参谋；

（b）Masato Tsukamoto中佐，同上；

（c）Takeji Shimanuki中佐，同上。

3. 遗憾的是，根据现有情况无法进行更深入的调查。

外务省民间财产局

Yuzo Lsono

盟军总部的备忘录既宣告了一个事实，也表明了一种态度，而无论是"事实"还是态度，都令中国人和世界一切关注"北京人"下落的正义人士感到郁闷、沮丧又无可奈何。而这个时候，中国境内国共内战正酣，已到了生死攸关的紧要关头。著名的辽沈战役已经开始，林彪指挥的部队与国民党大军在东北地区展开血战，平津震动。国民政府控制的东北与华北地区即将全面崩溃，淮海战役也即将全面展开。在狼烟四起、血流涌动、人头翻滚的中国大地，一个新时代即将来临。在这个新时代即将来到的前夜，无论是国民政府的军政大员还是普通百姓，所关注的是自己是否还能有幸在这个纷乱的世界上存活，至于"北京人"的人头下落如何，是被藏匿还是被毁掉，或真的被日本大兵的皮鞋踩成碎片化作泥土，则无人顾及与理会了。珍贵的"北京人"再度引起世人的注意和搜寻，则要等到之后了。

注释：

①因本书写作时间较早，部分行政区划如今已发生改变，为尊重作者原意，书中部分地名以作者写作时的行政区划为准。——编者注

②引自中国第二档案馆《"北京猿人"骸骨化石失踪及追查经过（下）》，载《民国档案》1996年4期。原件为英文，文俊雄译。

第八章 再掀波澜

寻找祖先

中美科学家大论战

1951年3月21日，香港左派报纸《大公报》发表了如下文章：

"北京人"被劫运美国
裴文中根据种种事实判定美日勾结掠夺我无价之宝

【本报北京通信】"北京人"的发现者裴文中博士发表谈话，根据种种迹象，证明美国政府已将中国人民的无价财宝之一的"北京人"从日本运到美国。

……………

这个保存完整的"北京人"头骨，是1929年在河北省房山县周口店发掘而得，我们可以骄傲地说，它是中国人民无价的财宝之一，因此，也就自来为帝国主义者所垂涎。七七事变后，它被留在北京协和医院，太平洋战争爆发时，辗转流落，

1951年3月21日《大公报》发表的文章

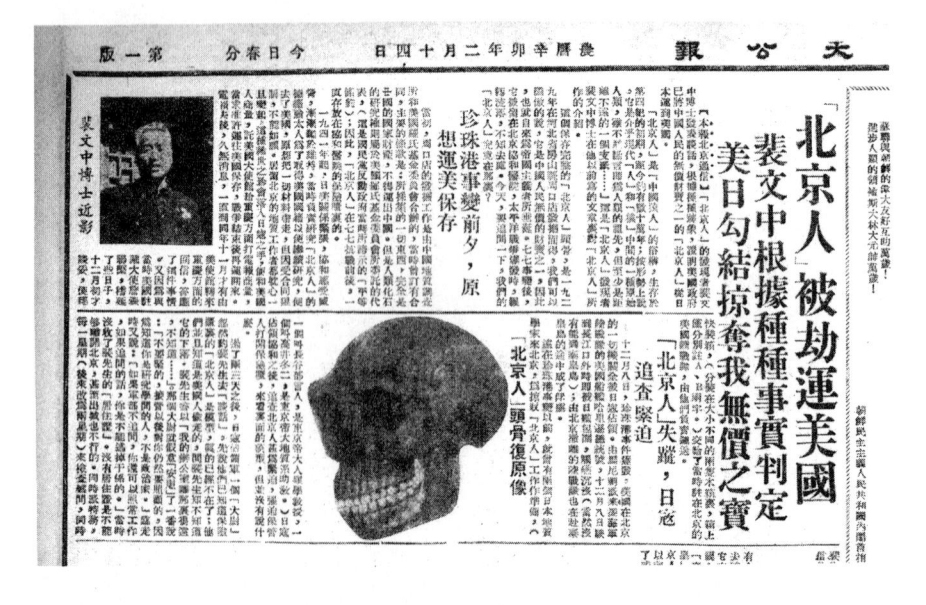

第八章 再掀波澜

不知去处。今天，要追问一下，我们的"北京人"究竟在哪里？

根据以上的情形看来，日本人是在天津真的找到了"北京人"，不愿宣布，运到东京去了。因为自从说在天津找到了"北京人"之后，虽然后来又加否认，但以后永远没有再因"北京人"的事找过裴先生（1943年裴文中先生被捕受刑，关了五十多天，也与此事无关）。再说，查找"北京人"之时与"北京人"失踪时相距不久，押运"北京人"的美国海军陆战队都被关在丰台集中营里，日本人一定可以查询"北京人"失落的地方（北京至秦皇岛之间），他们那时统治了华北，自然能够由那个地方把"北京人"找到。因此，若干迹象证明，"北京人"已在美国。

日本投降后，路透社和国民党反动派的中央社，曾两次宣布说，"北京人"已在东京发现，并由日本人交给麦克阿瑟总部。但麦克阿瑟总部交给国民党反动派"军事代表团"团长朱世明的，只是一些毫无价值的破模型和照片、账本等。

……这个把戏是很容易戳穿的。第一，日本人不会把毫无价值的"北京人"模型和照片送给麦克阿瑟总部（"北京人"的模型曾制作了若干份，分送给世界各国，所以模型并不是极珍贵的）。那个地质学者（南按：指美国的怀特莫尔），前后都给裴先生来了信，中间一段却总无回音，也就说明其中的诡计了。我们相信，日本人找到了"北京人"后秘而不宣，后来被麦克阿瑟总部"接收"，就运到美国纽约去了……

国民党反动派对这个中国人民的珍宝是漠不关心的。裴先生当时曾托"军事代表团"中的李济在东京查问长谷部言人和高井两人，麦克阿瑟总部的答复是，长谷部言人在乡下住，不知详细地址，高井虽然是在东京，但"住址不明"，"无法查找"。而我们知道，长谷部言人是"学士院"的副院长，高井当时是东京帝大讲师，裴先生的学生在东京都曾见过他们。因此，日帝与美帝所表演这套"双簧"是极为拙劣的。

但是，中国人民是一定要把"北京人"追个水落石出，追到物归原主的。裴先生说，"北京人"是中国科学工作者的辛苦所得，个人对它的重视有如生命，在沦陷时期，曾不顾性命地来保卫它。在过去，"北京人"被日帝和美帝合谋掠夺而去，我们虽然气愤万分，却没有办法。现在只有尽力支援抗美援朝运动，在朝鲜以及亚洲赶走美帝并希望对日全面和约的早日缔结，我个人愿意到东京或纽约去尽一切力量使"北京人"回到祖国的怀抱！

这篇充满了强烈政治色彩，而且在逻辑推理上尚欠严谨，措辞上也显粗糙的口号式文章，却透出了一个爆炸性信息——日美暗中勾结，已将"北京人"从日本偷偷运到美国纽约去了！

这个消息可谓横空出世，对全世界一切关心"北京人"的人士来说，无异平地爆响了惊雷。未等关注者从惊雷的冲击波中回过神来，另一篇发表在红色中国《人民日报》上的文章，又将美国政府和美国自然历史博物馆的哈里·夏皮罗推到了审判席上——

帝国主义野心毕露
珍贵的"北京人"化石在美国发现

最近，一位共产党员去美国旅行时，在美国自然历史博物馆发现有古人类头骨化石正在展出。这位共产党人经过向该馆的一位人类学家了解，惊奇地得知展出的头盖骨化石，正是中国1941年丢失的"北京人"头盖骨。

"北京人"头盖骨是1929年由中国科学家裴文中在北京南部的周口店发现的，经科学家研究鉴定，距今已有五十多万年的历史，是亚洲发现的最古老的人类化石，在科学上有着极其重要的意义。"北京人"被发现后一直被保存在协和医学院的地下室内。1941年12月，日美两个帝国主义之间矛盾加剧，狗咬狗的战争即将爆发。为占有珍贵的"北京人"化石，暗藏在北京协和医学院中的美帝国主义分子，偷偷将化石运出北京，然后潜逃到美国，在自然历史博物馆隐藏起来，企图躲避中国和世界人民的查询。

然而，中国和世界人民的眼光是雪亮的，狐狸再狡猾也逃不过好猎手，"北京人"在失踪近十年后，终于被正义的人民群众发现。

"北京人"是中国的国宝，被美国长期霸占达十年之久，充分显示了美帝国主义的狼子野心。对于这样的侵略行为，中国人民一千个不答应，一万个不答应，我们一定要让"北京人"化石物归原主。

作为美国自然历史博物馆古人类学部主任和古人类学会副主席的夏皮

罗，看到这篇报道后，先是大吃一惊，然后是叫苦不迭。他感到很冤枉，尽管报道没有指名道姓，但作为该馆古人类学部的负责人和魏敦瑞生前的好友兼托命之人，他觉得自己有责任站出来向世人解释，以为本馆的声誉正名。

于是，夏皮罗立即撰文在1951年3月27日的《纽约时报》发表。其主要观点是：本馆从来没有展出过"北京人"化石，也未隐藏什么所谓"北京人"头盖骨。关于美国自然历史博物馆占有"北京人"并进行展出一事，实为有人造谣惑众，不置信服和推敲。试想，如果美国自然历史博物馆对它们展览或进行科学研究，无异于向世人展示自己的盗窃行为。如果说归我自己私人占有，那么一个人拥有如此著名的东西能做何用？并且它们并不具备什么艺术价值，以供我独自把玩欣赏。对此我不愿再说什么，只等将来的事实站出来说话。

位于纽约繁华位置的美国自然历史博物馆

因了夏皮罗的"辟谣"，美国的一些媒体立即跟进，纷纷站出来为美国政府和自然历史博物馆辩解。

但一波未平，一波又起。

1951年10月26日，时为中国科学院编译局局长、著名古人类学家杨钟健收到德国柏林洪堡大学古生物学家柯耐博士寄来的一封信，内容如下：

亲爱的杨博士：

今年春天，在伦敦大学学院动物系教员休息室进午后茶点的时候，英国伦敦大学生物系主任、脊椎古生物专家华特生告诉我们说，周口店的头盖骨现在美国自然历史博物馆里，那是在魏敦瑞死前送去的。华特生上次去纽约时，看见那个标本在魏敦瑞的手里。……这个标本是一个美国兵由日本皇家博物院中抢掠去的……我不知道你是否早已知道这个消息，我听说的时候却大为吃惊。当时以及以后我都不曾向华特生问过这个问题，只是立刻把它记在笔记本里了。根据华特生的谈话，我可以断言那消息是正确的。

致以最诚挚的问候！

柯耐　谨启
1951年10月16日

杨钟健是周口店遗址发掘最早的组织者之一，对此事当然格外关心，看了柯耐的来信，真是又惊又喜、又气又恨。惊喜的是失踪了长达十年之久的"北京人"，今天终于有了确切的下落；可恨的是这些美帝国主义分子居然是道貌岸然、卑鄙无耻的伪君子——明明窃走了中国的"北京人"，还故弄玄虚、装模作样、贼喊捉贼地满世界帮着中国叫喊，真是混蛋透顶。想到此处，杨钟健立即打电话把裴文中叫到办公室观看信函，并决定迅速将此事向上级有关部门报告。

时值朝鲜战争最紧迫的时期，中朝军队在朝鲜半岛上与以美国为首的联合国军搏杀得死去活来，呈胜负难分的胶着状态。在一时无法考证此信真伪的情况下，中国科学界本着宁肯信其真、不肯信其假的信条，配合当时的政治形势，向美帝国主义展开了口诛笔伐。

1952年1月1日，《人民日报》第三版发表了杨钟健与裴文中合写的文章。全文如下：

控诉美帝国主义者的无耻盗窃行为
杨钟健　裴文中

我们得到确实消息，我国珍贵文物，中国猿人（俗称"北京人"）的标本，已经在纽约的美国自然历史博物馆中发现了！这个消息的发表，再度暴露了美国帝国主义的无耻的盗窃行为，再度撕毁了侵略者的虚伪面具，同时

第八章 再掀波澜

也教育了我们全中国的人民，更深刻地、更清楚地认识了帝国主义的卑鄙欺骗的行为。

从1941年以来，中国猿人的标本，在世界上的学术界中，都传说着，是"遗失"了。由于这份标本关系了人类发展史的研究，证明了恩格斯的"劳动创造了人"和达尔文的进化学说，所以，全世界和平民主的人民，都同声惋惜。……我们中国人民更因失去了这样珍贵的文物而倍加惋惜，痛恨过去国民党反动政府的腐败和忽视文物。

我们从所谓"遗失"之后，就猜疑中国猿人的标本，是日本帝国主义在占领北京的时候由北京劫夺去的。由种种迹象来看，我们更确信1945年日本投降后，这份珍贵标本，必然会被美帝国主义分子所垂涎而加以掠夺。我们曾于1951年3月间，在香港《大公报》发表了我们的谈话，重新说明了"北京人"遗失的经过，和所知道的美帝国主义掠夺的种种迹象，因而断定"北京人"的标本一定在美帝国主义者的手中。

我们的谈话发表之后，美国自然历史博物馆的人类学部主任莎比罗（Sapiro，夏皮罗）就急忙地否认了"北京人"在美国的论断，并且无可奈何地抵赖说，可能是沉在大海之中，永远再没有机会找见了。

我们从德意志民主共和国的洪德堡大学（洪堡大学）古生物学家柯耐博士的来信中，证明当莎比罗在美国纽约否认"北京人"标本在美国时，他可能就是手中拿着这个标本，在昧着良心说谎，企图欺骗全世界人民。从这里，鲜明地看出，正是在资产阶级社会中的所谓"科学家"，他是如何忠诚地为反动派服务！

更卑劣无耻的是前新生代研究室的名誉主任魏敦瑞。他是德国犹太人，为了要入美国国籍，于1941年跑到美国去。他用种种方法，谋得了代表美国资本家的资格，窃取了研究中国猿人的权利。他应当对全世界上关心"北京人"的研究的人士负责。他丧尽了天良，追随其他帝国主义分子之后，对于这个中国人民的珍贵标本，图谋劫为私有，真是卑鄙万分。他现在已经死了，但是他死后也要遗臭万年。

柯耐博士的来信中曾说，中国猿人的标本是一个美国兵由日本东京的皇家博物院中抢夺出去，私自带到美国的。这是值得特别注意的一件事。

我们知道，美国兵在东京无恶不作。但是，一个士兵竟能从日本皇家博物院中抢夺一件珍贵物品而去，这样重大的事件，不可能设想是出于一个士兵的个人盗窃行为。只有出于美国占领军当局的授意，或是麦克阿瑟总部所支持，这种盗窃才有可能，除此之外，不可能做别的解释。这种掩耳盗铃的做法，充分证明为美国帝国主义服务的"学者"们，苦心积虑，自太平洋战争爆发之前起，即阴谋侵占我国这个珍贵的中国猿人标本。因此美国兵从日本皇家博物院中去抢掠的举动，也许正是美国帝国主义者通过美军所做的强盗的勾当。我们做此论断是完全有事实根据的。

由这件事实，使我们更加痛恨过去中国的反动政权，不重视中国人民的文化事业，对于发掘"北京人"的工作，不肯给予支持，而接受美帝国主义的"投资"，美帝国主义更用他一贯的"有糖衣的毒药"来欺骗中国人，好达到他侵略中国的目的。由于反动派这样"引狼入室"，于是更促成了美国强盗们偷盗我们中国的文化遗物的罪行。不只"北京人"的标本，还有许多其他宝贵文物，也都被美帝国主义抢夺而去了。

新中国的人民政府对于中国猿人的继续发掘工作非常重视，自1949年起，即每年拨发一笔相当巨大的经费，继续进行在周口店的发掘和研究工作。相信在人民政府的大力扶助和工作人员的坚强努力下，我们将来可能还有更重要的发见。由于世界民主和平阵营继续地空前地增强，我们相信，美国工人阶级和爱好和平民主的人民一定能够得到最后的胜利，这一份中国猿人的标本，那时就一定可以完整无缺地回到祖国的怀抱中来。由这一次的教训，全国的人民更应当加强与全世界和平民主的人民的团结，共同努力，携手迈进，向摧残人类文化的美国帝国主义做英勇的斗争。

这篇具有强烈政治色彩的战斗檄文一经发表，立即在全世界引起强烈反响。谁都没有想到，失踪了十年的"北京人"突然又从美国自然历史博物馆里冒了出来！一时间，世界各大报纸纷纷转载，电讯频频传送。中国中央人民广播电台反复对外播放这条消息。《纽约时报》为此专门发表评论文章，指责美国当局的盗窃行为。日本报纸更是不择手段、大肆渲染，强烈谴责"美国贼喊捉贼的卑鄙伎俩"。

于是，围绕着"北京人"在不在美国的问题，中美双方唇枪舌剑，你来我往，各执一端，由此掀起了一场指控与反指控的舆论大战，使得中外不少

第八章 再掀波澜

著名的科学家、学者和记者都卷入了这场史学界空前热闹的"世界大战"之中。

就在这场混战分不出头绪和胜负之时，1952年1月5日，美国一名叫普鲁勃的记者在《纽约时报》上率先发表文章，以一个亲身采访者的身份，另辟蹊径，对"北京人"的下落另有说法：

> 人类历史上最宝贵的宝藏之———"北京人"化石是在美国海军上校艾休尔斯特手中失踪的。艾休尔斯特上校当时是保卫美国公使馆的海军陆战队军官，珍珠港事件后，艾休尔斯特上校和他的下属队员全部被日军俘虏，直到战后才遣返回国。当记者向艾休尔斯特上校询问有关"北京人"化石的情况时，艾休尔斯特上校说：这批化石是胡顿亲自交给他的。胡顿当时任北平协和医学院院长，他指示艾休尔斯特上校将"北京人"化石作为密件运往美国。艾休尔斯特上校没有打开箱子，但他知道其中装有"北京人"化石。胡顿将这批东西交给艾休尔斯特上校后，箱子被装上了一列特别列车运往秦皇岛。

> 12月5日上午5时，列车离开北平。车上有九名海军陆战队队员押送。他们安全抵达秦皇岛，并在那里等候"哈立逊总统号"轮船。但就在此时，日军袭击了珍珠港。几个小时以后，所有驻扎在中国北方的美国海军陆战队官兵都被日军俘虏，美国公使馆官员和护卫者也全在北平被扣押起来。那艘"哈立逊总统号"轮船被日军征用，随后又被美军的潜艇击沉。"北京人"化石由此而被日军缴获。

> 艾休尔斯特上校对记者说，那九名海军陆战队队员在几天后就被送回北平，艾休尔斯特上校本人和另外二百五十名美军官员最后被押到了日本的战俘营，直至1945年9月12日被美军解放。

> 由于艾休尔斯特上校为美国海军陆战队被俘人员的最高指挥官，在日军押送被俘的官兵时，他迟走了几天。当他来到北平前门登车时，看到原装有"北京人"化石的列车也已经被日军征用，并从秦皇岛驶入北平前门车站。日本兵从车上卸下了成批的弹药，车上原来装的东西一定是被扔掉了。

> 艾休尔斯特上校说：或许日本人发现了那批化石，但错把它们认为是食品，而这对他们并无多大用处，于是就干脆扔掉或毁坏了。如果没有科学头

脑,"北京人"看起来就不珍贵,比如我就很难理解"北京人"的价值。所以日本兵或许是留下了他们认为所需要的东西,然后将珍贵的"北京人"化石扔掉或毁坏了。

该文发表后,美国自然历史博物馆的夏皮罗急忙寻找艾休尔斯特上校,欲对此事再做深入调查。可等他好不容易找到这位上校的寓所时,这位第二次世界大战的幸存者却已撒手西去了。艾休尔斯特上校之死,有人说是病故,也有人说是他杀。至于这篇报道,中国科学界主流认为,完全是美帝国主义者为了转移视线,以"北京人"已被毁掉为由来掩盖和抵赖其隐藏"北京人"的罪行。

三个月后,中国科学院院长郭沫若收到了长期以来专门研究中国科技问题的英国著名学者、中英友好协会会长李约瑟博士的一封来信,内中写道:

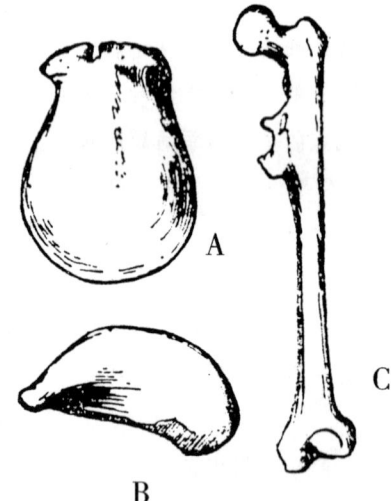

亲爱的郭博士:
我很高兴地给您转上我的朋友——英国自然历史博物馆K. P.奥克莱博士给著名的古生物学家裴文中博士的一封信。您可以看到这封信所涉及有关周口店"北京人"头骨在何处的问题。
致以最热情的问候!

李约瑟　谨启
1952年4月10日

郭沫若很快将奥克莱博士的这封信转交给了裴文中。信是这样写的:

亲爱的裴博士:
我常常想您的工作是怎样地进展着,同时我也很希望在

爪哇猿人的头骨和肢骨。A.头骨顶面;B.头骨侧面;C.股骨(裴文中绘)

第八章 再掀波澜

你的新的周口店发掘工作中得到些重要的材料。

我的朋友李约瑟博士给我看了有一个周口店的头骨在美国自然历史博物馆的报告。华特生教授在1949年曾告诉我跟他在1951年告诉柯耐博士的相同故事。后来我发现华特生教授以为魏敦瑞教授在美国博物馆给他看过的化石头骨是周口店第11号是错误的。当我1950年在纽约的时候，我把这件事情讲给夏皮罗博士听，他说魏敦瑞给华特生看的头骨不是周口店第11号，而是梭罗人第11号。现在我看到在孔尼华教授的一本著作（《自然历史》第56卷第1号）中提到在日本占领爪哇的时候，有一个梭罗人头骨被作为寿礼而献给日本天皇，以后又曾在皇宫里发现。

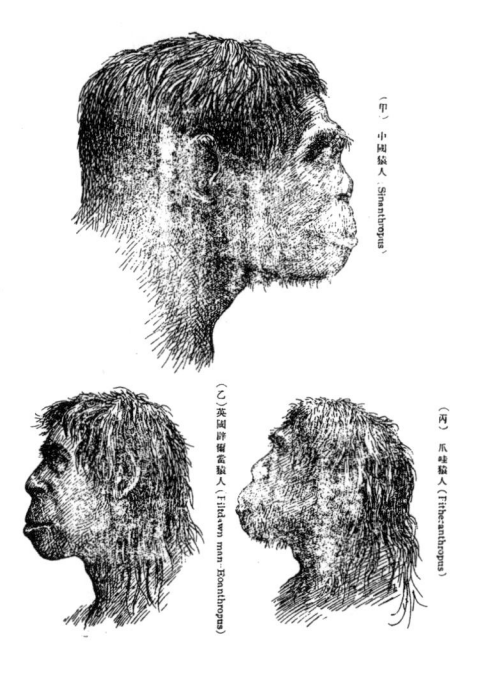

美国博物馆现在已将梭罗人第11号头骨交还了荷兰保管者。

假如你能送我你在1939年以后的报告或任何文章，我将非常感谢。

致以诚恳的敬意！

K.P. 奥克莱　谨启

中国猿人、辟尔当人（又译皮尔唐人）与爪哇猿人对比图（引自《周口店洞穴层采掘记》，裴文中著，1934年初版）

（甲）中国猿人（Sinanthropus）
（乙）英国辟蠕索猿人（Piltdown man-Eoanthropus）
（丙）爪哇猿人（Pithecanthropus）

奥克莱博士的这封来信，又为"北京人"到底在不在美国人的手里打上了一个神秘的问号。一时间，中外人士众说

263

纷纭、莫衷一是，谁也说不清英国华特生博士在美国所看到的头盖骨，是"北京人"，还是梭罗人。

1952年7月13日，美国的一家时报又发表了这样一篇文章：

"北京人"骨骼成为国际间争论的问题

纽约讯：最近中国和美国人之间的控诉和反控诉进行得很热烈。虽然这种口头上的交战在最近已成了惯例，但这次特别厉害的爆发是为了一个不平常的理由："北京人"丢失了。"北京人"遗骸的遗失，在人类远古祖先之一的发现和一个大胆的年轻的人类学家因描写"北京人"而建立起学术上荣誉两件事之后，又一次引起了人们的重视。

…………

从1937年7月北平被日本占领后，周口店洞穴没有再进行过发掘。的确，在日本占领期间保藏已有的"北京人"标本与协和医学院关系更密切。不管对学校进行任何搜寻和对教职员不断质问，日本人总不能得到贵重的"北京人"骨骼的原标本。

在日本攻打珍珠港以前不久，中国方面曾经企图把"北京人"标本经过美国驻北平公使馆运出中国去。这些骨骼由那里和美国海军陆战队一起在1941年12月5日乘火车离开了北平。海军陆战队到达天津港约在12月7日。这一点，想来是"北京人"遗失这个未解决的悬案唯一的希望。

有人说装有贵重标本的货箱已经装载在驳船上，准备运往开出天津的货船上去，但是驳船翻了，箱子沉掉或冲走了。另外一些人相信行李车在到达天津以前被日本人劫走了。这样，事情一直拖延到战争结束。1946年，有关于"北京人"在东京帝国大学发现的"可靠消息"。但是以后，盟军总司令部在日本的一个顾问宣称，那个发现并不是"北京人"的骨骼。

自从共产党统治了中国，在他们共同的思想中，滋生了一种"北京人"的真正下落的疑问。甚至"北京人"最重要的发现，一个近乎完整的头盖骨的发现者裴文中博士，也控诉美国从日本帝国主义者那里把它们取走并且运去美国，同时断定它们保存在纽约的美国自然历史博物馆里。这个控诉曾被博物馆的人类学部主任所否认。

无论如何,"北京人"的下落仍然是一个未解决的谜,是一件肯定的事实。事情常常是这样,事实很少而说法则很多。自然在五十万年那么长的一段时期内对"北京人"的保管可能比人类仅仅在二十至二十五年内的保管工作要做得好些。

同年夏天,美国加利福尼亚州圣路易湾历史学会主席马奇(南按:又译马尔克)博士,以寻找"北京人"为由,突然出现在中国香港、台湾及日本,口口声声称自己此次一定要在东亚寻找到"北京人"化石,并扬言以一千美元作为悬赏。接着,在台湾的战犯张廷孟也出来发表讲话,说他曾目睹国民党高级将领郑洞国把"北京人"的标本带到了沈阳,而且在沈阳"郑公馆"中还看见过装"北京人"的木头箱子,由此断定"北京人"是落在了郑洞国的手上。

两年后,马奇又给香港英文报纸《虎报》写去一封信,说"北京猿人"的标本已经保存在了"西方"(南按:"西方"即指美国)。1954年11月22日,香港英文《虎报》以《距今只有五万年的"北京人"现在在西方人手中》为题,对此做了报道:

"北京人"(或更适当地说"北京女人")现在在西方人手中……而且它距今只有五万年。

这个消息是从美国加利福尼亚州圣路易湾历史学会主席马奇博士给香港的一封信中透露的,马奇是主要负责"收集""北京人"化石的人。

国共内战爆发后,国民党"东北剿匪总司令部"副总司令兼第一兵团司令官郑洞国(中)抵达哈尔滨指挥战事。1948年10月19日,郑洞国在长春率部放下武器

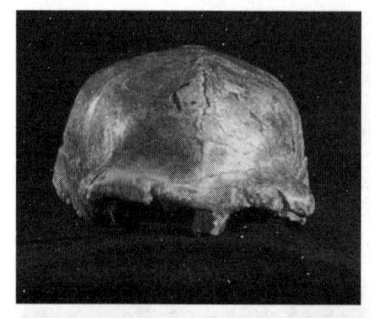

第一个完整的"北京人"头盖骨化石（正面与侧面）

两年以前，马奇博士曾在香港逗留，并连着报道过"北京人"化石在太平洋战争期间被人私自运出中国的事。马奇在信中写道："所有七十块中国猿人化石在加尔各答已被发现。在这以前，它们曾在澳门被收藏了八年之久。"马奇又补充说："现在一切都安全地在西方人手中。"接着又说："经化学家们研究了一年多的结果，认为它们没有像步达生估计四十万年那么长久，只有五万年。"

马奇说这个新的年代是由含氟量的试验所决定的，又补充说："我们自己的钙的试验已经消除了所有关于'北京人'年代的猜测。"

1952年夏天，马奇在香港时，他曾否认"北京人"化石还在共产党的手里的消息。

香港《大公报》和《新晚报》很快转载了这个消息，并专门配发了评论。《大公报》发表的评论文章是：

"北京人"与美国的谎言

美国盗取了中国国宝之一的"北京人"头骨以后，曾一再撒谎抵赖。如今它终于承认已把"北京人"头骨劫去。

在世界上，已经发现了四种猿人的化石，以"北京人"的材料最丰富最多；而且与"北京人"的生产工具在一起，说明了人类开始用两只手工作的最初的阶段，因此，四种猿人中只有"北京人"不但能够证明达尔文的人类从猿进化而来的学说，更证明了"劳动创造了人"的理论。所以"北京人"化石是我们中国的国宝。

二次大战结束后，1945年11月19日，蒋帮的"中央通讯社"的东京专电说，"盟军最高总部称：前为日军窃夺并运

第八章 再掀波澜

至东京的'北京人'骨骼，现已发现"。路透社也发布内容完全相同的消息。但后来，国民党反动政府自"麦总"拿到的，却是"北京人"石膏模型以及发掘"北京人"的记录和日用账目等，而并非"北京人"头骨。

美国以后曾经三番五次企图使人暂时忘记"北京人"，或转移注意力。曾经派人到东京、香港"悬赏"做寻找状，这个人就是现在宣布"北京人"已在美国的马奇。《纽约时报》又说，"北京人"也许在十年前已被磨成药粉，也许仍然在中国。但是，美国最终仍然必须承认"北京人"在美国之手，以炫耀它的"重视文化"，炫耀其"文化财富"。正如它百年以来，把从中国掠夺去的铜器、玉器、整大块的石刻，甚至盗拆了整间的木构建筑搬到美国，摆在美国的各大博物馆里。

一手不能遮天，无价之宝若是长年变为"黑货"也是毫无用处。经过几年时间，美国仍然是把"北京人"事件公开了。但是，无论他们怎样兜圈子、编故事来为自己掩饰，对于这种盗窃行为，中国人民是绝对不能承认的。

在山顶洞堆积层中连续发现的三个人头骨（1933年11月9日，贾兰坡摄）

而《新晚报》除转发了这个消息外，还专门采访了杨钟健和裴文中，并以谈话实录的形式发表（"问"代表记者，"答"代表杨、裴二人）：

问："北京人"化石标本是怎样遗失的？
答："北京人"化石标本，在抗日战争之前，一直保存在美帝所办的北平协和医学院（现已由中国收回自办，改称中国协和医学院）内。1941年12月太平洋战争爆发前，当时

267

美帝在北平协和医学院负责人,将"北京人"化石标本运往当时在北平的美国"公使馆",准备由美国海军陆战队将这个中国的珍贵文物携带至美国自然历史博物馆。但因12月8日太平洋战争爆发,美国海军陆战队投降了日本,"北京人"的下落就从此成了疑问。根据我们所了解的情形及时间推算,或许"北京人"的化石标本的木箱,既没有由秦皇岛上船运出港口,也没有因在天津轮船翻船而沉到海底,只能仍然保留在北平的美国公使馆或秦皇岛的仓库之中,或者二地之间的一个港口。

问:据你们从前的控诉说(见《人民日报》1952年1月1日第三版),"北京人"化石首先由日本帝国主义者抢夺去了,你们有什么证据?

答:第一,因为太平洋战争起来之后,可能保存"北京人"化石标本的美国的地方,均立刻被日本侵略军占领了,不可能落到日本侵略军以外的任何人手中。第二,日本帝国主义的"学者"长谷部言人及高井冬二,曾于1943年推动日寇的"华北驻屯军最高司令部"派遣特务锭者负责做大规模的搜寻"北京人"的工作。锭者在日寇侵略军队全力支持之下,多方面查考,经过约两个月后,宣布在天津发现了,并邀请有关人员前往鉴别,但有关人员到了天津之后,日寇忽又拒绝有关人员去看这个标本,且从此而后,日寇官方再不寻找了,也不再谈起此事。我们认为:这件事充分地证明了,日寇确在天津找到"北京人",很可能是由太平洋战争爆发之时,当时占领美国地方的军队中得来。但他们在天津找到后,又蓄意隐藏起来,所以不愿有关的人员看到这个标本。第三,因为日本于1945年投降之后,伪"中央社"及英国的路透社均先后发表了日帝的学者曾将"北京人"的标本交给美帝的代表——麦克阿瑟总部的消息。这个消息后来虽曾由麦魔总部否认过,但我们确信是因为美帝想把"北京人"隐匿起来,不归还中国,所以才加以否认。

问:你们何以知道美帝把"北京人"抢去了?

答:除了我们由伪"中央社"及英国路透社所发布的消息谓日帝将"北京人"交给美帝而得知外,更有人亲眼看见"北京人"的第11号头骨在美国自然历史博物馆之中。这位看见的人是英国伦敦大学生物系主任华特生。他曾看见研究"北京人"的魏敦瑞在美国自然历史博物馆里,手中拿着"北京人"第11号头骨。华特生在伦敦大学中说了他看见"北京人"在纽约的话之后,一位德意志民主共和国的古生物学家柯耐听到了,后来写信来告诉我

们。我们当时曾怕柯耐听错了，后来又由英中友好协会会长李约瑟转来英国大英博物馆的奥克莱给我们的信，证明柯耐没有听错。奥克莱来信说华特生也向他说过，华氏在美国自然历史博物馆中，曾看到魏敦瑞手中拿着"北京人"的头骨研究。我们相信，华特生和魏敦瑞都是终身研究化石的人，他们这种专门人才，不会把这个头骨弄错了，也不可能两个人谈话把主题误解了。

1945年9月9日，在南京出席日本投降签字仪式的中国代表。左起：萧毅肃、顾祝同、何应钦、陈绍宽、张廷孟

问：美帝的马奇为什么又来寻找"北京人"的下落？

答：我们相信，这是美帝将中国的珍贵物品掠夺到手后，隐匿起来，但经我们揭穿之后，他们在人证物证之下，无法抵赖，于是又假作镇定，故作寻找的虚伪宣传。此外，更据伪"中央社"消息称，马奇曾从"几个现在西属摩洛哥逃难者口中，获得关于'北京人'的有价值的情报"。这显然是美帝在无法抵赖之后，又企图偷偷地"嫁祸于人"。

问：战犯张廷孟讲的话是什么意思？

答：我们认为，战犯张廷孟是因为美帝悬赏一千美元的引诱而发表了他的谈话。我们知道郑洞国确曾于日本投降后，在长春从日本人手中得到过人头骨的化石，但是郑得到的是扎赉诺尔发现的化石，郑于1946年已交出，现在完好地保存在北京新生代及脊椎古生物研究室中。因为有这样一件事，所以张廷孟"影射"一番，影射到郑洞国身上，好虚伪地证明"北京人"仍在"东方"。张廷孟还说，郑洞国由长春逃走时，曾由长春携出了大小木箱，内有"北京人"的标

本。郑洞国在飞机上携带大小木箱是可能的，但里边装着何物，张廷孟不可能知道的。且按张廷孟的说法，"北京人"的标本"是由秦皇岛经义县转通辽"，然后在长春从"民间"转到郑的手中。我们知道"北京人"的标本虽可能在秦皇岛的仓库中，但仓库经日寇多年占领和使用，是不可能不被发现的，发现后，日本人不送到东京去而转送到长春去，是没有道理的事；更不可能隐匿在民间（无论中国人或日本人），因为盛"北京人"的木箱很大，不可能被人由日军看管的仓库偷盗出来。总之，我们认为：张廷孟在说鬼话，梦想得到美帝的赏金。

问：你们对此事有何感想？

答：我们的感想有两点：

第一，我们觉得最可惋惜的是：在帝国主义统治下的"学者"们，都丧心病狂地与帝国主义分子同谋，共同盗窃中国科学上的珍贵物品，他们完全失掉了做"科学家"的最起码的态度。由这一点，我们可以完全看出在帝国主义的国度里，所谓"科学家"是如何堕落到下流无耻的境地了！

第二，英国帝国主义者是屈服于美国帝国主义的，美国帝国主义既可派出马奇做虚伪的宣传，当然他还可以为掩护他们无法辩论的罪恶，而示意英国帝国主义，使英帝压迫华特生，迫使华特生出来否认他亲眼看见"北京人"在纽约的事实。我们发表这篇谈话之后，感到仍然在帝国主义统治范围内居住的、不昧良心而能说真话的华特生将要面临着很困难的境遇，我们对这位有正义感的老学者表示无限的同情！

1954年，英国人路思·摩尔撰写的《人、时间和化石》一书出版。该书对"北京人"失踪一事又有新的透露：

胡顿博士带着点不愿意的神情去请求美国海军陆战队的艾休尔斯特上校，让他把"北京人"的标本随着在几天内即将离开的海军陆战队运往美国的安全地方。

胡顿博士亲自把骨骼——仅有几把大小，装在玻璃瓶中——交给了艾休尔斯特上校。胡顿并且告诉他要像"秘密"材料一样处理它们。离开时候虽很匆忙，艾休尔斯特上校还是亲自把它们装在他的一只手提箱中，与公使馆

第八章 再掀波澜

一些最有价值的文件放在一起。以后发生的事情便被谣言所笼罩、战争所混乱了。只有一个事实是确定的，就是从那时候起，"北京人"化石全部遗失了。不管三国政府如何努力地寻找，但是它们从世界上消失了，完全像当日被埋在龙骨山的土中时一样。根据一个解释说，日本人把所有从火车上卸下来的箱子载在轮船上，预备把它们带到正要开往天津的货船上去。据说，轮船翻掉了，"北京人"化石被冲走或沉到海底去了。

另一种说法是掠夺火车的日本人不知道骨片的价值，或者把它们扔掉了，或者把它们当作"龙骨"，卖给了中国商人。假如这样，它们早就被研成了粉末，当作药品了。

从种种情况中，艾休尔斯特上校知道日本人把车上几百万发的弹药都抢走了，一定也抢走了车上所有的东西。"或者它们发现了化石，把它们扔掉了，"上校说，"不像罐头食品一样。日本人掠夺了我们的食物。他们对之并不感兴趣，因此，他们把它们从车上扔出去。'北京人'遗骸看起来并不太多。我简直很难了解它们到底是什么。"

一个被拘留在天津附近集中营中的海军军士说，后来他看见毯子和其他海军军需品在同一车上。这就说明了行李也是被日本人掳掠去了……

摩尔在该书的序言中称，美国洛克菲勒基金会中国医学部的秘书皮尔斯先生曾为他的写作提供了许多材料。于是我们由此推断，摩尔书中的这段内容很可能就代表了美国洛克菲勒基金会的立场。但问题是，把"北京人"说成是"仅有几把大小，装在玻璃瓶中"，显然与中国装箱人胡承志的说法相悖。

此外，值得注意的是，摩尔和前面的美国记者普鲁勃均谈到"北京人"是由胡顿院长亲自交到了美军艾休尔斯特上校的手上，这与以往"北京人"是由博文交给了美国公使馆的说法不相吻合。

事情到了1954年12月12日，英国《古物》杂志一个叫克若福德的编辑，在该杂志上发表了以《中国猿人头骨的命运》为题的文章，又否认了英国古生物学家华特生博士见到过"北京人"的说法，再次替美国辩解：

中国的记者们近来用这一个"遗失"来达到政治宣传的目的，控诉美国人偷了这些东西。这是因为伦敦大学的华特生教授不幸的错误而引起的……德国的柯耐博士给中国科学院的杨钟健博士写信,没有任何证据地说"这个头骨是一个美国兵从日本皇家收藏中掠夺的",并推测说美国兵的掠夺行为是在美国占领军的命令之下执行的。这种毫无根据的造谣以后又被加以粉饰而传播。而事实的真相是因为犯了一个忠实的错误而造成的,这一点华特生教授已经承认了,他在1954年8月30日从伦敦大学动物系给我写了一封信,并允许我发表。他在信中说:"我曾经在1945年美国自然历史博物馆看到一件'北京人'的说法是一个错误。我在那里看到的是从爪哇找到的头骨,是梭罗人中的一个,那是在战火中的日本找到的。好像是日本占领爪哇的时期,他们把这个头骨当作寿礼送给了日本天皇。它在以后被发现了,结果美国人把它送给了它们正当的保管人荷兰人。这些事实的一部分孔尼华教授在他的文章中曾经提到过。"

关于"北京人"的失踪问题,华特生教授的说明是很不同的,他在给我的信中说:"魏敦瑞去世前不久告诉我,他是特别小心地把'北京人'交给中国人保管,'北京人'是在中国人运到天津的时候不见了的。"从这个叙述中来看,失踪的责任是落在中国人的头上了。华特生教授还在信中说:"你可以在任何说明中指出所有关于'北京人'头骨的发现和出版是在洛克菲勒基金会巨大的经费下完成的;而没有一个美国科学家曾经参加过任何部分工作。那些人是加拿大人、法国人、奥地利人、德国人、瑞典人和中国人。"

我编写的这个说明,是经过华特生教授和英国的奥克莱博士看过校稿并同意下发表的。

该文在世界上又掀起了一阵波澜。由于华特生公开否认了自己曾经看到过"北京人"的说法,为美国方面提供了"北京人"不在美国的有利证据,这让美国人着实宽慰了好一阵子。

但1959年11月15日,民主德国的柯耐博士再次给中国的杨钟健博士来信,声称他以前所谈的关于华特生在美国看到了"北京人"的事,是真实的。由此一来,中美双方再度陷入了更为复杂的争辩之中。

此间,曾受美国国务院之命和洛克菲勒基金会的委托而专程到日本去寻

第八章 再掀波澜

找"北京人"的美国地质学家怀特莫尔,一直遭到种种责怪,其原因恐怕在于他说出来的"北京人"的下落情况总是少于他知道的"北京人"的秘密,故多年来很少发言表态。可近来他又以一个科学家的人格,否认他有任何隐秘。在一篇有关"北京人"的材料报告书中,他这样声明道:

去日本拿到的大多数材料来自比发现中国猿人地层新得多的山顶洞。有些从第15地点发现而性质上有问题的石器可能属于旧石器时代,然而比山顶洞材料较晚。从发现中国猿人的第1地点中,仅有两块可疑的石器,而无骨骸。这批材料早于1946年已归还北平新生代研究室。至于"北京人"的去向则渺无所闻。并且,他同其他一些人一样,相信"北京人"早已沉没扬子江底。

1959年8月21日,一个叫毕曼的原北平美国海军陆战队队员,又在美国《科学》杂志第416页上发表文章,不同意"北京人"已经沉没江底的说法,并提出了新的见解。文章说:

作为第二次世界大战时北平美国公使馆的一个卫兵,我不同意关于"北京人"也许已经沉没长江底的说法。

当时"哈立逊总统号"邮船正好在载运第四海军陆战队从上海至菲律宾群岛之后,为了载运仍留在华北的士兵,返航中国。当战争蔓延到这条船的时候,在中国海岸离上海不远的地方,船长把它搁浅了。而这地方距离秦皇岛还有数百英里,因此"北京人"的材料没有被送到"哈立逊总统号"邮船上。我回想到在北平曾看见有几个箱子,上面标明寄往约翰斯·霍普金斯大学,我相信这几个箱子中有"北京人"材料。假如是这样,我完全肯定这些材料已安全到达秦皇岛。

1941年12月11日星期四,我们准备离开中国时,把自己的枪、弹药和其他物品捆扎好,并运往秦皇岛。"北京人"材料很可能因为海军人数很少的前哨队的帮助而和我们的东西放在一起。战争爆发时,驻扎在秦皇岛的大约有三十五个人转移至天津,同时我们也由北平转移至天津。

也许在抢运我们的供应物资时,"北京人"材料被当作不重要的东西而丢弃，它是与一般的废物一起被丢弃的。如果是这样的话，很可能这些材料仍然在秦皇岛兵营的附近或者已经落在中国人手中，并且像平常一样被当作药品用了。不过，这些包裹的性质，会使抢运者知道，这些物品是具有一些价值的，因此我很怀疑这些材料已被丢弃了。

  这时日军需要大量军用物资，而我们这些物资都已包装就绪，马上可以运走，因此也许"北京人"材料与我们的物资一起被运到了日军战地的某一个地方。如果是这样，这些材料可能在阿留申至婆罗洲之间的任何一个地方。也许查看驻扎在秦皇岛的日军的军事记录，找到那时在秦皇岛的士兵，这将是一种合乎逻辑的去试图发现这些材料的步骤。或者当时在那里的人们能够说出这件事的真相。但是有一件事是肯定的，那就是："北京人"材料没有在"哈立逊总统号"邮船上。

毕曼
俄亥俄州，克利夫兰自然历史博物馆

  从1949年开始，围绕"北京人"的行踪又争论、探索了十年，尽管探索的理性远少于论争和口诛笔伐的热情，但"北京人"的珍贵价值和它的过去与现在，被越来越多的人所知晓，人们为这一人类财富的丢失抱以惋惜和真挚的同情。那么，这以中美为主体，涉及世界范围的科学人士十年的争吵与叫骂，回忆、探寻与猜测，对"北京人"的寻找到底产生了哪些有益的线索，这些线索的真伪又将如何辨别？这一点，只要静下心抛弃喧嚣与带有偏见的意气，就不难从势如乱麻的回忆与猜测甚至号称亲眼所见的事实中，理出一个明晰的线头，从而让十年的纷纷攘攘有个理性的终结。

  关于"北京人"的下落问题的焦点无非有四：

  一、战后，在日本到底有没有发现"北京人"？若是发现了，为什么先行做了报道，后来又加以否认？若是没有发现，为什么先前的报纸又做了"发现"的报道，后来又没有站出来对事实加以更正？

  二、英国的华特生教授当年在美国自然历史博物馆魏敦瑞手上看到的，到底是"北京人"还是梭罗人？是"北京人"的真品还是"北京人"的模型？因为当年胡承志给魏敦瑞寄去的"北京人"的石膏模型达到了以假乱真的程度。

第八章 再掀波澜

三、华特生到底是自己认为看见了"北京人"，还是魏敦瑞告诉他是"北京人"？如果是他自作聪明，认为魏氏手里拿的就是闻名世界的"北京人"真品，那么作为英国著名的生物学专家，怎么会如此不知轻重呢？若是魏敦瑞亲口对他所说，如果对方不是开玩笑，故意逗华特生玩，那应该相信这一事实。

四、华特生为什么先说自己看到了"北京人"，事隔九年之后才又说自己当年看到的是梭罗人？而九年之后他出尔反尔时，魏敦瑞早已去世，也就是说当事人已不存在，那么他否认的根据又是什么呢？尽管有夏皮罗出来证明，说华特生当年在魏敦瑞手上看到的不是"北京人"，但证明的前提必须是夏皮罗当时在场。那么，证明夏皮罗当时在场的证据又在哪里？当然，这一说法的变更涉及另外一个插曲，即传说盟军曾在日本发现了梭罗人，因而华特生在美国看到的是梭罗人而不是"北京人"。华特生后来突然"反水"，这在逻辑上显然不能成立，因为在日本发现了梭罗人，并不等于华特生见到魏敦瑞手中的所谓"北京人"就一定是梭罗人，这二者并不构成必然的因果关系。

那么，这四个焦点便延伸出四种可能：

一、华特生看到的是"北京人"模型而不是"北京人"真品；

二、华特生自己认为看到的是"北京人"，而不是魏敦瑞告诉他的是"北京人"；

三、华特生确实看到的是梭罗人而不是"北京人"；

四、华特生真的看到了"北京人"真品，而后来在所谓"美帝国主义"的强大压力下或出于别的什么目的，将吐出来的又吞回去，昧着良心做了否认。

无论如何，中美双方从1950年到1959年断断续续地进行的这场近十年的指控与反指控的舆论大战，尽管对探寻"北京人"下落起到了一定推动作用，但对世界古人类学的研究造成了一定不良影响，同时对中美科学家之间的感情也是一次伤害，道德正义、文化良知在一定程度上被扭曲，沦落为政治的祭品。而争到最后，"北京人"到底在不在纽约，不在纽约又在哪里？没有人说得清楚，历史的进程走到此处，似乎又陷入了另一个怪圈，要想打破这个怪圈，就必须摆脱旧有思维的桎梏，另辟蹊径，在新的天地里搜

275

寻。于是，这便有了夏皮罗破釜沉舟，决意前往中国搜寻"北京人"的玄妙插曲。

❀一条神秘线索

时任美国自然历史博物馆古人类学部主任、美国古人类学会副主席的夏皮罗，曾于1941年太平洋战争爆发前，在北平协和医学院任过三年的解剖学教授，并跟随魏敦瑞研究过一段时间"北京人"的生理结构。后来，随着日美关系日趋紧张，夏皮罗先于魏敦瑞两个月回到位于纽约的美国自然历史博物馆。二人在回到美国并共事于自然历史博物馆古人类学部的岁月里，彼此肝胆相照，风雨同舟，并利用部分时间坚持研究由北平运回的"北京人"化石模型。因而，无论是考古研究事业还是私人感情上，夏皮罗对魏敦瑞给予尊敬的同时，对寻找"北京人"之事同样有着较大的热情。而后来又因魏敦瑞去世前的嘱托，寻找到"北京人"就成为夏皮罗后半生最大的愿望。只是限于当时的条件，他不可能得到前往中国的护照。

然而，中美之间自1950年之后发生的指控与反指控的舆论大战，既为夏皮罗寻找"北京人"提供了一些新的线索，又为夏皮罗提供了许多思考。遗憾的是，惨烈的朝鲜战争结束后，中美两国继续对峙，相互煽动着仇恨，使夏皮罗寻找"北京人"的工作陷入僵局。直到历史的脚步跨进了70年代的门槛，随着中美关系日渐缓和，夏皮罗寻找"北京人"的工作才开始出现了起色。而与此同时，许多当年被卷进寻找"北京人"行列之中的圈内圈外人士，也对寻找"北京人"之事开始跃跃欲试起来，一个看似偶然的事件，令夏皮罗有机会进入这个神秘的领域。

这是1971年4月某日的一个早晨，原魏敦瑞的助手、著名古人类学家费尔塞维斯还未起床，一阵急促的电话铃声便骤然响起："你是费尔塞维斯先生吗？"

"是的。请问……"

"我是戴维斯。"

第八章 再掀波澜

"哦，戴维斯，您好！"

"您好，费尔塞维斯先生。关于'北京人'的事，我想请您帮帮忙。事情是这样的，我们在华盛顿的几件档案中看到了您的名字和地址，那是魏敦瑞博士在1946年和1947年写的关于请求美国政府派您去日本调查'北京人'的报告。我现在受弗利博士的委托和您联系，希望您能提供有关'北京人'的详细情况以及另外几个有关人员的名字。现在弗利博士正在写他在中国和日本那段时期的回忆录，如果您需要了解有关的情况，也可以和我们联系。"

费尔塞维斯接完电话，很高兴。他知道，戴维斯在纽约市著名的心脏专家威廉·弗利博士的办公室工作，而弗利在1941年曾作为一名海军陆战队军医住在天津兵营，早些时候曾在北平协和医学院工作过一段时间，珍珠港事件后同美国驻华海军陆战队队员一起被俘。从戴维斯讲话的语气和提供的信息来看，这个弗利博士也许知道一些别人不知道的"北京人"的关键情节。作为魏敦瑞的一名忠实助手，他当然希望"北京人"能尽快重见天日。于是，费尔塞维斯决定马上给夏皮罗博士打电话报告此事。费尔塞维斯之所以如此着急，当然不仅是因为夏皮罗是他的上司，而且他觉得这个线索有可能帮助夏皮罗彻底弄清"北京人"的真实情况，从而雪耻中国科学家加给自己的导师和同事连同美国自然历史博物馆的罪名，并了却导师魏敦瑞博士临终前的遗愿。

听完费尔塞维斯的报告，夏皮罗兴奋难抑。此时的夏皮罗对于"北京人"的热情，除了实现魏敦瑞的临终嘱托，还有为洗清自己蒙受不白之冤的强烈愿望。他早已下定决心，要把寻找"北京人"作为终生追求的一项事业来做。因此，哪怕有关"北京人"的一点点消息，都会令他激动不已。

夏皮罗匆匆用完早餐，走进自然历史博物馆的第一件事，就是拨通弗利办公室的电话。

对方接话人是戴维斯。

经过与戴维斯简短对话，夏皮罗意识到可能会有新的重要信息出现，他感到很有必要马上见到弗利博士。于是，夏皮罗再次拿起电话，向戴维斯谈了打算与他和弗利会面的想法，且越快越好。

对方将时间约定在当日上午9时。由于时间紧张，夏皮罗稍稍整理了一下自己的服饰，特意带了一台袖珍录音机，匆匆下楼，驱车穿过熙熙攘攘的城区，兴冲冲地来到纽约东68街威廉·弗利博士的办公室。

夏皮罗一进门，弗利和戴维斯已经坐在那里等候了。弗利首先伸出了热情的手，欢迎这位大名鼎鼎的古人类学家。由于弗利正忙着处理一件事务，双方刚见面不过几分钟，谈话尚未切入主题，弗利便急着要离开，只好让夏皮罗先听戴维斯谈谈他所知道的情况。

戴维斯领着夏皮罗来到一间没有人的办公室，两人坐下后，未等对方开口，夏皮罗首先很有礼貌地问了一句："我可以用录音机录下我们的谈话吗？"

"当然可以，随您的便，夏皮罗先生。"对方回答得很痛快。

夏皮罗打开了录音机。

在静静的小屋里，戴维斯开始缓缓讲道：

那是1941年秋季，我是美国海军陆战队秦皇岛分队上尉，驻在秦皇岛的霍尔库姆营地。我属下的17名海军陆战队队员组成的一个医疗单位，归弗利医师指挥。当时弗利是驻在天津的海军陆战队的军医。

那时，中国的局势已非常紧张，日本的军事扩张随时会扩大范围，于是美军最高指挥层决定把驻在北平、天津、秦皇岛由艾休尔斯特上校指挥的海军陆战队一律调往菲律宾基地，准备阻止日军在那里登陆。但事实上，日本还是在珍珠港事件之后在菲律宾实施了登陆。我们预定于12月8日搭乘"哈立逊总统号"轮船从秦皇岛出发。

在11月底，我接到了弗利医师从天津打来的电话，说有几只标着他姓名的军用提箱，正从北平运到霍尔库姆营地。他在电话里一再嘱咐，那是私人行李，先留在营地，等到12月8日再装船运走。在运走之前，务必要小心看守才是。

不久，有一列从北平开来的货车停在营地里的侧线上，卸下了弗利医师的军用提箱。为了安全起见，我把这些箱子放在了我的房间里，跟别的待运的行李放在一起。

12月8日，纽约时间12月7日清晨，当我一觉醒来的时候，从窗口看到营地已被日本人包围，六七架日本飞机在营地上空盘旋，发出隆隆的震人的声

第八章 再掀波澜

响。我往海港看了一眼，发现日本军舰的炮口已对着我们的营地。

出事了，一定是日本人和美国干起来了。我的脑海中刚闪过这个念头，就听见包围的日军用喇叭喝令我们投降。我立即在房间的箱子上架起一挺机枪，准备抵抗，同时迅速打电话到北平的海军陆战队司令部报告情况。司令官艾休尔斯特上校告诉我，北平海军陆战队兵营也遭到了日军的包围，让我先守住营地，等待指示。由于当时的局势已无法挽回，我们最后还是奉艾休尔斯特上校的指令向日军缴械投降了。随后，日军立刻把营地里的海军陆战队队员逮捕，在把我们押送到天津去监禁以前，日军准许我们每人把私人的衣物装进一个行李袋随身携走，其余的行李，包括以弗利医师的名字从北平运来的军用提箱在内，都不许带走，只好留在了营区。日军的目的显然是在详细检查之后再做处理。一两个星期之后，海军陆战队队员的箱子都运到了天津的俘房营，可箱子内的物品已被翻得乱七八糟。标着弗利医师名字的箱子并没有运到天津的俘房营交给我或我的同伴，而是直接送给了弗利医师本人。后来，也就是战争结束之后，我才听弗利医师说，在他托我保存的箱子里，就藏有珍贵的"北京人"头盖骨化石。

我所知道的就这些，夏皮罗先生，如果需要的话，您可与弗利博士继续交谈。

夏皮罗关掉录音机，脸上露出满意的笑容："非常感谢您，戴维斯先生。您提供的情况很有价值，也是我首次听到。如果您提供的情况在记忆上没有问题的话，这将意味着'北京人'化石并没有送到秦皇岛港的瑞士仓库。"

"化石从来就没有在瑞士仓库存放过，我敢保证。"戴维斯坚定地说，"至少在日军占领美国海军陆战队兵营前是这样。"

"我很想听听弗利医师所知道的'北京人'情况，他也许掌握的情况更多、更细、更令人感兴趣。"夏皮罗有些歉意地说。

"是的，他比我知道的情况要多得多。我现在就去叫他。"戴维斯说着走出了小屋。

大约两分钟后，弗利博士出现了。他一走进小屋，便连连道歉说："很抱歉，夏皮罗博士，让您久等了。"说着他顺手拖过一把椅子，很靠近地坐在夏皮罗的对面，以征询的眼光望着夏皮罗说："夏皮罗先生，您想让我谈哪一段情况？"

"就从您参与转运'北京人'化石开始讲起吧。"夏皮罗说着，重新打开了录音机。弗利沉思片刻，便开始自豪地说道：

我是接受艾休尔斯特上校的指令负责这几只箱子的。

1941年深秋，美国驻中国公使馆和协和医学院的官员经过与新生代研究室的中国同事反复商量，决定先把"北京人"化石运到美国保护起来。不知为什么他们选中了我承担运送任务。后来，我考虑可能是因为我曾经在北平协和医学院任过研究员的关系。我那时在中国已完成了三年的服役任务，准备随同美国海军陆战队一起到马尼拉，然后再从那儿转道回美国纽约，这可能便成为让我护送珍贵的"北京人"化石的最合适的理由。

记不得是哪一天，我接到艾休尔斯特上校的电话，从天津赶到了他的办公室。上校告诉我说，北平协和医学院有一批珍贵的古人类化石要运往美国自然历史博物馆，护送任务由你承担，为避免路上产生麻烦，我已告知他们在那批化石运往秦皇岛装船之前，将装有化石的木箱写上你的名字。这样可名正言顺地通过海关的检查。

我问上校，这化石是不是在周口店发现的"北京人"？他点了点头，说是的，就是那批化石，并一再叮嘱我要用心护送，不要出现任何差错。

从北平回到天津后，我就给秦皇岛霍尔库姆兵营的戴维斯上尉打了电话，告诉他要小心保管。12月4日，协和医学院珍藏的"北京人"化石被拉到了美国驻北平海军陆战队兵营。我于这之前已受艾休尔斯特上校的指令从天津赶到北平的海军陆战队司令部，目的是看一看装有化石的箱子的形状，以做到心中有数，免得出现差错。化石停放在兵营后，我看到箱子长度为五十英寸、宽二十英寸、高十英寸左右。有些化石是放在大玻璃罐内，然后装在军用提箱里，四周塞满了棉花、木屑之类的杂物，以避免相互碰撞。后来这些箱子写上了我的名字，其他的箱子也写着不同人的名字，其中写有上校名字的那个军用提箱也装有化石。第二天，化石就在海军陆战队队员的护送下运往秦皇岛，我也随之回到天津家中准备撤离。

后来，战争爆发了。就在12月8日那一天，我也同其他海军陆战队队员

第八章 再掀波澜

一样,被驻天津的日军松井部队逮捕,并送进了海军陆战队兵营关押起来。大约过了一个星期,日军知道我是一名军医并具有外交人员的性质,就准许我回到英租界的家中居住,还可以在城内走动走动,但不许出城。这种情形持续了约一个星期。在这段时间里,我收到了从秦皇岛霍尔库姆营地运来的私人衣箱和装有化石的军用提箱。

表面上看起来,这些箱子没有被打开过,但当我打开属于我自己的私人衣箱时,惊异地发现原装在箱子中的几个解剖用的头骨和一尊佛像已经不翼而飞。这时我又想打开那几只装有"北京人"化石的军用提箱,可又考虑到这不属于我检查的范围,就打消了这个念头。我不知道为什么日本人把那些箱子送给我而不送给那些在营地的海军陆战队队员。这可能是日本人有尊重军界的习惯吧。到底日本人打没打开过这几只箱子?假如打开了,他们又做了些什么,我至今也不清楚。

形势越来越朝着不利于我们的方向发展,我预感到自己可能将再度被捕,而一旦被捕就别想在短时间内出来。于是,我决定把北平运来的几只军用提箱交给几个人保管。第二天,我便把其中的两只箱子送到了天津的百利洋行和巴斯德研究所(Pasteur Institute),而另两只箱子则交给了我平时最信赖的两个中国人。事实不出我的预料,不久我就又被捕了,并重新送到海军陆战队俘虏营关押起来。大约过了半个月,一天上午我们被突然告知要转往上海,并马上起程,于是已成为战俘的海军陆战队队员赶紧收拾行装,被日本人用卡车送到天津西火车站在那里候车。

记得那天一场罕见的大雪刚过,天时阴时晴,并不断地飘落点滴雪花。尤其是那北风,刀子一样在脸上划过。我们在寒风中聚集在一起,手和脚很快就冻僵了,整个身心都在战栗。想起以后不知要在残暴的日本人手里度过多长时间的战俘生活,或许这一辈子永远也回不到家乡了,甚至连尸骨也运不回美国就被日本人扔掉,心中便愈发感到悲哀和绝望,甚至有好多战士在凄冷的寒风中低声抽泣起来。正在这时,从北平驶来的火车鸣着长笛呼呼隆隆地进站了。

我们和从北平来的美国海军陆战队同车被押往上海附近的一个俘虏营。在那里,我向一同被关押的艾休尔斯特上校报告了写有我的名字的装有化石的军用提箱的情况,他听后没有说什么,但看出他的心情很沮丧。一天,我又见到了艾休尔斯特上校，他告诉我，那写有他的名字的军用提箱已寄到了上海俘虏营，这只箱子里装有"北京人"化石中最重要的部分。我没有见到这只箱子里到底装了化石的哪些部分，但可以看得出他对这个箱子格外关心。也许是受我们的公使馆或协和医学院院长胡顿先生委托的缘故，每当日军检查我们的行李或其他生活用具时，艾休尔斯特上校都想方设法把那只装有化石的箱子蒙混过去。

后来，包括艾休尔斯特上校在内的美国海军陆战队军官，都被送到上海附近江湾的另一个战俘营。在转移时，艾休尔斯特上校又一次成功地避开了所必须经过的例行检查。至于采取的什么奇特方法，上校没有告诉我，当然那时我也没有心思问得太具体。后来，我们以及我们的行李又被转移到北平附近的丰台。在那次转移中，上校再次保住了那只装有化石的箱子。回想起来，这只军用提箱三度避开了日军的检查好像是一种奇迹，但我认为这并不奇怪，因为上校采取的方法和策略是非常高明的。

可悲的是，这只历经风险而保全下来的箱子，最后还是失踪了。我最后一次见到那只装有化石的箱子是在和艾休尔斯特上校分手的时候。上校被送往日本北部的一处旧铁矿，我被押往日本北海道。北海道的奶酪驰名于世，可那里的恶劣气候也同样举世闻名，我们在那里一直待到被遣返美国为止……

夏皮罗后来撰文说，弗利的这次谈话，对他是一次很大的触动，但有的问题也令他迷惑不解。他想了想后，还是向弗利提出了一个疑问："弗利先生，我有一个问题想请教你。"

"什么问题？讲吧，不用客气。"弗利坦然地说。

"既然您所知道的那几只箱子装有重要的'北京人'化石，为什么您从日本遣返回美国后，没有向美国当局报告这只箱子的前后情况？"

弗利对此似早有所料，很快回答道："艾休尔斯特上校是我的上级，越级报告是不符合军队规定的。夏皮罗先生，这您应该知道。"

"那为什么艾休尔斯特上校没有向当局报告？"夏皮罗接着问。

"这个，我就不清楚了。对于长官的事，作为下级是不能问的，这是军人的规矩，您知道的。"弗利极其干脆地回答。

第八章 再掀波澜

"可是您回到美国,已经不再是军人了。"

"是的,但也不能随便提起,退役军人的规矩也是一样的。"

"呵,这该死的规矩。"夏皮罗小声嘀咕了一句,沮丧地低下了头。

离开弗利博士的办公室,夏皮罗快速返回了自然历史博物馆,按捺不住心中的激动与疑惑,立即打电话将费尔塞维斯找来,然后关上门窗,打开录音机,请费尔塞维斯和他一起认真听听戴维斯和弗利的谈话。

随着录音带嗒嗒地转动,戴维斯和弗利那从容镇静的谈话声在夏皮罗的办公室里随着岁月之河清晰地流动起来。办公室很静,四周也很静,屋里除了录音机里的谈话声,便是两人的呼吸声,此外几乎听不到任何一点哪怕一张纸片掉地的细微的声响。

整整一个小时过去了,费尔塞维斯和夏皮罗才将录音全部听完。也许是当局者迷、旁观者清的缘故,费尔塞维斯刚一听完录音,便对弗利的证词提出了疑问。夏皮罗认为费尔塞维斯所提出的疑问很有道理,完全表示赞同。二人又经过一番激烈的讨论,认为有关"北京人"确实存在不少问题,但一时又深感迷惑不解。经过整整一夜的思考,第二天夏皮罗带着诸多的疑问,又来到了弗利博士的诊所。当他向弗利和戴维斯提出一些疑问并请二位给予解释时,却遭到了弗利的婉言谢绝。弗利明显有些不快地告诉夏皮罗说,他所讲的全部是真实的、可信的,要是有差错,那一定是别人而不是他和戴维斯。

面对戴维斯急转直下的腔调和强硬姿态,夏皮罗不能再强行让对方开口,只好带着满腹的疑惑回到博物馆办公室。

尽管夏皮罗感到此事有些突兀和蹊跷,甚至有点像做梦一样,但静心想一想,威廉·弗利和戴维斯,毕竟还是现实中可以触摸到的人,不是梦中的妖怪和神仙,弗利提供的线索,毕竟使这个世界多了一份有关"北京人"丢失前后的第一手背景材料。而这些新的材料,对探索"北京人"下落是十分重要和不可忽视的——尽管许多问题还有待进一步考证。

为唤起更多的有心、有志之士关注、探讨"北京人"失踪之谜,夏皮罗将这次对弗利的调查情况写成了一篇题为《奇怪的"北京猿人"化石》的文章,于1971年11月美国《自然历史》杂志发表。

正如夏皮罗所料,文章发表后,马上引起了美国各界人士的广泛兴趣。为此,夏皮罗还专门召开了一个新闻记者招待会,对近期所调查到的一些新情况和新线索做了公布，希望更多的人来关注"北京人"并投入到搜寻之中。一直对"北京人"下落十分关心的《纽约时报》，很快转载了夏皮罗文章的摘要和在记者招待会上的讲话提要。之后的短短几个星期内，夏皮罗收到了许多来信，纷纷向他索要该文的打印本。

此时的夏皮罗当然不会忘了中国的科学家，在这篇文章发表之前，为了让中国的科学家们能尽快了解到有关"北京人"的最新线索，通过美国科学院外联部一名随基辛格博士访华的好心官员，把自己的文章转送给了中国科学院，希望中国的古生物学家或古人类学家看到此文后，能给他写信，交换一些看法和意见，或者提供一点新的线索。

然而，令夏皮罗深感失望和不解的是，曾在50年代就"北京人"下落问题与美国唇枪舌剑的中国古人类学界，却始终没有给予只言片语和一点回音，仿佛对"北京人"之事漠不关心。在一天又一天苦苦的等待与盼望中，这位世界著名的人类学家禁不住在心里反复问自己：中国究竟怎么了？中国的科学家们究竟怎么了？难道他们忘了周口店？忘了自己的遗失的祖先——"北京人"了吗？

天津市公安局立案侦查

远在大洋那边的夏皮罗自然不会知道，此时的中国正在进行"文化大革命"。科学界的大小知识分子，自是首当其冲，卷入这场风暴之中。至于"北京人"的命运如何，已无暇顾及了。

世间之事往往有例外发生。就在中国科学界的知识分子大多被打成"反动学术权威"，被革命闯将们弄到"斗鬼台"上日夜批斗而朝不保夕之时，天津市公安局却主动对"北京人"立案侦查起来。而事情的起因，竟源于一份大参考。

1971年年初的一个傍晚，时任天津市委第一书记的解学恭刚吃过晚饭，便按照多年来养成的惯例，悠闲地拿起了一份由新华总社下发的当时只有高层领导人才有资格享受的《内部参考》阅览。刚看了一会儿，他便被其中的

一则转载于美国《纽约时报》的消息吸引。这则消息说:

> 二战前驻中国的原美国海军陆战队军医威廉·弗利博士,已向中国方面提出申请,准备亲赴中国的北京、天津等地,寻找二战期间失踪的"北京人"头盖骨化石。太平洋战争爆发前,弗利受上司的指令,专门负责"北京人"化石的转移事宜,但化石尚未迈出中国国门,太平洋战争爆发,美国驻北平、天津、秦皇岛等地的海军陆战队全体官兵被日军俘虏。
>
> 弗利被押送到日本战俘营前,避开日本人的监视,巧妙地将装有"北京人"化石的几个军用提箱分别寄存于瑞士人在中国开办的百利洋行天津分行,以及法国人设在天津的巴斯德研究所和两个居住在天津的中国友人家中……
>
> 弗利博士本人表示,无论此次去中国的计划是否实现,不管失踪已久的人类文化巨宝"北京人"化石是否还能找到,他都将自己参与寻找"北京人"的有关事实和线索,以回忆录的形式写出来,公布于天下。

解学恭

解学恭对这篇报道颇感兴趣,最让他关注的一点是:这个美国的弗利提到的当年隐藏"北京人"的三个地点,全在他管辖的天津市区内。富有政治头脑和文化意识的解学恭马上意识到,这是一件大事情,也是一件很有"意思"的事情,自己作为天津市现任第一把手,对此应负有不可推卸的责任。

第二天,解学恭就此事令手下办事人员向有关部门知情

285

者进行了详细询问，很快搞清了"北京人"丢失的经过和这则消息的大致背景。原来，随着中美关系的松动，不少美国人开始纷纷拥向中国。不久前，弗利博士也不失时机地向中国驻加拿大大使馆提出了前往中国的签证请求。为了加重这个请求的分量，早日促成踏上中国国土的梦想，弗利在请求中特意提出，他此次去中国的目的，是帮助中国人找回失踪已久的人类文化巨宝——"北京人"。为了证实这个请求的真实性，聪明的弗利双管齐下——在提出书面申请的第二天，又在美国颇具影响的《纽约时报》上刊发了一则类似广告性质的消息，声称他将如何前往中国北京、天津等地寻找"北京人"云云。这一讨巧的做法，果然引起了中国驻加拿大大使馆以及中国驻加拿大新闻工作者的注意。新华社驻加拿大记者以最快的速度将弗利本人的情况以及他在《纽约时报》所发表的消息传往国内。接着，北京新华总社又以内部参考的形式转发了这一消息。

事情的经过既明，解学恭头脑一热，挥笔在这份《内部参考》上做了如下批示：

市公安局：
　　美国人提供的当年"北京人"失踪的三条主要线索，都发生在我们天津，请你们组织人员查一查是否属实。若确有其事，尽快组成专案小组，立案查处。此事关系甚大，注意保密。

天津市公安局接到解学恭的批示，不敢怠慢，立即秘密组成了一个侦查"北京人"下落的专案小组，并由办案能力极强的王重光任组长。

王重光接手如此重任，便组织手下几个铁杆弟兄行动起来。先是以天津市公安局的名义给中国科学院发去一封公函，对查找"北京人"一事做了说明，并希望中国科学院派人在北京协助查寻有关线索。

接函后的中国科学院领导人当即指示由本院下属的古脊椎动物与古人类研究所派出两名精干人员（南按：该所由原新生代研究室发展而成），协助查寻有关线索。古脊椎动物与古人类研究所领导经过讨论研究，决定委派刚从"五七干校"劳动改造回所不久的张森水和吴茂霖两个年轻的科学家协办此事。

张、吴二人均是裴文中早年的学生和助手，对"北京人"的感情自然要比一般人更为深重，哪怕仅有点滴线索，也愿意积极参与寻找，加之正值"文化大革命"期间，从干校回京后，整日闲着无聊，无所事事，所以能领到协助寻找"北京人"这份差事，感到既是一件幸事，也是一件乐事。

张森水在办公室向作者讲述与天津警方合作寻找"北京人"的往事（作者摄）

张、吴二人很快和天津市公安局"北京人"化石专案组取得了联系。根据对方的要求，二人需要首先查实的是，威廉·弗利此人到底有没有在协和医学院工作过。因为弗利在《纽约时报》上发表的文章中，自称曾在北平协和医学院任职并在美国驻天津海军陆战队兵营服役。如果查后确有其人，天津方面再按弗利提供的三条线索一路查找下去。若是弗利其人根本就没有在协和医学院任职的经历，此人所言则是一个天大的骗局。

张森水、吴茂霖怀着激动、亢奋的心情，很快来到了北京协和医学院，找到了太平洋战争爆发前曾在北平协和医学院工作过的林巧稚、张孝骞、钟惠澜等著名医学专家，并一一进行了询问。然而，令他们失望的是，这些大牌专家反复回忆，怎么也想不起当年的协和医学院有个叫弗利的美国医生在此任职，有的甚至干脆一口否定，说从来就没听说过弗利这个名号。

面对此情况，张、吴二人认为是天津方面搞错了，便坐上火车，连夜赶赴天津，然后找到市公安局专案组人员，将在北京查询的情况做了说明，并提出能不能看一看天津方面所掌握的有关档案材料，以验证是否搞错了人名。

天津市公安局专案组人员很热情地为二人倒茶，却有些为难地说："真对不起，这是首长交办的绝密案件，非专案组正式人员，是不能查看的。"张、吴二人听罢，不便强行，只表示愿意继续协助专案组人员做些力所能及的工作。

此后，天津市公安局专案组经过研究，决定将专案人员分成两个小组，一个小组继续负责天津方面有关线索的侦查，另一个小组则到北京，对弗利是否曾在协和医学院任职一事做进一步核实。同时，对当年由瑞士人在中国开办的百利洋行北平总行是否染指了"北京人"一事做一番查询。

天津专案组人员来到北京，住进当时公安人员常住的崇文门宾馆。经过一个星期的艰苦查访，终于从别的渠道查明，太平洋战争爆发前，威廉·弗利确实曾在北平协和医学院工作过一段时间，只因他工作的时间较短，加之他当年只是一个很不起眼的上尉军医，故没有引起，也不可能引起像林巧稚、张孝骞、钟惠澜等人的注意。同时，他们经过查证，弗利其人确实是当年美国海军陆战队驻天津兵营的分队长兼军医，1941年珍珠港事件后被日军俘虏，也属事实。

但天津专案组人员在对瑞士百利洋行北平总行的调查属于异地办案，而瑞士百利洋行北平总行又是涉外机构，因而无法看到档案，使查证工作遇到了难以克服的困难。鉴于此，天津专案组人员只好又找到张森水，希望由他向中国科学院古脊椎动物与古人类研究所提出建议，由中国科学院出面协调，请北京市公安局介入此案。因为瑞士百利洋行北平总行属于北京市管辖范围，若是北京市公安局出面办案，许多疑难问题解决起来会顺利得多。

张森水认为这个意见有道理，也很有意义。在中国办事情，只要有了某个领导的批示，事情就会好办得多，其成功率也会高得多，而且领导的权力越大，办起事情来就越容易。失踪几十年的"北京人"之所以几经周折，又在这个时候提到国家政府部门的议事日程上来并设专案组立案侦查，就是因为天津市委第一书记做了专门批示。如果北京方面也有一位掌实权的领导人对此做个专门批示，北京市公安局肯定也会积极投入到这个案件中来。那么，到底去找哪一位领导出面合适呢？

张森水首先想到一连串北京市委领导人的名字，但作为一个青年科学家,只顾埋头搞自己那一份科研,对领导层既不熟悉,也从无来往。想来想去,最后想到了一个人,这便是大名鼎鼎的郭沫若。

因张森水是裴文中的学生,在以往的日子里,裴氏曾多次带他到郭沫若家中谈及学术方面的事情,故张与郭算是有点交情。张森水想,如果自己以学生的身份去拜望郭,然后随便再谈谈此事,或许会得到对方的支持。一旦郭沫若出面说说话,找有关方面协调,那么北京市公安局介入此次"北京人"的查找,应该可行。

于是,一心想尽快找到"北京人"的张森水,很快将天津专案组北京小组的请求向研究所一位革委会负责人做了汇报,并谈了自己打算找郭沫若出面帮忙的设想。这位革委会负责人听罢,却连连摇头道:"不可,不可。郭老可不是谁都可以打扰的。"

张森水见革委会负责人如此胆小谨慎,便强调说:"裴先生曾多次带我去过他家,我以学生的身份去看看他,是完全可以的,我相信郭老也是会答应的。"想不到这位负责人沉默了一阵,最后还是摇了摇头说:"不行,你的想法不可取。此事关系重大,还是由你先写个报告交到所里,再由所里向科学院报告,最后看院里如何处理吧。"

面对此言,张森水只好回到办公室,认认真真写了一份报告,然后交到研究所领导手中,再由研究所呈送中国科学院。遗憾的是,仍处于"文革"风暴中的中国科学院的领导者,大都泥菩萨过河——自身难保,根本无力落实此事。而那些掌实权的领导者,自然不会过问

天津巴斯德研究所旧照

此类"闲事",因而张森水写的报告肉包子打狗——有去无回。北京方面的查找,也就不了了之。

而天津方面的调查,进展还算顺利。在弗利提供的三条线索中,其中一条是他将一个军用提箱寄存在了瑞士百利洋行天津分行。经专案组调查得知,百利洋行天津分行在太平洋战争爆发前后,确实做过一些倒卖文物的生意,染指"北京人"之事,也是完全可能的。但专案人员在调查中,与之相关的人员却一口否认他们曾经收到过弗利送去的军用提箱,更没有见到过什么"北京人"化石,甚至有人还说,我们根本就不知道弗利这个所谓美国人。

弗利提供的第二条线索,是说他将一个军用提箱放在法国人开办的巴斯德研究所了。经专案组对原巴斯德研究所的部分有关人员进行调查,也未找到可靠的线索和依据。正当一筹莫展时,意外的情况出现了:有人提供了一个中国女人的线索,说这个中国女人当年曾是巴斯德研究所所长最宠爱的情人,很可能她知道有关箱子的情况。

于是,专案组人员顺藤摸瓜,找到了原巴斯德研究所所长当年的这个中国情人,而后通过多次追问,这个"情人"

天津美国兵营中的美兵正在集合(天津自然博物馆提供,以下涉天津旧照同)

第八章　再掀波澜

终于吐露了真情：她当年和巴斯德研究所所长确实相爱，并且也认识弗利这个美国军官。就在1941年12月6日，她和巴斯德研究所所长以及弗利三人，还在北平北海公园游玩过一次，直至深夜才赶回天津。但第二天一大早，美国海军驻天津兵营就突然被日军包围，接着弗利被俘，之后她便再也没见弗利和巴斯德研究所所长有过接触，更没见过所谓送来的军用提箱。

所长情人的意思很清楚，由于珍珠港事件爆发前一天，他们和弗利都在北平北海公园游玩，而装有"北京人"的箱子这时要么还在秦皇岛，要么还在秦皇岛至天津途中，弗利手中是不可能有箱子的。珍珠港事件爆发后，弗利当即被俘，而被俘后的弗利不可能有人身自由，同样也就不可能拥有箱子。因而她在珍珠港事件爆发前后，都没见到过弗利送来的箱子，自在情理之中。但，所长情人没见到弗利送过箱子，并不意味着弗利没有送过箱子。因为据弗利后来所说，他被俘一个星期后又被放了出来，他是在被放出来之后将箱子转存到巴斯德研究所的。可专案组又经过一段时间的查找，还是没有在原巴斯德研究所找到弗利所说的箱子。而弗利当年是否就一定把箱子存放在了巴斯德研究所，也缺乏可靠的证据。

弗利提供的第三条线索是将另两个箱子交给了他最信赖的两个中国朋友。专案组人员通过四处调研，八方查找，费尽九牛二虎之力，终于找到了弗利说的那两个他最信赖的中国友人。这两个中国友人本是一对恩爱夫妻，当专案组人员找到他们时，这对夫妻早已离婚多年，原因是中华人民共和国成立后有人揭发，说他俩当年里通外国，与美帝国主义有勾结，故被打成了反革命。于是，一家人从此家破人亡，妻离子散，女的离异后回到上海老家定居，男的则被押到了四川某劳改农场服刑，多年来彼此已没有任何来往。

专案组人员分别赴上海和四川某劳改农场调查，从双方的供词中得到证实，珍珠港事件爆发前，这对夫妇和弗利确实曾是好友。而珍珠港事件爆发后不久的一天，弗利也确实曾将两个箱子送到他俩家中，拜托他俩一定好好代管，等将来战争结束后再归还给他。

但是，这对夫妇却一口否认箱子里装有什么"北京人"化石，而是说这两个箱子一个装的是医疗器械，另一个装的是弗利的衣服和一些中国古董瓷器，此外还有500美元。第二次世界大战结束后，弗利回到了美国，不久便来信谈及两个箱子之事。后来取得弗利本人的同意，箱子里的古董瓷器和500美元,由天津领事馆拿走了,其余衣物之类的东西,则由他俩给变卖了。

专案组人员对这对夫妇采取的是"背靠背"的办案形式,即分别关在一间屋子审问。结果是,两人的说法基本一致。也就是说,他俩虽然确实曾为弗利真诚而精心地代管过两个箱子,但箱子里装的东西,却不是"北京人"。而这对男女离婚后分处异地,且多年没有来往,不可能存在相互串供的问题。

专案组再度陷入困境。之后不久,随着"反击右倾翻案风"的兴起,天津市公安局立案侦查"北京人"下落一案,宣告流产。

然而问题是,弗利当年留在中国友人家中的这两个箱子早已事过境迁,他为什么还声称要前来中国寻找呢?他执意要来中国寻找的,究竟是什么?莫非其中真的隐藏着什么秘密?

威廉·弗利之谜

使出吃奶的功夫和阴阳两面招数,跃跃欲试的威廉·弗利,在美国上上下下扑腾了一阵子之后,仍未能如愿踏入中国。

想不到1972年8月5日,美国《纽约时报》以显著位置刊登了芝加哥股票经纪人兼商人克里斯托弗·贾纳斯发布的消息:"悬赏5000美元奖给提供线索使我能找到失落的'北京人'化石的任何人……"

消息传出,贾纳斯立即收到了几百封来自世界各地的信件和无数个电话。接下来,一场又一场欺骗与反欺骗的闹剧与丑剧在世界范围内上演。一位自称深知内情的女士主动与贾纳斯联系并提供照片,说自己的亡夫原为美国海军陆战队驻天津兵营队员,第二次世界大战结束后从中国带回一箱"战利品",箱中装的便是著名的"北京人"头盖骨化石。贾纳斯闻听大喜,要与女士见面以弄清真情。这位女士提出一个有点古怪的条件,即在著名的纽约帝国大厦观景台会面。根据相约时间,贾纳斯如约来到帝国大厦,等了很久,只见一位黑衣女士突然出现在面前,二人按约定信号打过招呼后,黑衣

第八章 再掀波澜

女士向贾纳斯提供了一组照片，照片上显示一个据说是装载"北京人"的木箱，另有散乱的人体骨骼图片。贾纳斯端详半天，并不敢断定照片上显示的就是著名的"北京人"头盖骨，当贾氏进一步要求约定秘密地点亲眼观看箱中珍品时，黑衣女士神秘兮兮地予以拒绝，随后转身消失于人群中不见踪影。后来，贾纳斯试图再与黑衣女士联系，但自此断了音信，没有了下文。这个插曲成为"北京人"失踪之后又一令人困惑不解的谜团。

一晃几年过去，当年自称美国海军陆战队军医的威廉·弗利，仍没有忘记前往中国寻找"北京人"的梦想。他前往中国寻找"北京人"的心情变得更加迫切。在通过正常渠道和在媒体刊登哗众取宠的广告式文章皆不能奏效的情形下，弗利开始设法从岔道绕行，企图通过掩映在政治丛林中不为外界所知的曲线闪进中国国门。而一个偶然的酒会，使弗利的设想得以披露并引起中国科学家的注意。

1980年3月4日的一个晚上，贾兰坡和中科院古脊椎动物与古人类研究所的黄慰文、毕初珍、盖培等科学家应邀到瑞士驻华大使馆参加一个酒会。酒会是瑞士驻华大使席望南为欢迎瑞士著名考古学家、伯尔尼大学邦迪教授率领的一个旅行团而举行的。邦迪教授于1977年9月首次访华时，曾到过古脊椎动物与古人类研究所参观，和贾兰坡相识并

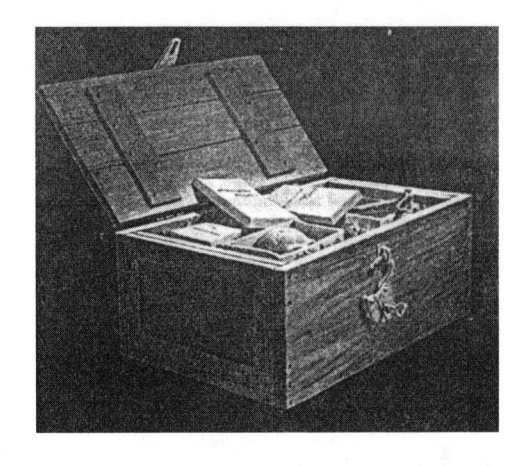

黑衣女士提供的盛放"北京人"头盖骨的木箱（美国自然历史博物馆提供，以下两张照片同）

一位德籍游客在纽约帝国大厦观景台上拍摄的照片，显示出美国金融界商人贾纳斯（右）和一位"神秘黑衣女士"秘密会面的情景

贾纳斯将黑衣女士提供的照片给美国自然历史博物馆人类学家夏皮罗鉴定，夏认为图中右后方的一块头盖骨"很像'北京人'"，而哈佛大学人类学教授豪威尔则确认是魏敦瑞所定的周口店第11号头骨。真相究竟如何，至今仍是一个未解之谜

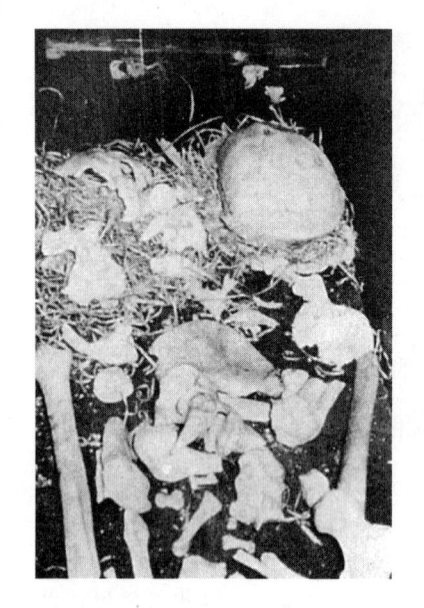

在以后的通信中成为好友。而席望南大使是一位考古学爱好者，他对中国的考古，特别是对贾兰坡等科学家在周口店发掘"北京人"的情况，既熟悉又很有兴趣，因而在这个酒会上，席望南大使特地和贾兰坡坐在一起。

酒过三巡，席望南和贾兰坡便有了一种"酒逢知己千杯少"的感觉，两人并肩谈了很长时间，内容自然是考古学方面的事情——从西亚考古一直谈到中国最近的发现；从周口店的最初发掘渐渐谈到"北京人"遗骨的丢失经过。最后，席望南主动向贾兰坡谈起当年美国海军陆战队秦皇岛分队长、军医威廉·弗利的情况。

对于弗利其人，贾兰坡以前有所耳闻，但未与交往，只听说在珍珠港事件之前，弗利曾在北平协和医学院任过研究员，后来被征入伍，成了美国驻天津海军陆战队的军医，再后来又担任了一个分队长的职务。1941年11月间，中美双方决定将"北京人"化石秘密转移出国，据说护送化石的任务就落到了弗利头上，但他还来不及将化石带走，就成了日本人的俘虏。于是，弗利便成了掌握"北京人"化石下落的关键人物。

当贾兰坡把自己了解的情况略说一遍后，席望南大使说："弗利今年已经68岁了，是我的一位好朋友。他现在定居纽约，还干行医的老本行，是一位很著名的心脏专家。据我所知，他掌握着有关'北京人'下落的关键线索。而且，弗利是一位可信赖的人，希望你们一定要重视这个线索。"

贾兰坡听对方如此一说，十分高兴。多年来，不少人为了寻找到"北京人"化石，曾想方设法，绞尽脑汁试图从弗利嘴里套出"口供"，但弗利似是在玩待价而沽、放线钓鱼的布袋戏，对外界讲述和发表的言论，总给人一种遮遮

第八章 再掀波澜

掩掩，既不实在又不稳当的感觉，尤其对一些关键细节，或装作不知，或守口如瓶，使得"北京人"下落之谜更显扑朔迷离。而如今，眼前的席望南大使和弗利却有如此交情，这对寻找"北京人"显然是一个重要的突破口。于是，贾兰坡对席望南说："大使先生，希望您和弗利继续保持密切的联系，我们很希望能从他那里得到一些有关'北京人'的最新情况。以后欢迎您随时和我们联系。"

对方点点头，说："贾先生，您放心，我一定为寻找'北京人'的事尽最大的努力。"

酒会结束半个月后，即3月20日，席望南给贾兰坡写来一封长信，介绍了他在纽约时弗利曾经和他谈过"北京人"化石失落的情况，其中一段这样写道：

黄慰文向作者讲述与贾兰坡一起应邀赴瑞士大使馆席望南招待晚宴的往事后，又为作者书写席望南的英文名字（作者摄）

弗利在天津行医，要乘船返回美国（必然是1941年），他的朋友和邻居德日进因为害怕日本人的到来，曾把装有著名化石的箱子藏在他家。然而，弗利博士未及把这些箱子同他自己的东西运到船上，就丢下了屋子里的所有东西急忙逃跑，房子随即被日军占据。据弗利说，日本人是最后见到装有化石的贵重箱子的人。他猜想，当房子后来被日本人完全腾空时，这些箱子可能运到了日本。他还进一步推测箱子已经到了日本——倘若不是沉没海底的话，并且他也希望它们仍然被保存在军队的一些仓库里，最后尚能找到。

我想您听到这个叙述会感兴趣。作为一个具有良好关系的朋友，我没有理由怀疑弗利博士的话的真实性……

收到该信时，贾兰坡和黄慰文正打算写一本关于周口店发掘内容的书，对"北京人"下落的任何线索更增加了一分兴趣。于是，贾兰坡立即给席望南大使写了一封信，询问他信中的那段文字能否引用，以便为后人留下追寻的线索。1980年5月5日，席望南给贾兰坡回信道：

> 我很感激您善意的来信。自然，对您要引用我后一信中所说的一段话，我没有不同意见。不过，我和弗利博士的交谈已经是三年前的事了。所以，我已通知他和您通信，并已建议他来华和您接触。我正好得到他的回信，我高兴地获悉他已接受了我的邀请，大约于明年秋天来华。
>
> 弗利在给我的回信中还这样写道：恳切地请您告诉贾兰坡教授，我对长时期失去的"北京人"标本仍然抱有重新找着的希望。请他和我直接通信。

威廉·弗利接受美国电视台采访时画面截图

为得到有关"北京人"下落的真实线索，贾兰坡很快按席望南开出的通信地址，给弗利写去了一封信。

1980年6月10日，贾兰坡收到了弗利从纽约的回信，内容如下：

> 尊敬的贾兰坡先生：
>
> 我收到了您那封令人激动的来信。通过我们共同的朋友——瑞士大使席望南的介绍，最后处置"北京人"标本的科学家和一位曾经被委托运送"北京人"标本的官员相识了。多年来，我一直希望有这么一天。我的心愿之

第八章 再掀波澜

一就是要在我有生之年,看到"北京人"化石标本安全回归北京协和医学院。

您为了保证"北京人"标本安全所给予的细心和谨慎的妥善包装(南按:包装者实属胡承志和吉延卿,并非贾兰坡),使我确信它们没有被遗弃,而是被安全地和细心地保存着以待适当的时候重见天日。

由于您一定明白的原因,我对给我从前的同事写信或联系感到踌躇。您温暖而友好的来信使我安了心。两周前,来自北京的以沈其震为首的医学教育考察组(南按:应为医学情报图书考察组)到我们医学院(南按:即康奈尔大学医学院)参观,该组两名成员范琪和李思翘于次日到舍下访问。他们的友情令我感动。我请他们回到北京后替我向您致意。同他们会见使我体会到,北京协和医学院的气氛已恢复到我离开时的样子了。

几年前,我写过一篇文章,是谈我们在接触那些"北京人"标本中所扮演的角色。现随信寄上……

您会另外收到我们司库的信,讨论帮助您重新寻找"北京人"标本的某些可能性。

弗利
1980年5月29日

与自称最后保管过"北京人"的幸存者弗利取得直接联系,贾兰坡很高兴地看完信,又把弗利随信寄来的文章看了一遍。此文发表在《冬季71/72康奈尔大学医学院校友季刊》上。弗利在文中说,他在中国时,从1938年到1945年,在香港和北京的医学院里进行研究工作,后为美国海军陆战队的医师,并担任过一段时间的分队长。因自己能说很流利的中国话,因而和中国人以及欧洲的同行们有广泛的接触。他还说,日美战争结束后,古老的"北京人"的骨骼并不多,大约只装在一打玻璃瓶子里。

贾兰坡看完弗利的文章,觉得其人一些说法不太可信。根据自己的亲身经历和经验,"北京人"是很容易破碎的化石,不可能装在玻璃瓶内,何况还要远渡重洋转运到美国?而且,弗利所谈的"北京人"化石是装在一只箱子里,这和胡承志亲自用木头箱子包装的情况完全不符。再者,"北京人"的全部化石也绝不是一只衣箱就能容纳得下的。听席望南大使的口气,弗利是一个值得信赖的人，应该不会编造，也没有必要编造。那么，其人所讲的情况为什么又会是这样呢？

在收到弗利来信的同一天，贾兰坡又收到了弗利一位名叫贾内拉的同事于5月29日从纽约发出的信，信中附有一份席望南大使给弗利的请帖复印件。贾内拉在这封信里主要谈了如下几点意思：

一、您最近给弗利博士的来信，为他帮助寻找丢失的"北京人"标本提供了可能。

二、弗利已请求于9月来中国。

三、我们已和纽约的中华人民共和国办事处进行接触，弗利博士的入境护照已签讫，号码是668530号，有效期至1982年。

四、这次访问的用费没有列入我们的预算。若是你们机构或你们政府能帮助解决所需的旅差费，将是值得感激的。席望南大使已提出在北京由他招待，但是到天津、丰台和上海江湾的旅行，对于寻找工作也许是必要的。

弗利方面在短时间内便做出了如此快速的安排，本是一件令贾兰坡感到欣慰的事情，但很不凑巧的是，贾兰坡收到信的时候已经是6月10日了，而他已经定在7月作为中国科学院代表团成员访问日本，11月还要到日本明治大学讲学。而在此之前有许多工作都必须要做。若是弗利9月来华，显然多有不便。因此，贾兰坡给贾内拉写了一封回信，将上述情况做了说明，希望更改弗利的来华日期。

这一改，便改出了意想不到的麻烦。

1980年10月底，弗利的另一位好友——美国运通银行总行高级副总裁邱正爵访问北京，其间特别邀请贾兰坡等人见面，说他带来弗利的口信需要转达。贾兰坡与邱正爵见面后，对方介绍说，弗利接到贾兰坡的复信之后，曾和他一起研究复信的口气和内容，他们当时认为中国方面对于弗利的访华一定遇到了不便明言的麻烦，这个麻烦主要指政治方面的问题。邱强调说，其实，弗利自己支付他和夫人的旅费是没有什么困难的，因为他是纽约的一个名医，收入相当可观。他主要是希望得到中国政府的邀请。

在华期间，邱正爵对寻找"北京人"化石一事表现出了非常的热心，不但力促弗利访华，而且还特意跑到了天津，并在一群朋友的帮助下，居然找到了弗利当年在天津居住的那间房子。邱氏仔细观察了那间房子内部的情形，敲了敲房子的墙壁，内有"空空"的声响传出。本来，他很想提议把墙打开看看，可由于房子已经住上了人家，只好作罢。

邱氏从天津回到北京，对贾兰坡说，他在天津发现的那间房子，与弗利向他描述的情况一样，至今并无多大的变化。

再度赴美国后，邱正爵又专门去纽约找到弗利，把他在天津看到的当年弗利曾经居住过的房子保存情况做了详细交谈。弗利听后，十分兴奋。但是，当邱氏追问弗利"北京人"化石是不是藏在那幢房子里时，对方则不置可否。因而，弗利的葫芦里到底卖的什么药，又成为一个悬而未解的谜团。

之后不久，贾兰坡又收到弗利一封来信，对方除表示赴中国寻找"北京人"的愿望，还特意向贾兰坡正式提出了一个要求——他到中国后，希望能得到中国总理的邀请。

弗利来华为什么提出要中国总理向他发出邀请？是因为西方人的思维方式不同？还是想借此抬高自己的身价？是显示寻找"北京人"的事很重要？还是出于对中国政治背景的某种考虑？这一切又成为一个谜团而无解。十几年后，贾兰坡回忆说，接到弗利的这封信，他心中大为不快，既然是一种学术之间的交流，干吗非要惊动总理？一国总理是那么容易找得到、使唤得动的？于是，他给弗利回信说："至于中国总理嘛，没见过我，我也没见过总理，您的要求我难以满足，也无法满足。"

从此，弗利和贾兰坡不再有任何联系。

从此，弗利失去了来中国寻找"北京人"的机会，贾兰坡则失去了寻找"北京人"的一个关键线索。

寻找"北京人"化石的历史进展至此，只能无可奈何地朝着另一条道上走去。

后来，张森水到美国参加一个学术交流会，其间为"北京人"一事专程赶到纽约拜访弗利，当他好不容易打听到弗利的住所并跨进其家门时，这个神秘人物已经不在人世了。

多年之后的1999年10月16日上午，美国自然历史博物馆人类学部主任伊安·泰特赛尔，在北京参加一个国际学术会议时，曾说过这样一段话：关于"北京人"箱子一事，他曾亲自询问过弗利究竟是怎么回事。弗利说，他确实负责过装有"北京人"化石的箱子，但箱子交到他手里后，他并没有打开过。至于更详细的内容，弗利没有说，或许是不愿说。①

看来，没有任何人知道弗利的底细和他真正知道些什么，于是，弗利将他所知道的有关"北京人"的秘密带进了坟墓。

注释：

①伊安·泰特赛尔于中国科学院古脊椎动物与古人类研究所三楼会议室，向作者讲述。

第九章 中外人员大搜寻

寻找祖先

夏皮罗天津之行

威廉·弗利终生未能实现的前往中国寻找"北京人"的心愿和梦想,被古人类学家夏皮罗实现了。

1980年9月16日,经历了几十年的折腾和渴盼之后,年近七十岁的夏皮罗在女儿的陪同下,登上了飞往中国的航班。

夏皮罗父女搭乘的客机在北京机场降落后,前来机场迎接他的,是中国科学院古脊椎动物与古人类研究所青年人类学家董兴仁。

汽车沿着宽阔的机场路向市中心驰去。秋日的北京,晴空万里,色彩纷呈。北京,是夏皮罗多年来心中神圣的殿堂,四十年后再次踏进这座城市,所有的一切对他来说,仍是那样新鲜,那样神奇。当年他在北平协和医学院工作时,才三十岁左右,想不到一晃四十年便过去了,真是岁月不饶人啊!在过去的岁月里,他记不住自己曾给中国的有关部门和科学家们发出过多少请求信了,也记不得自己在焦急、渴盼和等待中熬过了多少个日日夜夜。今天,他终于踏上了中国这片曾留驻过青春岁月,既熟悉又陌生的国土,使多年来寻找"北京人"的梦想一下变成了现实。望着窗外那不断闪过的人影和楼群,夏皮罗禁不住伸手摇下玻璃窗,尽情地呼吸初秋时节北京那清爽宜人的气息。

此前,夏皮罗曾把当年与威廉·弗利的谈话详细整理,寄往中国科学院转到古脊椎动物与古人类研究所,并经裴

夏皮罗(美国自然历史博物馆提供,下图同)

第九章　中外人员大搜寻

文中、贾兰坡、张森水、吴新智等科学家审看并讨论。细心的中国学者很快发现了其中的破绽，并对几个关键点提出质疑：

第一，按照弗利对夏皮罗的说法，当年他看到的化石是放在大玻璃罐里，然后再装进军用提箱里的。这一点，夏皮罗已看出破绽，他在材料中解释说，自己之前所了解的是"化石先是仔细地放在小木箱中，周围填上棉花，然后再放入军用箱内"。而作为对此点了解内情的中国学者，更认为是一大破绽，当时亲自装箱的胡承志在有关"北京人"事件的报告中写得极为详细和清楚，珍贵的"北京人"化石装在小箱子里，然后用棉球等填塞，另一些古物装在一个大号白木箱里，并不是弗利所说的大箱套小箱叠加型。"北京人"化石到底是怎样被包装的，这看起来好像是一件轻松的事情，却是一个不可忽视的重要的关键前提。假如"北京人"真的如弗利所说，是装在了玻璃罐里，那很可能这玻璃罐里装的根本就不是"北京人"化石，而是别的什么东西。因为稍有这方面常识的人都知道，玻璃罐既坚硬又容易破碎，如此贵重的"北京人"化石是不可能装到玻璃罐里的，不但转运途中极为不便，即使放在陈列馆展出的化石模型，一般也不会装在玻璃罐内。更何况"北京人"将由中国转运至美国，需远涉重洋，历经坎坷？这个破绽在张森水后来向胡承志当面提出后，胡氏深以为然，认为弗利是张冠李戴，甚至胡说八道。

第二，按照弗利的说法，装"北京人"化石的是军用提箱，

夏皮罗根据头骨模型所塑造的"北京人"女性复原头像

而不是两个木箱，而且至少应该是四个军用提箱。另外还有一个标有艾休尔斯特上校名字的军用提箱。对此，夏皮罗和费尔塞维斯在之前曾访问过已回美国定居并已结婚的息式白女士，对方肯定地对他们说，包装"北京人"化石只用了两个军用提箱。而中国的胡承志否定了军用提箱，坚决宣称是两个木箱，而不是什么军用提箱，更谈不到所谓四个军用提箱。

在这一个关键点上，双方说辞可分为两个侧面来解释。胡承志亲手装的"北京人"确是两个木箱，但经博文交到美国公使馆或美国海军陆战队后，为了便于携带和转运，美国人又将木箱换成了军用提箱，因"北京人"化石的性质和数量的关系，只有用四个或更多的军用提箱方可盛下，这便是军用提箱的数量多于木箱的原因。如果弗利的军用提箱里面装的不是"北京人"，那么很可能是其他化石。在与弗利谈话之后，夏皮罗曾在美国大使馆查到一些原始资料，其中显示有"许多珍贵资料和上层遗物一同被运往美国"之类的记载。而根据中国的贾兰坡所言，当时除了对"北京人"化石进行装箱外，别的化石也装了好几十箱。而且，这好几十箱化石也和"北京人"的命运一样，有的被日军捣毁，有的被日军运往了日本，有的则下落不明。假如让弗利自圆其说，只有后一个解释。然而，这个解释还需要更多的事实根据支撑，否则，仍要存疑。

第三，按照弗利的说法，他在天津收到从秦皇岛转来的行李后，打开自己的私人衣箱时发现有两样东西被盗，而却并没有打开军用提箱检查"北京人"化石是否还在。这一说法显然不合常理。因为军用提箱里装的是"北京人"化石，弗利本人是知道的，其重要性和自身的职责都非同寻常，为什么明明发现自己的箱子已经被盗却对这个藏有珍宝的提箱无动于衷呢？另外，弗利所说的那两位"平时最信赖的中国朋友"又是谁呢？如果弗利真的将箱子交到了那两个"最信赖的中国朋友"手上，那么，箱子就应该不会丢失。因为凭借两个中国人的智慧，在自己的国家里躲过日本人的视线，藏住两个箱子是能够办得到的。

第四，按照弗利的说法，他和艾休尔斯特上校在北平丰台分手时，对方还拥有那个军用提箱。而美国记者普鲁勃在1952年发表的那篇报道中却说，当装有"北京人"化石的箱子装上开往秦皇岛的火车后，艾休尔斯特上校就再也没有见过任何装有"北京人"化石的箱子了。更加不可思议的是，艾休尔斯特上校返回美国直到去世,从未提到过那个箱子的事情。那么,这两种截然不同的说法,到底该相信谁的呢?综合各方面情报可以看出,艾休尔斯特上校没有亲自参与"北京人"化石的包装和运送,这一点基本上是可以肯定的。而且从艾休尔斯特上校本人的性格、兴趣和爱好来看,他对此事也不会过分热心。运动员出身的艾休尔斯特上校在华任职期间,除了对中国的艺术品稍感好奇外,在其他方面的表现更像一个刚毅坚定的武人。这样一位司令官,在自身和所属队员全部被俘,前程未卜、生死不明的境况下,置自己生命于度外,始终执着地保护他并不感兴趣的一箱"死人骨头",虽不能说没有一点可能,但坚信其会这样做,似无更有说服力的证据加以支撑。

第五,按照弗利的说法,他回国后之所以没向美国当局报告箱子的事,是因为不能越级报告。这一解释也很难经得起推敲。因为据夏皮罗此前的调查,艾休尔斯特上校从日本遣返回国后,便于1952年不幸去世。去世之前,他一直未向美国当局报告过箱子之事,至于什么原因,不得而知。但按照夏皮罗的理解,"北京人"整个转运计划和过程,是由美国公使馆和协和医学院秘密协商而定的,艾休尔斯特上校只不过是被请去帮助完成这项非军事任务而已,并不是他的本职所属。因而艾休尔斯特上校回国后,在美国当局并未对他进行关于这方面追查的情况下,他没有必要自找麻烦,甚至引火烧身,让自己陷进一个说不清、道不明的泥坑中。因此,艾休尔斯特上校未向美国当局做报告或者还没来得及去报告就一命呜呼,似乎在情理之中。然而问题是,艾休尔斯特上校去世后,尤其是中美之间那场到底是谁偷走了"北京人"的指控与反指控闹得不可开交之时,威廉·弗利作为掌握这一真实情况的唯一知情者,无疑有责任也应该挺身而出向美国当局报告经过。但弗利却一直未向美国当局透露只言片语。直到与夏皮罗见面,他才将在内心深处已经秘藏了三十年之久的情况说出,这又是为什么呢?

对于上面的诸多质疑,夏皮罗曾进行过思考和分析,只是没有中国科学家考虑得细致严谨和更符合实际罢了。当中方把这些质疑意见传给夏皮罗后,夏深以为然,于是围绕弗利那些可疑的说法一一进行调查探索。其中,有的被推翻,有的得到了新的解释,有的则成为悬而未决之谜,但夏皮罗的探索一直未曾中断。就在前往中国三个月前的一天,夏皮罗又得到了一条重要信息，一个当年曾在天津驻守的美国海军陆战队队员告诉他，装有"北京人"化石的箱子在珍珠港事件爆发后，曾被埋藏在了美国驻天津海军陆战队兵营大院6号楼地下室的木板下面。如果没有意外情况发生，"北京人"至今应该依旧安然无恙地躺在那里等着知情者去营救。这个美军老海军陆战队队员在向他提供这个信息的同时，还交给了他一叠1939年拍摄美国驻天津海军陆战队兵营6号楼建筑物的照片复印件。

这一情况的出现，使夏皮罗寻找"北京人"的欲望之火再度燃起，平静不久的心又一次掀起了阵阵波澜。他觉得不管此情是真是假，再也不能这样长久而被动地等待下去了，自己在有生之年一定要亲自去中国寻找一次"北京人"；否则，愧对祖宗，愧对历史，也愧对自己。

在这样一种心情下，夏皮罗很快向中国科学院古脊椎动物与古人类研究所吴新智主任发去一封请求信，信中透露了新得到的线索，并请求吴设法促成他的中国之行。信中，夏皮罗吸取了当年威廉·弗利企图让中国人出资邀请的教训，特别强调说，他此次来中国寻找"北京人"，不管结果如何，所有费用全由他自己掏腰包，无须中方承担分文。

接信的吴新智觉得夏皮罗作为一名在国际上有影响力的古人类学家，虽已年近古稀，却主动要求到中国寻找"北京人"，还甘愿拿出自己多年的积蓄来做差旅费。不管对方掌握的线索是真是假，有多少可疑的漏

吴新智在办公室向作者讲述往事后手拿正在研究的头骨模型留影（作者摄）

洞；也不管寻找的结果如何，仅是这种锲而不舍的精神，就足以令人感动。相比之下，某些中国人在这一点上是问心有愧的。因而，吴新智先在一些相关的环节做了前期铺垫工作，然后将此情况正式向研究所和科学院打了报告。在得到各方同意后，以中国科学院的名义给夏皮罗发去一封邀请函。

因有了中科院的邀请函，夏皮罗的中国之行基本已成定局，为尽到地主之谊，更有效地配合对方查证搜寻有关"北京人"的各种线索，吴新智开始物色陪同夏皮罗的人选。北京方面，由本研究所的青年人类学家董兴仁参加；天津方面，想到的是自然博物馆的古人类学家黄为龙。就当时的天津自然博物馆人员而言，黄为龙对"北京人"的发掘、丢失等情况比其他人更为熟悉，若由他出面陪同夏皮罗进行此事，效果会更好一些。因而，吴新智亲自给天津市自然博物馆馆长黑延昌打电话，除了请黑氏注意做好夏皮罗的接待工作外，建议最好由黄为龙作陪。如此一番上下左右的忙碌，中国方面不仅终于促成了夏皮罗的中国之行，还为他的到来做好了周密安排。

夏皮罗由机场直奔北京饭店下榻，当天便与吴新智等人会面，夏皮罗除对中国科学界有关人员表示感谢，还将自己这次中国之行的主要目的以及所掌握的有关"北京人"下落的线索和盘托出，希望尽快安排他的寻找计划。经过短暂协商，确定了简单的寻找线路：先天津，后北京，再其他。

第二天，夏皮罗向中方提出了一个小小的要求，希望能拜访一下他仰慕多年却始终无缘相见的中国著名古人类学家贾兰坡先生，并就有关"北京人"诸多问题交换意见。中方爽快答应，可当董兴仁前去贾兰坡家中联系时，才得知贾不久前已离开北京到外地考察去了。于是，1980年9月18日下午，夏皮罗只得怀着遗憾的心情，与女儿一起，在中国青年古人类学家董兴仁陪同下，先行踏上了由北京开往天津的列车。

古有无巧不成书的说法，想不到现实中确有巧合之事发生，夏皮罗一行刚刚跨进列车软席包厢，董兴仁便惊奇地发现，天津自然博物馆的古人类学家黄为龙已经坐在里面了，身边还有一位黄头发、蓝眼睛的白种人。董兴仁既感惊喜，又觉得奇怪。双方一交流，这才知道，原来黄为龙受黑延昌馆长的委派，陪同德国犀牛化石研究专家去太原考察后返回北京，再转车返天津，没想到本该在天津相见的人，竟提前在同一列车同一车厢相遇了。这一意外的相遇，大家都异常高兴，觉得这是一个吉兆，暗示将来的工作会有出人意料的惊喜,小小的车厢一下变得宽松活跃起来。

夏皮罗到达天津后,下榻于天津市利顺德大饭店,并受到天津自然博物馆热情款待。当晚,黑延昌馆长和黄为龙等人在饭店与夏皮罗就有关事宜进行商讨,初步拟订了一个寻找方案,众皆欢喜。

然而,黄为龙回到家后,却怎么也睡不着了。夏皮罗的到来,又勾起了一些伤感的往事,令人无法平静。

黄为龙个子不高,脑袋却是绝顶聪明,在天津享有"奇才"之称。自20世纪50年代从山东大学地质系毕业后,分配到北京中国科学院古脊椎动物与古人类研究所工作。从那时起,他便把自己的全部精力投入到了对古人类学的研究之中,同时对丢失的"北京人"始终怀有一种深深的眷恋之情。60年代初,随着一大批知识分子从北京纷纷下放各地,他于1963年被下放到天津市自然博物馆。几年之后,他便成了天津古人类学界的权威。只是好景不长,随着"文革"风暴骤起,他被打成"牛鬼蛇神"和"反动学术权威"。1966年6月6日,天津市自然博物馆第一张大字报便对他点名批判,接着便是没完没了的批斗、交代,然后又将他下放农村进行劳动改造,直到1970年才被放回天津,给予"重新做人"的机会。

1972年,美国总统尼克松访华,《中华人民共和国和美利坚合众国联合公报》于上海发表。不久,《天津日报》登载了一则小消息,称当地公安部门投入到寻找"北京人"的工作

黄为龙(右一)向到天津自然博物馆考察工作的裴文中(坐者)讲解采集的化石

中。黄为龙看到后,又惊又喜。之后,他又听人说尼克松访华时,曾和周恩来谈到要派美国人来天津帮助寻找"北京人"。于是,学术界不久便传出一个消息:中国又要开始寻找"北京人"了。听到这些消息,黄为龙心情颇为舒畅,一有空闲,便与同行议论此事,并在心里偷偷想着如何在天津寻找"北京人"的具体事宜。由于当时的他被馆内革命委员会规定"只许老老实实,不许乱说乱动",因而,寻找"北京人"的梦想,只能落实到枕头上。

随着中美关系日渐正常化,中国的门缝也相继变得宽敞一些了。1975年夏天,以美国著名古人类学家豪威尔教授等十一人组成的美国古人类学大型代表团访问中国,并有到天津自然博物馆参观、交流的计划。当时的馆长常洛南接到通知后,既高兴又紧张,高兴的是,多年封闭的天津终于有了与外国人类学界交流的机会;紧张的是,这时的天津自然博物馆早已名存实亡,根本无力接待如此高规模的外国代表团。其原因在于,"文化大革命"中出于"红色政治"的需要,由天津自然博物馆、历史博物馆和艺术博物馆共同组成了一个新馆——"红太阳博物馆",馆址设在历史博物馆内。该馆成立后,不少本属于自然博物馆和艺术博物馆的展品,统统搬进了"红太阳博物馆"。于是,祖先的遗骨和当代革命教材在"红太阳博物馆"同台展出。而讲解员每天向"革命群众"反复重点讲解的,是中国共产党如何打土豪、分田地,推翻国民党政权的党史。

因而,接到通知后的常馆长于焦急中找到富有经验的黄为龙商量对策,并赶紧对自然博物馆进行布置。几个人先将一些展品重新进行了摆放,然后又到"红太阳博物馆"借来一些简易桌子和沙发,以支撑一下中国人的"面子"。几经折腾,才好不容易在自然博物馆里布置出了一个简易接待室。

美国古人类学代表团到来那天,黄为龙以天津古人类学家代表的身份出现于众人面前。只是,身边多了一个监视他谈话的"领导人"。中美双方人员简单交流了几个学术问题,美国哈佛大学一名人类学教授便提到了"北京人"下落问题。接着,美国代表团首席代表豪威尔表示说,美国方面掌握了不少有关"北京人"下落的线索,他们很愿意与中国科学界合作,到天津来寻找"北京人"云云。

黄为龙听着老外们所言,心中高兴,但嘴上不敢接话,更不敢答应哪怕对方流露出的一点点要求。因为上面安排他出席今天这个会议，其谈话内容和调子早已定好，而有关寻找"北京人"的问题，恰恰超出了为他规定的谈话范围。于是，当豪威尔等人谈到这方面议题时，黄为龙只得把眼光投向身边监视他的那个"领导人"。而这个"领导人"由于事先也没想到美国人会提出寻找"北京人"的问题，同样不敢表态，便急忙给黄为龙使了个眼色。于是，黄为龙只好向豪威尔等人哼哈几句，匆忙将寻找"北京人"的事绕了过去。

美国方面当然不知黄为龙的尴尬和身后的政治背景，他们感到中方似无兴趣，也就不好霸王硬上弓，遂跟着转移话题，提出参观一下历史博物馆。

想不到这一小小要求提出后，又让中方人员好一阵惊慌，此时的美国人并不知道，历史博物馆早已变成了"红太阳博物馆"，那里除了"革命"加"斗争"，斧头加镰刀，几面红旗与几个革命烈士头部雕塑，并无"历史"可言了。更加糟糕的是，现在美国人屁股下坐的凳子和沙发正是从历史博物馆里搬过来的，如果美国人要去历史博物馆的话，那里连一张沙发都没有。怎么办？聪明的黄为龙于焦急中想出了一个点子：由他带着美国代表团在去历史博物馆的路上绕圈子，其余中方人员从另一条近道火速将沙发凳子等搬回历史博物馆。

主意打定，黄为龙乘美国人撤离会场时将这一妙法悄悄告诉了常馆长，正为此事急得猴跳的常馆长觉得可行。黄为龙得到示意，快步追上代表团，以地陪的身份领着全团人员在通往历史博物馆的途中慢慢绕开了圈子，绕了二十多分钟，估计那边的沙发、凳子已经搬过去并且摆好了，这才带着全团人员大模大样地来到由历史博物馆改造的"红太阳博物馆"。果不出所料，美方代表们一看馆内陈设，顿时失了兴趣，只扫了几眼，也就抬手"拜拜"了。

五个年头过去，弹指一挥间，所经历的一幕幕哭笑不得的闹剧仍在眼前浮现。每忆及一个细节，既感到可笑，又有几分悲凉。所庆幸者，那个荒唐的年代总算过去了，美国的夏皮罗终于又来到了天津。今天，自己不仅以一个中国古人类学家的身份堂堂正正出现在美国学者面前，而且还可以自由地与之谈话，并和他一起寻找"北京人"，这是多么令人兴奋与激动的事啊！

第二天一早，在黑延昌馆长和黄为龙的协助下，夏皮罗开始按拟定的寻

第九章 中外人员大搜寻

找计划进行工作。几个人首先找到了原美国海军陆战队驻天津的兵营旧址，夏皮罗从包里掏出那张原美国驻天津海军陆战队兵营6号楼的照片实地对照。经过反复核实，最后确认，这个地点与周边环境与照片上的地点完全吻合。

令人遗憾的是，这座当年曾经热闹非凡、不可一世的美国海军陆战队兵营，现已改为天津医科大学附属卫生学校，昔日美国军人荷枪实弹、耀武扬威的踪影不见了，代之的是校园内中国少男少女们出没的身影。更为糟糕的是，尽管原来美国海军陆战队兵营的建筑物大多保存下来，但从夏皮罗手中所掌握的资料来看，曾经存放过"北京人"化石的6号楼偏偏不见踪影。

黑延昌与夏皮罗等人找到天津医科大学卫生学校的有关负责人说明来意，那位负责人告诉说，6号楼已于1976年唐山大地震中倒塌，废墟已被清除并改成了现在的操场。

夏皮罗一听，大为震惊，急忙问

原美国天津兵营已改为天津医科大学附属卫生学校

天津美国兵营旧影

311

道:"地震前,你们是否见到过6号楼地下室铺设的木地板和下面的军用木箱?"来中国之前,美海军老陆战队队员曾告诉说,箱子埋藏在地下室的木板下面,所以只有先肯定有无木板,才可能找到箱子。

卫生学校的负责人说:"地震前,没有发现6号楼地下室铺有木板。地震后清理废墟时,也同样没有发现地下室有异常现象,更没有见到过所谓军用木箱。"这一回答令夏皮罗大失所望,他愣怔了半天,不甘心地与众人来到学校的操场,企图找到遗落的蛛丝马迹。在空旷的场地上转了几圈,夏皮罗停下来,用脚蹭了蹭地皮,然后指着操场的一角说:"能否在这儿挖个坑看一看?"

"可以。"这位学校负责人对寻找"北京人"同样充满了好奇与热情。

很快,卫生学校一群师生找来几把铁锹,按夏皮罗所指的地点不一会儿就挖出一个坑来。夏皮罗看了看,又亲自跳进坑里,用手在坑的底部和四壁反复抠了又抠,直到确信没有异常迹象发现,才轻轻叹息一声爬出坑外。

天津美国兵营局部楼体拆除前面貌

第九章 中外人员大搜寻

之后，在黑延昌馆长和黄为龙引导下，夏皮罗又询问了卫生学校一位资深人士，对方想了想告诉说，在学校搬进这个大院前，已有好几个单位先后占用过该院和6号楼。也就是说，在卫生学校进驻该院之前，6号楼地下室到底是个什么样子，有没有地板，地板下到底是否埋藏有木箱，甚至地下室是否遭到破坏，等等，学校的人并不知情。

夏皮罗听了这一介绍，绝望的脸上又露出了喜色，他怀着一线希望，在黑馆长与黄为龙带领下，又找到了几家先于卫生学校占用该院或该楼的单位。经过几番探询，得到的回答同样是：6号楼地下室没见过铺有木板，也没有发现过什么箱子。

面对这个更加令人绝望的回答，夏皮罗仍不甘心，他与陪同者再度返回卫生学校，指着操场边的7号楼说："这7号楼的建筑规模和形式与6号楼完全相同，我们不妨去看看这座楼的地下室，说不定能看出一点什么。"于是众人又来到了7号楼。

进了地下室走廊，众人便分头进入各室仔细观察辨别。在理论上说，如果6号楼与7号楼地下室的设计与装饰相同，那么，7号楼有木板，6号楼地下室也就理所当然地要铺设同样规模和形式的木板。再度令夏皮罗失望的是，经过反复查看，并没发现哪怕一块小小的木板或木板的痕迹。

黄为龙带领作者进入7号楼寻找，仍一无所获，怅然而归（作者摄）

但是，一个极为细小的细节又引起了夏皮罗注意：地下室的水泥地面要比门框略微低一点点。于是，夏皮罗蹲下身用手在此处摸索了半天，但最终还是没有找到铺设木板的证据。①

从7号楼地下室走出

来，夏皮罗依然没有死心，他坐在操场一角的空地上，从包里拿出一些相关资料——对照辨别，而后指了指对面一幢楼房问道："过去那儿是不是美国海军陆战队队员时常出没的一个妓院？"黄为龙借卫校办公室的电话向几位研究天津建筑史的专家求证，证明夏皮罗所说不虚，这座楼房就是当年的妓院，当地人称为"美国大院"。

得到确切证实后，夏皮罗提议说，再到那儿找找看。于是，一群人又到对面的楼群里转了一圈，但还是没有发现任何与"北京人"相关联的痕迹。有些垂头丧气的夏皮罗只好重新回到美军天津兵营大院的旧址上，反复地看着手中的照片和一堆图文并茂的材料，留恋地望着四周，似有颇多感慨，但又无从说起。很久很久，他才转过身来，以忧伤的心情对黄为龙等陪同人员说道："'北京人'化石没在这里找到，看来，我那位朋友提供的地下室有木地板这一线索并不准确，我本人为此深感遗憾。但是，我还是有些不死心，也许'北京人'化石就深埋在这个操场下面的某个角落里。如果还有机会的话，我一定争取再来一次天津，到时我想法把美国最先进的探测仪器带来，和中国的朋友们一道对这个操场的地下做全面探查，彻底弄个水落石出，这样，或许会找到新的线索。"说到这里，夏皮罗转过身去。站在身旁的女儿发现，父亲的眼里满含泪水。

在黑馆长和黄为龙的陪同下，夏皮罗在天津其他地方又寻找了三天，但还是一无所获，只好带着遗憾回到北京。

回京后的夏皮罗除到协和医学院故地重游，又对与"北京人"有关的人士和他认为有关的地方做了一番寻访，依然没有结果。最后，他特意去了一趟周口店。那天，他站在当年裴文中发掘第一个头盖骨的地方，深有感慨地对中国同行们说道："人类的历史真是有趣极了，半个多世纪前，'北京人'好不容易在这儿被寻找到了，没想到一场罪恶的战争又给搞得下落不明。也许，人类的历史就是一部没完没了的寻找史。等着吧，只要有机会，我一定还会来到这里的。"

话虽如此说，但世人看到的现实是，回到美国的夏皮罗直至1989年去世，再也没有机会重返中国和他爱恋的周口店。据夏皮罗的学生杰福雷·施沃茨说："当年夏皮罗到中国天津寻找'北京人'，我是知道的，并为他那高尚的行为深深感动。但老师从中国回到美国后，似乎始终被一种忧郁的情

第九章 中外人员大搜寻

绪笼罩着、压迫着，此后几乎不再对我们提起'北京人'。但直到临终前，他都仿佛在思考着什么。可以说，他的死是与'北京人'有些关系的，他是带着一种复杂的情感和遗憾去世的。"②有理由相信，夏皮罗这位学生所言并非虚妄。

死不瞑目的裴文中

为"北京人"失而不得饮憾而去的，不只是远在美国的夏皮罗。早在七年前，中国的史前考古学大师、"北京人"头盖骨第一个发现者裴文中，就带着无尽的遗憾与悲伤走到了生命的尽头。

裴文中与贾兰坡在研究室察看野外采集的化石标本

这是1982年9月18日，正午的阳光照在北京海军总医院一张病床上，温暖而炫目。弥留之际的裴文中顽强地打起精神，与前来探望的亲朋好友一一道别。

在生命的最后时刻，大师似无更多的话要说，唯一牵挂的，便是失踪的"北京人"。

自1957年中国的"反右"运动开始，裴文中的日子就不好过了，到了史无前例的"文化大革命"时期，年过花甲的裴文中被当作"反动学术权威"与"黑五类"接受批斗。生活的突变，精神的折磨，再加上肉体的迫害，使得一位本来身体强壮的老人变得极度虚弱。到了1970年，虽然"文革"没有结束，但政治上的桎梏较以前有点松懈，"黑五类"们有了一点人身自由和喘息的机会。在这个历史空隙，头上戴的那顶"反动学术权威"钢盔仍未卸下的裴文中，被准许到野外做一点田野调查工作。裴文中闻听惊喜交集，迅速收拾行囊，拖着病躯，跋山涉水，赴鄂西考察巨猿遗迹。

"文革"后，裴文中便抓紧生命中最后不多的时间，积极投身于对古人类文明的探索之中。1978年，裴文中带领一群中青年科学家如北京的张森水、黄慰文和天津自然博物馆的黄为龙等人，前往河北省阳原县的泥河湾进行调查发掘。在那片宽阔的原野上，裴文中对青年们说了一句非常著名的话："我要把75岁当作57岁来过。"这句看起来极其普通的话，却在这一群中青年科学家心中产生了不小的震撼，并成为他们人生的座右铭。

1979年，裴文中出任北京自然博物馆馆长。这时的他虽已年迈，却仍不改年轻时的习惯，星期天也常去馆里察看，或替观众"排忧解难"，或与有关人员一起制定博物馆的发展规划，帮助解决具体疑难问题。

鉴于裴文中是中国古人类学的主要创始人，并开创和推动了中国旧石器时代考古学和第四纪哺乳动物学的发展，他理所当然地赢得了国内外学术界的尊敬和推崇。1979年，联合国教科文组织所属的史前学和原史学协会推选他为荣誉常务理事，之后，又当选为国际第四纪联合会荣誉委员。这是裴文中继1957年被授予英国皇家人类学会荣誉会员之后，为自己的祖国赢得的又一崇高荣誉。

随着年岁的增大，加之工作繁忙，裴文中的身体日渐衰弱。1980年2月，他因脚指头突然疼痛，住进北京阜外医院。经医生检查，他患了下肢血栓。这是一种较危险的病症，但生性倔强的裴文中并不在意，经中药治疗了两个月，便出院回家，不久便由学生陪同赴内蒙古调查古人类遗址去了。

1980年9月，刚从内蒙古调查回来不久，裴文中又东渡日本讲学。在日本，裴文中以《从古文化及古生物上看中日的古交通》为题发表讲演，并当众指出，日本旧石器文化的渊源在中国，从而引起国内外学术界的强烈反响。

就在此次日本讲学期间，裴文中对萦绕于怀的"北京人"下落情况进行了寻访，并搞到一点觉得可信的线索。回国后，他便给美国洛克菲勒基金会

第九章 中外人员大搜寻

去函，请对方资助自己寻找"北京人"化石。这封信函的大意是：1980年9月，我在日本听日本人讲，在美国的一个海军陆战队的仓库里发现两个木头箱子，很像是中国的胡承志装的那两个箱子。希望基金会资助我去看一看。我今年已经77岁了，在世的时间不会太长了，希望在我有生之年，能够找到遗失了近40年的"北京人"。

信函发出不久，便收到了美国洛克菲勒基金会复函，同意资助裴文中赴美寻找"北京人"。裴非常高兴，急急忙忙地准备起来。但研究所的领导和家人考虑到裴文中已是一位年近80岁的老人，身体患多种老年病，若赴美寻找，颇多辛苦，行动多有不便，万一有个闪失，命就没了，于是都不同意裴氏赴美。

当夫人把各方意见讲出后，裴文中郁闷又无可奈何地说道："那也不一定是我去啊，但国家起码应该重视这件事情，派另外的人去。"但"另外的人"始终没有派出去。有些事看似容易，办起来很难，派人赴美的事，连当时的中国科学院都不能做主，何况一般的下属机构。

时间一天天过去，裴文中越来越焦急，有一天他终于按捺不住心中的郁闷之情，把自己关在屋里，给当时的中共中

进入晚年的裴文中因眼疾只能用放大镜进行研究工作（裴申提供）

317

央总书记胡耀邦写信。

裴文中对这位上任不久的总书记颇有好感，而胡对裴也是熟悉的。1975年，胡耀邦到中国科学院古脊椎动物与古人类研究所时，就亲自看望过大名鼎鼎的裴文中。就在裴写此信前不久，于政协礼堂召开的茶话会上，胡耀邦还特意到裴文中的座位前表示慰问，并简单谈及了周口店发掘与"北京人"寻找的问题。正是有这样的前期铺垫，才有这封信的形成。信中，裴文中简略介绍了"北京人"从发现到丢失的经过，而后直截了当地谈了自己的意见，希望胡耀邦同志能指示有关部门，协助促成到美国寻找"北京人"一事。

假如这封信能顺利发出去，并到达胡耀邦案头，由中国科学院派员到美国寻找"北京人"一事，极有可能成为事实。

遗憾的是，历史又一次开了个小小的玩笑，使裴文中的计划再次落空。落空的原因，既不是来自单位领导的反对，也不是来自社会的直接压力，而是来自家庭人员过于谨慎。

面对夫人和儿子恳切的劝阻，裴文中长叹一声，无可奈何地仰靠在了沙发上，而后紧紧地闭上眼睛。

就这样，由于家人的反对，这封本该及时发出的信最终被裴文中压在了自己的枕头底下，一直陪伴着他熬过生命的最后一程。

时隔十九年后，裴文中之子，已是五十多岁的物理学家裴申谈及此事，有些愧疚地说："这事责任在我。我当时对'北京人'的认识不够，没把'北京人'化石看得那么重。当然，在那样一个刚刚经历了'文化大革命'的年代里，大家仍然心有余悸。我和母亲之所以劝阻父亲不要给胡耀邦同志写信，其心情和苦衷，我想今天的人们是可以理解的。"[3]

几十年来中国"左"的政治留给中国人的后遗症之一，就是谨小慎微，多一事不如少一事。而正是这一难以医治的后遗症，常常会改变本不应该改变的历史。

此后，裴文中的身体每况愈下，其精神似乎也受到了重创。尽管寻找"北京人"之事他在嘴上不再提起，但据其子裴申说，这件事始终是父亲的一个挥之不去的心病。

1981年2月21日，一个大雪纷飞的下午，裴文中正聚精会神地坐在桌前看《中国猿人石器研究》的英文摘略稿,看着看着,嘴巴突然向右歪斜……

他患了脑血栓!

尽管裴文中是大名鼎鼎的科学家,但毕竟不是什么"领导",家里人本想让他住进一个好的医院,却因官衔和职别不够而困难重重。后来由中科院向国务院打报告,经方毅副总理批示,由卫生部部长出面协调,他才住进了北京医院。

此时裴文中的病况已相当严重了,可夫人舒令漪在病床边问他哪儿难受时,裴说:"我哪儿都不难受,就是不让我上班难受!"裴文中还让夫人把主治大夫请来,商量说:"安徽和县发现了猿人头骨,我要去安徽,你早点放我出院好吗?"大夫望着他那动都动不了的样子,摇摇头,安慰几句便匆匆走了。

经过半年的调治,裴文中勉强出院回家,虽然走起路来跌跌撞撞,连上厕所都必须有人扶着,可身患重病的他整天唠叨的仍是研究所的事,以及令他魂牵梦萦的"北京人"。有一天,他给研究所打电话,要车上班,恰好被站在背后的女儿裴桂听见了。女儿一时性急,伸手按住了他的话筒。他一怒之下,竟狠狠地在女儿手上打了一巴掌。可刚打完女儿,他马上就后悔了,他对女儿说:"对不起,爸爸实在是太想研究所,太想'北京人'了!"女儿裴桂望着父亲一脸痛苦的样子,也流着泪对他说:"爸,您一辈子也没打过我一下,如果您打我心里会更好受一点的话,您就打吧!"

1982年8月16日,病中的裴文中勉强提起笔来,给外甥女写了一封信。没想到这一封信竟成了他留给这个世界的绝笔。信中,裴文中说自己要静心把病养好,9月份好去柳州,在那儿钓鱼,要通过钓鱼把身体养得棒棒的,明年好去满洲里和贵州考察,有机会再好好找一找丢了好多年的"北京人"……

由于青少年时代家境贫寒和后来专注于读书与事业,裴文中一生几乎没有什么业余爱好,唯一的业余爱好就是钓鱼。早些时候,裴氏最爱去钓鱼的地方就是北海公园。每到星期天,便背上鱼竿,坐上公共汽车,一大早赶到北海公园,和一帮老头一起钓鱼。不过,钓着钓着,思路总是鬼使神差地跑到心中酝酿的论文上去了。

1982年8月26日,裴文中突然发起了高烧,在家人的再三劝导下,不得不再次住进了海军总医院。

他想去柳州钓鱼，钓不成了。想去满洲里和贵州考察的计划，落空了。他还想找机会再寻找"北京人"的梦想，也变得愈加缥缈了。20多天来，他静静地躺在病床上，看样子什么都没想，实际上什么都在想。而想得最厉害的，当然还是"北京人"。自1929年那个大雪飘飘的下午，裴文中发现第一个"北京人"头盖骨，这件珍宝便成了他生命中最重要的一部分。无论是在抗日战争年代，还是在解放战争时期，或者是中华人民共和国成立之后，"北京人"无时不让他牵挂在心。可现在，他除了想一想之外，还能做什么呢？

1982年9月12日，方毅副总理来到海军总医院，亲自看望了裴文中。此时的裴文中已经无法用语言表达自己的心情和意愿了，他拉着方毅的手，久久不肯松开，看样子很想说点什么，却又一句话也说不出来。

面对眼前的副总理，临终前的裴文中很想说的究竟是什么呢？

1982年9月18日12时15分，裴文中病情突然恶化。在弥留之际，他握住儿子的手，颤抖着再也不能挪动的身体，用极其微弱的声音几乎是喊出了他78年生命中最后一句话："死……不……瞑目啊……"言毕，与世长辞。

转眼20多年过去了，大师的亲人以及生前的好友们，一直在思索大师弥留之际这句话的真正含义。显然，这是一个与"北京人"有关的壮志未酬的心愿，是一种复杂情感的流露和无可奈何的叹息。尽管大师自叹为"死不瞑目"，但可以肯定的是，作为"北京人"第一个头盖骨的发现者，裴文中的名字将永远为后人所铭记。

根据大师的临终遗愿，裴文中的骨灰葬在了周口店的龙骨山下，他的祭日改为12月2日——大师1929年发现第一个"北京人"头盖骨的日子。他的坟墓旁边，是先前去世的杨钟健的墓地。而另一侧，则是为贾兰坡预备好的一块空地。

在每年的12月2日来临之际，大师的亲人和学生，连同科学界的同事和众多热爱科学事业的人，或相约，或独自来到周口店，在大师的墓前摆上几束鲜花，点上几炷香火，以真诚的吊唁方式慰藉大师的在天之灵。同时，也借以召唤那游荡于天地宇宙间不朽的人类祖先——"北京人"。

是谎言，还是秘密？

裴文中带着深深的遗憾离开了这个世界，然而，人们对"北京人"的寻找并未因此中断，新的线索与新的故事仍在这个纷繁的世界出现和上演。

1996年初的一个夜晚，日本东京某医院，一位日本老兵气息奄奄地躺在病榻上。这个干瘪的老头自感将要告别人世，急召亲人密友前来身边，对后事一一做了安排。弥留之际，他示意身边人员全部避去，只留下专程赶来看望他的日本剧作家久三枝。

当晚，这位日本老兵与久三枝进行了单独密谈。就在这次密谈中，老兵向久三枝透露了一个隐藏在心里几十年的重大秘密——

1941年，随着太平洋战争爆发，日军占领了中国北平，这位老兵作为日军七三一部队的一名上尉军医，奉命来到北平协和医学院解剖室进行有关细菌的秘密研究工作。他来北平不久，日军情报部门查获了已落入美国驻北平海军陆战队兵营中的"北京人"头盖骨化石，并再度押送到协和医学院秘密保存并研究。于是，他被指定为保管、研究"北京人"的具体负责人。

1945年日本战败后的一天，他接到了上司让其迅速转移"北京人"的命令。由于事发突然，时局紧张，"北京人"已很难安全运送出境。鉴于日军大势已去，并面临行将变成战俘的危险，焦急、恐惧而又万般无奈的他，趁外部一片混乱之机，在一个月黑风高的夜晚，将匿藏于协和医学院地下室的"北京人"头盖骨化石以及孙中山的内脏等珍贵标本，匆匆装箱后偷运出去，并在夜幕的掩护下，将这些东西辗转运到协和医学院东约两公里的一个有很多古树的地方，挖坑埋藏了。把这些化石、标本埋藏完毕后，他还特意拿军用砍刀在距埋藏地点不远处的一棵粗壮的松树上，砍掉了一块长约一米、宽约二十厘米的树皮做标记，以便来日辨认。

当这一切在悄无声息中完成之后，他又摸黑回到了协和医学院。

之后不久，他被俘了。

再之后不久，他被遣送回了日本本土。

在后来的岁月里，这个经历了人世沧桑、九死一生、罪恶的双手沾满了中国人民鲜血的原七三一部队的日本上尉军医，始终将这个秘密埋藏于心底，从没有向任何人提起。直至生命行将结束之际，他才终于向他的好友、剧作家久三枝吐露了此事。而且，他讲完这个秘密后，还为久三枝留下了他最后的遗嘱：请久三枝一定要将这个秘密告知中国政府，以便让珍贵的"北京人"化石及其他贵重标本早日回到中国的怀抱。

这个日本老兵为何要吐露这个隐藏了几十年的重大秘密？剧作家久三枝解释说，他的朋友作为日本军队的一员，在侵华战争期间给中国人民带来了巨大的灾难，在即将撒手人寰之际，他感到悔愧万分，很对不起中国人民，尤其是他偷藏了既属于中国也属于全人类的文化巨宝"北京人"，更感到"有一种罪恶缠身不得解脱的冰冷"。为解脱这种罪恶感，使自己进入天国后能轻松地得以再生，所以他愿将隐藏在心中半个多世纪的秘密公之于世！

这个日本老兵说出这个秘密并留下遗嘱后，便很快去世了。而剧作家久三枝却感到了事情的严重性。在尚未弄清事情真相的情况下，久三枝未敢公开对外宣扬，只是根据老朋友的生前遗愿，将此事悄悄告诉了自己另一位经常在中国工作的朋友嘉藤刚清。

嘉藤刚清闻讯后大为惊讶，然后怀着忐忑不安的心情，又将此事告诉了他的老朋友仰木道之。

仰木道之时年65岁，15岁时曾受日本共产党的派遣，随日本少年开拓团来到中国，在中国国际广播电台供职，担任对日播音员，直到70年代才回到日本。回国后的仰木道之长期致力于中日文化交流工作并一度出任过日本旭日观光株式会社社长。再后来，仰木道之又出任中日合作北京共同保安服务有限公司常驻董事、顾问。当得知上述辗转传来的消息后，他既震惊又兴奋，凭借自己多年从事文化交流工作的敏锐嗅觉，他立即意识到这将是一件震撼世界的大事情。于是为了证实那个原日本七三一部队的上尉军医临终遗言的可信性，仰木道之没有向外界透露半点信息，而是凭自己对北京市地理环境的了解和认识，按照嘉藤刚清告知他的线索，首先在协和医学院以东一带悄悄进行了一番查寻。

几经折腾，仰木道之终于在协和医学院东南侧两公里左右的日坛公园神道的北侧，找到了一棵树干上被砍掉树皮的古松。

经初步观察，此树干被剥落的树皮时间较长，形状也和那个上尉军医说的基本相似。因此，仰木道之根据这棵古松的位置和特征推断，如果不是偶然的巧合，那么这棵古松的下边就应该埋藏着20世纪古人类学最大的隐秘——"北京人"头盖骨化石！

惊喜之中的仰木道之很快通过有关渠道将听到的线索和自己查寻的情况，向中国科学院做了反映。中国科学院获知这一情况后，大感意外与惊喜并很快重视起来。因为这毕竟是"北京人"头盖骨失踪半个多世纪以来，又一条很有特点而又比较可信的线索。于是，1996年3月24日，中科院委派本院古脊椎动物与古人类研究所分管业务的副所长叶捷研究员和裴文中的学生张森水研究员，前往北京共同保安服务有限公司所在的北京市崇文区光明西路甲三号，与该公司董事、顾问仰木道之会面，以了解线索的来源和可信程度。

由于线索的来源已先后经过了几个人的转述，到了仰木道之这里可能多少已打了折扣。不过，仰木道之还是尽可能地将听到的情况向叶、张二人做了详细的说明。叶捷和张森水听罢，对若干细节问题提出了质疑，但因仰木道之并非这一秘密线索的原始提供者，故无法一一作答。叶捷和张森水只好抱着宁信其有、不信其无的态度，同仰木道之一同前往日坛公园做实地勘察。

日坛公园位于北京朝阳门外日坛路一侧，又名"朝日坛"，始建于明嘉靖九年（1530），是明清两个朝代皇帝每年"春分"节祭祀大明之神（太阳）的地方。其中日坛的坛，是指一个正方形的石砌台子，称"拜神台"。此台每边长五丈，台面原为红色琉璃砖铺砌，象征太阳。到了清代，则改用方砖铺砌，台四面均

叶捷在新闻发布会上

有台阶，分为九级。在方台外围环以红砖墙，东、西、南、北皆有石棂星门。棂星门外又有石砌的"神道"延伸，"神道"四周是成片的苍松古柏；掩映在苍松古柏中的是"具服殿""神库""神厨""宰牲亭"等古建筑。中华人民共和国成立后，日坛四周被辟成公园，面积扩大到二十多公顷，成为游人消闲、观光的一个风景点。

在仰木道之的引领下，叶捷、张森水二人在公园东神道的北侧，很快见到了一棵树干上有明显砍剥痕迹的古松。二位专家经过现场勘察，再结合仰木道之提供的情况，认为此处埋藏"北京人"头盖骨的可能性不大。其主要理由是：

一、那个原日本七三一部队的上尉军医对转移、隐藏"北京人"的具体时间含糊不清；

二、孙中山的内脏在手术后一直保存在协和医学院，后来日本人占领协和医学院后，将内脏送给了汪精卫，汪精卫借机搞了一个"国父灵脏奉安仪式"，将灵脏放于一个玻璃瓶里，并安葬于南京中山陵，这是众所周知的事实，根本不存在和"北京人"一起转移的可能；

三、有砍剥痕迹的那棵古松，其位置在公园神道附近，如果在此树下挖坑，势必破坏神道。因为当时日军占领中国后，日本方面一直在喊"中日满亲善""建立大东亚共荣圈"等口号，因而破坏神道与当时的政治大背景不符。再者，神道一旦遭到破坏，势必引起众人注意，这对保密也极为不利。

协和医学院病房，孙中山病逝前曾住于该楼（作者摄）

叶捷和张森水尽管在理性上有着比较清醒的认识，然而出于对中华民族文化遗产"北京人"的感情与尊重，还是认为仰木道之提供的

1942年3月26日《晨报》报道孙中山灵脏举行奉移典礼消息

1942年3月28日《晨报》报道孙中山灵脏奉移离京消息

线索要加以慎重考虑，在尚未被事实所证实之前，谁也不好轻率地予以否定。何况，张森水是裴文中的学生，若真能找回"北京人"，对前辈大师的在天之灵也是一种莫大的告慰。找，总比不找好。因此，叶捷和张森水将这一情况如实向中国科学院副院长陈宜瑜和中国科学院自然与社会协调发展局做了书面报告。

陈副院长接到报告后，出于和叶捷、张森水同样的心情与考虑，迅即做了两点指示：

一、中国科学院古脊椎动物与古人类研究所对此事要保守秘密；

二、由中国科学院协调发展局张金东处长起草协调调查的具体方案。

1996年5月3日，在张金东安排下，叶捷和中国科学院地球物理研究所所长徐文耀等有关专家商谈，很快制订了一个对北京日坛公园"埋藏"地点进行"地表探测"的方案。5

月8日，中国科学院地球物理研究所电震探测组来到日坛公园现场，对事先圈定好的"埋藏"区域进行探测，认为在11线9点附近下方存在电法、地震局部异常体，异常体深度约1.5米到2.5米，厚度、宽度均为1米，长度方向占6个测点，约3米。

于是，根据中国科学院地球物理研究所提出的探测报告，中国科学院协调发展局正式向路甬祥常务副院长和陈宜瑜副院长呈送了《有关发掘工作的设想报告》。路、陈两位副院长当即明确指示："抓紧时间，严密组织，保证安全，快速解决问题！"

叶捷副所长受领指示后，迅速赶赴日坛公园和该园负责人商谈发掘事宜。没想到，日坛公园的负责人断然拒绝发掘。其理由是，一旦发掘，将破坏神道和古松。而日坛公园里的神道和古松是文物，绝对不能破坏，哪怕在此动一草一木都要上报。面对此情，叶捷只好再三说明发掘、寻找"北京人"的重大价值和意义。后又几经协商，

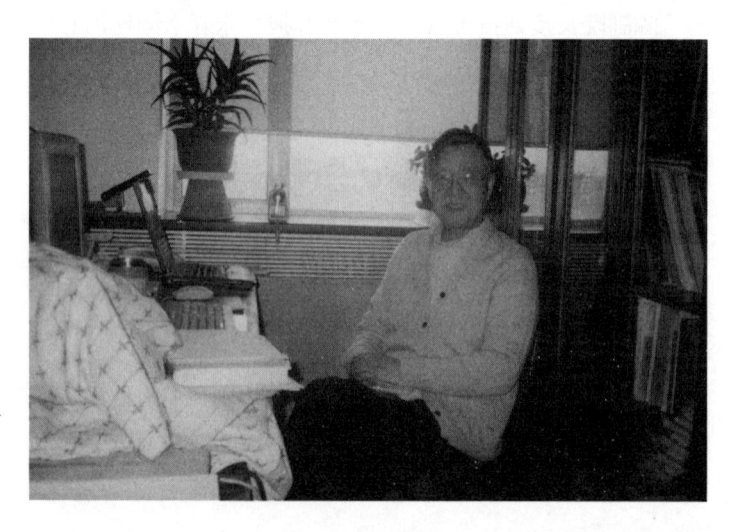

张森水从日坛公园考察结束后回到古脊椎动物与古人类研究所（作者摄）

邱占祥在办公室向作者讲述到日坛公园寻找"北京人"经过（作者摄）

公园负责人终于想出了一个两边兼顾的办法，可以借助公园人员给古树复壮施肥的机会搞点小规模发掘。

双方协议总算达成，并定于1996年6月3日上午正式发掘。为了这一工作顺利进行，中国科学院古脊椎动物与古人类研究所与北京共同保安服务有限公司日方顾问仰木道之签订了一份《关于发掘失落的"北京人"化石可疑埋藏地点的协议书》。该协议书主要就发掘物的归属、录像、照片等版权事宜做了较明确规定：

一、如果发现出土物是"北京人"头盖骨以及相关的古人类化石，归中科院古脊椎动物与古人类研究所所有；

二、如果发现出土物是金银、瓷器等物，则献给国家文物部门；

三、电视录像、照片等版权归双方所有，双方共享发表权。

6月3日上午8时整，发掘序幕拉开，原拟定参加发掘的各路人马聚集在中国科学院古脊椎动物与古人类研究所一楼标本室的会议厅里，其中有古脊椎动物与古人类研究所负责人、古人类专家、高级技师、技工、摄影师、司机等18人；中国科学院地球物理研究所所长徐文耀和两位地球探测专家，以及科学出版社的一名摄影师；同时，还有仰木道之、嘉藤刚清和北京共同保安服务有限公司副总经理皈木进3位日本朋友以及该公司的魏建平。出发前，古脊椎动物与古人类研究所所长邱占祥特别主持召开了一个简短动员大会，并由中国科学院协调发展局局长秦大河做了动员讲话，秦大河动情地说："'北京人'化石自1941年神秘失踪到现在已经是55个年头了，自从这珍贵的化石失踪之后，中国政府以及国际友人曾为寻找一事做了大量的工作，中科院也为此尽了最大努力，但一直没有可靠的线索。这次根据日本朋友仰木道之先生提供的最新线索，前几天我们对埋藏地点做了物理探查，发现情况确有异常。也许，失踪了半个多世纪的'北京人'，真的要回来了，而最早迎接他的就是我们。可见，就我们而言，这是一件非常幸运的事情！当然，我们在迎接这位历史老人时，要注意保守秘密，不要节外生枝，让他再次溜走了……"

秦大河说完，中科院科技安全局副局长张青吉介绍了发掘点的保安措施

日坛公园大门（作者摄）

和应注意的事项，随后大家以极其亢奋的心情走出会议厅，登车向日坛公园奔去。

此前，中国科学院保卫处长领着3名警卫人员率先进驻了日坛公园，并将发掘区域用彩色编织带围了起来，同时三令五申，一律禁止外人接近。当这一切安排妥当之后，1996年6月3日上午10时，发掘工作便正式开始了。

来自中国科学院地球物理研究所的研究员首先用铁锹在一棵古柏正南近1.5米的地方，画出一个长2.5米、宽1.5米的矩形，物探的11线9点便位于这个矩形的中心点上。随后，秦大河与邱占祥挥锹破土。接着4名北京日坛公园的工人在专家们的指导下，开始全面发掘。

发掘工作按实施计划进行到接近1.5米时，掘进的速度明显放慢了。当挖到2.2米时，仍未发现有任何埋藏物。这时，所见四壁地层剖面为：0—1.3米为棕黑色表土，其间偶夹瓦砾等；1.5—1.9米为含灰白色钙质结核粉砂质泥岩；1.9—2.2米为灰绿色细砂岩；1.3米开始为原始地层，未见任何曾动土现象。鉴于此，专家们经过商议，临时决定，在坑之东南角再向下掘进59厘米。

遗憾的是，掘出的全是细黄砂岩，仍不见一件埋藏物。

第九章 中外人员大搜寻

2008年,当年的发掘参与者王乡城带作者来到日坛公园,找到了那棵古松和发掘地点(作者摄)

而事前探测的所谓"异常体",经检测,不过是一堆由特殊分子结构而成的碎石而已。于是,发掘工作只好停止。

面对这一尴尬情景,众人仍不甘心,又向北壁掘进了60厘米,依然未发现异常痕迹。最后,几名现场领导和有关专家经过研究决定,停止发掘寻找工作。此时,叶捷副所长看了看手表,指针正指向12时58分。

2小时58分的发掘寻找,就这样无可奈何、莫名其妙地结束了。喧腾一时的日坛公园,很快又恢复了往日的平静。

历史,似乎又一次开了一个玩笑。

是喜剧?闹剧?还是恶作剧?这个隐藏了半个多世纪的"重大秘密",这个临终遗嘱,究竟是发自心底的善意忠告,还是病榻上的神经质幻觉?到底是死亡前的梦境呓语,还是歇斯底里的欺世谎言?抑或干脆就是对中国人一次故意的调戏与嘲弄?除了那个死去的日本人,恐怕谁也不知道这葫芦里装的什么药。

古松上确有刀劈过的痕迹(作者摄)

329

当然，这个日本人临终前留下的"秘密"到底是确凿的事实，还是骗人的谎言，仍有待历史和科技的进一步验证。也许，当时所用的探测仪器还不够先进，也许探测的范围出现了偏差，也许发掘的地点不相吻合……总之，此次对"北京人"的发掘寻找，虽以无结果而暂时画了句号，却是一次必要而有益的探寻，它不仅引起了更多局外人对"北京人"的热情和关注，同时也诱发了无数有识之士对"北京人"下落之谜更深层的探索与思考。

注释：

①夏皮罗到来19年后的同一个日子，即1999年9月19日，作者岳南来到天津，在黄为龙先生的引导下，走进7号楼地下室，只见一个个赤身裸背的民工正躺在室内床上酣然大睡。经过仔细查看，发现地下室的水泥地与门框交接处，确实低一寸多。如果没有铺地板，何以要矮下去一截呢？是否确实曾经有过地板，后来被人撤除后改成了水泥地呢？这是作者一直思考的问题。

②1999年10月17日，作者岳南在中国科学院古脊椎动物与古人类研究所采访杰福雷·施沃茨记录。

③1999年6月17日，作者岳南在中关村中科院宿舍904楼裴申家中采访记录。

第十章 「北京人」再起风波

寻找祖先

贾兰坡最后的心愿

当历史的脚步跨进20世纪90年代，随着科技大潮席卷全球，人类对自身历史的探索愈加深远。世纪末一天紧似一天逼近，人们对"北京人"的渴念与寻找，似乎比以往更加迫切。继裴文中之后曾在11天之内连续发现3个"北京人"头盖骨化石的贾兰坡更是如此。

此时的贾兰坡早已功成身退、归隐书林，他的头上顶着诸多的名誉与光环，既是中国科学院院士、美国国家科学院外籍院士，同时又是第三世界科学院院士。没有一张大学文凭，却能获得3个院士的头衔，这如同他91岁的生命一样，不能不说是一个奇迹。

然而，贾老确实已经老了。走起路来已远不如年轻时利索，两只眼睛也几乎看不见东西了。但他的耳朵和大脑似乎没有衰弱，反而特别灵光与聪敏，若是和他探讨学术问题，稍不注意，就跟不上他那极其快速的思维。遗憾的是，由于贾老的眼睛患有青光眼和白内障，即使戴上高倍花镜，也几近失明。但即使如此，他仍每天坚持在书房里拿着放大镜看书、写文章。他每日坚持6时起床，先在书房随心所欲地活动活动腿脚，然后再看上一段电视新闻，等用过早餐，便坐在书桌前开始一天的读书与研究工作。

时间的钟摆进入1999年，人类即

在书房的贾兰坡与作者合影

第十章 "北京人"再起风波

将踏入21世纪的门槛，已是91岁的贾兰坡的生命意识里突然有了一种非同往常的紧迫感。在世纪之交，他念念不忘和备感焦虑的，是已失踪58年的"北京人"。

随着时间的流逝，周口店遗址在世界古人类学领域的地位越来越突显。尽管后来科学家们在中国的南方、印度、幼发拉底河与底格里斯河流域，以及广袤的非洲发现了年代更加古老的人类祖先，但周口店遗址与出土的"北京人"，以及相关的用火遗迹，仍具有独一无二的、其他遗址与发现不可取代的重大学术价值和崇高地位。当年的中国国务院副总理方毅说过："周口店的发掘，是中国近代科学研究中，中国科学家拿到的第一块世界金牌！"而中国科学院古人类研究中心主任徐钦琦教授亦曾表示："人类认识自己祖先的过程，是一个极其漫长的研究过程。周口店以它丰富的出土遗物成为世界上唯一保存完整的古人类遗址。它的宝贵之处还在于拥有一座几十米厚的堆积层，上溯到几十万年前的所有信息都被浓缩在那里。这座巨大的信息库是留给后人的永恒的财富。"[①]因而，可以说，相继出土"北京人"与山顶洞人的周口店遗址，将是人类永恒的朝圣地之一。

1989年，联合国教科文组织督察组官员来到中国，对周口店进行过实地考察。1991年，联合国教科文组织正式颁发证书，将周口店"北京人"遗址列入世界文化遗产名录。就在这次颁发证书的盛典上，美国科学院美中学术交流委员会

已懂得利用火的"北京人"

驻京办事处主任约翰·奥尔森还强调指出："国际学术界认为，由于周口店能比亚洲、欧洲和非洲其他地点在有关更新史前人类生活方式和环境方面提供更准确的图式，所以，它无疑是世界最重要的古遗址之一。"

为此，已进入衰朽之年的贾兰坡，于21世纪即将到来之际，开始八方呼吁、四处"游说"，希望引起有关部门和海内外有识之士对周口店遗址和寻找"北京人"的重视。他说："'北京人'头盖骨化石是全人类的共同财产，不仅国内许多人常常找我打听，前几年我去美国参加美国国家科学院新老院士的见面会时，在旧金山饭店的欢迎会上，许多外国朋友也纷纷向我打听其下落情况。所以，我时常感到有一种不可推卸的责任。我希望大家能帮我找回这个失落了半个多世纪的'孩子'。"②

在贾兰坡的呼吁启发下，1998年夏季，北京电视台率先发起了以寻找"北京人"为主题的"世纪末最后寻找"活动，已是90岁高龄的贾兰坡积极响应，并与14位中国科学院院士联名发布一篇寻找"北京人"的倡议书，呼吁更多的民众行动起来，共同携手寻找遗失的"北京人"。书曰：

斗转星移，记载着无数光荣和苦难的20世纪马上就要过去了。此时此刻，全世界的人们都在思考着这样一个问题：我们究竟应该做些什么来迎接新的世纪？

本世纪20年代初，中国和世界的几位杰出的科学家，根据一些当地可信的线索，在中国北京附近的周口店龙骨山上日复一日地苦苦寻找了多年，终于导致一个伟大发现——"周口店北京猿人遗址"的诞生，而这一发现使人类对自身的认识发

周口店出土的山顶洞人头骨化石

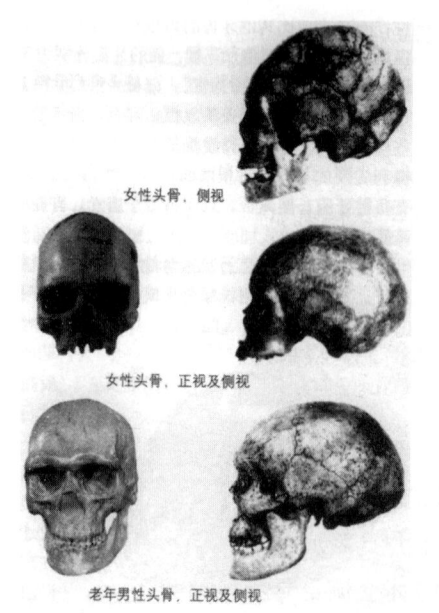

女性头骨，侧视

女性头骨，正视及侧视

老年男性头骨，正视及侧视

第十章 "北京人"再起风波

生了翻天覆地的变化。"人是从猿变化而来的"这一在今天看来十分简单的事实，在"周口店北京猿人遗址"发现之前还是一种似是而非的理论。达尔文的进化论、爪哇猿人的发现都曾经被斥之为奇谈怪论。但是，当"周口店北京猿人遗址"以其丰富而完备的原始人生活遗迹展现于世人面前的时候，一切就都变得清晰而无可辩驳了，或许可以这么说，从1929年12月2日第一具北京猿人头盖骨出土的那一刻起，人类就真正开始重新认识自己的过去了。

然而令人心痛的是，这一伟大发现中最珍贵的部分——北京猿人头盖骨化石和在中国发现的其他重要灵长类化石都在第二次世界大战的战乱中下落不明了。

数十年来，不知有多少人为此痛心疾首，也不知有多少人为寻找化石丢失的线索尽了心力。随着世纪末的临近，随着多数当事人和知情人的辞世或年逾古稀，我们寻找丢失的北京猿人头盖骨化石的愿望，愈来愈急切。我们在想：这样一件发现于本世纪的人类科学珍宝，在世纪中叶日本发动的侵华战争中遗失，而今天人类将告别这个世纪的时候，它们仍然不能重见天日。即使它们已经损毁于战火，我们也应该努力找到一个确切的下落。否则，我们又将如何面对后人？

当年北京猿人化石的失踪涉及战乱中多个国家的当事人。随着时间的流逝，许多重要的线索可能流失于民间。现在，中国和世界上许多关心此事的人士一直在查访有关的线索。但是他们的力量毕竟是有限的，要我们大家各尽所能，提供自己所知的线索和其他一切有用的支持，一起来帮助寻

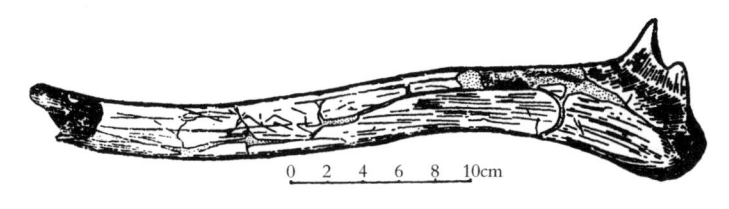

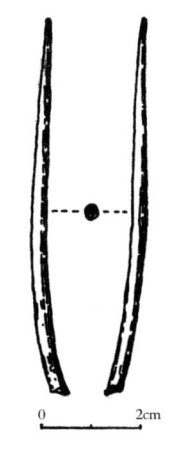

山顶洞文化堆积中出土的骨针（引自《旧石器时代之艺术》，下同）

山顶洞出土的被磨光的赤鹿鹿角的化石，此图根据照片绘制，指示重刮的痕迹

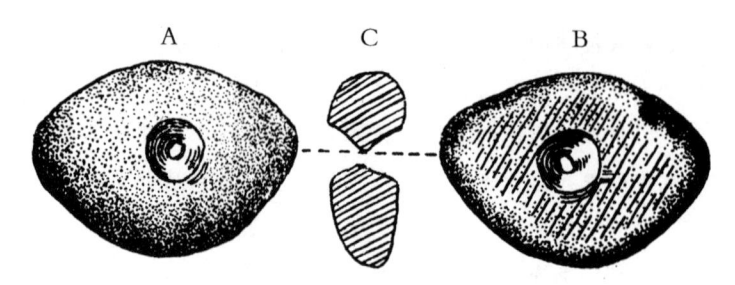

山顶洞出土的穿孔砾石。A.原来的水磨面；B.由于研磨而变平的面；C.孔中央的剖面

找。因此，我们想在这里向全世界所有热爱科学、进步的人们呼吁：大家携起手来，做一次全人类共同的寻找。

也许这次寻找仍然没有结局，但无论如何，它都会为后人留下线索和资料；并且它还会是一次我们人类进行自我教育、自我觉悟的过程，因为寻找的不仅仅是这些化石本身，更重要的是要寻找人类的良知，寻找我们对科学、进步和全人类和平的信念。

让我们行动起来，为继续寻找"北京人"，为即将到来的新世纪做出自己的贡献。

倡议书一经发表，立即在海内外引起强烈反响，书中那情感真挚的流露与呼唤，代表的不仅是以贾兰坡为首的14位院士的心愿，更是当世人类精神家园中一种文化良知与高贵情感。

于是，四面八方的民众或打电话，或写信件提供线索、发表意见，纷纷加入到寻找"北京人"的行列之中，从而在20世纪即将过去的最后时期，又掀起了一股寻找"北京人"的热潮。

"北京人"埋在了北大校园

当这股热潮掀起之后，一位多年埋头于书斋的"老学究"，也按捺不住心中的秘密，加入了寻找的行列。此人便是北京大学地理系副教授何振明。

何振明，54岁，陕西西安市人，在北大执教近20年，除完成自己担任的地理课程，平时还研究中国历史以及深奥难懂的《易经》《道藏》等历史典籍，是一位学富五车、知识面宏阔的知识分子。何副教授对"北京人"的寻找和探究，要追溯到数十年前，他对这段历史事实，有着非常奇特的见解。

早在1963年，何振明还是西北大学地理系的一名学生，就亲自到过杨钟健和裴文中发掘蓝田人的现场，对"北京人"进行过探寻。1979年，他在北大读研究生野外实习时，一次路过陕西武功县一个窑洞前，发现一块非常奇特而又很硬的石头，当时觉得很好奇，便将这块沉沉的石头带回了北京。后经北大考古系的一位专家鉴定，这是一块相当古老的石头，上面还有猿人留下的痕迹。何振明听了很高兴，把这块石头小心翼翼地包起来，一直存放于自己的寓所。自此之后，何振明对猿人及猿人遗址更是厚爱有加。

1998年7月7日，何振明看到贾兰坡等14位院士为寻找"北京人"而发表的倡议信后，激动得彻夜难眠。他意识到，历史进展到世纪之末，"北京人"的重要性，不仅局限于古人类学研究领域，在某种意义上，已成为中华民族精神需求和复兴的象征，每一个中国人，都有责任和义务为这一世纪末寻找尽自己的力量。于是，当天夜里，何振明从床上起来，坐在写字台前给贾兰坡写信，披露了自己多年来对"北京人"下落问题研究的秘密，并提供了一些新的线索。信的全文如下：

贾兰坡先生，您好！

"北京人"头盖骨的失踪，已有五六十年的时间了，但"丢失在美国人手里"似成定论。而原燕京大学校长司徒雷登及当时任教于燕大的"林迈可（译音，即林迈克）"先生似曾染指此事，配合某"行动"的似有原协和医学院任职的大夫及杨××，及当时的校工白××等人。其地点：①北大未名湖畔数处均有可能；②慕田峪长城段；③红螺寺；④李莲英"鸡蛋坟"

1939年9月底，林迈克穿过日军封锁线到达太行山朱德司令部，自此开始与八路军高级将领秘密接触。图为林迈克与朱德司令亲切交谈，右立者为燕大校友龚澎

（"文革"中被破坏）。时因燕园（今北大校园）乃光绪皇帝父奕譞之私宅之一，史载为蔚秀苑一带，苑中埋有许多无法展示于世的"古物"；其中有"石榴园"的古人类遗物（地点在正建的"理学楼"），是戊戌政变后清室"军机处"成员埋建的，时有"燕山猿人遗骨"和元代宗室离京时掩埋的波斯古物及历代陶器（均已毁，部分残片在我处），一部分被夏鼐之子夏正楷先生和考古系某教师分别收藏，原物被基建人员毁已散乱，实在可惜。因笔者解读有关文献和碑文，恰在基建挖出之后（晚十二天），未能及时保护。

上述部分人质，尚有清王室后裔。对燕山猿人（最早为努尔哈赤时代发现，传至康、乾，先后被供奉在乾清宫"正大光明"殿和圆明园基地，后两次遭八国联军等毁坏，才被移至奕譞私邸——燕园暂埋，未及整理，天下大乱，清王室便倒台……）及祖传"十二盘龟甲"（也是努尔哈赤从其父手中接下来的……）和非洲"祖母手臂骨"一起曾几经周转（防止日伪人员，俄、德、英、法等情报人员劫掠），分别安置在雍和宫、国子监、西黄寺、燕园等地。

直到"北京人"经协和美国人之手"丢失"前，清王室后裔早已认定与燕山猿人同属其祖先，故多次买通有关人员，在燕园等地分别"调包"给藏匿了起来。因当时日本特务（日伪人员中有相当一部分是清王室后裔）等一致认为上述"猿人遗物"也是他们的"祖先"，故染指了"北京人"……

总之，上述"北京人"遗骨可能有以下几个去向：

①一名日本军人"井村"（音"松村"）亲自押运（从天津港至日本某"湾"），偷偷"供奉"在某地秘密神社。

②一艘英国邮轮运抵马来半岛，后受"伯希和"委托，曾运抵越南河内（法属）东方文化学院图书馆，又乘法军空军港地参谋长专机运抵欧洲某帝国图书馆（作为"伯氏"的"手稿"专运）。时因欧战，未及交"伯氏"，1945年伯氏去世，其亲人遵其遗嘱，被当作"手稿"收藏或藏于其墓或其他秘室。

③一艘美军"舰船"载"知情人"押运一批"古物"（"骨物"），其中一部分战后转运抵法国某地；而另一部分被运抵美国费城博物馆（连同慈禧的油画像一起转运）。可查证此事。

④由清王室某后裔携带一部分去了承德……因沈阳已被日本人占领。

何振明
1998年7月7日夜[3]

贾兰坡收到信后，除了回信表示感谢，就何氏信函内容转发给与自己共同撰写倡议书的院士，以及科学界人士和中国科学院古脊椎动物与古人类研究所部分科学研究者。对何氏信中的种种说法和提供的线索，圈内人士有不同的看法，有人说是一家之言，值得注意；也有人说是奇谈怪论，不足为信；更有人认为是胡言乱语，疯子的妄言……

各种说法传到何振明耳中，何像早有所料，不以为意，他对前去求证的记者和科学人员解释说："北京人"头盖骨可能埋藏于北大未名湖畔数处以及其他几个地点推断的主要依据，不是自己胡言乱语的疯话，而是根据原燕京大学，即现在的北京大学校园内的多种碑文研究得来。现北大校园有碑文数十块，大多刻于清朝和民国时期。这些碑文表面看上去是在说一件或几件众所周知的事情，其语句也极其简单明了，似乎没有什么秘密可供研究和破译。但只要深入研究，就会发现其中含着丰厚的隐秘和不为人知的历史密码，这些隐秘和密码在破译后，既让人惊心动魄，又有些不可思议。事实上，当初立碑时，古人故意以密写的手法，将一个个惊心动魄的事件隐含于

何振明指着燕园中的"乾隆诗碑"说，这上面的文字其实就隐含着"北京人"下落的线索

表象。现代人要真正读懂这些碑文，就必须了解古人的密写方法，只有了解了古人的密写方法，才可能真正理解碑文的确切含义。对此，何振明进一步解释说，他为了破译北大校园内的碑文，用了十几年的时间，总算取得了一些可喜的成果，这些成果就包括"北京人"头盖骨下落的线索。经过他的一些实际调查，这些被发现的线索有极高的可信度。

为搞清这一神秘的破译依据，了解内在真实情况，作者随何副教授于1998年那个奇热的夏日傍晚，来到北大未名湖畔，一一察看翻尾石鱼碑和乾隆诗碑等小型建筑物。在火球般落日的映照下，何副教授面对一块乾隆诗碑的碑文，小声读着这样一段尘土斑斑的文字：

燕园中的"乾隆诗碑"（作者摄）

诗作于乾隆五十二年，记乾隆十三、十四年事。十三年九月，"诣畅春园恭请皇太后圣安，即视事于观澜榭，引见于大西门""爰亲御弧矢""连发二十矢，中一十有九"。十四年，"陈马技以娱慈颜，亲发十矢，复中九，且破其的三

焉"。此碑当为畅春园之遗物。

当问及此段文字如何解读时,何副教授有些神秘地说,我的解读方法需请众多专家、学者认真鉴定后,方能公布。按何氏的破译方法,类似以上的碑文都隐隐约约地暗含"北京人"头盖骨的下落之说。写这个碑文的人就是他在致贾兰坡信中所提到的杨××之子等人。因而,何副教授推断"北京人"的下落与杨××等人有关。

当作者问及信中所提到的白××时,何的解释是,白××之子原为北大校医,退休后在北大考古博物馆守护。白××本人原为燕京大学校工,是专看大门的。1941年12月8日清晨,白××尚未起床,突然听到汽车喇叭声,他急忙披衣走出传达室,借着朦胧的灯光一看,只见任教于本校(燕大)法学院的英国人林迈克坐在一辆小型卡车的驾驶室里,正起劲地按着喇叭,样子很着急。林迈克在中国是颇有些名气的,抗日战争期间,他曾受宋庆龄委托,购买了一批药材和仪器送往晋察冀边区,后被誉为"国际友人"。当年的美国著名记者埃德加·斯诺曾在燕大新闻系当过讲师,和林迈克夫妇相识并结下了友谊,正是通过林迈克夫妇的帮助,斯诺才到达延安并与毛泽东等中共领袖结交的。由于白××和林迈克平时熟悉,因而一见之后,便借开门之机顺便问了一句:"林先生这么早就要出去?"林迈克只是略微点了下头,便急踩油门,驾车急速冲了出去。

"林迈克为什么一清早驾车冲出校门?他的汽车里到底装的是什么呢?"

面对询问,何副教授说,这一天是珍珠港被炸的日子,驻北平部分日本兵一大早就包围了美帝国主义势力范围的燕京大学,其中有几人闻讯冲了出去,包括林迈克夫妇,有的被日本兵抓起来,一直关到抗战胜利。当时司徒雷登是校务长,实际上就是校长,他是在天津演讲被俘的。对于当天早晨发生的事,何振明曾专门询问过白××的儿子,对方告诉说,车的副驾驶座上是林迈克夫人,其他的东西没有看清,只猜想是一些贵重的东西,要不然,林迈克是不会亲自驾车并如此紧张和不安地冲出校园的。

"事情过去几十年后,你为什么会想到找白××之子了解林迈克的情况呢?"

何副教授说，因为他一直根据自己的解读法对《红楼梦》进行解读，在一次解读《红楼梦》的过程中，偶然在北大的一块碑文上发现写着这段历史的秘密："北京人"头盖骨曾藏于北大未名湖畔某处，林迈克接到转移的命令后，要将这些东西转移出去。但同时美国人在承德避暑山庄还秘藏着一批珍品，要同"北京人"一同运走。当从燕大开出的车走到古北口时被日本势力所挡，于是，林迈克那辆载着"北京人"头盖骨的汽车又折道驶入慕田峪长城附近。

汽车到慕田峪长城附近后，又驶往了何处？何副教授说，碑文的密写语句就此中断，并告知要看下一块碑文才知后事如何。于是，何振明找到下一块碑文，经过解读，只破译出放了一个什么木头箱子，但木头箱子的形状却未说出。同时，何副教授还破译出，林迈克的汽车在慕田峪长城下停了一夜，以及林迈克的心情十分焦急等内容。但碑文至此再度中断。何副教授只好再去解读其他碑文，这才发现，林迈克在慕田峪长城下停了一夜后，于第二天驾车返回，并在红螺寺停留。碑文至此再度中断。后来，他又从北大未名湖畔一块上书"自动化污水井"的碑文中解读，终于得出林迈克驾车返回后，将部分东西埋藏在了现在的北大校园斯诺墓地和花神庙附近。至此，关于记载此事的碑文全部终结。

按照何振明的推理，原燕京大学，也就是现在的北大，校内有不少美国人任教，整个局势完全被美国人所控制，同时燕京大学位于北京城外，除环境幽静外，外界干扰相对城内也少得多。或许美国驻北平公使馆的负责人，在接收了"北京人"头盖骨之后，鉴于太平洋战争即将爆发以及北平各城门被日本人控制的事实，才想起了燕京大学这个相对僻静之所，于是将"北京人"头盖骨化石以及其他的贵重物品，匆匆转移到燕大校园内某处暂时藏匿起来。之后，随着战争日趋紧张，中国国内局势愈发混乱，以及日本人的步步紧逼，美国驻北平公使馆及司徒雷登等人才决定，一旦战争爆发，由林迈克负责转移包括"北京人"在内的大批珍宝，于是便有了白××在那个凄冷的冬日清晨，看到林迈克慌忙驾车冲出校门的一幕。

何振明由此推断道，当林迈克从慕田峪长城以及红螺寺返回后，将"北京人"头盖骨以及其他珍宝秘藏于燕大校园另一个可能的地点，就是校东边的石榴园故址，也就是如今北大理科中心楼群下。这个故址原属圆明园的

第十章 "北京人"再起风波

一部分,里边有一口古井,这口古井名字称井,其实是个秘密洞穴,元至清朝、民国期间,里边藏有很多贵重珍品。在这个地洞的不远处,是著名的方楼,也就是现在的遥感中心楼北处。日伪期间,与日本七三一部队一个序列的七四一部队,曾在这座楼旁的炉膛多次焚尸(此烟炉1998年初已被拆除),故又称焚尸楼。其中所焚烧的有日本军队情报人员死于中国的,也有被谋杀和暗害的中国人。按照何振明调查了解的情况,日本侵华军队中,共有七支秘密部队,番号从七一一一直排到七七一。现在人们对七三一这支细菌部队有所了解和认识,但对其余的六支秘密部队却不甚了解。而驻于燕大东门及西黄寺内的这支番号为七四一的秘密部队,主要任务是搜集中国各个方面的情报,同时搜集清皇室的文献秘籍和文物。当时中国的情报以及清皇室大量的情报和珍贵文献落于日本人之手,与这支秘密部队有着直接的关系。在20世纪90年代中期,位于焚尸楼不远的北大理科楼决定扩建整修,就在这次扩修中,民工们在石榴园挖地基时发现了许多珍贵文物,不但有金、银、铜、铁、瓷等器具,还有破碎的人头骨、骨骼、鹿角、镀金玉佛等物。其中一个民工见到这些挖出的宝物后,私藏一颗用波斯文嵌刻的金印偷跑回河南老家,企图转手倒卖给文物贩子,后来这颗金印被北大保卫部门追回,现藏于北大考古系。至于挖出的头骨等已被民工们砸烂捣碎,无从寻找。按何副教授的推断,这些砸碎的头骨,不排除有内含"北京人"的可能。

最后,何振明又兴奋地说:"最近我又再次做了推测,'北京人'并没有离开中国,还在北京大学校园附近。而且,又有了一个新发现。我刚刚从一密文中解读到,魏敦瑞的那个女秘书(南按:指息式白),可能是个特务,她在通知胡承志装箱前,美国人其实已经使用调包计将真正的'北京人'事先隐藏起来了。也就是说,胡承志装进箱子里的'北京人'头盖骨,是假的模型,而不是真品。"

何副教授这个有些耸人听闻的观点,令人大吃一惊的同时也心生疑虑,胡承志是这方面的专家,他对"北京人"头盖骨最熟悉不过了,相信他装箱时不会把模型当真品。但何振明却据此解释道:"正因为胡承志对'北京人'最熟悉,所以从心理学的角度说,最熟悉的东西往往最容易引起疏忽。你可以进一步考证一下,最好是亲自去问问胡承志先生,当年那位女秘书通知他装箱时,是不是有脸红这一个细节?"④

真没想到，有关"北京人"下落的消息在东西半球之间纷纷扬扬地度过了半个多世纪，如今居然又绕到了当年最后为它装箱的胡承志的身上。那么，"模型大师"胡承志又会是什么说法呢？

一张尘封了57年的秘图

再次来到胡承志先生家中，是一个秋日的上午。

之所以再次拜访胡老先生，当然不仅仅是为了证实北大何振明副教授提出的"北京人"在装箱前已被调包的问题，而且还有一个很重要的目的，那就是希望从胡老手中看到一张图，一张与"北京人"有关的秘图。

关于这张秘图，10年前一个很偶然的机会听贾兰坡说起过。此图是一个美国人从日本宪兵队长手上搞到的，它已在世上隐藏了近半个世纪。后来，又听一位业内知情者说，这张图就在胡承志先生手上，由于胡老几十年来谢绝一切中外人士的采访，因而这张秘图一直不为外界，特别是新闻媒体人士所知。

有幸的是，作者10年来坚持寻找"北京人"的热情与挚诚，终于感动了胡老，他不仅接受了作者的采访，而且与作者渐渐建立了感情，埋藏在心底的往事也就断断续续地流露出来。当然，这可能与胡老的年龄渐衰有关，从他有些犹豫的谈话中可以体会到，他对失去的"北京人"怀有很深的情感，并希望在有生之年将整个事件的经过详细说出以留给后人。只是出于性格和其他的一些原因，这位老人经常欲言又止。至于那流传的秘图，尽管作者曾婉转地多次提起，但胡老一直含糊其词地推诿，秘而不宣。此次经过北大何振明副教授的提示，作者决定再访胡老，除了验证何氏之说，还历史以本来面目，还希望能亲眼看到传说中那张神秘的图纸。

面对已是86岁的胡承志老人，略微寒暄，便开始切入正题："胡老，北大有一位何振明副教授怀疑息式白是个女特务，是受美国当局指派，为了盗窃'北京人'来协和医学院卧底的，您对此有何看法？"

"我不知道。我对此不做评说。我只知道息式白当时来新生代研究室只有几个月时间。此人来新生代研究室，并不是凭什么真本事，而是走的后门。她是犹太人，魏敦瑞也是犹太人，她的父亲在南京行医，和魏敦瑞熟悉，就通过魏敦瑞的关系把她弄来了。珍珠港事件爆发后，听说她被日本宪兵队给抓起来过。后来，通过大科学家德日进的介绍，她在中国和一个美国人结了婚。1947年4月，我在东单还偶然碰见了她，她问我日本宪兵队是如何对待我的，我说我逃掉了。她还告诉我说，她被日本宪兵队押着去天津花旗银行的仓库和其他仓库找了几天，没有找到'北京人'，就给放了。后来，她到了美国，听说在一个小学还是中学教书。70年代，她还写了一本关于'北京人'的书，我看了，尽是胡扯，里面居然还说当初是我帮着她装的'北京人'的箱子，简直是胡说八道！前不久，我听说她还给贾兰坡来了一封信，要有关'北京人'的材料，大概又要胡编乱造一些什么东西了。"

"北大何副教授说您当年装箱之前，'北京人'头盖骨有可能被美国人调了包，也就是说，您装的是模型，而不是真品。您认为这种可能性存在吗？"

胡承志听罢，立即激动起来，断然否认道："不可能！'北京人'头盖骨是我一个个亲手装的，当时我还叫了解剖科的吉延卿帮我把箱子从楼上抬下来，然后帮我一起装，而且，之前我已经装过一次了，怎么可能是假模型呢？！"

"那么珍珠港事件之前，新生代研究室除了长谷部言人和高井冬二来过外，还有别的日本人来过吗？"

"有一个。"胡承志不假思索地回答。

"还有一个？"这是一切材料和当事者回忆录中没有披露的线索。

"这个日本人的日本名字我记不得了，只记得他的英文名叫Akabora。"老人说罢，拿过一支笔，在一张纸上草草地写了出来。继而说道："这个人大约是1940年底或1941年初被日本的一个科研机构派来中国的，在解剖科B楼待了六个星期。我当时是很警惕的，但没有发现这人有什么活动，他每天埋头看书，不怎么说话，也不多问什么问题，看样子挺老实本分的。但珍珠港事件爆发后不久，有位朋友在'东方文化事业委员会'那儿看见过这个日本人，意识到此人可能是个特务，于是劝我躲一躲，说万一被这个日本人认出来后，就麻烦了！"

345

"'东方文化事业委员会'是当年日本人设在北平的一个专门从事文化活动的机构，中国的不少文化珍宝，就是通过这个机构弄到日本去的。"

"这个日本人在新生代研究室待了六个星期，会不会是为了劫取'北京人'而做的潜伏活动？后来'北京人'化石失踪，是否与这个日本人有关呢？"当这个问题提出后，老人的脸一沉，有些愤愤然的样子，说："你问的问题都很怪。我不知道，也不能下结论。"

"那么，据您所知，当时存放'北京人'的保险柜钥匙，到底掌握在谁的手上？"

"保险柜没有钥匙，使用的是密码。"老人纠正道，"协和医学院始终控制在美国人的手里，装有'北京人'的保险柜，也一直控制在美国人的手里。魏敦瑞离开中国前，一直由他自己掌握保险柜的密码，没有一个中国人能打开保险柜。1941年4月，魏敦瑞去美国后，保险柜的密码便掌握在了他的秘书息式白的手上。不过，魏敦瑞走时对息式白有交代，只要我需要打开保险柜，就得打开，因为我要给魏敦瑞赶做'北京人'的模型，每天都要从保险柜里取出'北京人'头盖骨。所以，每天上班时，息式白便给我打开保险柜，下班前，我再把头盖骨放回去，然后锁好保险柜。"

由此看来，问题不可能出在胡承志装箱之前，而肯定出在胡承志将"北京人"交到协和医学院总务长博文手上之后。那么，"北京人"到了博文手上后，他和胡顿院长到底是将"北京人"首先送到了美国公使馆，还是直接交给了美国海军陆战队，半个多世纪来一直是笔糊涂账。中国方面所有当事者和西方部分人士一致的说法是：博文将装有"北京人"的箱子首先送到了美国公使馆，而后才交给海军陆战队。但是，持这种说法的人几乎都是"听说"——贾兰坡听胡承志说，胡承志听裴文中说，裴文中又听王锡炽说，王锡炽又听博文说……就是缺少一个能支撑这种说法的证据。

而据贾兰坡说，胡承志手中掌握的那张秘图，好像与日本宪兵队搜索"北京人"有关，若能把那张秘图亮出来，或许能从中找出新的线索。于是，作者便再次试探性地问道："胡老，贾老以前说的您手中的那张秘图，能不能拿出来一看？"

"不错，我是有一张图，已保存了快二十年了吧。"老人心气平和地说，"这张图我除了给贾兰坡看过外，还从来没给别人看过。"

第十章 "北京人"再起风波

美国《太平洋星条旗报》于1979年1月30日头版刊登的邓小平访美文章与图片。本版主要稿件负责者即皮特森。图片说明：中国副总理邓小平到达华盛顿安德鲁机场，在美国副总统蒙代尔的陪同下步向他们的汽车

"能不能给我看一看？"

"可以。"有点出乎意料，老人竟慷慨应允，起身向里屋走去。

不大工夫，老人从里屋取出一个鼓鼓囊囊的大纸袋，里面装的大概都是与"北京人"有关的重要信件或重要资料。他将纸袋放在茶几上，边解袋子边说："这里还有一封信呢！"

"信，谁写的信？"

"皮特森。一个美国人。你想看的这张图，就是他寄给我的。"

"是吗？那太好了。"

老人接着说："皮特森是美国一个很有名的记者。美国

347

军队当年办了一份报,叫《太平洋星条旗报》,皮特森就是这家报纸最有名的记者。此人对'北京人'失踪一事很有兴趣,第二次世界大战结束后,他一直在调查、寻找'北京人',跑了很多地方,像美国华盛顿总部、美国海军陆战队总部、洛克菲勒基金会总部等地,他都去调查过,不仅和当年盟军的许多调查官员熟悉,而且手上还掌握了大量有关'北京人'的资料和线索。1971年,皮特森在日本寻找'北京人'时,还找见了那个曾到中国的日本侦探锭者繁晴。据皮特森说,锭者的确没死,还活着,只是日子过得不太理想。但锭者对'北京人'之事,仍念念不忘,一直在寻找。锭者还对皮特森说,他很想到中国来找我,可又不知道我是否还在,地址也不清楚。因为当初他把所有与'北京人'有关的中国人都找到了,就是没找到我。我听了后,也没有理睬这件事情。"

老人说着,从纸袋里取出一封用英文写的信,信纸已略略发黄。此时的胡老视力极差,但英文却极好,他拿起一个微型放大镜,将脸几乎贴在信纸上,看了一会儿,然后说道:"对了,这封信是皮特森1982年12月13日写给我的。"

"皮特森怎么会和您联系上了呢?"

"皮特森找'北京人'找不着,就跑到德国去找一直研究爪哇人的大科学家孔尼华,他向孔尼华谈起这件事,孔尼华就把我的地址给了他。"

"孔尼华又怎么知道您的地址呢?"

"孔尼华1938年就来中国了。后来他又多次到过中国。70年代末还是80年代初,他写信给贾兰坡,想找曾经和我一起装过箱的吉延卿,他以为我不在了。贾兰

孔尼华(左二)与同事们在研究化石(引自《北京原人》)

第十章 "北京人"再起风波

坡就把信转给了我,让我给他回信。后来我和孔尼华相互就有了联系。皮特森从孔尼华那儿得到我的地址后,先给我来了一封信,接着就给我寄来了这张图。"胡老说着,将那张秘图缓缓展了开来。

这是一张看起来很普通的草图:一张16开的纸上,画了10余处圆圈,圆圈之间,均有箭头所指。每个圆圈旁边,都标有英文。图的左边,依次用英文写着11个人的名字,有的英文名后面,还注有中文名字。尽管这张图已在世上流传了半个多世纪,但看得出,由于保管者的慎重与精细,图纸还算清晰,只有个别字迹难以辨认。

老人边用放大镜看图纸,边解释道:"皮特森来信告诉我说,这张图是1945年8月日本投降不久,美国海军陆战队的一个调查官在北京查寻'北京人'时(南按:这个美国的调查官有可能就是前文中写到过的美军善克中校。因为在已公开的材料中,没有发现其他美国军官前来中国插手'北京人'之事),找到了当时日本宪兵队的队长后,从这个日本宪兵队长那里得到了这张图。后来,这个美国调查官将此图带回了美国。再后来,皮特森好不容易从这个美国调查官手上得到了这张图。"

"皮特森为什么要将这张来之不易的图寄给您呢?"

"皮特森之所以要

魏敦瑞(左)与年轻的孔尼华(右)在研究"北京人"头骨模型

当年日本宪兵队搜查"北京人"的秘图

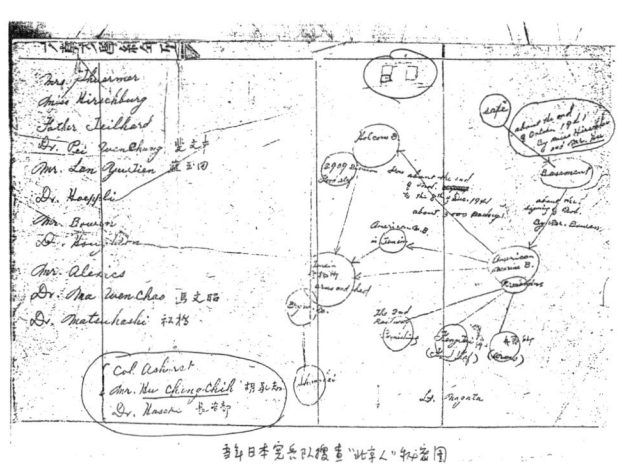

当年日本宪兵队搜查"北京人"秘密图

349

胡承志用放大镜观看秘图细部（作者摄）

将这张图寄给我，主要是希望我能根据此图为他提供一些新的情况，因为皮特森在信中说，尽管他对'北京人'的寻找已有十年之久，且手中的材料已积攒了两英尺⑤厚，但有价值的线索却不多。另外，这张图上有两个地方都标有我的名字，而且在我名字的下面还画有一道红杠！你看——"老人说着，手指图的左下方和右上角两处，果然标有"胡承志"三个字——既有英文，又有中文。而且，在两处写有"胡承志"三个字的下面，确实都重重地画了一道杠。

老人指着图上的那些圆圈、标记和英文，做了一番耐心的解释和分析，其大意基本明了。简单说来，这是当年日本宪兵队在北京搜查"北京人"时，经过研究分析之后，画出的一张推测"北京人"去向的示意图。

图的左边，首先列出了重点怀疑对象的名单，其排列顺序是：第一位，因个别字迹不清，据老人反复辨认，应是协和医学院的人；第二位是息式白；第三位是德日进；第四位是裴文中；第五位是蓝玉田（南按：管理协和医学院地下室库房的人）；第六位是何博礼（南按：协和医学院的教授，瑞士人，驻华领事）；第七位是博文；第八位是胡顿；第九位（南按：个别字迹不清，据胡老辨认，为一外国医学博士）；第十位是马文昭；第十一位是松桥。此外，图的左下方还列出了三个怀疑对象：第一个是美国海军陆战队的艾休尔斯特上校；第二个是胡承志（南按：下面画有一道红杠）；第三个是日本东京帝国大学教授长谷部言人。而图的右边，则是由各种圆圈和箭头标出的"北京人"装箱后可能

第十章 "北京人"再起风波

流向的地点。推测其意是：装有"北京人"化石的两个箱子，首先被送到协和医学院地下室保险库，然后送到美国海军陆战队兵营，再后来可能有六个去处，从右至左排列，分别是：某兵器所；丰台；秦皇岛火车站；或先某仓库再到天津巴斯德研究所；或直接到天津巴斯德研究所；或赫利孔山（南按：由于字迹模糊，此处无法确认，不知是个什么地方）。

无疑，当年的日本宪兵队，就是根据这张秘密路线图，在北京和天津等地搜查"北京人"的。

这张秘图有两个不可忽视的关键点：一是几十年来所有涉足"北京人"的中外人士都说博文先将"北京人"送到了美国公使馆，但这张图却表示得非常明确，装有"北京人"的箱子是从协和医学院地下室直接送到美国海军陆战队兵营的，根本就没到过美国公使馆。二是这张秘密草图到底是谁画的？图上那些颇见功底的中英文字迹又是谁写的？从理论上说，图和图上的字应该是出自一人之手，但问题是，一个日本宪兵队的队长或者队员将中英文同时写得如此优秀，可能吗？

对第一个关键点，老人解释说："我也是听裴文中说的。1947年，我出差来北平后，听裴文中及其他教授说，博文派人把箱子送到美国公使馆去了。"

对于第二个问题，老人一时不能解释，遂从桌上重新拿起放大镜，把图上的字迹又反复看了几遍，说："我也觉得奇怪，这图上的英文和中文看起来都不像是日本人写的。"

"那您看像哪个国家的人写的呢？"

"我看有点像中国人写的。"

"中国人？您的理由和根据是什么呢？"

老人说："没有根据。我只是感到这字不像日本人写的，因为日本人写的字笔画大都很硬，而这上面的中文字写得很潇洒、很漂亮，英文字也写得很流畅，一般的日本人是写不出这么好的英文的。从英文的笔体来看，有点像搞财经之类的人写的。"

显然，如果这张图上的字不是日本人写的而是出自中国人之手，这个中国人绝非等闲之辈。此人当年若是没有参与日本宪兵队对"北京人"的搜查活动，是根本不可能画出这张草图的，更不可能准确地写出每一个中国人和外国人的姓名。那么，画出这张秘密草图的中国人——如果真是一个中国人的话——又是谁呢？他或她当年在搜查"北京人"的过程中，扮演的又是一个什么样的角色呢？为何没有一个人提及这个神秘人物的存在？难道此人是神仙下凡不成？当然，也不排除还有一种可能，那就是，这张秘密搜查图出自日本著名侦探锭者繁晴之手。虽然包括裴文中、贾兰坡在内的中国科学家并不知道锭者繁晴的中文写得如何，但他的英文十分了得，却是众人皆知的。

看来，这张秘图中有许多问题或谜团等待解开。

经过反复分析鉴别，对这张秘图的隐情似可做如下推理：当年胡承志把装有"北京人"的箱子交到博文办公室后，博文并没有将其送到美国公使馆，而是直接送到了美国驻北平海军陆战队兵营。其理由和根据有二：

一、图上只有从协和医学院地下室到美国海军陆战队兵营的路线图，没有地下室到美国公使馆的路线图。

二、日本宪兵队列出的14位追查人员名单中，也没有一个是美国公使馆的人。如果博文确实将"北京人"送到了美国公使馆，对方肯定会有具体的接收人，这个接收人也肯定会出现在这个名单中。因此可以做出结论，半个多世纪来流传的博文先将"北京人"化石的箱子送到了美国公使馆的说法是错误的。

两天后，胡承志根据这个推理仔细查阅皮特森给他的所有信件，果然发现了支持这个推理的证据。皮特森在一封信中对胡说，据一位美国调查官员讲，博文没有将装有"北京人"的箱子先行送到美国公使馆，而是从协和医学院地下室直接让人送到了美国海军陆战队兵营。至此，半个多世纪的谬传终于得以澄清。

然而问题是，当年博文是如何向日本宪兵队交代的？假如他真的说过将"北京人"送到了美国公使馆，为什么要撒谎？撒谎的目的又是什么？这一错误的说法，为什么竟然能够流传半个多世纪？另外，博文被释放出来后，中国方面究竟有没有人追问过博文到底把"北京人"弄到哪儿去了？若追问了，结果是什么？若没追问过，又是为什么？

胡承志老人保存的这张尘封了半个多世纪的秘密草图，的确为"北京人"的去向问题提供了有力的证据，并解开了关键的一环，但遗憾的是，仍不能由此推断出"北京人"的真正下落。而只有一点可以肯定，那就是日本宪兵队当年在北平搜查"北京人"时，的的确确是下了一番苦功，而找到"北京人"并匿藏起来的可能性也最大。

那么，"北京人"是否真的在日本人手中呢？

日本"老特工"与真假"北京人"

岛国日本，确是暗潮涌动。

1998年10月28日，东京的一座不太显眼的公寓里，80岁高龄的中田光男正在书房撰写自己的回忆录。家人将几份刚收到的报纸送了进来，中田光男顺手拿起一份《朝日新闻》，国际新闻版的一则消息立刻引起了他的注意。

消息是该报驻华记者从北京发回的电传稿，标题是：《揭开世纪之谜，寻找"北京人"化石》。文中说：中国科学院90岁的贾兰坡院士仍没放弃在有生之年找回遗失的"北京人"的愿望。日前他联合14位中科院院士通过新闻媒体呼吁全社会都要关注"北京人"的下落，积极提供有效线索，力争让"北京人"早日回到现代人类的怀抱……

据中田光男后来说，看罢这则消息，不知什么原因，心里一下受到很大刺激，周身的血液仿佛要沸腾起来了，压抑已久的思绪不由自主地回到了53年前那段往事之中，再也无法安心写作了。

这段往事，对一个经历过无数风雨的日本特工来说，也具有太多的巧合与传奇色彩——

1941年12月，太平洋战争爆发，从日本东京外国语大学俄语系毕业不久、年仅23岁的中田光男，便被派往日本关东军司令部参谋本部情报部，专门从事搜集研究苏联红军情报的间谍工作。以后的岁月，中田光男为日本关东军提供了不少具有重大价值的情报，曾受到日本关东军参谋本部通令嘉奖。

1945年8月，随着"蘑菇云"在日本广岛、长崎相继升起和苏联红军出兵中国东北，日本军队开始全面崩溃。日本关东军大部分被苏军俘虏，侥幸漏网的军政要人和官兵则仓皇逃命。险些成为苏军俘虏的中田光男在漏网之后，夹杂在溃败的队伍中踏上了狼狈而又艰辛的逃亡之旅。

在这次逃亡中,与中田光男紧紧相随的,是他的一个部下山口本秀(南按:因真名不宜公开,山口本秀为化名)。途中,二人几经商议,决定先去位于长春的山口本秀的岳父家暂避一时。

于是,经过几个昼夜胆战心惊的奔逃,中田光男和山口本秀终于辗转逃到了长春,在山口本秀的岳父远藤博士家中暂时隐居下来。

远藤早年毕业于东京帝国大学,后留学美国,是日本著名的考古、地质和古人类学家。日本侵占中国东北后,他被派往中国担任伪满自然博物馆自然科学部部长,专门从事地质、考古、古人类学研究。此次女婿和中田光男的突然到来,既为他带来了一份惊扰,又为他平添了一份乡情。而正是这个古人类学家和两个间谍的意外相逢,才演绎出了后来一连串神奇的故事。

中田光男(作者摄)

中田光男和山口本秀在远藤家中躲藏了三天三夜之后,感到这样下去不是最佳办法,因为远藤本人也同样陷入了危险的旋涡,整个东北乃至中国已不可能再是日本人的长居之地。鉴于如此局势,两个年轻的谍报人员经过一番密谋,决定化装成商人先离开长春,而后再由大连乘船逃往日本。这个计划得到了远藤的赞同。

但就在临行前的晚上,发生了奇异的一幕。

那是一个令人不寒而栗的夜晚,远藤与中田光男、山口本秀二人交谈至深夜,主要话题自然是关于战争的惨烈、日本的败局以及各自今后的命运等等。据中田光男后来回忆,这个晚上他们三人的脸上都刻满了惊恐与悲壮,对今后各自的前途与归宿谁也没有把握,每个人的心里仿佛都压着一块石头,沉重得让人难以喘息。可就在谈话快要结束时,远藤突然小声对他二人说:"我拿一件稀罕的东西给你们看看。"

远藤说完，起身走进书房，不一会儿，便搬出一个长宽半米见方的木箱子。远藤麻利地打开箱子，并从里头取出一个三十厘米见方的用白布包裹着的盒子。借着幽暗的灯光，那盒子在远藤手中被层层揭开，当最后一层白布被揭掉时，蓦然出现在二人面前的，竟是一个茶色的骷髅。

由于事先没有心理准备，中田光男和山口本秀被眼前的骷髅惊得目瞪口呆，许久说不出话来。远藤望着二人惊恐的样子，微微笑了笑，说道："别怕，这可不是你们关东军司令官的头，他的头没有这么宝贵。告诉你们，这就是来自中国周口店遗址，世界闻名的北京猿人头盖骨化石，到现在已经是五十万年的岁数了。"

"呵，真的?!"中田光男惊愕不已。此前，对中国出土的"北京人"，他虽听说过大名，但"北京人"头盖骨到底是什么模样、什么颜色，却一概不知。后来由于所学专业和特殊工作性质，"北京人"的事几乎从脑海中消失了。没想到在这生死未卜之际，竟有机会一睹"北京人"头盖骨的尊容。这一幕突兀的情景，给中田光男留下了深刻印象。

"如果有可能的话，我想把它带回日本。"远藤继续说道，"这件东西我是从来不让外人看的，今天晚上你们看到了它，这是你们的福气。不过你俩要发誓，今后不管日本政局和你们本人的命运发生了什么不测，都不许告诉任何人。"远藤脸上的笑容很快被另一种复杂的神情所替代。

面对此情，中田光男愣怔了好一阵子，最后像发誓一样缓缓说道："远藤先生，请您放心，我们会按您说的去做的。"接着，站在身旁的山口本秀也跟着咕哝了一句。

这时，只见远藤捧起头骨，轻轻贴在自己的脸颊旁，对着下颌部亲吻了数下，然后轻轻放下，取来白布，小心翼翼地将头盖骨层层包裹起来。当一切恢复原状时，又重新放入木箱之中。站在一旁的中田光男清楚地看到，大概是为了保护好头盖骨，箱子的四周塞满了脱脂棉等物……

随后，远藤博士又邀请中田光男出门散步。当时，长春已被苏军占领，市内治安很坏，日本人一般都不敢在夜间行走，由于中田光男懂俄语，可以与苏军沟通，加上远藤是博物馆的学者，因而二人心中的恐惧要小得多。当走了大约三十分钟后，二人来到一个地方，只见一名年轻女子伫立路旁，远藤向中田光男介绍说："这是我的秘书。"随后，又补充了一句，"请不要告诉我的妻子。"凭直觉，中田光男意识到，此女子与北京猿人似乎有一种很神秘的关系。

长春之夜在远藤家的这一幕虽说突兀且短暂，却在中田光男的心灵深处刻下了永生难忘的印记，以至于半个多世纪后仍记忆犹新，历历如昨。

第二天一大早，中田光男和山口本秀离开长春，潜往大连。之后，二人又经过一番惊心动魄的逃亡历程，终于在1946年初回到了日本。

回国不久，中田光男进入日本内阁调查室，仍从事对苏联情报的搜集和研究工作。1956年，日苏两国开始恢复正常谈判，已是苏联问题专家的中田光男，对日本政府在这次谈判中的让步与妥协表现出极大不满，愤怒之下撰写了一篇言辞尖锐的批评文章。该文发表后，引起了日本政府当权派不满。不久，中田光男被迫退出内阁调查室，创办了私营性质的苏联问题研究所，并自任所长，继续从事苏联问题的研究，直至1988年退休。

退休后的中田光男转行从事幼儿智力开发研究工作，在日本颇有一些影响力，1997年还被中国教育学会脑映像开发研究会聘任为理事长。1998年，八十岁的中田光男除继续从事幼儿智力开发的研究工作外，开始撰写回忆录。就在这个过程中，五十年前的长春之夜在远藤家看到的那一幕，越来越清晰地在脑海活跃起来，他常常因此而从梦中突然惊醒……

因了这一缘由，当《朝日新闻》登载贾兰坡等中国科学家寻找"北京人"的消息突然出现在眼前时，中田光男禁不住站起身，情绪激动地在书房里来回踱步。过了一会儿，他走向阳台，望着阳光照耀下的东京楼群，突发奇想，蓦地闪出一个从未有过的念头：自己何不响应中国科学家的号召，立即行动起来，去帮着找回失踪了半个多世纪的人类至宝"北京人"？或许，这是天意，那个在心中隐藏了53年的秘密，已到了公布于世的时候了，"北京人"这一全世界关注的谜案，说不定就在自己的手中得以解开……想到这里，中田先生决定暂时放下手中的工作，自第二天起，就开始秘密搜寻行动。

中田光男做的第一件事，就是尽可能地回忆出53年前他在长春远藤家看到和听到的有关"北京人"头骨的每一个细节。但遗憾的是，由于远藤和山口本秀均已谢世，无人帮他印证回忆中可能出现的偏差与失误，更没人给他

第十章 "北京人"再起风波

任何启发和提示，他的回忆只能断断续续地在痛苦与欢愉中交替进行。他把能够回忆起的每一幅历史画面全都回忆出来后，又用文字做了详细记录，以做日后寻找的根据。

在如此日复一日的回忆和记录中，中田光男当然不会忘记自己与远藤的第二次会面。那是1948年6月，远藤从中国返回日本后，曾在东京三鹰小学的一处住宅里做过短暂的停留。中田光男闻讯后，专程前去拜望。二人见面后，除了叙说离别之情与各自在返回日本途中所经历的磨难与惊险，自然也谈到了"北京人"头骨的问题。中田光男清楚地记得，当他问"北京人"头骨是否已带回日本时，远藤连连点头说："带回来了，带回来了！"说着，便起身带对方走到一堆行李前，指着一件被军用毛毯紧紧包裹着的东西说："它就躺在这个包里，我正考虑如何处理它呢。"

几天后，远藤离开了三鹰小学，去了位于东京北边的埼玉大学。在之后的若干年里，远藤一直在这所大学任教，并先后出任过考古系主任、大学校长等职，直到70年代末去世。

这次相会，是中田光男和远藤的最后面晤，所涉及的"北京人"问题，也是极其有限而肤浅的。至于远藤后来对"北京人"化石到底做了怎样的"处理"，中田光男并不知晓。因而，面对自己回忆的历史景况，中田光男感到既有合理的成分，又有不少困惑之处。他不明白当年那个长春之夜，远藤为什么突然拿出"北京人"头骨给他们看，是为了缓和当时压抑、惊恐的气氛，还是另有原因？远藤是怎样得到"北京人"头骨的？最后到底又做了怎样的处理……这一切疑问与谜团，都促使中田光男决定先到埼玉大学做一番调查。

遗憾的是，当他来到埼玉大学后，由于远藤已去世多年，许多线索已不可寻觅。埼玉大学考古系几位健在的老先生只告诉中田光男，他们从未听说，更没见过远藤带回了"北京人"头骨，只知道远藤退休后，有一位员工曾为他清扫过办公室。中田光男按线索找到了这位员工，可对方告诉他说，他当年清理远藤的办公室时，没有发现什么木箱，更没有发现什么"北京人"头骨，远藤本人的大部分遗物都是由他的外孙阿部（南按：因真名不宜公开，阿部为化名）清理和保存的。而阿部并不在埼玉大学，一直在日本东北大学任教。

357

日本东北大学旧楼

为搞清这一事件的来龙去脉，中田光男又赶往日本东北大学。

正应了古人所说的"无巧不成书"的老话，中田光男要找的阿部教授，不是别人，正是当年和他一起逃到中国东北长春市的部下山口本秀的儿子。山口本秀早已作古，而他的儿子此时也年过半百。望着阿部教授这位华发已生的晚辈，中田光男想起五十三年前和他父亲逃亡的惨景，不禁黯然伤神，嗟叹不已，伤感地对阿部说："一晃半个多世纪，时间真是流逝得太快了，每个个体生命的存在与消失，似乎只是瞬间的事情。"

中田光男后来说，他与阿部的第一次交谈，刚开始是亲切、美好而又融洽的，但当话题扯到远藤从中国带回的那个木箱以及木箱里装的"北京人"头骨时，气氛就变得有些尴尬和复杂起来了。他尽管曾是搜集、研究情报和谈判的高手，但在与阿部这个晚辈小子的交谈中，却没有取得事先设想的效果。阿部明确告诉中田光男，关于从中国带回"北京人"头骨的事，他的外公远藤和父亲山口本秀在世时，他本人既没听外公说过半点信息，也未得到父亲山口本秀关于此事的任何一句遗嘱。他虽然确实对外公远藤的遗物进行过清理，却没有发现所谓木箱和"北京人"头骨。

听罢此言，中田光男如同挨了一记闷棍，脑子顿时变得

第十章 "北京人"再起风波

一片空白。

至此，线索似乎中断了。

但中田光男毕竟是一位受过训练并富有实际经验的特工和情报人员，不可能因为对方听上去斩钉截铁的否认，就认为事情已无可为。他回到东京家中后，对此次的调查做了冷静思考，并认为无论从哪个角度讲，远藤当年从中国带回"北京人"头骨这件事，阿部应该是知道的。何况，他从阿部与他会面的言谈举止中，隐隐感到这个小子不够地道，内心深处似乎隐含着一种难以言表的东西。那么，这个东西会是什么呢？

东北大学之行，中田光男得知，远藤仅有一女一男，女大男小。女孩嫁给了山口本秀，男孩则在十二岁那年暴病夭折。于是，大女儿以及外孙阿部，自然成了远藤一生中最亲近的人。远藤去世后，阿部是其财产的唯一继承人。既然有如此一种血缘关系做基础，远藤带回"北京人"头骨的事，阿部怎么会不知道呢？即便远藤生前守口如瓶，临终前也应吐露真情。莫非老而糊涂的远藤，真的将"北京人"的信息带进了坟墓不成？

中田光男不愧是日本情报机构的老特工，他决定对一些资料进行认真的分析，并从外围打开缺口，而后再逐步向真相逼近。于是，他很快找来一本又一本书和资料查阅研究。折腾了一段时间后，思路渐渐清晰起来，他感到起码有两个问题是重大疑点：

其一，自己在长春看到远藤手中的那个"北京人"是个完整的头骨，而据书籍和资料记载，在周口店发现的"北京人"只是一块头盖骨，不是完整的头

《北京原人》（松崎寿和著，学生社1973年版）目录

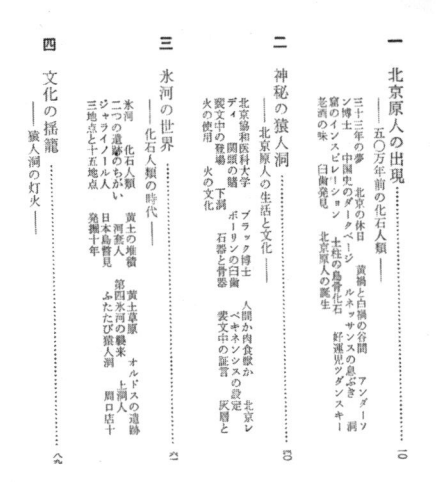

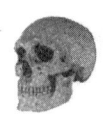

骨，二者为什么出现了差异？

其二，几乎所有的记载都说，"北京人"是在北平从美国人手中丢失的，若是真的落入了日本人之手，也该落到驻华北的日军手中，怎么会插翅跑到了长春伪满自然博物馆远藤的手中？

不过，中田光男查看日本考古学家松崎寿和撰写的《北京原人》一书时，却发现了一条新的线索，即松崎寿和在书中提到了一个叫挪野的日本关东军中将。该书说：在太平洋战争爆发前一个星期左右，挪野中将曾带领一个日本大尉和其他几名军官前往协和医学院地下室，取走了"北京人"头盖骨。这块头盖骨先是保存在关东军司令部，后来就不知转移到什么地方、什么人的手中了。该书还说，挪野中将到协和医学院取头盖骨时，中国的科学家裴文中也在现场。而跟随挪野中将去取"北京人"头盖骨的那个大尉，后来受到了关东军的处分，原因不明。

松崎寿和在他书中的这段记载，此前没有任何人提起，也许算得上一则"独家新闻"。但，书中说挪野中将拿走"北京人"时中国的裴文中也在场，显然缺乏根据。倒是中田光男从一名研究日本关东军问题的学者那里得知，挪野中将不但确有其人，而且是一个古生物化石的爱好者。因此，如果松崎寿和对挪野中将与裴文中的记载是个错误，则不必考虑这条线索。反之，记载若属实，那么，挪野中将与远藤之间就有可能构成一种内在关系。尽管松崎寿和在书中没有提到挪野中将与远藤是否相识，但从广泛一点的角度推论，作为古生物爱好者的挪

中田光男说出了埋在心中半个多世纪的秘密（手中所持为《北京原人》一书）

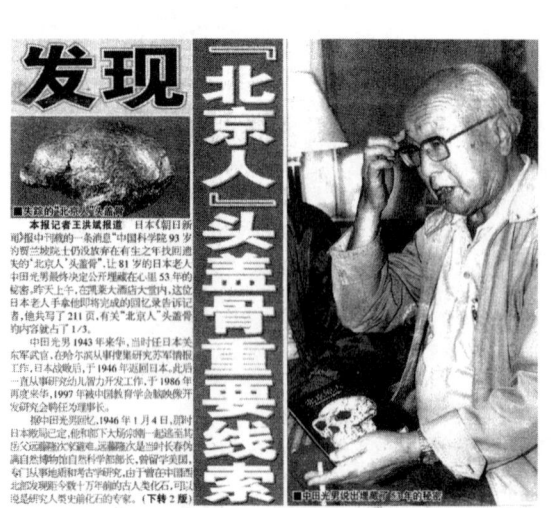

第十章 "北京人"再起风波

野中将，与同在中国的著名古人类学家远藤相识或是好友，似乎属于正常的事情。假定挪野中将此前与远藤交往甚密切，当关东军危机四伏之际，他将"北京人"转交给了远藤保管，便成为一种合理的可能。

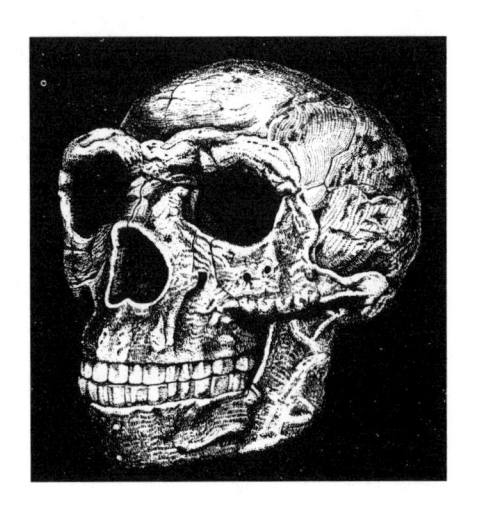

问题是，远藤1948年回到日本后至离开这个世界前，对手中的"北京人"会做怎样的"处理"呢？

就当时日本的局势看，盟军早已占领并控制了这个岛国的一切，日本人在战争期间从别国抢夺的各种物品，都已受到盟军下属机构追查，并被一一清退。据说，与"北京人"失踪事件有关的东京帝国大学长谷部言人、高井冬二、铃木尚等与劫掠他国物品有关的教职员，不仅被盟军清查了办公室，甚至连家也给抄了。这些情况想必远藤应该有所耳闻。

松崎寿和著《北京原人》封面上的人头骨像

那么，他得知这些险情后，必然要为自己好不容易才从中国带回的"北京人"和自己的命运担忧。于是，便会出现两种可能的"处理"方法：一是将其毁掉，来一个查无对证，使自己完全摆脱险境；二是找一个秘密之地隐藏起来，待将来时局有所变化后再做打算。

很显然，作为一个视文物如生命的著名古人类学家，远藤选择后者的可能性最大。假如真的做此抉择，他会将"北京人"隐藏在什么地方呢？

当年长春之夜给中田光男留下最深印象的，是远藤亲吻"北京人"头骨这一奇特的细节。于是，善于抓住细节加以分析研究的中田光男经过一番苦思冥想，做出了如下推测——

按正常的思维方式和当时的处境，远藤若将"北京人"藏于家中或者埼玉大学某处，是不合适也是不可能的。最大的可能是远藤将"北京人"头骨埋藏在了他那12岁即夭折的独子的墓穴之中。因为远藤最疼爱的独子夭折于12岁那年,"北京人"也恰恰是面世12年后丢失,而远藤当年在长春之夜又有亲吻北京猿人头骨的亲昵举动。故此,亲生儿子和"北京人"在远藤的心里已是难解难分,或者说,远藤已把"北京人"当作自己的亲生儿子一样看待和关怀了。

根据这一大胆的推测,中田光男认为急需要做的工作,就是掘开远藤之子的墓穴,以验真伪。于是,他多次直接或间接地找到东北大学的阿部教授以及与远藤有血缘关系的一些亲属,向他们讲明自己的意图,希望在日本有关部门的监督下,秘密掘开远藤之子的墓穴,以对这宗跨度长达半个多世纪的悬案做一个历史性的了断。

然而,他的这一要求遭到了对方的拒绝。

无奈之下,中田光男找到了日本众议院议员平沼赳夫,希望通过日本政府官员的影响力,去说服阿部教授及远藤的其他亲族人员,支持掘墓。

平沼赳夫对中田光男大胆而奇特的想法表示理解和支持,但又深感为难,表示难以向阿部等人开口。因为在日本要掘一座坟墓不是一个简单的事情,它既牵涉法律问题,同时还必须考虑到社会影响以及死者亲属的感情等问题,一旦真要实施起来,相当棘手。假如坟墓得以发掘,而墓中找不到"北京人"又该如何收场?因而,平沼赳夫向中田光男授意,让他找机会到中国去一次,将自己所掌握的线索奉献于中国科学界。如果中国科学界认为有价值,请中国政府通过外交途径正式向日本政府说明情况,提出掘墓的请求。到那时,日本再以政府的名义和阿部等人商谈。如此这般,或许有望得到解决。

中田光男听从了平沼赳夫的劝说,遂开始准备中国之行。

通过一系列筹划与努力,中田光男终于同中华日本学会取得了联系,并于1999年9月17日踏上了飞往北京的班机。

中田光男下榻于北京凯莱大酒店后,前往拜访接线的是中华日本学会常务理事、中国科学院研究员周季华。当晚,中田光男便将自己隐藏了五十三年的有关"北京人"秘密线索,以及寻找经过和未来计划与周季华做了详细交谈,并恳切希望对方能与中国有关部门取得联系,促成此事。

听罢一切,多年来致力于中日文化交流事业的周季华心中有些激动。他

第十章 "北京人"再起风波

知道,尽管"北京人"是全人类的财富,但首先属于中国,中华民族才是"北京人"之根、之源、之家。作为一个有文化良知的中国学者,帮助中外热心人士找回失踪的"北京人",自是责无旁贷。于是,周季华很快和中国科学院古脊椎动物与古人类研究所业务副所长叶捷取得了联系。

叶捷听后极为重视,翌日晚,便同本所的古人类学家董兴仁一起前往凯莱大酒店,与中田光男进行了晤谈。对方除了将自己隐藏了半个多世纪的秘密和盘托出外,还希望中国政府通过外交途径与日本政府交涉,从而促成发掘远藤儿子墓穴的计划。而后,叶捷和董兴仁就"北京人"的一些具体问题又向中田光男做了进一步询问。当叶捷问及对方当年看到的"北京人"是什么形状时,中田光男从行李包中取出了日本考古学家松崎寿和所著的《北京原人》一书,指着印制在此书封面上的一张完整的古人类头骨图片说,他当年从远藤手中看到的"北京人"化石,与这张图片极为相似。

很显然,《北京原人》一书封面上的图片是一个完整的古人类头骨,而叶捷、董兴仁两位专家知道,中国当年失踪的"北京人"是一块头盖骨,而不是一个完整的头骨,这二者是不可混为一谈的。中田光男则推测说,远藤得到"北京人"头盖骨后,有可能别出心裁地给它做了修复,从而使之成了一个完整的头骨。但叶捷和董兴仁仍认为这种推测只是一种合理的想象,缺乏充足的理由和证据,而任何一个科学的论断都必须要讲证据。最后,双方商定,次日共赴周口店北京人遗址博物馆,让中田光男的记忆与实物来一番对照,以进一步印证其线索的真伪。

9月19日,中田光男在周季华研究员陪同下,同叶捷、董兴仁等专家一起驱车来到周口店。在这座举世闻名的博物馆里,中田光男仔仔细细地看着每一件陈列的化石标本,也小心翼翼地梳理着自己的记忆。当他的目光与六个静卧于玻璃柜中的"北京人"和山顶洞人的头盖骨相遇时,没有任何反应。而当来到一个头盖骨、下额骨和牙齿等都较完整的头骨面前时,中田光男禁不住停下脚步,眼睛蓦然一亮,伸手指着那件头骨说:"对,就是它,我当年在远藤手上看到的那个头骨和这个头骨差不多。"

"中田先生,您认为您的记忆可靠吗?"站在他身边的叶捷问。

"我相信我的记忆没错。"对方肯定地答道。

叶捷点了点头,将中田光男重新领回刚才已经看过的六个"北京人"和

363

寻找祖先

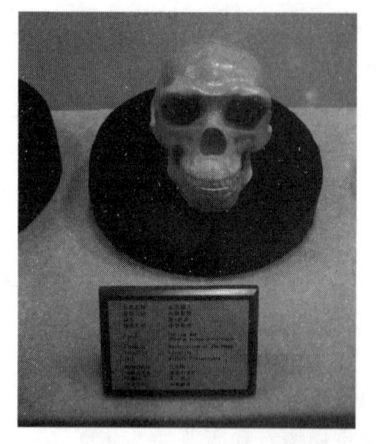

周口店北京人遗址馆展出的"北京人"模型

山顶洞人的玻璃柜前,指了指说:"很遗憾,中田先生,我们当年丢失的'北京人',就是类似橱窗里躺着的这些头盖骨,而不是你刚才指认的完整的头骨。"

叶捷的意思已很明确,中田光男当年在长春看到远藤手上的"北京人",有可能是假的,或者是在其他地方出土的头骨。

中田光男点点头,饱经风霜的脸上掠过一丝淡淡的悲凉,轻轻说道:"叶先生,我相信您说的是真的,可我当年看到的的确是一个完整的头骨。对这个差异,我想除了远藤先生后来做了修复外,很难再有别的解释。"

叶捷急忙安慰道:"没关系,中田先生,不管您提供的这条线索最终结果如何,我们都十分感谢您,因为您毕竟又为我们提供了一条新的线索。当然,事情的真相或许比我们想象的要复杂得多,还有待于做进一步的调查和考证。"

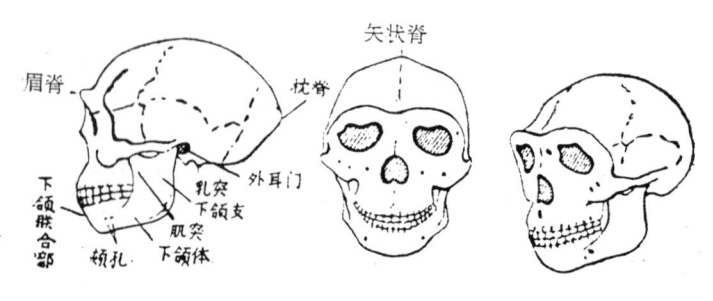

"北京人"头骨复原图及各部名称

364

第十章 "北京人"再起风波

回到城内，中田光男应邀与中国科学院古脊椎动物与古人类研究所部分领导、专家座谈。经过半天的交流，中方专家认为，作为一个日本人，不远千里来到中国帮助寻找"北京人"，不能说是共产主义精神，但也不能说招摇撞骗；但对其所提供的线索仍认为还有不少疑点，对是否请求中国政府用外交手段和日本政府交涉，掘开远藤之子坟墓问题，也表示应持慎重态度。因为一旦通过外交途径交涉，很可能会使问题复杂化，反而不如民间渠道更为有利，正所谓"外交无小事"是也。而公然发掘一个死去公民的墓穴，非同儿戏。因为公民墓地不管是在中国还是日本，政府都有相应的法律做保护，即使中国通过外交途径与日本政府交涉，也未必能如愿。再说，假定交涉成功了，远藤的亲族也同意了，像平沼赳夫议员所担心的那样，墓穴一旦打开，万一里边没有"北京人"，又该怎么办？

鉴于上述诸多可疑之处和复杂原因，中国科学界领导与专家认为，此事应继续调查、考证，切忌贸然行事，等掌握了更详细切实的证据，再做打算也不晚。当然，如果中田光男自己能说服日本政府和远藤家族，掘开远藤儿子的墓穴一验真伪，中国方面也乐观其成。

作为积极倡导寻找"北京人"的贾兰坡，自是中田光男要拜访的主要对象，遗憾的是，因贾兰坡有病住院，未能相会。对中田光男提供的这一线索和中国之行的愿望，躺在病床上的贾兰坡在听取有关人员汇报后，谈了自己的看法。他说，中田光男提到的那位远藤先生，确有其人，而且他还见过。日本侵华期间，远藤曾在中国的土地上主持和参与发掘过一大批古生物与古人类化石，其中最具影响的当数在内蒙古北部发掘的几个札赉诺尔人头盖骨化石。这些发掘出来的札赉诺尔人头骨化石，除裴文中从远藤手中要回一个放在新生代研究室研究以外（南按：胡承志说，1947年他在新生代研究室看到的是两个札赉诺尔人头骨），其他的一直由远藤保管在长春伪满自然博物馆。第二次世界大战结束后，这批札赉诺尔人头骨下落不明。贾兰坡还说，在1941年前，远藤曾多次由长春来北平协和医学院新生代研究室研究周口店发现的古人类化石。"北京人"化石失踪前后，他也曾来过，此后便销声匿迹了。

根据贾兰坡的说法，既然裴文中能从远藤手中要回一个（或者两个）札赉诺尔人头骨，可见远藤与裴文中或者其他中国科学家是相识的，甚至

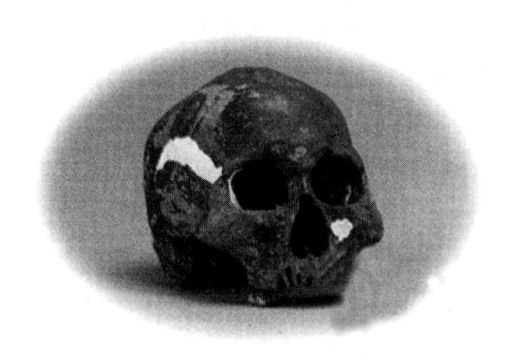

札赉诺尔人头骨化石

关系非同一般，否则就无法解释裴文中能要回札赉诺尔人头骨，以及远藤经常到协和医学院来研究这一事实。如果这个事实成立，那么，日本学者松崎寿和在《北京原人》一书中，记载挪野中将前往协和医学院取走了所谓"北京人"头盖骨一事，也就不再是空穴来风，只不过挪野中将拿走的很可能是札赉诺尔人头骨，而不是"北京人"头盖骨。而远藤发现的札赉诺尔人头骨除送给了裴文中一个外，剩余部分仍保留在长春伪满自然博物馆里。因此，中田光男当年从远藤住处看到的，很可能是经过修复之后的札赉诺尔人头骨，而不是"北京人"头盖骨。

然而问题是，远藤作为一个颇有名望的古人类学家，自己明明只有札赉诺尔人头骨，为什么非要在中田光男面前炫耀自己手中握有"北京人"头盖骨呢？此外，还有一个值得注意的事实是，据贾兰坡说，远藤本人在"北京人"丢失前夕曾来过协和医学院搞研究，他在这段时间里到底都"研究"了些什么？是否也染指过"北京人"呢？因此，在事实尚未完全搞清之前，也很难排除远藤手中确实握有"北京人"头盖骨的可能。何况，贾兰坡和胡承志至少也承认，中田光男当年在远藤家中看到的装有头骨的箱子内塞满了脱脂棉这一细节，与事实吻合；"北京人"化石被业内人士收藏，可能性也是很大的。

作为一名日本的老特工，中田光男对中方的种种反应，似乎有所预料。但他并未就此放弃自己的计划，而是又在北京走访了几家相关的单位和个人，一方面就掌握的线索再做探讨，另一方面则是寻求支持他寻找计划的合作伙伴。在离开中国前，中田光男表示：回国后他还要为此而不断努力，尽量说服日本有关部门和远藤的家族打开墓穴，一旦时机成

第十章 "北京人"再起风波

熟,他将再来中国,与贾兰坡和胡承志等专家会面,直到揭开远藤当年手握头骨的真相和其儿子的墓穴之谜为止。

墓穴之谜,真能解开吗?

世纪末又刮"寻找风"

历史的脚步转眼走到了20世纪的尽头。

就在20世纪的晚钟即将敲响的前夜,一股探究、寻找"北京人"的旋风,再度从古老的中国悄然刮起,向全球各个角落席卷而去。

1999年12月12日,"北京人"第一个头盖骨发现七十周年纪念大会在北京人民大会堂隆重举行。出席这次大会的,除中国科学院院长路甬祥、国家文物局局长张文彬、著名科学家贾兰坡、中国科学院院士刘东生等中国方面的数百名专家、学者,还有来自法国、日本、美国、德国、英国、印度、巴西、韩国、瑞士、波兰、比利时、西班牙、奥地利、加拿大、以色列、印度尼西亚、斯洛文尼亚等二十多个国家的近七十位专家学者。

贾兰坡在"北京人"第一个头盖骨发现七十周年纪念会上发言(作者摄)

由于这次来的都是研究古人类学方面的中外专家,难得有这样一次聚集交流的机会,因而,除了纯学术交流,大家最为关心和谈论得

367

最兴起的一个话题，就是"北京人"的下落。其间，各种有关"北京人"下落的线索和传闻相继出现，大有目不暇接之感。由于媒体的参与和报道，一个个线索和具有悬疑色彩的寻找故事得以披露并向社会传播开来，从而引起了民众极大兴趣，在新世纪寻找"北京人"的序幕就此拉开。

受中国"保护周口店委员会"邀请，日本的中田光男也在此次纪念大会的开幕式上现身。上次这位老先生来华时，曾受到中国科学界和新闻媒体的关注，同时还引起了企业家的重视，令他遗憾的是，与贾兰坡和胡承志未能会面。此次中田光男来华，愿望得以实现，只是双方会面很是奇特——既不是在温馨的私人寓所，也不是在严肃呆板的会场，而是在新时代兴起的传媒宠儿——宽松自由的互联网之家。

12月14日上午，已是91岁高龄的贾老在儿子贾彧彰的搀扶下，率先来到了新浪网北京总部的一个直播室。随后，81岁的中田光男和82岁的胡承志相继赶到了现场。三位老翁——当年的"冤家对头"、今日的"中日好友"见面后，握手寒暄。而后，在主持小姐的主导下，围绕中田光男提出的"北京人"新线索，开始了与网友交流式直播。

贾兰坡首先发言。他说，"北京人"头盖骨丢失了几十年，大家一直在寻找。中田先生本来是与此无关的，但他一直为此在奔波。他这次已经是第二次来中国了，这种精神是可贵的。希望今天在此，大家一起来讨论这个问题。接着，中田光男发言。在介绍了自己的姓名后，说，当年他是做苏联情报工作的，在侵华

自右至左：中田光男、周季华与作者在北京西单一茶馆探讨"北京人"下落时合影

日军关东军的参谋部工作。1946年1月4日，他在现在的长春看到"北京人"头盖骨……最后，由胡承志就"北京人"装箱等问题做了介绍和说明，对中田光男提供的线索，谈了自己的不同看法。

然后，中日双方就中田光男看到的到底是真"北京人"，还是假"北京人"的问题展开了讨论甚至争论。中田光男坚持认为，他当年在远藤手中看到的应该是"北京人"，甚至还推测，挪野中将当年到协和医学院拿到"北京人"后，就带到长春，委托当时伪满自然博物馆保管，远藤博士手中的那个头盖骨，就来自这个博物馆。贾兰坡和胡承志则对这一说法基本给予了否定，认为中田光男提供的《北京原人》这本书上的图片可能是个模型，绝不是真正的"北京人"，中国发现的"北京人"只有头骨的一部分，没有面骨，也没有那么整齐的牙齿……

贾兰坡最后表示，虽然中田光男所提供的线索还有待进一步考证，但作为中国的一名科学家，还是很感谢他，毕竟每一条线索都是一个希望。又说，当年与"北京人"一同丢失的尚有一大批古人类化石，而丢失的每一件化石，作为研究不同年代古人类文明发展的佐证，都是无价之宝。因此，无论远藤手中掌握的是札赉诺尔人头骨还是"北京人"头盖骨，作为寻找的意义都将是巨大的。

贾兰坡、胡承志和中田光男三位老翁的网上会面，给本来就热热闹闹的会议又增添了一段有趣的插曲。入会的科学家与通过各种媒体关注这一事件的民众，针对真假"北京人"，以及"北京人"到底下落何处的问题，众说纷纭，各执一词，使寻找"北京人"之风在深秋的北京越刮越烈。就在这股旋风刮起的中心，作为一直跟随会议采访的人员，作者利用会议的间歇，对中田光男和几位重要的外国科学家进行了专访。

1999年10月16日晚，在北京王府井一家餐厅里，作者在中科院学者周季华、贾蕙萱夫妇的陪同下，与中田光男相约会面。席间，中田光男详细介绍了他发现"北京人"线索的具体过程，并对疑问一一做了解释。之后，他说，如果自己的记忆准确，最终寻找的结果不管是"北京人"，还是札赉诺尔人，都算是为中国政府提倡的精神文明建设做了点贡献。其间他特别强调，中日两国国民的思维方式、生活习惯是有差异的，但在共同寻找"北京人"这件事情上，应尽量统一一下，只要大家共同努力，是一定能够找到

"北京人"的,至少他本人对此满怀希望。

上次中田光男由北京返回日本后,把在中国的活动情况向众议院议员平沼赳夫做了汇报,对方仍认为中国政府通过外交途径和日本方面交涉是最理想的方式,如中国方面有什么要求,尽量提出来,比如向外交部、文部省提要求都是可以的。对平沼赳夫的观点,中田光男深以为然,很希望中国政府通过外交途径和日本政府谈判,成立由中日两国科学家和相关专家组成的寻找"北京人"调查组,在日本展开工作。如果认为他的推测有其合理性,就尽量促成对远藤儿子墓穴的发掘,以搞个水落石出。如果中国方面愿意单独派人到日本去,他本人可以协助发邀请函,并做经济担保和提供相应资金。无论如何,中田光男期待中方尽快行动,将"北京人"这一人类至宝重新找回。他本人回去后也还要努力,绝不轻易放弃云云。

最后,中田先生坦言,寻找"北京人"只是他计划中的一个小步骤,他的宏大计划是帮助中国发展教育事业,他说他一直在研究教育、从事幼儿智力开发研究工作。他认为日本的教育太拘泥于法律,日本的教育在走下坡路,所以他把希望寄托在中国。寻找"北京人"并非他的最终目的,他只是想通过寻找"北京人"去实现他的宏大计划。如果"北京人"能找到的话,他将向日本政府申请一百亿日元,和中国专家一起,搞幼儿智力和英才教育开发……

对中田光男提供的"北京人"下落线索一事,众多与会人员和相关专家亦有不同的看法,即使是日本国内的科学家也有不同意见。参加此次会议的日本横滨大学人类学教授长谷川善和便是其中一个。

长谷川善和当年在东京大学读书时,是高井冬二的博士研究生。他对作者说,"北京人"在日本的可能性是不存在的。理由是:太平洋战争爆发后,日本军队或学者不会马上就到协和医学院去抢"北京人"化石。从中国官方公开的材料看,当日本人到协和医学院去拿"北京人"化石时,化石已经没有了。再从日本的国民性来看,它的特点是把经济放在第一位,其余则放在后头,对古代的人类化石并不感兴趣,即使拿走了,也会还回去,这一点跟西欧一些国家不同。西欧国家占领别的国家后,喜欢把抢夺而来的东西作为艺术品收藏,但日本就不一定。他还补充说,太平洋战争爆发前,有许多"北京人"头盖骨模型流传于世界各地,远藤手中那件东西很可能就是"北京人"模型,而要为一个模型去掘开远藤儿子的墓穴,是没有多大价值和意义的。当然,"北京人"如果真的还存在的话,应该努力去找。因为古人类化石毕竟很少,用模型研究和用真品研究,效果完全不同,意义自然更不会一样。⑥

两个日本人,竟产生了两种截然不同的看法。那么,作为"北京人"化石转移的具体承办方——美国人,对此又有什么看法呢?

美国自然历史博物馆研究员、夏皮罗的学生杰福雷·施沃茨教授,对媒体报道的美国人弗利与日本人中田光男提供的线索,直言不讳地说:"弗利手中的'北京人'化石被日本查获的结论没有证据。我的老师夏皮罗先生直到1989年去世时还坚持认为'北京人'化石在中国,特别是在天津。不过,我认为'北京人'肯定是在战争中被摧毁了,早已从这个世界消失了。中田光男在长春看到的很可能只是一个'北京人'的模型。但模型毕竟跟真的有很大差别,为了一个模型而去发掘远藤教授儿子的墓穴,是荒唐而可笑的。"

与施沃茨教授相比,美国华盛顿大学人类学系教授艾莉森·布鲁克斯女士则有不同看法。早在1997年夏天,布鲁克斯曾率领美国六所大学的十几名人类学系应届毕业生来到周口店,专门进行实地考察。在中国古人类研究中心负责人徐钦琦教授的引见下,这位高大健美的女教授就周口店与"北京人"失踪的问题,与作者进行了交谈,她说:"周口店是古人类研究最神圣的地方,其得天独厚的条件是其他任何一个地点所不具备的。人类延续的时间太长了,现代

作者与美国华盛顿大学人类学系教授艾莉森·布鲁克斯在周口店探讨"北京人"下落时留影

人类都想知道，我们从哪里来，要到何处去，哪里是我们的起源地，哪里是我们由猿转变成人的关键点。比如，我们正在研究'北京人'吃什么，现在的美国人都爱吃糖，不知道我们的老祖宗过去吃什么，难道周口店的祖先们也喜欢吃糖或有糖成分的甜食吗？现在人类一般要18至20岁才能成熟，之后才能结婚、生儿育女，难道周口店的祖先们也是这样的吗？他们结婚也举行仪式吗？每个人的寿命又是多长呢？这些问题对现代人类来说不仅有吸引力，而且有重大而深远的意义。"又说："10年前，美国自然历史博物馆搞了一个古人类化石展览，全世界所有的人类头盖骨化石差不多都在那里展出了，可非常遗憾的是，唯独没有裴文中先生发现的'北京人'化石。虽说我们现在仍然保存了这件化石的仿造件，却不可能当真的来研究，所以说'北京人'的丢失是整个人类文化的重大损失和不幸，也是20世纪人类科学史上最大的谜团。不过，我总有一种预感，'北京人'仍存在于这个世界的某一个角落，它或许在美国，或许在日本，或许在中国，或许被别的什么国家的人秘密藏了起来，这个谜团肯定有人知道。这个人也许还活着，但这个人现在在哪里，他或她什么时候能够把这件珍宝送还给我们，还要等待时机，我们完全有理由以乐观的态度和足够的耐心去等待这个时机。据我所知，'北京人'头盖骨化石是很厚的，转移时又做了很好的包装，不管它落入何处，要全被毁掉是不可能的。想想看，我们的老祖宗在这个世界上存在了50万年都没有毁灭，'北京人'才失踪了50多年怎么就被毁灭了呢？如果我们这一代人找不到，我的学生和学生的下一代也应继续寻找，直到有个最终结果。"

与日本人和美国人相比，以浪漫而著称的法国人的确名不虚传。就在学者们围绕"北京人"问题议论纷纷时，联合国教科文组织顾问、法兰西科学院院士、国际著名古人类学家、考古学家、地质学家易夫·柯蓬思语出惊人，对"北京人"失踪之谜又有了新的注解。

也许是终生从事古生物化石的田野发掘与研究的缘故，65岁的柯蓬思尽管须发皆白，但高大的身躯看上去依旧跟年轻人一样硬实健壮，富有生气，难怪4年前他的夫人还为他生下了一个活泼可爱的小儿子。此前，柯蓬思已在世界各地发现了4个古人类头盖骨化石并闻名学术界，于是他把自己那宝贝小儿子叫作"老五"，意思是儿子和古人类化石都是他一生中最珍爱的

第十章 "北京人"再起风波

"孩子"。

在北京木樨园一家叫作"兰花花"的美食村，柯蓬思在喝过几杯地道的北京啤酒后，小心地收起在手中握了足有半个钟头的小儿子的照片，话题开始转到"北京人"身上，他对在场陪同的法国国家科学研究中心研究员安娜·丹比科、南京师范大学地理科学学院教授沈冠华（南按：兼任本次聚会的翻译工作），以及在座的几位古人类学专家与媒体记者说："我是个很严肃的人，但也喜欢开玩笑。前些时候，我跟几位国际同行谈论'北京人'失踪之事说过，如果'北京人'当时已经运到了船上，而这艘船后来又被击沉了，那么若干年后，当我们的后人找到这艘沉船并把它打捞上来时，便会惊讶地发现，这艘船上既有男性的'北京人'，又有女性的美国海员，那该是一个多么有趣的情爱故事啊！"

众人笑过之后，柯蓬思又端起酒杯喝了一口，手扶着酒杯认真而又严肃地说道："无论从哪个方面来看，'北京人'的丢失都是人类宝贵财产的损失和遗憾，我们有责任和义务把它弄个水落石出，不能就这样糊里糊涂地了结了。否则，我们将很难面对后人，所以我们必须要为这件事做最大的努力。"

作者与易夫·柯蓬思（左）在兰花花美食村探讨"北京人"失踪问题

法兰西科学院院士易夫·柯蓬思给作者的赠言：

人类史前时期有四位祖先："露西人""爪哇人""尼安德特人""北京人"。目前已经证明四位祖先中唯有"北京人"至今还遍布于全球60亿人类的发展之中。因此，周口店对人类来说，是一个具有重大科学和哲学意义的遗址。它的价值是不可估量的。

法国法兰西科学院院士

易夫·柯蓬思
1999年10月15日

众人脸色变得有些严肃而沉重，柯蓬思也有些激动，他两眼放光，望了望在座的众人，接着以沉重的语气说道："关于'北京人'丢失这件事，我思考几十年了，并为寻找它做过实实在在的努力。我认为，'北京人'的命运无非有三种可能：

"第一种可能是，'北京人'已被彻底摧毁了，或在火车上，或在轮船上，或在世界的某个地方。理由是，'北京人'化石在转移时，整个中国乃至世界都笼罩在战火之中，其混乱的状态可想而知。在这种混乱局势下，有许多珍贵的东西都被毁掉了，'北京人'也就有可能成为牺牲品。需要强调的是，这种毁掉是置于'混乱'这个大背景和前提下的。

"第二种可能是，'北京人'已被发现，或被利用，或存放于某处，但'北京人'的拥有者却毫无意识。也就是说，拥有者并不知道自己所拥有的东西是珍贵的'北京人'。我举两个例子来说明这个问题。此前，我认识的一个南非同行名叫达尔特，他现在已经去世了。1976年，他在南

第十章 "北京人"再起风波

非发掘出一块古猿头盖骨，然后到英国伦敦去做鉴定分析。他在伦敦机场下了飞机后，乘上了一辆出租车。下车后，才发现自己将装有古猿头盖骨的小包丢在了出租车上。心急如焚的达尔特当即通过伦敦的工作人员向警方做了报告。很快，那辆出租车查到了，警方赶到车主家中时，只见装有头盖骨的小包被扔在车主客厅门后的墙角里，与它相伴的，还有一双破皮鞋。车主说，他根本没把这块烂骨头当什么宝贝，如果再晚来几个小时，他就会将这块烂骨头像平常扔西瓜皮一样扔掉，因为让一块死人骨头老待在家里是很不吉利的事情。

"还有一个例子是1997年夏天，我率领几名法国科学界的研究人员到非洲西南部的纳米比亚考察，有一天我们到一位矿物工程师家中吃晚饭。说是家，其实就是临时搭起的简易木板房。我们去的时候太阳已经落山了，大家围着桌子喝了几口咖啡，天便渐渐黑了。因为工程师家中没有电灯，蜡烛便是最好的照明物。当那位工程师拿着刚刚点燃的蜡烛从里屋慢慢走出时，我隐约见他手上捧着的是一个弧圆形蜡烛底座。由于蜡烛的光亮不是很强，当时大家都没有在意他捧着的是个什么东西。当蜡烛放到桌子上时，可能由于职业的原因，大家仔细一看，这才发现，那蜡烛的底座正是一件古人类的头盖骨化石。我们赶紧将蜡烛取下来，将那件化石小心地捧在手里反复观察，仿佛突然间遇到了神明。当我们以十分惊奇的口气问这位工程师为什么将这么宝贵的古人类化石当作蜡烛底座搬来搬去时，想不到这位先生却极为平静地回答说，他并不认为这样的化石有什么价值，只是感到有点好玩，就拿回家做蜡烛的底座罢了。根据工程师为我们提供的线索，我们及时将这一非同寻常的情况通知了纳米比亚的科研部门，纳米比亚政府不久就组织人员在这儿发掘到了许多古生物化石。我返回法国时，经纳米比亚政府同意，特地将那件已做成蜡烛底座的头盖骨带回了巴黎。经鉴定，这是一件距今十至十五万年前古人类的头盖骨，在古人类学上称为智人阶段。试想，一个专门研究矿物的工程师都不把这件头盖骨当回事，那么一个普通工作者或从事其他领域研究的人又怎么可能有意识地将它视为珍品呢？假如'北京人'化石真的有幸没有被毁而落入了一般人手中的话，那很可能也会像那位工程师一样，把它当成蜡烛底座或别的什么器具了。

"这样的事例不只出现在普通人当中，即使是法国的有些博物馆也有类似的情况发生。我早些年去法国南部参观一个艺术博物馆时，发现这个馆的墙角里横七竖八地堆放着许多已经受到不同程度损坏的古生物化石。那里的工作人员告诉我说，原来这个馆的馆长是位古生物学家，所以他按照自己的爱好弄了许多古生物化石到馆里展览。后来这位馆长退休了，新上任的馆长又有自己的爱好，便弄了自己喜欢的东西在馆内展览，而原来的那些古生物化石便随便扔在了馆内的墙角里，长期无人问津，任其损坏。这个个案同样说明，有的东西在你的眼里珍贵无比，在他的手里可能就一文不值；尽管同属博物馆馆长，但对事物价值的判断却大相径庭，甚至完全相反。设想一下，假如'北京人'化石也落到了上述那样一位馆长的手中，想必也和那些扔在墙角的古生物化石的命运一样，遭到同样不幸的下场。"

　　说到这里，柯蓬思稍做停顿，在座者被柯蓬思讲的奇闻逸事所吸引，急着听"下回分解"。对方端起酒杯，喝了一大口，抹了抹嘴，然后继续说道："第三种可能是，'北京人'已经被发现，并被人有意识、有目的地收藏了起来。也就是说，拥有者知道他手中的那件东西就是全世界都在找的'北京人'化石，只是出于这样那样的原因或目的，并不急于公布于众。为了说明这个推断，我还是讲一个故事。大约在20年前，法国中部勒雷古都附近一个农民在自家的地中掘出一个古老的墓穴，发现这个墓穴里有一个完整的人体骨架化石。这个人体化石所处的时代相当于尼安德特人时代，非常珍贵。可等这个消息辗转到我当时所在的国家自然历史博物馆时，已是几天以后的事情了。当我们风尘仆仆地赶到现场时，只见到了人体骨架的身子，而那极为重要的头骨却不翼而飞。在当地警方的配合下，我们查了几天也没有查出头骨的下落，最后只好带着无尽的遗憾将那人体骨架的身子运回了巴黎。不久，我受法国电视台的邀请，对这次发现做演讲，我面对电视观众几次提到那个不翼而飞的头骨，并说不管这个头骨被谁拿走了，请你一定以公开或隐秘的方式告诉我们，我们一定给予重赏。但一直没人回应。后来我们推测，很可能是当地农民偷走了这个头骨并出卖给了专门收藏古生物化石的收藏家或文物贩子，而这些收藏家或文物贩子都是在社会上很隐蔽的人物，他们一旦得到头骨，便会锁进自己的保险柜里，让世人从此难知其中秘密。假若'北京人'的命运也是如此的话，该是一件多么悲哀的事情！

　　"当然，我是一个很乐观的人，在以上三种设想中，我更倾向于后者。

我有一种预感，'北京人'仍在这个世上，只是不知道被谁囚禁了起来。只要我们有信心，就有希望找回它，只是这个过程可能很漫长，也许一年、十年，也许一百年或者更远。所以，今天和今后的人类要有信心，也更要有耐心。"

说到这里，柯蓬思双手紧紧攥住玻璃杯，两眼直直地望着头顶的灯泡，被酒精醺得微红的脸上显得有些疲惫，同时也透出了几分痛苦与不安。

沉默片刻，对于作者提出有人怀疑"北京人"被美国人调包并匿藏的提问，柯蓬思摇摇头道："我也听到过这种说法，但是我认为，至少美国的人类学界没有干这件事情。前几年，印度尼西亚发现了一个古人类头骨化石，被文物贩子倒卖到美国一个收藏家手中，美国政府知道后，主动收购并将这件头骨还给了印度尼西亚。有了这一事例，我认为美国人不可能做这种见不得人的事。相反，我倒怀疑过我们法国人做了这件事。"

"法国人?!"在座者听后都大吃一惊。此前，有人曾怀疑法国大科学家德日进与"北京人"有关，但那只是一种假想，没有人真的去追问过。没想到柯蓬思作为法国的大科学家，也对自己的同胞产生了怀疑，这看起来是一件难以想象的事情。于是，作者试探性地问道："柯蓬思先生，您指的这个法国人，是不是被称为'法国达尔文'的德日进？"

"是的，正是德日进！"柯蓬思先生爽朗一笑，一脸轻松地答道。

"真的?!"在座者都惊讶地瞪大了眼睛。

柯蓬思用那双似是微笑着的迷人的眼睛扫了众人一圈，点头道："是的，德日进大家是知道的，他是法国科学界的老前辈，是全世界敬仰的大科学家，他在中国工作了近二十年，对周口店的发掘和'北京人'的研究起到了极其重要的作用。1955年，德日进病逝。就在他病逝的第二年，我进了法国国家自然历史博物馆。德日进生前的办公室一直空置在法国国家自然历史博物馆，很久没有新人来利用。有一天，我路过德日进生前办公室的门口，对这位伟大的科学家的崇敬和怀念之情不禁油然而生。但就在那一刻，我脑海里忽然闪出一个念头：德日进会不会插手了'北京人'事件？会不会就是他自己将'北京人'匿藏了起来？循着这个念头，我进而做了这样的推测：珍珠港事件爆发前夕，德日进将'北京人'包装好后准备运往法国保存起来，但战争突然爆发了，他无法将'北京人'运出中国，于是只好以神父的身份将'北京人'匆匆隐藏在了北京或天津的某个教堂里。不过，我很快又从另一个角度否定了这个念头，那就是，如果德日进真的隐藏了'北京人'，为什么在战后十几年中他一直保持沉默？这对一个享有国际声誉的科学家来说是不可思议的。当然，德日进有自己的思维方式和生活准则，沉默十几年也不是没有可能。现在国际上有一种说法，说臭名昭著的英国皮尔唐人就是德日进搞的鬼，真正的始作俑者就是德日进。目前这种说法还在争论之中，没有最后结论。我想如果德日进神父真的是皮尔唐人事件的幕后策划者，那么，他在这件事情上的沉默就能长达数十年之久。德日进对'北京人'是有着深厚感情的，他的性格和信仰中有两面性，作为科学家，他相信人类是按一定组织和逻辑不断进化的；而作为神父，他又是信奉上帝的。在这双重性格的驱使下，他将'北京人'隐藏起来等待死后一同去见上帝，也不是没有可能。因此，我很难说我的推测是对还是错。但我必须强调的一点是，即使德日进真的是'北京人'的隐藏者，那他也完全是出于一个科学家对'北京人'的真心袒护才这么干的，而绝不是为了想日后贩卖个高价以满足自己的私欲。"

柯蓬思望望大家，继续说道："为了取得证据，我曾和我的同事在德日进的办公室以及他经常活动的地方做过多次搜查，特别是对他的遗物进行了比较全面的检索，希望从他的笔记、书信或未发表的文章中找到破译'北京人'下落的密码。可惜，没有结果。我最近的一次努力是去年秋天的这个时候，德日进的几封通信在法国一个神父的家中发现，这位神父早已死去，是他的后人在清理遗物时得到的。我察看了这几封信件，还是没有找到破译'北京人'下落的密码。不过，为了解开'北京人'下落之谜，我今后是不会放弃对德日进所留遗物，哪怕是半点蛛丝马迹的追索和探寻的。"

当聚餐即将结束时，作者问了最后一个问题："您认为寻找'北京人'有意义吗？"

柯蓬思以一种很遗憾的口气说道："当然很有意义。古人类化石之所以珍贵，是因为它的发现是一件很不容易的事情，目前全世界发现的这类化石并不多，而'北京人'又是对人类的起源与发展有着关键作用的珍贵化石。如果'北京人'仍健在，我们可以用先进的科研手段如电子扫描仪等去获取它更多更隐秘的信息。所以我希望全世界各个学科的科学家以及有识之士，积极投身到寻找'北京人'的行列中来。"⑦

第十章 "北京人"再起风波

为弄清德日进是否真的卷入了"北京人"失踪事件，第二天，作者又专门找到了法国国家自然历史博物馆馆长亨利·德·伦雷。尽管德·伦雷的年龄和柯蓬思相近，但由于没有太显眼的胡须以及并不浓密的白发，看上去要年轻一些，而就其性格和举止来说，德·伦雷则显得更稳重、更谨慎。

话题触及德日进是否参与了转移或藏匿"北京人"问题时，德·伦雷平静地说："德日进虽在中国工作了二十年，但他本人却一直是属于法国国家自然历史博物馆的科学家。尽管我不太相信德日进这样一位享有国际声誉的科学家会干出隐藏'北京人'的事来，但1981年我被任命为法国国家自然历史博物馆馆长时，还是组织全馆人员对馆内包括德日进原办公室在内的每一个角落，进行了一次清理和检查，希望能通过德日进遗留下来的哪怕一张纸条、一本书、一个信封或一块布片，找到与'北京人'下落有关的点滴信息。可令人遗憾的是，我三天的努力，除了清查的范围比柯蓬思先生更广更彻底之外，结果同样是一无所获。"

作者（左二）与法国国家自然历史博物馆馆长亨利·德·伦雷夫妇（左三、四）出席"北京人"发现七十周年纪念会合影

"当然，德日进的遗物有两个地方保存。"亨利·德·伦雷接着说道，"一个是设在法国国家自然历史博物馆的德日进学术研究基金会，另一个就是中国的新生代研究室。1971年2月我来中国访问时，还看过德日进的几封信件，后来就没有了。据贾兰坡先生说，70年代法国共产党曾和中国政府交涉过，具体怎么交涉的我不知道。中国政府只让新生代研究室的继承者——中国科学院古脊椎动物与古人

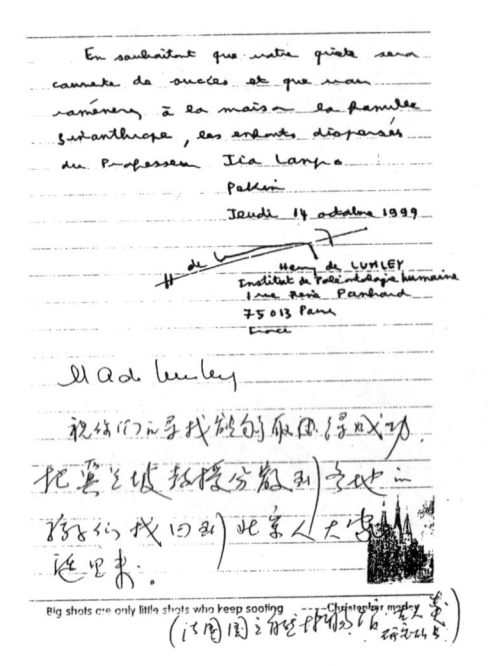

类研究所搜集整理德日进的信件，并让杨钟健负责。这样，德日进当年给中国同行的信就交给了法国共产党。但就我这些年通过对'北京人'失踪事件的研究来看，我仍然坚持认为'北京人'还在中国。因为装运'北京人'的火车根本就没到秦皇岛码头，前来接应的轮船也没靠岸，而已做了日军俘虏的美国海军陆战队也不可能以其他方式将'北京人'偷运出去。所以我认为'北京人'没有离开中国，要寻找这件宝物，就要沿着火车运行的沿线去找，这个方向的可能性应该最大。这个观点也是我这次向热衷于寻找'北京人'的同行们表述过的。"⑧

德·伦雷对作者赠言

作者与安娜·丹比科（右）探讨"北京人"可能匿藏的地点后留影

继德·伦雷之后，作者又找到法国科学研究中心研究员、德日进学术研究基金会秘书长安娜·丹比科女士。丹比科对德日进是否与"北京人"有关问题避而不谈，而对柯蓬思的看法也不置可否，她只是说："法国科学界对'北京人'失踪问题一直非常关注，并积极投入了寻找活动，我作为德日进学术研究基金会的秘书长，正在为周口店古生物、古人类化石的研究做努力。要尽快找回'北京人'，还要请大家一起向联合国教科文组织呼吁并寻求支援。如果有人发现了可能的线索，德日进学术研究基金会也是愿意提供人力和财力的。'北京人'的丢失是一件很可悲的事情，幸亏当

时留下了复制品，否则就没法研究了。我希望有一天把'北京人'找回来，这一点我同许多人一样，只要'北京人'有一点希望，就该继续寻找，直到找到为止。"⑨

新世纪大搜寻

苦难和辉煌交织的20世纪过去了，一个崭新的世纪在黎明的曙光中宣布来临。在新的世纪里，中国人对"北京人"的热情并未减退，寻找的步伐亦未停止。2005年7月2日，北京市房山区政府宣布成立寻找"北京人"头盖骨化石工作委员会，并公布了"北京人"头盖骨化石线索征集电话69301287。这是第一个在政府领导下、统一协调民间力量寻找"北京人"的行动机构。消息发布后，在社会上引起了广泛反响，仅一年多的时间，委员会就收到了来自全国各地甚至海外的线索近百条，工作人员对每条线索都仔细进行了核实考证，在一次次希望和失望中，"北京人"头盖骨化石失踪之谜更加扑朔迷离。

周口店北京人遗址博物馆外宣人员对作者说，工作委员会对近百条线索都进行了认真的核实，但很多电话打回去就变成了空号，或者关机，这让线索工作进展得尤其困难。经过多方调查了解，有的线索特别离奇，有的似乎与历史非常接近。线索提供者也是形形色色，有监狱里的服刑人员，有寻宝者，更多的则是热心的普通人。他们为什么要提供线索呢？有人希望减刑，有人想要奖励，而更多的人，是出于好奇。"发现头盖骨难，寻找头盖骨更难。"外宣人员这样感叹说。尽管如此，工作委员会还是不放弃任何一条线索，从一些蛛丝马迹中探索、寻找新的希望。如天津河西区有人打来电话，说20世纪80年代，他在天津医科大学工地施工的时候，看见一座教学楼下面有水泥构件，怀疑是个地下室。而那片工地以前就是美国兵营旧址。传说"北京人"头盖骨在失踪前曾经存放在天津美国兵营的地下室，也许那里有线索。又，北京崇文区一位市民打电话说，他有个朋友的父亲原先是协和医学院的骨科大夫，这个朋友记得小时候的一些事情：美国人要回国的时候，曾把一个箱子埋在他父亲诊所的地下，当时他父亲说，箱子里是头盖骨化石，不能跟外人说。现在，他父亲诊所的位置已经变成一个餐馆了。周口店北京人遗址博物馆的工作人员准备等餐馆拆迁的时候去实地考察一下，结果餐馆拆迁了，考察人员并未从地下发现什么箱子与"北京人"头盖骨化石。

在所有的线索中，最艰苦漫长的一次查找工作历时几乎一年。2005年1月的一天，中科院古脊椎动物与古人类研究所转到寻找工作委员会一条线索，大意是：河南偃师山化乡牙庄村一个姓李的农民，说自己手里有确凿的"北京人"头盖骨线索。委员会工作人员立即与这位李姓农民通了电话，想询问具体情况。但这位李姓老兄神秘兮兮，只吞吞吐吐地说线索证据确凿，这个秘密自己保守了几十年，一定要面谈。这年3月，周口店北京人遗址博物馆的工作人员奉命赶到偃师与李姓农民会面，地点约在一个宾馆，时年64岁的老李如约赶到，终于说出了他隐藏了几十年的秘密——

时间回溯到1941年深秋，一群国民党官兵开着一辆卡车行路，车到河南汝阳的时候忽然抛锚了，当地的另一队国民党官兵发现车载重不轻，就劫持了这辆车子。官兵们不仅从车厢里搜出了一些金银珠宝，还发现两个很大的白色木箱。用铁棍撬开木箱，只见里面有葫芦状的人头骨，一些玻璃瓶子里还装着人的牙齿，用红纸写着标签。在劫车的官兵中，就有李姓农民的父亲。

因为还要到前方打仗，不能携带贵重物品行动，劫车的官兵一商量，就把财宝和木箱埋在了一个废弃的窑洞里，约好打完仗后大家再把财宝挖出来分配。此后，为了争夺这批财宝的归属权，劫车官兵开始自相残杀，不少人死了，李姓农民的父亲侥幸活了下来，从此隐姓埋名住在藏宝地附近，看守着这批宝藏，直到去世。李姓农民说，这个秘密是20世纪70年代父亲去世前才告诉他的，父亲说，等国家时局稳定了，才可以把秘密说出来。自20世纪60年代起，这位老兵每年都要带李姓农民去一次藏宝地察看有无闪失，行车路线是先坐车到汝阳，再走近两个小时的山路，到一个荒无人烟的地方，那就是藏宝地点。这位老兵去世后，已长大成人的李姓农民自己也去看过，但他拒绝说出具体地点，并要求前往约谈的工作人员先与他签订一份寻宝协议。

第十章 "北京人"再起风波

2005年10月，周口店北京人遗址博物馆工作人员带着协议书再次找到了李姓农民，双方在协议上签字画押，而后一行人在老李的带领下悄悄来到了藏宝地点——汝阳县小店镇虎寨村。这个村子在汝阳县东南方向不到十公里，李姓农民指着一个丘陵说，宝藏就藏在那儿。前往的工作人员一打量，丘陵两边都是山，丘陵上东北方向有一面断墙，墙西南面是一片种着庄稼的坡地。老李又说，宝藏就埋在坡地上一棵迎春花旁边。前往探访的工作人员听罢，颇为惊喜与激动，或许这就叫"踏破铁鞋无觅处，得来全不费工夫"，失踪的老祖宗这次可能真的要现世了。

2005年11月9日，周口店北京人遗址博物馆的工作人员带着发掘工具再次来到汝阳，来之前已经请示了各级文物局，还得到当地公安派出所的支持。因了这些有利条件，发掘工作很快在丘陵的坡地展开。未久，在庄稼地下面果然挖出了一座旧窑洞，这个窑洞的出现，标示与此前的说法吻合，工作人员欣喜万分。但发掘工作连续进行了五天，仍没有发现传说中的木箱的踪迹，只在窑洞的地下发现一些已经变黑的散落的小米。大家有些失望，停止发掘，动用著名的洛阳铲钻探。当几把洛阳铲以梅花状铺开，叮叮当当地钻探了两天后，已经探到了窑洞的地基层，仍然没有丝毫埋藏物品的迹象。又经过三天的钻探，仍未发现半点木箱的踪迹，工作人员心中埋藏了大半年的希望破灭了，发掘工作不得不在极度的失落中黯然收场。

继河南的搜寻发掘无果而终之后，各种不同的线索仍源源不断地传出，在众多的消息中，来自满洲里的一位自称何墨福的人又与寻找"北京人"头盖骨化石工作委员会取得了联系，继之发生了一连串小说一样离奇的故事。

据何墨福说：

2006年6月的一天，退休在家的我无事看电视。电视上播放了"北京人"头盖骨化石丢失之谜节目。这个节目吸引了我，我边看边思考着。做了多年公安、保卫工作的我，立刻觉得这个案子破了。为什么？因为我心中装着一件秘事和"北京人"头盖骨化石丢失之谜案有关，从时间、地理位置和丢失的物品特征上分析，都惊人地相似。

那是1992年秋天，我在满洲里市札赉诺尔矿务局机电总厂治安派出所当所长。星期一早8时正要开经济警察、更夫等人的所务会时，经济警察辛铁柱同志与全所人说："昨天我爸爸说，小时候和我爷爷在关里家捡了5个箱子，里面有很多美元……"这番话对做了27年公安、保卫工作的我来说非同寻常，或许是职业病、好奇心在作怪吧，我决心把这个隐秘搞个清楚。

辛铁柱的父亲叫辛景田，1971年在北斜井木材厂做更夫工作，当时我做保卫工作，与他个人关系很好。加上他的孩子又是我当年在部队上时候的兵，自是有一股亲切感。我为此事专门找辛景田进行了一次深谈，老人并不避讳，把童年的自家秘事全部向我讲了出来，边说还边用自家与邻居的房子做比喻，并且在地上画了图便于我理解。

事情要从1992年秋天一个星期天说起，当时辛景田的二姑爷刘钢从俄罗斯经商卖水果回来，全家人帮助整理俄国卢布、人民币和美元。辛景田老人正坐在桌子旁看着大家数钱，当辛铁柱数点美元时，辛景田看到外国人头像的票子，就让儿子递过一张看看。辛铁柱顺手给了父亲一张10美元的票子，说："看了你也不认识，这是美国钱，叫美元。"老人接过这张美元反复看着，突然有些得意地大声说："我咋不认识这个钱？我认识的，就是这样白花花的外国人头像的票子，我小时候跟你爷爷捡了五个箱子，里面有很多这样白花花的外国人头像嘎嘎新的票子。"辛铁柱抬头望了一眼父亲倔强中含着一丝诡异的表情，不服气地回道："你能见过这个钱，你说说那票子啥样，你怎么得到的？"经此一问，辛景田老人就对儿子讲了在心中隐藏了几十年的秘密。

据辛景田老人说，那是1943年日伪时期，13岁的他和父母全家六口人在天津宏桥窝棚住处修船、打鱼、捡庄稼吃谋生近两年了。这年7月的一天，天空枪炮声不断，形势紧张。为了安全，辛景田的父亲与全家人摇着自家旧船回到安新县马家寨村。安顿好后，辛景田又随父亲返回天津。当船到了天津城边上，在岸边芦苇荡中发现有探荡着头的物品（箱子的一角在水面上），父子二人出于好奇和发一笔横财的欲望开始打捞，很快就捞出两个黄花梨木的炮弹箱子大小的木箱子，接着又从水中打捞出三个军绿色、家用木箱子大小的、有锁、两边有环、要两人才能抬动的铁箱子。捞出这五个箱子之后，辛景田特地到岸上看看，只见有汽车轮压地面的痕迹。这个地方东面约一个电线杆距离的远处，就是一条天津到保定的大道。父子俩摇船到天津窝棚住处时天色已暗，乘无人之机父子俩把五个箱子弄下船藏在了一个低洼处，用席草掩盖。三天之后，远处又传来枪炮声，传言即将在这一带开战。辛家父子不敢在此地久留，借着月色急忙把行李等物品收拾一下，另将五个箱子装上船，一路紧摇快跑逃回了老家白洋淀岸边的一个村庄。稍一安顿，辛氏父子便经不住五个木箱的诱惑，遂找来一根铁钎撬开两个木箱。有点出乎意料的是，箱内装的不是梦寐以求的金银珠宝，而是五个人脑袋、人胳膊腿的骨头，另有似鸡或者禽类的细骨，各用白色包灯泡一样的瓦楞纸包着，有好多层，外边还用布一样的牛皮纸包着。辛景田用铁钎敲了敲人头骨和细长的骨头，都和石头一样坚硬。在惊奇和期盼中，辛景田又撬开了另外三个铁箱子。只见第一个箱子内装的全是蚂蚁爬一样文字的纸质东西；第二个箱子内装少许蚂蚁爬一样文字的文件，多数是白花花的外国人头像的票子；第三个箱子内装的全是白花花的外国人头像的票子。三个箱子内的纸质文件和票子都用布一样的牛皮纸包裹着。因当时天空枪炮声不断地响着，按辛景田所说："当时，我们那儿有共产党、八路军、游击队，还有国军、日本鬼子和汉奸，这一群群的人来回拉锯式地打仗。"面对五个不明来路和不知装着啥的箱子，辛景田父子有点不知如何是好，而辛景田的老母亲眼见此景更是害怕得不得了，全家人一商量，决定趁夜黑人静之际，把箱子悄悄弄到外边埋藏起来。就这样，辛氏父子一阵忙活，好歹将五个箱子又装钉好，搬到离家不远的自家船上，顺便在放船的水坑边捡了两三筐砖头到船上，父子乘夜摇着船出了村。当小船来到村子西北三四里路远的三岔河口处，辛氏父子将五个箱子搬到河东，在有两个县城人在此地的坟头和刘家坟跟前，挖了一人深的坑，将五个箱子埋在坑里，上面盖上了砖头又盖上浮土，一切操办停当，父子俩才回到家。

据辛景田对何墨福说，这件事他从未和任何人包括近亲属说过。当年腊月的一天，辛家六口人在自家船上倒小盐卖，因冰碴子扎破了船，无以生计，这个不幸的家庭开始要饭吃为生了。到了1958年，辛景田投亲来到满洲里札赉诺尔煤矿当了采煤工人，劳作一生。辛氏对何墨福说："其间自己回过关里家去过，但没顾得上小时候这件事，要不是突然看到那白花花的外国人头像的票子，这件事也就淡忘了。"当何墨福询问细节时，辛景田把当年埋藏箱子的地表特征用自家和邻居房子做比喻，边说边在地上画图，特别是三岔河的特征、县城人在此地的坟头以及刘家坟的距离和分布情况等等。后来何墨福到了辛景田的老家，在现场询问了75岁以上的3个当地老人，刘家坟旁边确实有2个县城人在此地埋葬的坟头，但几年前已迁走，其位置和辛景田对何墨福所说吻合。刘家坟的分布位置、三岔河的距离等都吻合。惜辛景田老而不能行动，并于2005年病故。根据辛氏的描述和当地勘察，何墨福认为当年辛景田所说箱子里的像蚂蚁爬一样的文字应是英文，而木箱中的人脑袋与骨头很可能与失踪的"北京人"头盖骨化石有内在联系。于是，何墨福把这件"辛家秘事"电话报告给了寻找"北京人"头盖骨化石工作委员会，立即引起对方重视。

2006年秋，寻找"北京人"头盖骨化石工作委员会邀请何墨福和辛景田的儿子辛铁柱共赴白洋淀勘察。辛氏家族一个76岁的老人领众人到了一个河岔口，又看了周围地形，认为此地有埋藏箱子的可能，于是上下联系，在取得文物部门同意后，由当地公安派出所参与，寻找"北京人"头盖骨化石工作委员会决定对此地进行发掘。

因事涉珍贵的"北京人"丢失与寻找这一重大事件，河北电视台闻讯，立即派出摄制组跟踪采访报道。未久，观众便看到了如下的画面：

【主持人】看故事天下，品人生百味，各位好。上个世纪二三十年代，5个完全的"北京人"头盖骨化石惊世而出，将人类自身历史整整提前了50万年。但是在1941年，这些承载着人类生命烙印的证物，却神秘失踪了。为了找回它们，几代国人付出了艰辛的努力，然而六七十年过去了，"北京人"头盖骨依然下落不明。直到2006年深秋的一天，退休干部何墨福提供了一条主要线索，在河北省白洋淀，很可能埋着失落多年的"北京人"头盖骨化石。

【画外音】得知这个惊人的消息，周口店寻找"北京人"头盖骨化石工作委员会的工作人员兴奋异常。与之前的各种线索有所不同的是，这条线索看起来更具体、更有价值。何墨福说，在1943年的秋天，家住白洋淀的辛景田，曾经在水边捡到过3只铁箱和2只木箱，并且亲手把它们埋在了河滩上，而那2只木箱中，很可能就装有失踪60多年的"北京人"头盖骨化石。

如今，辛景田老人已经不在人世了，但在逝世前，他把埋藏箱子的大致

第十章 "北京人"再起风波

方位告知了何墨福。由于自己身体状态也不好,寻找"北京人"头盖骨化石,成了老何生涯中最主要的一件事情。

【同期声】何墨福:(辛景田)老人已经逝世了,就我知道。我呢,又有脑血栓,这个病吧,没准什么时候就去世了。我去世了以后,就我知道,这玩意儿就没人知道了。

【画外音】老何先后写过十几封信给相关部门,盼望能引起他们的重视。他所在的单位领导也知道这一情况,对他的调查给予了一定的支持。

【同期声】满洲里札赉诺尔煤矿机电总厂党委书记于淑琴:"听到这个事以后呢,我们也感到是个谜。这个在世界上来讲都非常关注的这个事,我们也想知道它到底在哪儿呢,什么时候能找到。"

【主持人】"北京人"头盖骨化石的神秘失踪,已被列为20世纪全球最大的悬案之一,60多年过去了,这个谜团依然没有被解开。寻找工作队员们非常明白,在很多线索不明白和一些当事人已经过世的情况下,对于得到的每一条线索都应该看重,有百分之一的愿望就要用百分之百的力量去寻找。何况何墨福说得还有根有据,工作队决定跟他到白洋淀去探个究竟。

【画外音】根据辛景田老人对埋箱地点的描述,何墨福绘制了一张舆图,并按照舆图将寻找工作队带到了目标地。由于年代已久,当年的河滩早已变成了农田,队员们都清楚,农田表层的土壤应当经常被翻动,要想探查这片土地是否有要寻找的东西,要靠科学的手腕才行。可就在这个时候,供给线索的老何与工作委员会的陈主任却吵起来了!

【同期声】现场 "北京人"头盖骨化石寻找工作委员会主任陈维:"你别冲动,咱们这个事是为了一个目标。"

何墨福:"去伪存真,为了把东西给找出来,我焦急。"

陈维:"你着急有什么用啊,本着实事求是的态度,来磋商这件事嘛,你着急有什么用啊?你着急让我们都走,你一个人在这儿焦急,能把它急出来也可以啊,别焦急,好不好?我们大家都非常感激你,因为你才把这个线索保留下来。"

【画外音】老何十分着急,他以为丢失多年的"北京人"头盖骨近在咫尺,他恨不得马上动手将这片土地翻个遍,但寻找工作委员会的陈主任告知他,必须按规则办事,听专家的指挥。

【画外音】负责这次探测的是中科院地质与地球物理研究所的专家,探测的重点是何墨福提到的三只铁箱。专家们采取了高密度电磁法进行探测,由电极向地下发射电磁波,假如有金属物体就会形成反射波显示在监督屏上。就在探测工作进行到一半的时候,探测职员发现了异常。

【同期声】现场　王光杰:"陈主任,看看有几个低阻,来看一看。这很显著的低阻,这里面涌现了四组低阻。"

陈维:"这蓝的,能不能是那几个箱子呀?"

【主持人】探测员发现的异常表明,地下很可能存在金属物体。在何墨福指定的埋箱地点出现这样的情形,让大伙非常高兴,他们都感到这趟白洋淀没有白跑,甚至认为,石破天惊的时候就要到了。失踪了六十多年的无价国宝,此刻就在自己的脚底下,想想就让人高兴,探测人员抓紧时间分析,然而经过进一步探测,他们又发现了与老何提供的线索有出入的地方。

【画外音】根据老何提供的线索,辛景田是将几个箱子埋在一起的。可经过查看,技术人员发现这几个疑点相距有些遥远,不可能是辛景田所说的埋箱之地,地下更不可埋有铁箱……

最后结局是,所探的地方没有发现五个箱子与"北京人"的头盖骨半个影子。后来"北京人"头盖骨化石寻找工作委员会又调用中国地质大学工作人员用雷达设备探找,结果仍是一无所获,令许多人倾注心血并为之心跳的白洋淀寻找工作黯然收场。

当然,面对这个探寻结果,最感到伤心和失落的当然是提供线索的何墨福,何墨福事后对记者说:

探寻宣布失败后,我突然想起一些具体细节,通过对埋藏箱子的地方准确点与两个县城人的坟包、几个刘家坟的分布距离和现场情况对比分析,这才搞明白,辛老当年所说和现场状况一致,差距只有一米,用铁勺发现地下砖头了,没想起来辛老告诉我的具体情况是当年水大,再加上起船时顺便在水坑边捡了两三筐砖头放到船上,并且将砖头盖在埋藏的箱子上面这一情节。在这里顺便说一下,寻找办用先进设备探有五个疑点,他们告诉了我,但是五个疑点都不在辛老告诉我埋藏箱子的位置上。特别是他们探的一个疑点在刘家三个祖坟中间,怨不得他们说没有三百万不能干……我目前知道和掌握的情况是,埋藏箱子准确位置离坟头最近的是四米距离,离迁走的两个县城人的坟头位置是b米,离其他坟头a米以上。当年儿子辛铁柱不让老人把要说的话说完,因此,自家秘事只知一二,并不知箱子到底埋在了哪儿,以后才后悔莫及啊!如果允许我将所知"辛家秘事"情况说完,事情早搞清楚了。当然,也怨我因为不了解现场情况,不能枉说话,岁数一大,再有点病,年头多、时间长了,具体细节一时想不准确之故吧……当然还有第一次地球物理研究所用先进设备探找,间隔两米距离探找,五个箱子摆在一个坑中,铁箱子不大,也就是说筛子眼大而漏掉未果。第二次地质大学用雷达设备探找,我想可能是上面是浮土,接着盖着砖头,两个木箱子在上,最下面才是三个铁箱子的缘故而没有探找到吧。我可以说"辛家秘事"是当年当时在当地发生的真人真事。一个一天学未上过、实实在在从农民到工人的人,编什么笑话、故事不好,偏偏整出这么件事来?从年代、时间、地理位置和辛景田所说来看,一切特征和"北京人"头盖骨化石丢失的年代(1941年11月在天津丢失)、时间上(1943年腊月在天津边上捡到)、地理位置、物品特征上都惊人地相似。我还可以说五个箱子或许有被埋在坟头下面的,也未被人们发现。从物品上说,如果有人发现了,纸是包不住火的。今天,我把"辛家秘事"实实在在地告知世人,我不为名也不为利,六十六岁退休的我,有吃有喝的,总觉得历史自然交给了我这个任务,不完成对不起祖国和关心这件事的人们,以及故去的辛景田老人。有人说,你个人要搞清这个事,箱子在人家坟跟前,把你打半死。我六十六岁了,我愿变成泥土铺在"北京人"早日回家的大道上,我不为名,也不为利,深知见马克思的路不远了,"辛家秘事"中的隐秘,辛家子女们也只知一二,箱子埋在何处,现在全世界就我详知啊,我是为祖国和人民做件有益的事啊。现今,有好心人在支持我,我誓死也要把"辛家秘事"搞清楚,这样才对得起故去的辛景田老人和我们共同的老祖宗。

至于何墨福发了一通议论之后做何行动,外界不得而知,所知的是白洋淀水涨水落,成片的芦苇青了又黄,黄了又青,惊起的野鸭凌空飞翔,依然没有在此发现半个箱子的迹象。那么,"北京人",你到底身在何处?

389

注释：

①1998年秋，作者岳南在周口店北京人遗址博物馆采访徐钦琦教授记录。

②1999年5月8日，作者岳南在贾兰坡寓所采访记录。

③此信由贾兰坡转交岳南，现原件存作者岳南处。

④1999年秋，作者岳南多次对何振明采访记录。

⑤英制中的长度单位。1英尺=0.3048米。——编者注

⑥1999年10月18日晚，作者在西苑饭店日本料理餐厅采访记录。

⑦1999年10月19日晚，在兰花花美食村采访柯蓬思记录。

⑧1999年10月20日，在中科院古脊椎动物与古人类研究所采访德·伦雷记录。

⑨1999年10月20日，在中科院古脊椎动物与古人类研究所采访丹比科记录。

末章

『北京人』，你在哪里？

——寻找祖先——

从1914年瑞典科学家安特生到中国之日算起，寻找"北京人"的历史已走过了96个春秋。

从1929年中国科学家裴文中在周口店发现"北京人"第一个头盖骨化石算起，至今已是81年。

若从珍珠港事件爆发之日算起，"北京人"丢失的时间至今是69年。

69年来，中国乃至世界人类对"北京人"的寻找，可谓故事连连，高潮迭起。"北京人"不但没有从人们的记忆中消失，反而随着岁月流逝，愈加刻骨铭心，难以忘怀。

这种世界性对"北京人"命运长时间的痴情与关注，在任何一门科学领域里，恐怕都是绝无仅有的。

然而问题是，希望的火焰一次次燃起，又一次次无声地熄灭。珍贵的"北京人"到底仍在这个世上，还是在战争中被毁？如果仍在人世，到底又匿藏在哪个角落？若是已经化作泥土尘埃，又是在什么时间，毁在谁的手里？

对此，近70年来可谓众说纷纭、莫衷一是。然而国内外的许多说法，或不了解历史，或缺乏根据，或一知半解，或随意推测，故大都捕风捉影，若是若非。除了"北京人"毁在中国说、被劫往日本说、美国人调包说、德日进神父顺手牵羊弄到法国说等说法，另有20世纪末喧腾一时的"北京人"随"阿波丸号"轮船一同葬身海底说。而在多如牛毛的说法中，最能歪曲事实、随意想象，甚至胡编乱造、妄下雌黄的当数美国人的说法。

那么，到底"北京人"是被毁，还是仍存在于这个世上，等待有缘者发大愿心，像玄奘西天取经一样，历经九九八十一难寻其重返家园？不仅是出于民族情感，更多是来自理性的思索和心灵的感应，在地球上生存了50万年的"北京人"，一定还在这个世上。此点主要来自以下判断——

一、不可能自毁。"北京人"转运事宜有相对严密的计

末　章　"北京人"，你在哪里？

划，并在珍珠港事件爆发前就做好了安排，一旦交到美国人手上，一切应按计划执行。而我们知道，美国人做事一向都以尽职与严谨著称，更何况，"北京人"的重大价值和由此构成的中美利害关系以及国际影响，负责"北京人"的美国人是比谁都清楚的。因而，即使在执行计划的过程中珍珠港事件突然爆发，美国人遇到了什么麻烦，"北京人"也绝不可能从美国人手上被随便扔弃，更不可能自毁。

日本远洋邮轮"阿波丸号"在行驶中

二、不可能被毁。"北京人"的包装相当精细、相当严谨、相当奇特，与其他物品的包装不可相提并论。美国人在转运"北京人"途中，由于珍珠港事件突然爆发，可能出现四种情况：1.箱子被日本人当作战利品缴获；2.美国人将箱子做了转移；3.美国人或日本人将箱子就地埋藏；4.美国人自顾不暇将箱子无意失落。

"阿波丸号"邮轮断裂沉没场景

如果是第一种，即使是最愚蠢的日本兵也会知道，美国人准备从中国带走的东西不可能是一堆垃圾，装有"北京人"的箱子自然也不例外，鉴于这样一种朴素的考虑，他们就不会主动摧毁；如果属第二种，无论通过何种渠道转移，也不管转移至何处，两个箱子同样不会被毁；如果是第三种情况，无论是被发现还是没有被发现，由于两个箱子包装非同寻常，外力不太可能将其就地毁灭；如果是第四种情况，同样也会因为两个箱子包装奇特，无论是日本大兵，还是中国的政客、学者或者苦力，不免会产生这样一个疑问：里面的东西为什么会包装得如此之好？既然包装得如此之好，肯定珍贵无疑。于是，即便对"北京人"的价值一无所知，也会先保存起来，或请教上司，或询问他人，或找人收购，或上缴国家，没必要在短时间内毁掉。而假若能保留一段时间，通过媒体报道和社会传播，"北京人"失踪与其所具有的重大价值就得以显现，自然也就被截获者当作宝物收藏起来了。

那么，"北京人"到底会在哪里呢？

若按国家排列，可能性最大的当是日本，其次是中国，再次是美国和法国。

在日本的理由是："北京人"失踪之前，紧紧盯住"北京人"的，是日本人。"北京人"失踪之后，最先追查"北京人"的，同样是日本人。而且，日本人对失踪的"北京人"不是一般性的追查，而是通过天皇下令，专门组织了日本宪兵队和著名侦探进行追查。就当时的实际情况来看，"北京人"失踪时间短，对破解悬案极其有利，除了中国的胡承志跑掉外，其余凡是与"北京人"有关的美国人和中国人，包括美国海军陆战队官兵，全都被日本人或抓或控。因而，对圈内人进行审讯和拷打，获得真实情报的可能性极高。假如查明"北京人"的转移路线、隐藏线索和流动去向，日本人再顺藤摸瓜、按图索骥追查下去，应该有一个理想的结果。何况，当时还有日本人在天津找到了"北京人"的消息传出，以及此后日本人再也不找"北京人"的事实。当然还有盟军在日本找到了"北京人"的新闻报道，以及令人生疑的长谷部言人和高井冬二隐居乡间活不见人、死不见尸、神秘消失的"照会"。

除前文叙述的内容，还有一条线索可作为这一推理的旁证。1994年4月

末　章　"北京人"，你在哪里？

25日，陕西省考古研究所所长韩伟在法国巴黎拜访20世纪40年代比利时驻中国公使纪佑穆之子菲利普时，号称对中国颇有感情而又酷爱中国文化的菲利普亲口对韩伟说："我一直想告诉中国人北京猿人头骨的下落，却一直没有合适的机会。法国牧师卡尔丹夫妇曾经参加过北京猿人的发掘。为了保护这份世界财宝，卡尔丹夫妇将北京猿人头骨等包装入箱准备运出时，却被日本人掳去了。这是我的父亲亲眼看见并不断给我们讲述过的一件事情。所以，北京猿人头骨应该到日本去找！"韩伟听罢，当即问了菲利普一句："此话可否公开发表？"菲利普表示："当然可以！"

这一线索之所以被提起，是因为法国牧师卡尔丹夫妇的确存在转运"北京人"的可能。理由是卡尔丹夫妇和德日进同为在中国的法国人，卡尔丹夫妇既然参与过周口店的发掘，必然与德日进很熟悉，至少认识。而德日进作为发掘周口店的顾问，不仅深知"北京人"的重大价值，而且无论在美国人还是中国人面前都有很高的威信，因而对"北京人"拥有一定的控制权，当年由胡承志做的"北京人"模型就在他手中控制了一段时间。珍珠港事件突然爆发后，当美国海军陆战队全部被俘，再也无力承担护送"北京人"至美国的重任时，德日进适时而出，让卡尔丹夫妇以牧师的身份出面转运"北京人"是可能的。此一事件也从另一方面为人们怀疑德日进染指了"北京人"提供了佐证。以此推理，菲利普说自己的父亲曾亲眼看见日本人从卡尔丹夫妇手中夺走了"北京人"，当在情理之中。

关于"北京人"在中国之说，其可能性有二：一是被美国人或日本人埋藏在了中国的某个地方；二是从美国人或日本人手中有意无意落在了，或者转交到了中国人的手上。由于"北京人"失踪的发生地在中国，因而转运途中的任何一个环节出现差错，"北京人"都有被搁在中国任何一个角落或者任何一个人手中的可能。正如美国的海军陆战队分队长兼军医弗利，曾将自己所谓装有"北京人"的箱子交给天津一对中国夫妇保藏过一样。只是令人感到费解的是，"北京人"失踪69年，为何却迟迟不肯露面？

至于说"北京人"在美国，主要缘于下列两方面推测：一是假定日本人当时没有从北平追查到"北京人"，那么美国人就有可能通过别的途径、别的手段，将其转运到美国。二是第二次世界大战结束后，美国作为日本的占领者和盟军的代表，有可能从日本人手中没收，或者说抢夺了"北京人"。

最后推理的"北京人"在法国，自然与传说中的德日进染指有关。

最后要说的是，"北京人"到底在哪里，69年来一直悬而未决。然而，有一个事实却极其明确，这就是——

"北京人"头盖骨化石，自被中国的裴文中与贾兰坡于1929年和1936年在周口店发现后，便相继交由美国人控制的北平协和医学院负责保管。珍珠港事件爆发前夕，中国人胡承志将包装好的两箱"北京人"连同其他相关化石交到了美国人手上。之后，由美国人交给了美国海军陆战队，计划由海军陆战队负责搭乘"哈立逊总统号"轮船将"北京人"护送回美国。就在这时，日本军队偷袭珍珠港，导致太平洋战争爆发，致使人类的瑰宝"北京人"在美国人手上下落不明。

这一事实，正如中国国务院总理周恩来定调、由中国科学院院长郭沫若宣布的那样："'北京人'化石是在美国人手上搞得下落不明的，只有美国人才能说清什么时候丢的，怎么丢的，丢在了什么地方。"

因此，要说清"北京人"的真正下落，最应该出面解释的，应该是美国人和日本人。然而遗憾的是，没有一个美国人或者日本人站出来，以负责任的态度解释此事。历史走到了今天，不管是美国人还是日本人，是否到了公开站出来、坦诚地向中国人解释的时候了呢？

不可否认的是，"北京人"连着久远的过去，维系着一系列错综复杂的历史事件，要弄清它的全部，也许还需要更长的时间。但不论这个历史跨度有多么大，中国人对寻找和研究"北京人"的热情不会冷却，希望也不会衰竭。早在1954年12月27日，在"中国猿人第一个头盖骨发现二十五周年纪念会"上，中国科学院古脊椎动物与古人类研究所所长杨钟健，就曾代表与会的科学界人士说过："自从1941年魏敦瑞携走了全套模型去美之后，这些材料全部在美国人掌握和保管之中。抗日战争胜利后，日本又在美国占领之下，美国一部分人对这些材料的责任是无法推卸的。这些'北京人'化石材料是中国的国宝，也是全人类的宝贵财产，我们绝不能听其丧失。全国人民密切地注视着这些宝贵材料的下落。全世界正义的科学工作者也都关心这件事，我们一定要把它弄个水落石出，使之物归原主。"

杨钟健所说的这段经周恩来定调、郭沫若报告的话语，既是难以抹杀的历史事实，更是中国与世界一切进步人士的心声。或许，在不远的将来，这一事件真的水落石出，失踪的"北京人"将重返她那温馨爱恋的家园。

——我们期待着。

1992年一稿于济南山大路武警总队单身干部宿舍404室
1999年二稿于北京定慧寺
2010年9月三稿于北京亚运村

附录一 周口店大事记
(1914—1941)

1914年　5月来华任中国农商部矿政顾问的瑞典地质学家安特生，对搜集化石有着浓厚的兴趣。他从朋友处得知周口店发现化石的消息后，特意到周口店考察了两天。

1921年　年轻的奥地利古生物学家师丹斯基来到中国，与安特生合作。安特生派他到周口店进行发掘。8月，安特生与美国古生物学家葛兰阶到周口店考察，并看望在那里发掘的师丹斯基。在当地老乡的指点下，他们找到了龙骨山。安特生敏锐地感觉到："总有一天，这个地点将成为考察人类历史最神圣的朝圣地之一。"

1926年　师丹斯基在瑞典乌普萨拉大学维曼教授的实验室整理他1921年至1923年在周口店发掘的化石标本时，发现了两颗人牙。为慎重起见，他把它定为"真人"。10月22日，瑞典王储伉俪环球旅行途经北京，在学术界为王储夫妇举行的欢迎会上，安特生在发表的学术报告中，宣布周口店发现了人类化石，震惊了整个学术界。

1927年　1月，在北京协和医学院任解剖科主任的步达生教授，得知美国洛克菲勒基金会同意拨款2.4万美元，作为周口店的发掘经费。2月，他与中国地质调查所所长翁文灏签订了协议和发掘方案。周口店的正式发掘从4月开始。这一年发掘深度近20米，挖土石3000立方米，采集化石约500箱。10月16日，在距师丹斯基发现人牙不远的地方，又找到一颗人牙。这一年的发掘工作10月20日结束。

1928年　4月始发掘。留学德国慕尼黑大学的杨钟健回到国内，接替了地质学家李捷的工作；刚从北京大学地质系毕业的年轻人裴文中接替了步林的工作。这一年挖土石2800立方米，采集化石约570箱，并发现一个女性右下颌骨，以及一块带有3颗牙齿的成年男性右下颌骨。由于有了新发现，步达生又从洛克菲勒基金会争取到了4000美元的追加拨款。

1929年　4月19日，中国农商部正式批准了"新生代研究室"的组织章程，中国地质调查所新生代研究室成立。秋季发掘就要结束时，在12月2日下午4时，裴文中发现了第一个"北京人"头盖骨化石。步达生欣喜若狂，赞誉这具头骨的发现是周口店1929年发掘工作的辉煌顶峰。这一发现震惊了国内外学术界。

1930年　清理龙骨山表土时，工作人员意外发现了山顶洞。这一年发掘工作转移到了鸽子堂。

1931年　春季，卞美年和贾兰坡参加周口店的发掘工作。这一年的主要工作仍是发掘鸽子堂，除发现很多石器外，还发现一层厚厚的灰烬层。灰烬层中有被烧裂的石头、骨头和木炭。灰烬层是成堆的，说明"北京人"不但会用火，还能控制火。

1932年　在发掘鸽子堂东坡时，裴文中采用了先挖深沟，探明土层内部情况，再打格分方进行发掘的方法，使发现的化石方位更加清楚，并防止疏漏。

1933年　对山顶洞进行系统发掘，发现了属于晚期智人的山顶洞人完整的头骨，以及分属七八个男女老幼不同个体的化石。其中一个60多岁的男性老人，保存最好，上下颌牙齿完整无缺，并保存有骨盆、肩胛骨和一对大腿骨。另外，还发现许多装饰品和一枚骨针。

1934年　3月15日，步达生由于心脏病发作，猝死在办公室里。这一年的发掘除山顶洞外，拓宽了发掘面积，从鸽子堂洞以西延展到山顶洞洞口处。这一年投入人力最多，仅在鸽子堂最多时就投入了120人，花的力气也最大。6月，从顶部向下发掘后不久，在山顶洞洞口的下坎处找到了"北京人"成年个体的左颞骨和一块下颌骨，以及多以燧石打制的石器。

1935年　年初，**魏敦瑞**受聘来华接替步达生的工作，裴文中到法国留学，周口店的发掘工作由贾兰坡主持。6月开始发掘鸽子堂第6层。秋季，贾兰坡为了寻找新地点，打算3年内调查周口店方圆100公里内的所有洞穴。

1936年　6月发掘到第7层，发现不少猕猴的牙齿和下颌骨。到第8—9层发现了一个完整的猕猴头骨，以及很多石器。6月28日，发现了2颗人牙。6月29日和7月2日找到2小块头盖骨化石。在秋季发掘中，11月15日上午9时半和下午4时许，贾兰坡发现了2个"北京人"头盖骨化石。11月26日上午9时多，贾兰坡又发现了第3个头盖骨化石。12天之中发现了3个头盖骨化石，再次震惊了中外学术界。

1937年　4至5月间继续发掘。在第8—9层底部发现人头骨残片：1块眉嵴、成年人的5颗牙齿、1块成年人的下颌骨残片，以及保留了6颗牙齿的上颌骨。那块眉嵴与第二个头骨相拼，严丝合缝。7月7日，全国性抗日战争爆发。7月9日，周口店的发掘工作停止。

1938年　5月中旬，在周口店留守的3名工人赵万华、董仲元、肖元昌被日本兵杀害。6月9日，协和医学院总务长博文下发公函，发给每位死难者家属一年的工资，以示抚恤。

1941年　春季，魏敦瑞离开北平去美国，不久新生代研究室解散。为了防止周口店发现的"北京人"化石和山顶洞人化石等珍贵化石被日本人掠走，11月底，把它们装入2个木箱，准备运往美国暂时保存。12月7日日本偷袭珍珠港，太平洋战争爆发，2箱化石全部丢失，至今下落不明。

附录二 本书部分人名译名对照

埃德温·恩布里　Edwin R. Embree
艾利奥特·史密斯　Sir Grafton Elliot Smith
艾莉森·布鲁克斯　Alison S. Brooks
艾休尔斯特　William W. Ashurst
安德鲁　Roy Chapman Andrews
安娜·丹比科　Anna Debucourt
安特生　Johan Gunnar Andersson
奥斯朋　Henry Fairfield Osborn
巴尔博　G. B. Barbour
邦迪　H. G. Bandi
博文　Trevor Bowen
步达生　Davidson Black
步林　Birger Bohlin
步日耶　H. Breuil
查尔斯·道森　Charles Dawson
查尔斯·赖尔　Sir Charles Lyell
达尔文　Charles Robert Darwin
戴维·伯格米尼　David Bergamini
戴维斯　Herman Davis

埃德加·斯诺　Edgar Snow
德日进　Pierre Teilhard de Chardin
恩格斯　Friedrich Engels
费尔塞维斯　Walter Fairservis
高思　Clarence E. Gauss
格雷戈里　W. K. Gregory
葛兰阶　Walter Granger
葛利普　Amadeus William Grabau
哈贝尔　K. A. Haberer
海因里希·谢里曼　Heinrich Schliemann
亨利·德·伦雷　Henry de Lumley
胡顿（胡恒德）　Henry S. Houghton
怀特莫尔　Frank C. Whitmore
基思　Sir Arthur Keith
古斯塔夫六世·阿道夫　King Gustavus Ⅵ Adolphus
纪佑穆　Le baron Jules Guillaume
贾内拉　Kasmarie Ginnella
卡尔·莫赫　Karl Gottlieb Mauch
克里斯托弗·贾纳斯　Christopher Janus
孔尼华　G. H. R. von Koenigswald
李希霍芬　Ferdinand Freiherr von Richthofen
李约瑟　Joseph Terence Montgomery Needham
林迈克　Michael Francis Morris Lindsay
罗斯福　Franklin Delano Roosevelt
马克思　Karl Heinrich Marx
马歇尔　George Catlett Marshall
麦格雷戈·吉布　J. McGregor Gibb
麦克阿瑟　Douglas MacArthur
牛顿　Sir Isaac Newton
欧金·杜波艾斯　Eugène Dubois

桑志华　Father Emile Licent
师丹斯基　Otto Zdansky
施洛塞尔　Max Schlosser
史密斯·伍德沃德　Smith Woodward
司徒雷登　John Leighton Stuart
斯文·赫定　Sven Hedin
托马斯·赫胥黎　Thomas Henry Huxley
威廉·弗利　William Foley
威洛比　Charles Andrew Willoughby
维曼　Carl Wiman
魏敦瑞　Franz Weidenreich
息式白　Claire Hirschberg（Claire Taschjian）
席望南　Werner Sigg
夏皮罗　Harry Lionel Shapiro
雅各·布歇·佩尔忒　Jacques Boucher de Perthes
伊安·泰特赛尔　Ian Tattersall
易夫·柯蓬思　Yves Coppens
约翰·奥尔森　John W. Olsen
詹森　Nelson F. Johnson

后　记

本书在采写过程中，得到了国内外相关部门和部分科学家、学者、教授、翻译家，以及"北京人"事件的当事人、知情者的大力支持和热情帮助，特记录于后，以表谢意。

主要机构：

中国科学院古脊椎动物与古人类研究所
周口店研究中心
周口店北京人遗址博物馆
中国社会科学院考古研究所
保护周口店北京人遗址委员会
中国历史博物馆（中国国家博物馆）
中国国家文物局
中国国家图书馆
天津自然博物馆
北京电视台新闻评论部
美国自然历史博物馆
法国国家自然历史博物馆
瑞典斯德哥尔摩远东古物博物馆
日本东京大学
日本横滨自然历史博物馆

国内主要人士：

中国科学院院士、著名科学家　贾兰坡
中国地质博物馆著名古生物学家　胡承志
中国科学院古脊椎动物与古人类研究所副所长　叶捷
中国科学院古脊椎动物与古人类研究所研究员　徐钦琦
中国科学院古脊椎动物与古人类研究所研究员　张森水
中国科学院古脊椎动物与古人类研究所研究员　董兴仁
中国科学院古脊椎动物与古人类研究所研究员　吴茂霖
国际古人类学会常务理事　李炎贤
中华炎黄文化研究会史前文化专业委员会委员　李超荣
中国科学院古脊椎动物与古人类研究所　贾玉彰
天津自然博物馆研究员　黄为龙
中国科学院大气物理研究所编审　裴申
中国社会科学院研究员、中华日本学会常务理事　周季华
北京大学日本研究中心副主任　贾蕙萱
中国人民大学教授　李光谟
北京大学副教授　何振明
南京师范大学地理科学学院教授　沈冠华
北京法语培训中心博士　王海燕
中国留日学生　孙莹
中国留澳学生　包宇辉

海外主要人士：

美国哈佛大学人类学系教授　沃弗·巴尤色福
美国华盛顿大学考古系教授　艾莉森·布鲁克斯
美国波士顿大学考古系教授　保罗·哥得伯格
美国密歇根大学博士　艾米
美国自然历史博物馆　杰福雷·施沃茨

后　记

美国《世界日报》记者　张嘉琪
法国法兰西科学院院士　易夫·柯蓬思
法国国家自然历史博物馆馆长　亨利·德·伦雷
法国国家科学研究中心教授　安娜·丹比科
法国国家科学研究中心博士　安娜·马丽梦妮
加拿大亚省大学人类学系教授　柯茱丽
加拿大皇家安大略博物馆研究员　沈辰
日中文化交流协会常任理事　横川健
日本横滨大学人类学教授　长谷川善和
日本直观像教育研究中心　中田光男
日本东洋学院大学教授　朱建荣
日本东京有线电视台记者　张昱
比利时列日大学史前学教授　马赛尔·奥特
以色列魏兹曼科学研究所研究员　斯特福·卫耐
韩国忠北大学考古美术系教授　李隆助

岳南
2012年3月
于台湾新竹"清华大学"